Var Tids Amerika.

WILLIAM H. DIXON

Nabu Public Domain Reprints:

You are holding a reproduction of an original work published before 1923 that is in the public domain in the United States of America, and possibly other countries. You may freely copy and distribute this work as no entity (individual or corporate) has a copyright on the body of the work. This book may contain prior copyright references, and library stamps (as most of these works were scanned from library copies). These have been scanned and retained as part of the historical artifact.

This book may have occasional imperfections such as missing or blurred pages, poor pictures, errant marks, etc. that were either part of the original artifact, or were introduced by the scanning process. We believe this work is culturally important, and despite the imperfections, have elected to bring it back into print as part of our continuing commitment to the preservation of printed works worldwide. We appreciate your understanding of the imperfections in the preservation process, and hope you enjoy this valuable book.

VÅR TIDS AMERIKA.

AF

WILLIAM H. DIXON.

Öfversättning från engelskan

af

THORA HAMMARSKÖLD.

FÖRRA DELEN.

Komplett i 2 delar: 3 rdr rmt.

United States — Description
&c., 1867.

VÅR TIDS AMERIKA.

AF

WILLIAM H. DIXON.

Öfversättning från engelskan

af

THORA HAMMARSKÖLD.

Förra delen.

STOCKHOLM,
Sigfrid Flodins förlag.

STOCKHOLM,
Sigfrid Flodins boktryckeri, 1868.

FÖRETAL.

Några studier rörande förflutna tider, hvilka länge tagit min penna i anspråk, föranledde mig att under den förflutna sommaren göra en resa till Jamesfloden och Plymouth Rock. Jag företog denna färd för att forska efter en förgången verld; jag fann en ny. I öster och vester, i söder och norr möttes jag af nya idéer, nya planer, nya företag; med ett ord: af ett nytt Amerika.

De män som koloniserade Förenta Staterna — det största verk England i historien utfört — drefvos härtill af två mäktiga bevekelsegrunder: en stark kärlek till friheten och djup gudsfruktan. I denna vår stora koloni utöfva alltjemnt frihet och religion en makt öfver det sociala och det husliga lifvets former, som i vårt hemland är okänd. Midt uti stadgade, förnuftiga samhällen, ibland kyrkor af strängt orthodox anda, finna vi de vidunderligaste trosläror, de djerfvaste experimenter bragta å bane och det är i sanning först efter betraktande af de upplösande krafter, hvilka arbeta inom dessa kyrkor och samhällen, som vi rättvist kunna uppskatta deras styrka.

Hvad jag erfor rörande de förändringar i såväl mannens som qvinnans sociala tillvaro, för hvilka under inflytelsen af dessa krafter det nu kämpas på Amerikas jord, har jag skildrat på dessa blad. S:t James Terrace.

William Hepworth Dixon.

FÖRSTA KAPITLET.
I Vestern.

»Jag tänker de här herrarne få se sig noga för på denna sidan floden, om de vilja ha' sina ögontänder i behåll — eller hvad tror ni, domare?»

Mannen, till hvilken den talande vädjade och som titulerades domare, afbröt för ett par minuter sitt anfall på en grundlig portion honing och salt oxkött, tittade först på mig, sedan på min reskamrat, blinkade småslugt och svarade långsamt:

»Jag tänker ni har rätt häruti, sheriff.»

Detta samtal, fördt tvärsöfver bordet på ett litet hotel i staden Atchison, — hvars största märkvärdighet låg deruti att en byggnad, så begränsad till sina dimensioner, kunde rymma så mycken smuts och oordning, — torde fordra några förklarande ord.

»Herrarne», som af sheriffen blefvo varnade, voro min vän Charles Dilke och jag, två män af engelsk börd och härkomst. Engelsmän äro ej alla dagar sedda i staten Kansas, och Vesterns raska gossar (hvarje man, som bor på andra sidan Missouri är en »gosse» liksom hvarje qvinna är en »lady» — enligt sin egen tanke åtminstone!) ja, dessa gossar hafva något orediga begrepp i ethnologi och språkkunskap; hvarje man med hvitt skinn och utan bowieknif i bältet, som låter sätta sig öfver floden, anses genast vara *yankee* — en inföding från Nya Englands stater, ute på förvärf efter guldsand och jordlotter.

Med »floden» menades Missouri, som här skilde den odlade staten af samma namn från den vilda, nästan obefolkade landsträcka, på kartan känd under namn af Kansas, i dikten benämnd det blödande Kansas. För en Vesterns innebyggare är Missouri, hvad Themsen, Rhen och Seine är för oss europeer, hufvudådran för handel, för lyx, för alla lifvets behag. Hvem man träffar inåt Vesterns högslätter talar med lika vigtig min om att göra en resa nedåt »floden», som en landtman i Picardie talar om en färd till Paris eller en småkrämare i en af Londons förstäder om en utflygt till Brighton. Det är »floden», säger han, som skiljer honom från Östern, från Staterna, och ända från Atchison till Saltsjön kan man få höra samma skämt upprepas, nämligen: att den som far öfver Missouri, reser till Amerika. Utstyrd i sina höga stöflar, sin bredbrättade, slokande filthatt, med bowieknif och revolver i läderbältet, samt en buffelhud till skydd mot nattkylan, erfar Vesterns nybyggare samma öfvermodiga förakt för den obeväpnade, sansade, laglydige innevånaren på denna sidan floden, som araben på hinsidan Jordan för Galileens fredlige innebyggare, — ett förakt med en ej ringa tillsats af det bittra hat en spansk hidalgo öster om Duero hyser för portugisen på den motsatta stranden.

Föregående morgon i god tid, en het augustidag, hade vi lemnat S:t Louis, en lysande, rörlig stad, full af hejdlöst, kraftfullt lif, halft anglosachsiskt, halft fransyskt. Nu hade likväl staden blifvit rof för en panisk fasa, sådan som under pesttiden stundom träffar Cairo eller Aleppo. Under en månad af brännande hetta — sådan man endast kan tänka sig den på en stor slätt djupt inne i en ofantlig kontinent, trehundra mil* från närmaste höjdsträckning, åttahundra från någon bergskedja — hade koleran gripit tallösa offer, hufvudsakligen från de kajer der fattiga irländare arbetade, från de usla nästen der den eländigaste negerbefolkningen bodde. Intet *Howardsförbund* hade detta år bildat sig, såsom händelsen varit vid ett föregående besök af

* Öfverallt behålles den engelska milberäkningen, hvaraf mellan 6 och 7 mil på en svensk.

koleran, då femtonhundra af stadens rikaste, bästa, unga män förenat sig till att hjelpa de fattiga och olyckliga. Allsintet hade på förhand blifvit gjordt, för att som sig borde möta den härjande farsoten, hvilken alltid svårast måste hota en stad som S:t Louis, belägen på ett af de lägsta slättland i verlden. Med en brist på sans, som man knappt skulle väntat i ett förnuftigt samhälle, hade myndigheterna upphört att dagligen låta utgå dödslistor; blott af liktågen på stadens gator och af registraturen vid de tio eller tolf största begrafningsplatserna kunde man gissa sig till dödsnummern. Hög i sig sjelf, stegrades denna ännu mer genom förskräckelsen. På alla gator brunno eldar, i trummor och rännstenar kastades osläckt kalk, teatrar och parker stodo folktomma. Fasansfulla berättelser, sådana som blott kunna upprinna i sydländingens hjerna, hviskades i ens öra vid middagsbordet. Alla män, anställda för de dödas begrafning, hade flytt från kyrkogårdarna, ja, äfven mördare och missdådare, som blifvit lofvade friheten mot förpligtelse att göra tjenst som dödgräfvare; högar af lik sades ligga obegrafna, sedan de rymda bofvarne först uppbränt kistorna och svepningen. Tusentals onämnbara gräsligheter hade blifvit begångna i dödshemmen och på kyrkogårdarna; klockorna ringde natt och dag.

Vi lemnade, som sagdt är, S:t Louis tidigt på morgonen. Middagstiden voro vi i Macon, plockade drufvor och åto vattenmeloner; vid midnatt befunno vi oss på en plats benämnd S:t Joseph, i förtroligt tal S:t Joe, vid Missouris östra strand, några dussintal mil ofvanför Atchison. Klockan två på natten kommo vi till ändpunkten af jernvägen; vi uppmanades stiga ur kupéen, befunno oss på ett öppet fält beväxt med kassia och vid en punkt af floden der en ångfärja förmodades passera.

Natten var kylig och då vi stodo der vid kanten af den sista jernvägsplankan, ljöd det godt för vårt öra att höra ett hotellbud ropa:

»Äro här några gäster till *Planters House?*»

Ja, alla ville vi så fort som möjligt till Planters House, och ifrigt började vi, belastade med nattsäckar, kappor, resfiltar och öfverrockar, tränga oss in i en omnibus som stod tillreds att emottaga oss. Uff! hvilket vidunder låg derinne framför våra fötter? Var det en stor, svart hund som började morra och sparka då vi slogo upp vagnsdörren? Nej, så stor var ingen hund; kanske hade en tjur tagit sin tillflykt ditin, undan Missouris kyliga dimmor? Följande ögonblick började vidundret svära — sådana eder som man väl sällan får höra dem här i verlden; det var kusken, som insvept i sin buffelhud slagit sig ned för att taga sig en lur. Sedan vi och ett dussin reskamrater ändtligen lyckats försäkra oss om platser, ropade vi: »Allt klart!» och bådo kusken »köra».

»Hm! kan tro herrarne vilja invänta färjan först ändå?» svarade han med ett tillägg af eder och tillmälen, som skulle kommit prester och fruntimmer att blekna.

»Huru snart kommer färjan hitöfver?» frågade en.

»Så der bortåt klockan sju.»

Nu var klockan två; natten var fuktig och kall, vår omnibus fullpackad af resande och hvart vi vände blicken hade vi öppna fältet omkring oss. Sedan vi ruskat lif i hotellbudet — ty han och kusken hade ånyo somnat, sedan de satt sig i besittning af bästa platserna — fingo vi veta att floden kunde passeras äfven på denna stund af natten, såvida vi vågade begifva oss af i en liten roddbåt. Skulle vi ej våga det! Sjelfva bärande våra reseffekter, begåfvo vi oss ned till floden, varsamt stigande fot för fot utför branten, lyssnade till vattnets sorl och ropade på båt från motsatta sidan. Banken sluttade tvärt, våra fötter halkade i den slippriga, svarta leran och en tät, gulaktig dimma hvilade öfver den strida, hvirflande floden. På de motsatta höjderna kunde vi skönja en liten stad; några hvita hus lågo spridda här och der, och nedanför sträckte sig flodbanken mörk och brant. Men hvar fanns båten? Ej på vår sida; Bill, båtkarlen hade sin koja på Kansassidan och hotellbudets rop: »yep! yep!» starka nog att tyckas kunna väcka sjusofvarne ur sin trollsömn, fingo blott ett eko till svar från Kansas' höjder. Ingen båt syntes till; sedan vi tillbragt en timme nere vid vattenbrynet, sett dimman blifva allt tätare och till följd deraf inbillat oss att motsatta stranden var allt mera fjerran, vände vi åter våra steg ifrån den leriga banken, i grunden icke så missbelåtna med att våra rop ej förmått rubba båtkarlens sömn.

Vid återkomsten till vår omnibus funno vi kusken alltjemt sofvande. Aldrig skall jag glömma den massa svordomar, det brummande och fnysande han bestod oss under de följande fyra timmarne, men icke heller den sträfva välvilja, hvarmed han lemnade oss en filt och sin buffelhud. Min reskamrat somnade snart med ungdomens lätthet att finna sömn; hvad mig beträffar, vandrade jag af och an på jernvägen, företog ännu en tur nedåt flodstranden, såg huru stjernorna bleknade för morgongryningen, lutade mig mot det täta busksnåret och rökte en cigarr.

Klockan sju kom ångfärjan och vid åttatiden sutto vi vid frukostbordet på hotellet Planters-House, midt ibland Kansas' halfvilda aristokrater — ett muntert sällskap, hvar och en med sin bowieknif och sin revolver i bältet.

»Kan ni säga mig, sir, vid hvilken timme landposten afgår från Atchison till Saltsjön?» var den enkla fråga som i stället för svar framkallade sheriffens förmodan att våra ögontänder näppeligen torde sitta säkra i Kansas. Jag lät mig dock ej förskräckas, såg mannen stadigt i ögonen och upprepade långsamt och tydligt min fråga. Denna gång utbröt hela sällskapet i hånskratt. Domaren upplyste oss efter hand om att landposten, med hvilken vi ämnade resa till Saltsjön och Denver, och som plägade afgå från Atchison, hade upphört att följa Plattevägen; tjenstemän, postförare och vagnar hade på floden blifvit nedskickade till Leavenworth, från hvilken ort posten hädanefter skulle skickas öfver prairierna en säkrare och kortare väg.

Postmästare, postkontor, mulåsnor, vagnar, allt hade skickats ned för floden till Leavenworth och för oss fanns intet annat val än att taga våra reseffekter och följa efter. Våra bordskamrater roade sig på vår bekostnad med en viss, godmodig harm; då postgången flyttades till Leavenworth från Atchison, tillfogades denna sistnämnda stad derigenom en betydlig skada. Man kan icke undra på om personer, som nedlagt hela sin förmögenhet i en kolonisations-spekulation och som stå eller falla med den, retas då de finna den i fara att gå under. Och då vi på sätt och vis betraktades som deras olyckskamrater, tog man i staden för afgjordt att vi skulle anse oss såsom offer för en komplott — eller figurligen taladt, såsom hade vi mistat åtminstone »en af våra ögontänder».

Väl hundra gånger förklarade man oss att postvagnen förut gått den bästa vägen öfver prairierna. Plattevägen är, sade man, säker och lätt, samt beqväm att färdas; militärposterna utåt densamma äro starka och indianstammarna vänskapligt sinnade mot de hvita. Med ett ord: detta var den rätta stråten. Den nya vägen kallas the Smoky Hill route (vägen till dimmiga kullen) af ett töcken som under en sträcka af hundra mil beständigt hvilar deröfver.

»Ni skola sjelfva få se och dömma, mina herrar,» sade sheriffen.

En af stadens medborgare tog upp en tidning för dagen ur fickan; den innehöll färska nyheter från the Smoky Hill hvaraf vi funno att *Svarta kitteln, Krokiga näsan, Fläckiga hunden* och andra värde individer af den röda racen voro ute på krigståg; berättelser voro införda om huruledes det eller det ensligt belägna nybygget blifvit plundradt och uppbrändt af Cheyennerna och lista bifogades på hvita män och qvinnor, som blifvit dödade af dessa vildar. Af samma tidning fingo vi veta att i norr tillståndet var snarare värre än bättre. Ett parti hvita män, som färdades ned för Missouri, hade blifvit anfallna af Svartfot-indianer, som vexlat skott och summit efter båtarna; blott genom sin snabba rodd lyckades det de förföljda att undkomma. De som således undsluppit tomahawken rapporterade att sju hvita män, hvilka i en båt färdades nedför samma flod, blifvit tagna och mördade af Kråkorna, en stam som nyligen ingått fred med regeringen, men som till följd af en påstådd förnärmelse uppbränt sin fredstraktat, målat sig med ockra och cinnober samt, i likhet med sina stamförvandter Cheyenner och Sioux, begifvit sig ut på krigståg.

En högväxt karl, med svassande och temligen oförskämdt väsende, beväpnad med räffelbössa och bältet späckadt med bowieknifvar och revolvers, kom in i rummet och presenterades för oss som kapten Walker; »den ryktbare kapten Jem Walker, sir, som sju och tjugu gånger har passerat prairierna och efter hvilken Walkerpasset fått sitt namn» — ett pass till vår blygsel oss lika obekant som den ryktbare resanden sjelf. Kapten Walker var af den öfvertygelse att vi som godtrogna narrar utsatte oss för skalperknifven, om vi vågade oss ut på den nya vägen, men hade vi sjelfva icke något intresse för vår välfärd så — inte hade han någonting att invända emot vårt förderf, ty detta vore en säker följd af en närmare bekantskap med Cheyennernas knifvar.

Det var otvifvelaktigt att Atchinsons innevånare hyste en dålig tanke om Leavensworths väg, jemförd med deras egen.

En liten ångbåt skulle på eftermiddagen gå till Leavensworth; vi betalade räkningen på hotellet och skickade våra saker ombord. Klockan var ännu blott nio på morgonen; vi hade intet att göra och våra nya vänner erbjödo sig artigt att stanna och hålla oss sällskap, en sak hvaröfver vi skulle känt oss högligen förbundna, om de blott icke hade tröttat oss med ständiga, gäckande anmärkningar öfver att vi låtit narra oss i en fälla.. Fram emot middagen inträffade emellertid en händelse, som betydligt höjde oss i deras omdöme, ja, jag tror den ingaf dem en viss aktning för oss.

Under en promenad framåt gatan, med cigarr i mun och pratande om ett och annat, varseblef jag ordet »Postkontor» ofvanför en dörr. Vi gingo in och jag fann ett bref med min adress, för hvilket tre cents skulle erläggas i lösen. Jag betalade, bröt brefvet och fann genast att det icke var till mig, hvarefter jag åter hoplade det, och bad postmästaren återtaga detsamma, såsom troligen af vigt för sin rätta egare. Mannen tittade på mig med ett besynnerligt uttryck, tog brefvet och återgaf de tre cents.

»Såg ni?» anmärkte sheriffen till sin närmaste kamrat, »satans slug karl den der — läste sitt bref och fick igen sina pengar! Hin vet om de ändå äro yankees!»

Verklig eller förmodad bedräglighet tyckes äfven der vara ett föreningsband öfver hela jorden.

ANDRA KAPITLET.
Det blödande Kansas.

»Nåväl, Sam,» sade jag till en ung neger med glada, lifliga ögon, under det han i rakstugan på hotellet i Leavenworth med lätt och skicklig hand intvålade mitt ansigte och stänkte rosenvatten i mitt hår, »hvar är din födelseort, min gosse?»

»Jag vara född i Missouri, sar.»

»Du är således född slaf?»

»Ja, sar, jag slaf i Weston; elak, mycket elak herre; alltid drucken, alltid sparka stackars negergosse.»

»Huru fick du då friheten, Sam — gick du ut i kriget?»

»Nej, sar, jag icke slåss; tänka krig vara stor synd; jag simma.»

»Simma! Aha, jag förstår! Du simmade öfver floden från Missouri till Kansas — från en slafstat till en fri?»

»Just så, sar. En mycket mörk natt jag smyga bort från Weston, springa genom skogen längs flodstranden, gå ned till vattenbrynet, upp i träden, simma öfver till banken — (han pekade på den stora uppgrundning af lera och gyttja, som vid lågt vatten sträcker sig ut i floden framför Leavenworth) — vänta der till morgonen; se på stjernorna på himlen, på ljusen i fenstren, och då det dagas jag krypa fram ur vassen och vada till kajen.»

»Och dermed var du fri?»

Sam svarade på denna fråga blott med ett muntert grin

»Fick du hjelp vid din rymning af personer på denna sidan af floden? Slafvar hafva ju alltid goda vänner i Kansas?»

»Nej, sar, jag icke få någons hjelp, ty jag säga icke för någon och ej kunna göra det, då jag sjelf icke tänka på flykt. Herran ingaf mig det. Jag methodist, sar; de flesta negrer i Missouri, methodister; jag just hemkommen från kyrkan och tänka på Guds underbara vägar, då någon säger invid mitt öra: »Stå upp, Sam, fly din väg och var en man.» Det var Guds röst; jag förstå detta strax. Först jag icke veta hvad jag böra göra; tyckte det vara stor orätt stjäla mig sjelf af husbond — tolfhundra dollars, sar! Så tänka jag det måste vara rätt lyda Herrans bud, ty jag ändå mera tillhöra Gud än husbond och så smög jag mig in i skogen.»

»Naturligtvis blef du förföljd?»

»Ja, sar,» svarade Sam i det han för sista gången lätt vidrörde min kind med rakknifven, »min herre komma öfver till Leavenworth och möta mig på gatan. »Kom hit du s—ns neger,» sade han, grep sin revolver och tog mig om nacken. En båt ligga färdig att föra mig tillbaka. Då komma många menniskor. »Låt negern vara i fred,» säga en. »Ränn knifven i den fördömde negern,» skrek en annan.

Så blef oväsen, hela dagen slogos de om mig, och min sida vinner.»

Den lilla tilldragelse jag här ofvan anfört inträffade för endast sex år sedan. Missouri, den bördiga stat på andra sidan floden, hvars sköna skogsparker jag ser framför mig medan jag skrifver detta, var då en slafstat med en fåtalig, obändig och öfvermodig befolkning, som hade till yrke att uppföda slafvar och drifva handel med dem. Nio år dessförinnan, d. v. s. ännu 1851, egde det ofantliga territorium, som sträcker sig från Missouris vestra strand bort åt Klippbergen icke ens ett namn. Horder af vilda indianstammar, Kansas, Cheyenner, Arappahoes, jagade i de stora gräsöknarna och förföljde elgen, buffeln och antilopen till deras gömda hiden. Två stora farleder, den ena ledande till Santa Fé i Nya Mexiko, den andra vesterut, längs Plattefloden till Saltsjön och San Francisco, hade visserligen blifvit upptagna, men landet var likväl endast en indiansk jagtmark, till hvilken den hvite mannen ej egde någon besittningsrätt. Ett halft dussin fästen — Fort Bent, Fort Laramie, Fort Leavenworth, Fort Calhuna, Old Fort — hade af styrelsen blifvit byggda i detta indianernas land, likväl snarare i afsigt att skydda den röde mannens rätt, än att bistå den hvite, resande köpmannen, då hjelp var af nöden. Men år 1851 begåfvo sig en hop nybyggare på flottor och kanoter öfver Missouri, togo höjdsträckningen mellan Fort Calhoun och Fort Leavenworth i besittning, satte upp lägerplatser af stockhus, utstakade de bördigaste jordstyckena till odling, företrädesvis vid stranden af bugter och inskärningar som af floden bildades, och sålunda grundlades de nu redan folkrika och blomstrande städerna Omaha, Nebraska, Atchison och Leavenworth i det fria territoriet Nebraska, i den fria staten Kansas.

Och dermed började längs floden Missouris bank den häftiga, blodiga kamp, som förvärfvade denna landssträcka sitt ohyggliga binamn: *Det blödande*

Kansas. Striden varade sex år och utgjorde ett förspel af Amerikas inbördes krig.

Lawrence och Leavenworth blefvo resultater af denna kamp, och den lilla episoden rörande Sam kan tjena till bevis på huru det under denna tid tillgick.

Hvar och en känner att under den långvariga striden mellan abolitionister och slafhållare i Amerika en öfverenskommelse år 1820 ingicks, i historien känd under namn af Missouriska kompromissen. Genom denna akt erkände de båda partierna såsom rätt, att slafveri aldrig skulle införas i något vesterns landskap ofvanom 36:te graden, n. b., med undantag af de delar af Missouri, som möjligen sträckte sig utom denna linie. Under trettio år hölls detta fördrag och äfven då kriget emot slafveriet rasade på andra håll, respekterades i vestern Missouris kompromiss. Men alltsom den mäktiga slutkampen närmade sig, började ock båda partierna yttra missnöje med ofvannämnda fördrag. Missouris jordegare, som hade en obestridlig fördel af att med sina slafvars tillhjelp få anlägga nybyggen ofvanom den bestämda linien, grepos alltmera af begär att utbreda sin kära institution tvärs öfver landet — om ej ända till Stilla hafvets kuster, så åtminstone till foten af Klippbergen. Ehuru dessa planer stodo i uppenbar strid mot lag och rätt, ingick hela södern derpå. Hemliga sällskap bildade sig i åtskilliga stater: *Den blå logen, Samhällsförbundet, Söner af södern*, och många flera. Alla förbundo sig att bistå dessa plantageegare i att, trots kompromiss och besvuret löfte, utbreda slafveriet vester om floden Missouri.

Utan att behöfva lossa ett enda skott, vunno Missouris slafegare snart derefter en betydande seger. Genom ett af denna stat fattadt beslut, som till en början icke väckte någon uppmärksamhet i Boston eller Newyork, utsträckte den sina gränser i vester ända upp till floden, hvarigenom sex stora och numera folkrika distrikt ökade Missouris storlek och följaktligen äfven slafväldets area. Denna handling var absolut olaglig, men ingen af de östra staterna fästade någon vigt dervid, förrän förslaget blifvit sanktioneradt och den nyvunna landsträckan redan tagen i besittning af slafegare med deras negrer. Nu tycktes dessa på allvar fått makten i sina händer. Från detta nyvunna slafterritorium, beläget på motsatta stranden midt för mina fenster, foro hela skaror af *Söderns söner, Blå logens*, och *Samhällsförbundets* medlemmar öfver floden och in på Delawares och Kansas' jagtmarker. Biträdda af söner och slafvar satte sig dessa inkräktare i besittning af de bästa jordlotterna, och ända från S:t Louis ned till New Orleans prisades deras mod och förespåddes dem framgång. De slafsystemet tillgifna senatorerna i Washington, hvilkas pligt det varit att kalla dessa missouriska plantageegare till räkenskap för sitt beteende, understödde i dess ställe deras angrepp på de fria staterna. Genom en följd af stämplingar utverkade de en ny kompromiss, hvari stadgades att hvarje, ännu icke organiserad stat eller territorium, som önskade ingå i Unionen, sjelf finge besluta sig för eller emot slafveriet. Att både Kansas och Nebraska härigenom skulle ansluta sig till slafsystemet, antogo plantageegarne i Missouri och Kentucky som afgjord sak. Men nu trädde Nya Englands stater på banan. Hade Nebraska blifvit underkastadt slafveri, skulle detta i Western sträckt sig så högt norrut som Boston är beläget! Ett nord-emigrantsällskap bildade sig i Massachusetts; härdade landtbrukare, vetenskapsmän, unga skalder afgåfvo en ed att blifva nybyggare i det nyupptagna, indianska gebietet, troget följa kongressens kompromiss och i egenskap af frie män voterade de en fri konstitution för Kansas. De spände hästar för sina ofantliga forvagnar och begåfvo sig hela den långa vägen genom landet till Missouri. Vid deras ankomst hade slafegare redan börjat bygga Leavenworth och Atchison, och då den första nyengländaren begaf sig öfver floden, vaktade hans fiender på honom vid andra stranden. När han på deras fråga förklarade sig icke ega några slafvar, sattes han utan proviant och åror i en öppen båt, som under åskådarnes hånskratt och förbannelse förde honom nedåt den strida floden. I Westport, beläget på Kansas' strand, men inom Missouris område kallades *Sönerna af södern* till ett möte, vid hvilket, efter föredrag af halfvild vältalighet, följande resolution enhälligt antogs:

»Att detta förbund, så snart dess bistånd af någon innebyggare i Kansas påkallas, skall hålla sig redo att fördrifva hvarje person som under skydd af nord-emigrantsällskapet vill göra intrång derstädes.»

»*Nybyggaren*», en tidning som börjat utgifvas i Atchison, innehöll i en af sina första nummer följande förklaring af plantageegarne:

»Vi skola fortfarande efter lynchlag hänga, dränka, eller doppa i tjära och fjädra hvar och en gemen abolitionist, som med sin ankomst vågar skymfa vårt land.»

I juli månad 1854 begåfvo sig trettio ny-engländare, väl beväpnade och försedda med tält och goda förråder, i öppna båtar öfver floden. Sedan de följt den en sträcka väg, styrde de uppför bifloden Kansas och stannade slutligen vid foten af en vacker trädbevuxen kulle, belägen på den blomsterhöljda prairien. Här uppslogo de sina tält, började fälla träd för att bygga och kallade platsen Lawrence efter sin omtyckte kassaförvaltare. I augusti tillstötte ännu sjuttio män, väl beväpnade äfven de och fast beslutna att grundlägga en stad och ett samhälle utan slafveri.

Nu var tillfället inne för Missouris män att ådagalägga hvartill de dugde. Etthundra yankees, som genom sex stora stater voro skilda från alla sina vänner, hade slagit sig ned midt ibland dem och vågade trotsa deras hotelser att hänga eller dränka hvem helst, som djerfdes sätta sin fot på Kansas' jord utan en negerslaf i sitt följe. Trehundrafemtio *Söner af södern* stego till häst, satte öfver den grunda strömmen, och sedan de i första dagningen bildat ett läger och utsatt förposter, skickade de bud till Lawrence, att alla dess innevånare måste lemna detta territorium samt lofva att aldrig komma åter. Tre timmar förunnades dem för att packa in och bereda sig till afmarsch.

Ett jägarhorn kallade emigranterna till vapen, ett höfligt men bestämdt afslag skickades till missouriernas läger, och då dessa sistnämnda sågo sina motståndare beredda till strid och färdiga att hålla ut dermed till det yttersta, började de misstro hvarandra, betvifla godheten af sina gevär och begifva sig bort så småningom. I skymningen var truppen betydligt förminskad; i dagningen följande morgon var lägret tomt.

Från den dagen har Lawrence tilltagit i storlek och välstånd. Mera än en gång har staden blifvit öfverfallen af missourierna; märken efter drufhagel och kartescher synas på ett och annat hus, men dess fria befolkning har likväl aldrig låtit fördrifva sig och nu är Lawrence en förtjusande liten ort, med samma prägel af snygghet och prydlighet som utmärker Nya Englands städer. Den är hufvudstad i en fri stat.

Äfven på Leavenworths gator har mången vild strid blifvit utkämpad; — *Sönerna af södern* hafva nämligen tagit sitt hufvudfäste i några byar på den motsatta, skogbevuxna flodbanken. Blod har flutit, i synnerhet under valtider, då tusentals missourier plägade komma öfver i sina båtar, med våld taga voteringsbyråerna i besittning och slutligen återvända triumferande öfver slafsystemets, i grunden endast skenbara seger. En aktad medborgare, advokaten William Phillips, hvilken i egenskap af lagkarl undertecknat en protest emot de olagliga våldsamheter som hindrat valen, greps af *Sönerna af södern*, fördes öfver till Weston på andra stranden af Missouri, doppades i tjära och fjäder, sattes upp på ett högt plank och såldes som slaf samt inropades af en neger under åskådarnes tjut och hån. Phillips lyckades emellertid undkomma, återvände till Leavenworth och stred som förr med okufvadt mod för frihetens sak.

Några veckor derefter, — det kan nu vara ungefär tio år sedan — landsteg en skara af *Blå logens* medlemmar vid Leavenworths kaj, inträngde i staden, der de efter godtycke huserade, bröto sig in i husen, under förevändning att söka gömda vapenförråd samt plundrade och förfördelade innevånarne. Vid Phillips' försök att skydda sitt hem blef han dödad, sedan han likväl först skjutit två af sina angripare. Huset brändes till grunden såsom många andra, och hvarenda abolitionist, som i Leavenworth kunde tagas, sattes ombord på en ångbåt och fördes ned för floden.

Men ny-engländarne hade redan till betydligt antal fått fast fot som nybyggare i det kringliggande landet; uppretade öfver de lidna oförrätterna samlades de modigt kring sin fana. Med revolvern i den ena handen och spaden i den andra slogos och arbetade dessa Nya Hampshires och Massachusetts' kraftfulla söner, tills de icke blott vunnit en stor öfvervigt vid valen, men äfven full seger på öppna fältet.

Här, som öfverallt under lika förhållande, har det visat sig såsom ovedersäglig sanning, att slafveriet i egenskap af samhällssystem saknar den uthållande kraft som fordras vid ett kolonisationsföretag. Odlingar af prairielandet, utförda af slafvar, gåfvo ingen behållning; det fordras Mississippis och Alabamas bördiga jord för att arbetet af negrer, pådrifna af uppsyningsmannens öga och piska, må skänka vinst.

En löjlig episod under detta krig var striden vid Black Jack, der kapten Claye Pate, en virginare hvilken yfdes öfver sin skicklighet som befälhafvare, hade satt sig i spetsen för femtiosex *Söner af södern* och skrytsamt hotade att äta upp gamle John Brown af Osawatomie och hans trupp af tjugusju män. Claye hade organiserat sin styrka som en liten armé, till häst och till fot, med fältläger och tross. Som han just då hade intagit och plundrat Palmyra, voro trossens mulåsnor tungt lastade med krigsbyte. Brown gick honom till mötes i öppen strid ute på fältet, och efter ett allvarsamt nappatag måste Clay Pate med hela sin trupp, sitt byte från Palmyra, tält och förråder gifva sig åt den oförskräckte, gamle mannen, som sedan, vid Harpers Ferry, fick ett så sorgligt slut.

År 1861, några månader sedan Leavenworths innevånare slagits om min vän Sam på kajen just under det fenster der jag nu sitter, blefvo slutligen det blödande Kansas' sår förbundna och helade, genom dess upptagande som fri stat i Unionen.

TREDJE KAPITLET.
Landposten.

Landposten är ett af den mäktiga republikens många storverk. Af registraturen kan man lätt öfvertyga sig om mängden och gissa till betydenheten af de bref som gå vesterut, från städerna vid Atlantiska hafvets kuster till dem vid Stilla hafvet. Denna post är statens tillhörighet.

Medan vi ännu befunno oss i London, med tankarna fulla af alla tilldragelser vi torde gå till mötes under vår föresatta färd till Klippbergen, var det alltid lugnande att veta oss, under vårt sammanträffande med de vilda Cheyenne- och Siouxstammarna, komma att färdas med statens postvagn. Då vi på kartan läto blicken öfverfara de vidsträckta regioner, der Cheyenner, Sioux, Comancher och Arappahoes kringströfva, kunde vi visserligen tycka oss befogade att misstänka någon fara vara förbunden med denna resa, men så kom den betryggande tanken att Förenta Staternas post dagligen, och under eskort af en väl beväpnad kavalleritrupp, skickades samma väg. Det ligger en magisk kraft i ordet »dagligen». Hvad som dagligen sker, måste äfven ske *säkert*. Skulle icke den man som kände någon fruktan för att färdas i Förenta Staternas postdiligens, under beskydd af dess trupper, anses som en feg pultron, vore ock vägen besvärad af indianhorder och skallerormar? Då senator Colfax förliden höst reste öfver Amerikas kontinent för att sjelf under vistelsen bland indianer, guldsökare och mormoner, studera indianfrågan, gruffrågan och mormonfrågan, i stället för att läsa derom i styrelsens rapporter, hade han blott en general, en öfverste och tjugufyra man, hvilka till häst omgåfvo vagnen; och sedermera har han öppet förklarat att — ehuru rödskinnen något skrämde honom och mycket hindrade hans resa genom att plundra stationer framför honom och hvarje stund hota att skalpera honom — så gick resan väl ända till Denver och Saltsjön.

Men visserligen for Colfax såsom regeringens ombud och hade af denna anledning en starkare eskort än vanligt. Vi voro deremot främlingar, blott två till antalet och endast beväpnade med Colts revolver, ty naturligtvis voro vi öfvertygade, att om något handgemäng kom i fråga, skulle det vara vår tappra eskort som till postens försvar modigt kastade sig i striden.

I Leavenworth uppsökte vi postmästaren, till hvilken, liksom till hvar och en dylik tjensteman längs hela linien, vi hade bref från deras högste chef i Newyork. Intet kunde vara mera retsamt artigt än de svar vi erhöllo. Allt hvad som under nuvarande förhållanden kunde göras för vår säkerhet, skulle ske. Vi hade kommit vid en ogynnsam tid; hade vi anträdt resan en månad tidigare — hade vi dröjt blott en månad längre — så skulle allt varit i en förträfflig ordning. Som sakerna nu stodo skulle de emellertid göra sitt bästa; visserligen torde vi finna resan förenad med några små obehag ute på prairierna, men naturligtvis borde man hoppas att vi med lifvet skulle hinna målet för vår färd.

Dessa yttranden verkade ej så litet på inbillningskraften; icke blott helsa och välbefinnande, men ock våra lif berodde af tillståndet på prairierna. Rätta förhållandet är att den nya, kortare väg som kongressen bestämt, väl i en framtid kan blifva god då vägen hunnit blifva anlagd, jemnad och försedd med nödiga broar, samt då de indianstammar som nu jaga bufflar och antiloper tvärs öfver densamma antingen blifvit fördrifna eller genom underhandling förda till fred. Intet af allt detta var emellertid ännu gjordt.

Två betydande farleder hafva af de hvita blifvit öppnade öfver Norra Amerikas ofantliga slättland: Plattevägen, som från Omaha, genom Denver och Saltsjöstaden sträcker sig till San Francisco, och Arkansasvägen, som från staden Kansas går genom Colorados guldregioner till San Francisco. Båda dessa väganläggningar hafva indianerna blott med den bittraste ovilja underkastat sig. Hvad Plattevägen beträffar, så hafva de upphört att allvarsamt opponera sig deremot; — de hafva stridt och blifvit besegrade först af mormon-emigranter, sedermera af guldsökare, som i stora skaror, väl beväpnade och med en rad forvagnar, åttio, ja hundra till antalet, der drifvit fram. Emot Arkansasvägen hysa indianerna en ännu skarpare antipathi, emedan de anse den ämnad till blifvande jernväg, på hvilken rättighet att färdas blifvit köpt af stammarnas chefer. Emellertid, och ehuru med motvilja, knot och protester, hafva de visat och visa de sig ännu beredda att lemna den hvite mannen i fred, då han på endera af dessa vägar passerar genom deras land. Men emellan dessa farleder ligga de stora jagtmarker, hvars bete skänker föda åt nästan allt hvad som på indianernas territorium återstår af bufflar, elgar, antiloper och rådjur. »Jagtmarkerna äro våra,» säga Cheyenner och Arappahoes; »hålla vi ej dem fria för den hvite mannen, så skola vi dö som hundar,»

De vilja dock ej dö för blekansigtena och derför måste de skydda sitt land för postförning och jernvägar.

Den nya väg, som kongressen bestämt för posten och som utan fråga är betydligt kortare, skär emellertid i två delar prairierna, der buffeln, elgen och antilopen få sin näring, och indianerna känna ganska väl att en jernväg redan är under byggnad i samma sträckning. De röda männen, som väl veta att postvagnen är ett förebud till en ännu större fara, att postiljonens pisk-klatscher snart efterföljas af lokomotivpipan, hafva kallat sina stammar till rådplägning och påstås ännu våga ett krig mot de hvita, för att få ega sina jagtmarker i ostörd besittning. »När den gälla hvisslingen från jernvägen,» säga de indianska krigarne, »bortjagat buffeln och antilopen, hvartill skall det då gagna att höja stridsyxan och spänna bågen? Nu är stunden att slå till; nu eller aldrig!» Skulle äfven några af stammens äldste, hvilkas hufvud grånat af år och bekymmer, mana till fred med de hvita och till undergifvenhet för den store Andens vilja, så påstås det att de unga krigarne, förtröstande på sin egen kraft och okunniga om de hvitas makt, häftigt ifra för krig. Vill den hvite mannen hålla sig ifrån deras jagtmarker, så önska de fred; bygger han bostad, gräfver han brunnar och slår gräset som buffeln skulle beta, då vilja Cheyenner och Arappahoes, med tillhjelp af sina stamförvandter på prairierna och i bergstrakten, bränna hans hem och taga hans skalp.

Så ljödo de berättelser vi hörde af hvar och en i Kansas. Visserligen påstod ett litet parti att just ingen grund fanns för allt detta skrik, men dessa tappra voro ej många och jag hörde aldrig någon af dem hafva lust att slå sig ned som nybyggare i närheten af den nya vägen.

Af postmästaren i Leavenworth fingo vi den upplysningen, att vi hade för oss en resa af trettonhundra mil, genom ett land, som till större delen ännu aldrig blifvit uppmätt, ett land der ingen ordentlig väg finns, inga broar öfver de många strömmar och vad der man måste fram. Berg, floder och de särskilda landsträckorna hafva ännu intet namn och Förenta Staternas små militärposter, hvar för sig bestående af träskjul, inhägnade af höga plank, ligga på ett afstånd af tvåhundra mil från hvarandra.

Visst borde likväl en farled, på hvilken den betydande posten från Newyork till San Francisco dagligen går, vara åtminstone lika säker som vägen från Damascus till Banias. Då jag yttrade något i denna anda till en vän i Leavenworth fick jag af honom den öfverraskande upplysningen att aldrig en daglig post gått längs denna linie; att ett dylikt försök ej ens varit ifrågasatt; att hvarken folk eller mulåsnor skulle finnas längs vägen för att fortskaffa daglig post, samt att, rent ut sagdt, blott en enda vagn, och den *tom* hade gått der fram före oss. Ingen menniska visste hvar denna vagn nu var, eller huruvida den någonsin skulle hinna målet för sin färd.

Vi kastade en ofrivillig blick på våra pistoler och öfvertygade oss om att de voro i godt skick; belägenheten föreföll oss både allvarsam och löjlig. Våra londonsvänners skämtsamma råd, om bästa sättet att njuta af en nära bekantskap med skalperknifven, föll oss i tankarne. Inga flera än vi hade låtit anteckna sig till resan; antalet revolvers, som i händelse af en skärmytsling med indianerna kunde bistå militäreskorten, inskränkte sig således till två. Alla våra bekanta i Leavenworth påyrkade enständigt att vi skulle skaffa oss flera och bättre vapen, ett råd som postmästaren välvilligt uppmuntrade oss att följa. Det nyaste skjutvapen i Western kallas *Smith-and-Wesson* och är verkligen den lilla nättaste pjes för att slunga ett stycke kallt bly i kroppen på en menniska, som en amatör af mördarekonsten kan önska sig. Bowieknifvar och dylikt kram ansågos gagnlösa för en engelsman, som aldrig öfvat sig i att rista upp sidan på en fiende; — vi köpa således ett par *Smith-and-Wesson* och erlägga våra femhundra dollars för resan med postdiligens till Saltsjön, trygga vid tanken på våra nya, ypperliga vapen och på de veteraner från Potomac som skola jaga bort alla de Cheyenner, Arappahoes och Sioux, hvilka möjligen kunde visa lust att föra oväsen rörande »menniskans rättigheter».

Jernvägen sträcker sig redan fram till Wamego der vi skulle utbyta kupéen mot diligensen, som befanns vara en gammal, dålig så kallad concordcaleche, ett vidunderligt åkdon med plats för nio personer. En blick i vagnen öfvertygade oss om att den var fullpackad af postväskor — af fyratiotvå centners vigt. Depescher från regeringen, kärleksbref, ordres, vexlar, fakturor, alla slag af goda och onda sändebud, hvilkas värde för guvernörer, unga flickor, bankirer, skrifvare och emigranter aldrig ens kan beräknas. Och derinne skulle äfven fem personer få plats, ty en ung qvinna med sina två små barn hade ock betalt sin biljett och egde således all rätt att komma med. Saken var emellertid omöjlig, hvarom postmästaren i Wamego med redan vunnen erfarenhet genast blef förvissad. Hvad var att göra? Posten, den måste afgå, skulle ock passagerarne få vänta i Wamego en hel månad. Kusken smäller med piskan och utbryter i de gräsligaste svordomar hvilka den stackars frun och barnen nödgas åhöra; postmästaren tar ett hastigt beslut, ber oss två män med revolvers stiga upp, säger ett hastigt ord till kusken och i samma ögonblick bär det af i ett moln af dam och sand, medan vår qvinliga reskamrat, förfärad och häftigt protesterande, står qvar på platsen. Vi sågo förvånade på hvarandra, ty i detta qvinnornas paradis, taga de annars alltid första rummet — bästa rummet på hotellet, främsta platsen vid bordet och i kupéen. Ah! det är våra revolvers vi kunna tacka härför. Under det vi åkte bort, tittade vi genom vagnsfenstren efter kavalleritruppen, som skulle följa oss genom Cheyennernas gebiet. Den syntes ej till!

»Eskorten,» ropade postmästaren efter oss, »skall sluta sig till vagnen vid Junction City, såvida den synes vara af nöden; det är från Junction City herrarne böra beräkna postens afgång.» Han vinkade förbindligt med handen och vi foro.

Efter fyra eller fem timmar befunno vi oss i Junction City, en stad bestående af sex träskjul, der vi stego ur för att intaga qvällsvard af nygräddadt bröd, thé och tomatoes. En timme senare, just då vi språkade trefligt med hotellvärden, hördes kuskens rop: »Upp! upp!» Vi spände bättre till våra bälten med de skarpladdade pistolerna och då vi i den mörka qvällen kommo ut varseblefvo vi att vår stora concord-caleche blifvit utbytt mot en lätt forvagn, mindre och svagare, på dåliga fjedrar, utan dörr och försedd med gardiner af segelduk i stället för fenster. I detta fordon hade alla postväskorna blifvit inkilade, och detta med en skicklighet och styrka, hvartill man endast i Vestern kan finna maken. Huru två menskliga varelser skulle kunna packas emellan väskorna och sidan af vagnen, tycktes vara omöjligt, men efter hand, genom att placera det ena benet öfver det andra, sträcka på halsen och trycka armarne tätt till lifvet, lyckades det verkligen de förutnämnda båda individerna af menniskoslägtet, att pressa sig in mellan allt packgodset, lifvade af löftet att väskorna snart skulle packa sig, och utrymmet blifva mer än tillräckligt. Som äfven vi hade vår lilla packning af pistoler, böcker, kartor, konjaksflaskor, resschalar, konserver, cigarrlådor, käppar och paraplyer, behöfde verkligen alltsammans »packa sig» betydligt, så vida icke vi skulle gå en besvärlig vecka till mötes.

Men, hvad skulle detta betyda? Karlen ämnade köra innan eskorten var kommen!

»Håll! håll!» — På vår fråga till postmästaren, svarade han att »befälhafvande officern ville ej lemna oss någon trupp; corpsen var för närvarande fåtalig; det kringliggande landet besvärades af indianhopar; han hade svårt nog att skydda sitt folk.» »Men,» tillade postmästaren uppmuntrande, »herrarne skola nog finna vägen ren; i går skickades en trupp uppåt prairierna. I skolen säkert passera den. Lycka på resan!» Och så bar det af.

På en gång uppgick för oss ett ljus:

Vi voro eskorten!

Med undantag af karlen som körde mulåsnorna, af hvilka ombyte gjordes hvar fyrationde eller femtionde mil, följde ingen menniska postvagnen under hela den långa färden, ingen eskort, ingen postagent, vi allena voro med till dess beskydd. Aldrig har jag under mina resor sett ett motstycke till denna prairiepostförning. I de farligaste regioner vester om kinesiska Tartariet, skickas den vigtigaste post i verlden, med undantag af den ifrån London — utan skydd och försvar Ingen betviflade att Cheyenner och Sioux nu hålla fiendtliga rådslag ute på slättmarken, ja, man vet att de, enligt sitt egendomliga sätt, låtit förstå att de ämnade hindra vägarbetet; och ändå trots alla varningar, utan en enda man till försvar skickas posten ut på deras jagtmarker!

Måhända borde jag taga i beräkning den tillit man har för oss, engelsmän. Man vet att vi äro beväpnade, man tror sig äfven veta att vi kunna sköta våra vapen. »Vägen är litet osäker,» sade en man, då vi midt i mörka natten voro färdiga att från hans station begifva oss ut på den obekanta prairien, »men regeringen vill ej göra någonting för oss, förrän en stor olycka inträffat, som möjligen väcker den till besinning. Hvad bryr den sig om några lif stryka; synnerligen fattiga mulåsnedrifvares och postförares!» Det ville nästan tyckas som denna man hade hoppats att vi skulle blifva skalperade, på det intresset i Newyork måtte helsosamt lifvas.

Vi hade således betalt femhundra dollars för att få eskortera Förenta Staternas post till Saltsjön. Ett högt pris, men det privilegium vi erhållit kunde väl varit värdt mera än så, ifall vi velat begagna oss af de lockelser som lågo strödda för våra fötter. Posten var helt och hållet i vårt våld; sex dygn voro vi inneslutna i vagnen med våra revolvers och unionens korrespondens, och då gardinerna voro fördragna kunde vår ende reskamrat, kusken, ej ens se in i vagnen. En gång föll en af de stora brefpåsarne ut och skulle säkert fått ligga qvar på marken, om vi ej ropat åt kusken att stanna; en annan gång gick en af väskorna sönder och en massa bref ramlade ut framför våra fötter. Vi hade blott behöft bocka oss ned och läsa hvad vi behagade eller fylla vår plånbok med hvad oss syntes bäst. Månne ej ett enda brefs innehåll i någons händer kunde vara af mera värde än de femhundra dollars vi betalt för att akta dem?

FJERDE KAPITLET.

Prairierna.

Af alla Unionens stater och territorier torde Kansas med största skäl förtjena namnet Prairiestaten. Nebraska, Colorado och det indianska territoriet äro rika på prairier; stora, gräsbevuxna slätter, ej som mången tror jemnhöga, men småningom stigande i vågformiga afsatser af ringa docering, med ofantlig utsträckning ifrån floden ända uppåt bergstrakten. Men Kansas är likväl utan tvekan den region der dessa fält utbreda sig i största skala och hafva den mest imponerande karakter.

På gamla kartor, hvilka tillika gifva begrepp om den stora republikens särskilda regioners naturalhistoria, finner man det distrikt, som nu kallas Kansas, prydt med bilden af en buffel, liksom Neraska med en antilop, Iowa med en bäfver och Utah med en björn. Från de indianska regionerna i söder komma upp till dessa gräsöknar oräkneliga vilda hjordar, som tjena Cheyenner, Arappahoes, Comancher och Kiowas till föda.

Under en sträcka af tvåhundra mil vesterut från Missouri är slätten grönskande af träd, isynnerhet längs stränderna af floden Kansas och dess många bugter och inskärningar. Skogen består af valnöt, ek och vattenalm. Lönnar och kastanier finnas ej. Marken är full af låga buskväxter och blommor — väppling, ringblommor, vattenliljor, terpentinört, kassia och solrosor. Men dessa solrosor på vesterns fält äro något helt annat än den stela blomma på en hög, mager stjelk, som prålar utanför våra stugor. Små och af klar gul färg, blomma de i stora klasar; på många ställen oräkneliga som himlens stjernor, breda de ett guldskimmer öfver prairien. En hvitmålad landtmannaboning — på denna sida af floden benämnd »ranch» — tittar emellanåt fram mellan träden med sina gröna fönsterluckor, sin trädgårdstäppa, sin fårfälla. Hjordar af hästar synas ute på fältet; än ser man en boskapsdrift, än ett långt tåg af forvagnar. Vi passerade en indiansk by, der några Delaware-familjer bo. Fördrifna från skogstrakterna vid Atlantiska hafvets stränder, hvarest nu Baltimores och Philadelphias kajer och palatser stolt resa sig, hafva de här funnit ett nytt, ehuru osäkert hemland. Dessa Delawares hafva länge sedan begrafvit stridsyxan, anlagt pantalonger och förgätit konsten att måla sig med krigets färger. Somliga blifva landtbrukare, lefva i godt förstånd med sina hvita grannar och gifta äfven sina söner med deras döttrar. Samma förhållande gäller ock med en Shawneeby som vi passerade. Midt ibland wigwams stodo hvita mäns stugor: farliga grannar för de röda. Blekansigtena leta snart skarpsinnigt ut de svaga sidorna i den indianska karakteren, göra sig först nyttiga, sedan fruktansvärda och sluta vanligen med att blifva herrar öfver sina grannars jord och egendom.

Luften var på en gång varm och frisk, en ljuf doft af prairiens blommor blandade sig med svalkande fläktar från den aflägsna, snöklädda bergskedjan. Himlen hade den renaste, djupblå färg, utan något af det guldskimmer som i de sydliga delarne af vårt land förbländar ögat. Lätta, snöhvita skyar gåfvo behaglig omvexling åt det omätliga azurblå hvalfvet — en förening af Siciliens och Englands himmel.

Ju mera vi aflägsnade oss från floden, desto sparsammare blefvo träden; slätter började utbreda sig åt båda sidor i vågformig, långsam höjning. Omkring sumpiga platser, som likväl nu voro torra på ytan, syntes ännu buskartade växter, vild convolvolus var allmän, den virginska arten äfvenså; mest af allt likväl en växt som kallades terpentinörter. Denna växt tycks vara naturens eget skötebarn, för att gifva marken grönska och prydnad. Då fältet blifvit beredt för odling, antingen som svedjeland eller uppbrutet medelst prairieplogen, försvinner terpentinörten och svedjegräset skjuter i stället upp, men dör i sin ordning ut efter två eller tre skördar och efterträdes af en art snärjgräs.

Efter denna planta komma tre eller fyra olika species vildt gräs och först sedan äfven dessa naturens egna barn gödt jorden och fällt sina vissnade blad, kommer nyodlaren med sin harf och sitt utsäde, och tar den jord i besittning, som nu blifvit beredd till gagn för honom.

Fortsättande färden natt och dag såsom männer måste göra det, hvilka föra statens post, började vi alltmera lemna menniskorna och deras samfundsinrättningar bakom oss — med undantag af den enda ofvan nämnda. En prairiehöna lockar sina ungar i ett snår af vild salvia; bland solrosorna ligger en skallerorm i ringlar; en varg smyger med ljudlösa steg på vägen, och vid sidan af denna sistnämnda ligga döda mulåsnor, döda hästar och oxar, af hvilka gamen, korpen och vargen fått sin föda. De hvitnade benen af menniskans husdjur äro ofta enda spåret att hon sjelf letat sig väg öfver prairierna.

Medelst djerfhet, fintlighet och tålamod ha Vesterns köpmän banat sig en farled tvärs öfver denna farliga och hindersamma landssträcka och derigenom öppnat en väg för handel och samfärdsel emellan Atlantiska och Stilla hafvens kuster. Detta verk har han utfört såsom enskild man, utan bistånd af staten, utan att eggas af loford från något lärdt samfund, och på bekostnad af mera blod och pengar än hvad som någonsin kan återgäldas. Och hvad var driffjedern till allt detta? Jo: vesterns innebyggare räknar ej så noga med blod och ej heller med guld, då han offrar dem åt ett företag, som i längden skall betala sig. Stormande munter då så passar sig, svärjande mer än någon annan, då det går honom emot och hjelpsam till en alldeles förvånande grad, då hjelp är af nöden, kastar han djerft sitt lif i vågskålen och aktar både sitt och sin nästas blod mindre än en arab, ja, nästan mindre än en kines gör det. Farleden öfver steppen har blifvit planerad med menniskors och djurs ben, men spåren efter resorna och efter allt lidande utplånas åter då höstblommorna vissna. Här är naturen menniskan för stark; hon kan endast intrycka några svaga fotspår, som för en dag skönjas i gräset eller i den grå sanden och derpå åter försvinna såsom den väg skeppet plöjer i hafvet. Prairien kan aldrig blifva menniskors hem. Funnos ock de som ville egna tid och arbete åt att odla och så, skulle de knappt skörda ett grönt blad, ett majax på dessa flacka slätter, der myriader gräshoppor smattrande komma genom luften, slå ned och förtära hvart blad, hvarenda grön qvist. Vi fara förbi en enslígt belägen *ranch*, i hvars närhet den vågsamma nybyggaren planterat ett fält med majs, i hopp att deraf få sin vinterföda. Kasta en blick deråt! Legioner gräshoppor hafva slagit ned; hvarenda litet skott som kunde skänkt honom bröd, är uppätet. På denna högslätt är naturen herre och konung. Beckasiner, vipor och prairiehöns fanns till otrolig myckenhet. Svartstarar, kråkor, korpar och gamar sågos äfven ofta. Under första dagsresorna var ännu godt om blommor, framför allt den lilla dvergsolrosen, till en sådan mängd spridd öfver fältet, att det skimrade som af guld. Denna blomma är i verkligheten prairiernas ros, och lyser upp naturens anlete, öfver allt på vår väg från Missouri till Saltsjön. På somliga trakter är hon knappt en fot hög och har blommor, små som ringblomman, på andra ställen reser hon sig till en höjd af tio eller tolf fot, med klasar af blommor, stora som pioner. Myror arbetade träget med sina boningar och den lilla prairiehunden — ödemarkens komediant — satt gläfsande på sin lilla jordkulle ända tills vi voro inpå honom, då han med ett kort skratt och ett gäckande skri stupade på hufvudet ned i sitt hål och muntert viftande med svansen försvann ur vår åsyn. Ugglor, prairiehundar och skallerormar lefva i den förtrohgaste vänskap med hvarandra. Ugglorna och skallerormarne söka bostad i prairiehundens håla, men blir hungersnöd på färde, äta de väl upp värden, skulle jag tro. Om saken har någon grund vet jag ej; men formän och nybyggare, hvilka färdas öfver prairierna, hafva den fasta öfvertygelsen att prairiehundens kött är skadligt, på det sättet, nämligen, att den som äter deraf förlorar förståndet. En gång nödgades jag, drifven af hunger, att skjuta ett dylikt litet djur.

»Bevare mig!» skrek en pojke vid den ranch der vi stannat, »ni kan väl aldrig vilja äta det otyget, sir?»

»Hvarför icke? jag är hungrig nog för att äta upp en Cheyenne.»

»Nå, nå; gör som ni finner bäst, sir,» sade ynglingen; »men det vill jag blott säga, att vi prairiefolk anse ugglan, skallerormen och prairiehunden vara samma slägte — djefvulens alster, alla tre — och att den som äter dem blir tokig.»

»Lägg honom i pannan; jag får våga försöket.»

Steken befanns vara delikat, icke olik ekorre, och då prairiegossen såg mig med välbehag suga på benen, grep äfven han ett lårstycke och slukade det med god smak. Jag hoppas emellertid att folket må fortfara i sin vidskepliga tro på prairiehundens skadlighet. Det vore synd om något skulle ofreda dessa små djur, hvilkas lustiga krumsprång göra dem kära för hvar och en som färdas öfver prairierna, der annars föga förekommer, som kan framkalla en känsla af munterhet.

Sedan vi hade passerat Fort Ellsworth — en befästad plats, bestående af några träskjul, der hundra, illa beväpnade män ligga i garnison och försigtigt hålla sig inom lås och bommar, samt låta Cheyenner och Arappahoes husera i fred — sedan vi passerat denna punkt, hade vi för oss en sträcka af tvåhundratjugu mil att färdas igenom en farlig trakt utan en enda militärpost till skydd; ett land, der ej en by, ej en odlad jordlapp eller en af hvita menniskor uppsatt byggnad finnes, om jag undantar de träskjul som nyligen blifvit uppförda för postverkets mulåsnor. Vi voro nu ensamma med naturen och postvagnen. Ofta sågo vi tecken till att Cheyenner och Arappahoes lurande ströfvade omkring; på någon af de i fjerran liggande höjderna af Smoky Hill kunde vi tydligt skönja ströfcorpser, ute för att spionera, och från dälder mellan kullarna höjde sig der och hvar en blå rökpelare:

Nu befunno vi oss i de egentliga jagtmarkerna, en landsträcka af låga, långsträckta, rundade kullar beväxta med ett kort, välluktande gräs, buffelns käraste föda. Vi hafva upphört att skjuta på skallerormar och prairiehöns; vi spara våra kulor till sjelfförsvar, ehuru frestade vi emellanåt äro att skicka ett skott till en elg, en antilop eller ett rådjur. Som det egentliga villebrådet var bufflar, mot hvilkas tjocka hud våra kulor icke voro till något gagn, sutto vi lugnt i vår vagn och betraktade hjordarna som tågade förbi, i linier, i drifter, i arméer bölande med ett dån likt åskans mullrande — svarta, ruggiga bestar! Än vandrande från söder till norr; än tvärtom, men alltid korsande vår farled. Fälten hvimlade af lefvande varelser, förnämligast bufflar. Under fyratio timmar sågo vi dem oupphörligt — tusende och åter tusende; tiotusende och åter några gånger lika många; en oräknelig skara af otämda djur dugliga till föda åt menniskor, tillräcklig, tycktes det mig, att förse alla Cheyenner och Arappahoes med lifsmedel till tidernas slut. Ett par gånger försökte kusken att skjuta ett djur, men fruktan för rödskinnen höll honom vanligen tillbaka.

Buffeln, som den hvite mannen jagar för sitt nöje, tjenar indianen hufvudsakligen till föda; och en Cheyennekrigare kan ej lära sig fatta hvarföre en hvit skall komma på hans jagtmark och blott till tidsfördrif döda bufflar. Skedde detta af nöd, för att erhålla födoämne, skulle indianen öfverse dermed, om han ock kom att lida till följd af den hvites räffelbössa. Men en buffeljagt för ro skull synes indianen en vidunderlig orätt, på hvilken han med glädje skulle vilja göra slut förmedelst tomahawken och skalperknifven.

Alltefter som vi stego högre på steppen, öfver terrasslika afsatser, hvilka knappt under en väglängd af tolf mil ligga i jemnhöjd, brände solen häftigare öfver våra hufvuden, och sanden hetare under våra fötter. Ormar, ödlor och gräshoppor hvimlade på mark och i luft; hettan var förfärlig. Vid middagstiden, då ej ett vinddrag förmärktes, påminde mig temperaturen om Jordans dal. Vatten var sällsynt och dåligt; den torra, feberaktiga hettan, som hvilade öfver hela naturen, trängde in i lungor och porer och inverkade på blodet.

Fjerde dagen var hettan tropisk. Det korta, fina gräs som buffeln tycker så mycket om, låg nu bakom oss i de lägre regionerna, hvarest jorden ännu har någon must, hvilket ingalunda syntes vara förhållandet der vi nu befunno oss. Vår farled var beströdd med skeletter af oxar, mulåsnor och hästar; — huru många lif har det ej kostat att hålla vägen öppen ifrån floden Missouri till Oceanen! Korpar och vargar spisade som bäst på hvad som återstod af de störtade djuren, och voro så orädda att de knappt läto skrämma sig ifrån måltiden genom bullret af vagnshjulen i den brännheta sanden. Ett guldskimmer, framkalladt af värmen, omslöt jorden och hägringar af friskt vatten — som vi aldrig funno — gäckade våra torra strupar med falska löften. Rundt omkring oss hvilade en dödslik stillhet, då vi vid vestra horisonten fingo se en liten molntapp, icke större än en prairiehund; — nu var den stor som en räf — en buffel — ett berg! Några minuter derefter var himlen öfverdragen med ett blygrått, svafvelmättadt täckelse, från hvilket blixtar började dansa och hoppa.

Ett våldsamt åskslag trängde på en gång igenom den tysta, stilla luften. Det efterföljdes ögonblickligt af en storm och ett störtregn, som dref upp sanden i tjocka moln och slungade den in i postvagnen, alltför illa skyddad mot ett dylikt anfall genom sina gardiner. Vi blefvo naturligtvis öfverhöljda af jord och dam. Att utestänga den flod som öste ned från skyarna var icke att tänka på; inom några minuter voro vi genomdränkta af regnet. Detta oväder räckte fyra eller fem timmar; vi hade det rätt emot oss och ett par gånger stannade våra mulåsnor, vände sig åt sidan och kunde hvarken med piska eller uppmuntrande rop förmås att gå vidare. Hade de varit fria, skulle de flytt för den våldsamma åskstormen; fängslade som de nu voro vid postvagnen, kunde de blott skälfvande och stönande stå stilla. Men ovädret lade sig ändtligen; stjernorna framblickade; luften var åter lugn och nästan kylig. Vi släpade oss vidare på den af regnet uppblötta, dimhöljda marken.

Brist på sömn, på föda, på kroppsrörelse — ty

natt och dag skakade vi framåt på den obanade vägen — hade gjort oss illamående. Endast ibland höllo vi stilla vid någon vattensamling, eller för några minuter vid åsnestallen för att ombyta dragare. Stärkande föda och uppfriskande dryck stodo ej att erhålla, och nästan utan uppehåll suto vi inpressade i ett åkdon, som man kunde varit frestad tro hade blifvit uttänkt af en ond ande, blott för att pina menniskor — en verklig helvetesmaskin, der vi hvarken kunde sitta, ligga eller stå. Min vän led af gulsot och jag af en inflammatorisk hudsjukdom. Men trots dessa plågor voro vi sjelfva öfverraskade af den nyfödda lifskraft, som hvar morgon med det vaknade dagsljuset spred sig genom hela vår organism. Skuffade, skakade och slängda hit och dit, tills vårt hufvud svullnat, ansigtet fått blånader och händerna sår, kröpo vi fram ur vårt usla fordon — ett fordon utan dörr, fenster och fotsteg — då postvagnen efter midnatten stannade vid något åsnestall. Der hade vi ingen annan hviloplats än det smutsiga, otrefliga stallet; hungriga, sömniga, med värkande hufvud och halfqväfda af dam och sand, var det förgäfves att äfven der tänka på hvila. Sedan vi vid någon liten vattenpöl, hvarur vi icke vågade släcka vår törst, åtminstone hade doppat ned hufvudet och sköljt oss i munnen, sträckte vi ut våra värkande leder och begåfvo oss med raska steg i förväg vidare. Under det vi så gingo kanske tre eller fyra mil framåt slätten och i djupa drag inandades den friska morgonluften, stannade vi, sågo på hvarann och logo. Liksom genom trollkraft var all plåga, sendrag och trötthet borta; blodet flöt lugnare i ådrorna, lungorna fylldes åter med luft, dammet i näsa och strupe var försvunnet och ögonen tycktes förmedelst en inre kraft hafva frigjort sig från hetta och mattighet. Kunde vi blott hafva erhållit mat, skulle vi känt oss starka nog för att trotsa alla ansträngningar. Men mat stod icke att få.

FEMTE KAPITLET.
Prairie-indianer.

Indianerna på dessa prairier hade hållit rådplägning på ett fält i närheten af Fort Ellsworth om huruvida det vore klokt att låta de hvita männen under beskydd af deras Store Fader i Washington öppna en ny farled genom deras land; de krigiska stammarna i denna region, Cheyenner, Arappahoes, biträdda af allierade i söder och norr, de mäktiga Sioux, de vilda Kiowas, de sluga Comancherna och de snabba Appacherna sades hafva beslutit sig för krig.

Indianerna påstodo sig vara bedragna af de hvita. Så säga de alltid då de gå ut på krigståg, ty en indian är för högmodig att ens för sig sjelf vilja erkänna sig hafva orätt, eller att han brutit en öfverenskommelse. Så vidt vi lyckades utleta rätta förhållandet, åtminstone såsom indianerna framställde saken, hade tidigt på våren samma år (1866) en officer i Förenta Staternas armé, Major Wyncoop — ofta använd som underhandlare — varit hos prairie-jägarne och gjort dem presenter af vapen, filtar, mjöl och bränvin, i utbyte mot ett löfte att ingen af dem skulle ofreda emigranter och resande köpmän. Wyncoop, sade de, hade med egna ord bedt dem ej hysa någon farhåga för sina jagtmarker, och sagt att deras Store Fader i Washington icke hade för afsigt att anlägga någon ny väg öfver Smoky Hill. Men sedan Wyncoop lemnat dem, började de frukta att han varit en frambärare af lögnen, ty de hade fått höra att medan han ännu sof i deras wigwams och spisade elgkött tillsammans med Krokiga näsan, Svarta falken och Fläckiga hunden, Cheyennernas yppersta chefer och krigare — så lade de hvita som bäst råd om att sträcka en farled tvärs öfver deras bästa buffelmark.

Blekansigtena hade sagt dem att alla vägar skulle vara öppna; de hade sagt att vägen från S:t

Louis till Newyork skulle vara lika fri för den röde mannen som för den hvite, men deras chefer voro för kloka att låta dåra sig af sådant tal. I deras mening var vägen från S:t Louis till Newyork icke fri. Skulle Svarta falken ega rättighet att jaga på Ohios marker? Finge Fläckiga hunden slå upp sitt tält på Indianopolis' gator? eller Krokiga näsan under vägen från S:t Louis till Österns städer, döda och uppäta får eller kor, djur som i dessa nejder kommit i stället för buffeln och elgen? Tillåts ej detta, huru kunde då farleden kallas fri för dem som bo i tält och lefva af jagt? Dessa indianstammar känna lika väl som några statsmän i Washington att *deras* lagar äro icke våra lagar, *deras* frihet icke vår.

Stamcheferna förklara att de bästa jagtmarker, som numera blifvit lemnade till den röde mannen, äro prairierna i grannskapet af Smoky Hill, en torr och sandig högslätt, mera än hundra mil i längd, som sträcker sig vid foten af nämnda bergshöjd, hvilken fått sitt namn af det töcken som vanligen omger dess topp. På denna del af prairien växer det fina, aromatiska gräs, som buffeln med välbehag idislar och dit komma de ofantliga skaror af vildbråd, som är omistligt för indianernas vinterförråd af lifsmedel. Hvart skola dessa hjordar fly om de störas i sitt närvarande hemvist? I söder ligger Arkansasvägen, norrut Plattevägen. Intet vildbråd kan trifvas der den hvite mannen fått fast fot; att anlägga postväg åt Smoky Hill är således detsamma som att beröfva indianerna sin föda. Elg och antilop kunna fortfarande lefva i närhet af emigranters och köpmäns farleder; buffeln, ett djerfvare och vildare, men på samma gång försigtigare djur gör det aldrig.

»Den hvite mannen kommer, buffeln går,» säger *Svarta falken*, med sin skarpsinniga logik; »buffeln går, qvinnorna och barnen dö.»

Ser man saken från Svarta falkens synpunkt

kan intet tvifvel uppstå om rättvisan och billigheten af att vi ej göra intrång på deras jagtmarker.

Ännu en anledning hade framkallat den jäsning i sinnena som gjorde vår färd öfver prairierna osäker.

En af de stridsfrågor som söndra unionens östra stater från de vestra, — d. v. s. de regioner som ligga vester om Mississippi — har sin grund i frågan: hvilken politik bör styrelsen följa med afseende på indianerna? Österns städer förorda vackra gåfvor och söta ord; Vestern revolvers och bowieknifvar. Hvardera sidan har sin öfverdrift. I Boston tror ingen att en indian kan göra någonting orätt; i Denver tror ingen att han kan göra hvad som är rätt. Hvardera partiet anklagar det andra för okunnighet och tanklöshet. I de östra staterna ser man indianen endast från en romantisk synpunkt, såsom en representant af ett folk kärt för konsten och poesien — ett folk som snart icke mera skall finnas på jorden. I Colorado deremot betraktar man honom i en skarpt prosaisk dager som tjuf, tiggare, mördare, alltid färdig att borttröfva hvita qvinnor och skalpera hvita män. Medan i staterna vid Atlantiska hafvet nästan hvar menniska har gjort en teckning, komponerat en romans, eller åtminstone läst en roman om den röde mannen, finnas kanske i Colorado, Nya Mexiko och Kalifornien knappt någon familj, som ej fått en manlig anförvandt barbariskt mördad, eller en qvinlig anhörig borttröfvad af denna romantiska personlighet. Allt detta kan förklara den radikala skiljaktighet i idéer som råder i Östern och i Vestern. I Kansas gör sig ännu en viss, human foglighet gällande, men Colorado, som står i ännu närmare beröring med den röda racen, har understundom sitt eget sjelfrådiga sätt att gå tillväga i dessa gräsöknar, dessa bergpass, hvilka ännu ej ega ett namn.

Förlidet år tilldelade Colorado sin vilda fiende ett hårdt slag, då en kavalleritrupp under öfverste Shevington bröt in i ett Cheyenneläger af tusen man under befäl af *Den hvita antilopen*, en gammal ryktbar indianchef. Colorado-volontärerna som fått ordres från Washington att upprätthålla säkerheten, redo in på de oförberedda indianerna och nedsköto med hejdlöst hat och raseri män, qvinnor och barn. *Hvita antilopen* föll som en hjelte. Då han såg att försvar och flykt voro lika fruktlösa, sprang han upp på en liten kulle, slog upp sin broderade liftröja och uppmanade blekansigtena att skjuta. Träffad af tjugu kulor, störtade han till jorden. De flesta af hans följeslagare föllo med honom; gamla och unga, qvinnor och värnlösa barn. Sexton volontärer voro slagna och deras kamrater redo tillbaka till Denver, enligt sin egen förmodan höljda med ära för sin tappra bedrift.

I Nya Englands stater heter detta anfall på Cheyennernas läger: den indianska massackern; i Vesterns nybyggen, i guldregionernas städer nämnes det med loford och pris: den stora fäktningen. Det omdöme man fäller rörande tilldragelsen anses på båda trakterna afgörande för ens sunda begrepp. I Boston skulle ett gillande ord föranleda social bannlysning; i Denver torde ett ogillande af indianska massakern inbringa er ett knifstygn i sidan. Efter dessa upplysningar behöfver jag knappt tillägga, att jag vester om Missouri aldrig talt med någon, som ej påstått att affären vid Sand Creek, ehuru afskyvärd i några detaljer, var en handling af helsosam stränghet, en affär som behöfde upprepas ett par gånger om året, tills hvarenda indianhord blifvit förjagad från prairierna.

I östern påstår man, att då Shevington anföll lägret, voro Cheyennerna i fred med de hvita, och att Amerikas flagga svajade öfver Hvita Antilopens tält. Detta förnekar Shevington, samt påstår att lägret var en tillflyktsort för förlupna soldater och ett band af indiska mördare och fogelfrie skurkar, hvilka under flera månader plundrat nybyggare och mördat emigranter; ett faktum som han och hans vänner påstå vara bevisadt, för det första derigenom, att just i detta läger funnits en hvit, sextonårig flicka och tre små barn, hvilka indianerna först efter vidlyftiga underhandlingar kunde förmås sälja till Denvers invånare; för det andra, emedan de skrutit med att ega två andra hvita qvinnor, som rödskinnen hvarken ville gifva tillbaka eller sälja, och för det tredje, emedan, då lägret blef taget, volontärerna påträffade en mängd ringar, band, fotografier och skalper.

Ett grymt dåd af dessa indianer hade på förhand väckt den bittraste harm i Denver. Vid ett nybygge, ej långt från nämnda stad lefde med hustru och två barn en hederlig och duglig landtman, vid namn Hangate, väl aktad och omtyckt af sina grannar. Indianerna öfverumplade hans enligt belägna hem, drefvo bort boskapen, brände gården, misshandlade på det nedrigaste hans hustru, mördade barnen och sköto slutligen honom sjelf. Sedan alla familjens medlemmar blifvit skalperade, hackades de döda kropparne i många stycken. Sålunda funna af hvita grannar, blefvo dessa fasansfulla qvarlefvor burna in till staden Denver och, liksom de sårade i Paris 1848, offentligt förevisade — en syn som bragte det heta coloradoblodet i raseri.

Hvita antilopen fick umgälla Hungateska morden.

Tvänne af de skalper, som af Shevingtons volontärer efter slutad strid funnos i lägret, hade varit helt friska; den ena, en mans, var knappt kallnad, den andra, en hvit qvinnas, förklarades af fältläkaren vara tagen inom tio dygns förlopp.

Den ena fejden framkallar den andra; förlidet års strider kunna endast försonas genom blod. En son af Hvita antilopen vandrar nu omkring till alla prairiestammar och manar dem att stå upp och hämna hans faders död. Och cheferna *Svarta höken*, *Stora buffeln*, *Lansen* och flera ryktbara krigare sägas villigt lyssna till detta upprop, hvilket på samma gång kan mätta deras lystnad efter blod och fördrifva de hvita från jagtmarkerna.

SJETTE KAPITLET.
Den röde mannen.

En lång följd af poemer och romaner hafva vänjt oss eruopeer vid att snarare betrakta indianen som en bild af stor romantisk effekt vid sjöar och vildmarker, än som en lefvande makt, midt i Amerikas samhällen. Vi hafva inrymt honom samma rum i våra tankar, som vi skänka dramats och fiktionens heroer. Då vi i inbillningen föreställa oss en Iroques, en Mohikan, se vi honom målad i krigsfärger, utstyrd i sin jagtdrägt; han sitter till råds under ett väldigt träd, han ser Gud i molnen, han hör honom i vindens sus. Antingen han med falkens skarpa blick smyger ut på krigståg, antingen han sörjande vakar i sin wigwam öfver Minnehaha, eller, beröfvad sina älskade jagtmarker i Ohio, emigrerar till sitt nya hem i den okända vestern, är han för oss alltid densamme: en bild, ett poem, en roman; men icke hvad han i verkligheten är: en varelse af kött och blod, begåfvad med skarpa sinnen, starka passioner, djupa tankar; en man med lika stor motståndskraft i afseende på den främmande race, hvilken med honom kommit i beröring, som med förmåga att imponera på denna främmande folkstam.

I Förenta Staterna känner man indianerna bättre. Bland dess befolkning lefver den röda racen liksom den svarta, mindre lättledd än denna, men rikare på idéer. Indianen har sin politik, sin konstfärdighet, sina traditioner, och dertill en makt som negern fullkomligt saknar, nämligen att ej blott emottaga men ock gifva tillbaka hvad som kan ega värde inom tankens verld. Amerikanarne hafva att dagligen underhandla med den röde mannen, emedan han eger en rättighet till landets jord, som ingen yankee kan förneka och som ingen redlig man skulle vilja disputera honom. Intet folk har tagit en annan stams land och städer i besittning, utan att det på samma gång tillegnat sig en för denna eröfrade jord egendomlig nationalanda, som efterhand inverkat på inkräktarnes politik, seder och konstsinne. Menniskan är en lefvande kraft, verkande och återverkande på sin like, till följd af en mäktig naturlag. All styrka är relativ. Om den starke verkar på den svage, så har ock den sistnämnde en reaktion på den starke. Nummertal är också styrka, och om den högre begåfvade racen har den oturen att vara fåtalig, skall den till en viss grad sjunka till lika ståndpunkt med sina slafvar, till trots af sin första öfverlägsenhet både i fysiskt och moraliskt hänseende. Detta gjorde att romarne, sedan de blifvit Greklands beherrskare, adopterade konster, språk och religion af det land som de vunnit med svärdet. Den normandiske eröfraren blef en engelsk *gentleman*, och bidrog till att göra denna benämning aktad och ädel mera än de flesta i verlden. Efter tre generationer hade invandrarne under Strongbow blifvit mera irländskt-sinnade än sjelfva celterna. Hertig Rollos krigare blefvo verklige sicilianare. Mantshcutatarerna hafva blifvit kineser. Äfven i de fall, då eld och svärd begagnats för att försvaga den infödda befolkningen, har det gått på ungefär samma sätt. Israeliterna fingo befallning att slå Hetheer, Amoreer, Canaaneer, och efter Guds bud slogo de utan misskund männen af dessa folkslag. Men hedendomens idéer och seder voro fastvuxna vid denna jord; generation efter generation föll det utvalda folket i synd, och tillbad landets afgudar. Dagon, Moloch, Ashtaroth lockade män ifrån Jehova; Tyrus och Sidons prakt och konstfärdighet frestade dem, hvilka Jabii svärd ej förmådde drifva ur landet. På samma sätt har äfven den röda folkstam, våra förfäder funno vid Atlantiska hafvets kuster och som de drifvit allt längre bort, tills den nu hamnat i Arkansas, öfverallt hvarest den uppehållit sig efterlemnat spår af sin tillvaro i nationalkarakteren, vare sig i folkets politiska anda, i allmänt vetande eller i seder och lefnadssätt. Sådant är förhållandet i de nejder, hvarifrån indianerna numera fullkomligt försvunnit, liksom i de regioner hvarest de ännu finnas: må man tänka sig spiritualisterna i Nya Englands städer och mormonerna vid Saltsjön. En menniska tar karakter af de näringsämnen hon njuter; en nation af de krafter den absorberar. Der indianerna alldeles försvunnit genom förening med den hvita folkstammen, der måste otvifvelaktigt den sistnämnde hafva undergått en förändring, hvars storlek endast kan beräknas genom styrkan af den besegrade motståndskraften — en egenskap den somliga indianstammar besitta i en alldeles förvånande hög grad. Der, hvarest indianerna öfverstått konflikten med de hvita och ändå behållit fast fot, som vid Oneida Creek, Wyandotte och S:t Marys mission, är kraften att agera och reagera ännu i full verksamhet och har fått ett inflytande på nationalkarakteren, som ingen på förhand förutsett och som ingen kan förneka.

Den anglo-sachsiska folkstammen eger utan tvifvel en stor assimilationsförmåga, men den röda racen har kanske varit det hårdaste arbetet deraf. Ehuru de hvita nu äro herrar, kan ännu i dag ingen bestämdt säga, huruvida det utöfvat större inflytande på indianerna, än indianerna utöfvat på de hvita.

Må den som anser detta otänkbart, sjelf företaga en resa i dessa Vesterns regioner, hvarest indianer och hvita samtidigt finnas, ehuru icke förenade genom den ringaste harmoni. Der lär man sig snart inse att de båda folkstammarna inhämtat hvarandras laster, att, medan indianen kommit derhän att öfverträffa sin hvite broder i dryckenskapslasten, har den sistnämnde blifvit den röde mannens jemnlike i grymhet och list. Har nybyggaren lärt indianen dricka whisky, så har denna deremot hos den förutnämnde infört bruk af månggifte. Nästan alla gamla jägare och formän, som länge lefvat på indianernas gebiet, hafva flera »squaws». Om »*Lilla björn*» super och slår ihjel sin squaw, så har deremot hvita män lärt sig att skalpera slagna fiender. Jag hörde på prairierna berättelser, som kommo blodet i mina ådror att stelna af fasa. Jack Dunkier i Denver hade i sina kamraters närvaro skalperat fem Sioux. Samme coloradoman berättades hafva ridit in i Denver med benet af en indiansk krigare hängande vid sadeln. Hans prat att han i två dygn lefvat af denna gräsliga trofé trodde väl ingen på, men det har i alla fall sin betydelse att en hvit man öppet kunde skryta af att hafva stekt och ätit köttet af en medmenniska. En Pawnee skulle yfvas öfver ett dylikt dåd och prisa sig sjelf derför inom sin stam. Efter massackern vid Sand Creek red en af volontärerna in i Denver med en qvinnas hjerta på spetsen af ett spjut; sedan han skjutit sin värnlösa fiende, tog han hennes hjerta ur bröstet och hemförde det i triumf. Ingen af kamraterna klandrade hans beteende och den blodiga troféen helsades med hurrarop af pöbeln på gatorna. Jag är glad att kunna tillägga att äfven i detta vilda samhälle af guldsökare, opinionen bland den hvita befolkningen undergick en förändring till ett bättre, med afseende på denne man; ingalunda så att någon tänkte på att fängsla honom för hans brott eller att hans kamrater ej ville tjena i samma led som han, men på krogar och spelhus ett föremål för hån och gyckel, fann sig bofven slutligen befogad att fly från staden och hördes sedan icke vidare af. Ett dylikt dåd, begånget af en cheyennekrigare, skulle höjt honom till rang af chef. En annan våldsgerning, ehuru den icke kostade något lif, föreföll mig nästan mera upprörande än mordet af en qvinna i krigstid — vanhelgande och plundring af indianers grafvar. Ett vagnståg tillhörande regeringen passerade under färden öfver prairierna förbi klippblock och sammanhopade stenar, som en gammal slug »trapper» genast förklarade var en stor chefs begrafningsplats. Vesterns vilda hvita män läto ej säga sig detta två gånger; de kastade undan stenarne, sparkade omkring den aflidne krigarens ben och plundrade grafven på båge och pilar, en sked af buffelhorn (jag fick den sedermera till present af en officer i Förenta Staternas armé), perlband och prydnader samt qvarlefvorna af en buffelhudsdrägt, i hvilken chefen till sin sista hvila blifvit klädd.

Men jemte många onda egenskaper hafva indianerna äfven meddelat de hvita — »yengees», såsom de kallas — några af naturbarnets dygder, en hög grad af gästfrihet, djup vördnad för ett gifvet löfte och stolt förakt för plågor och död.

Den röda racen har lärt hela verlden att röka tobak. Hafva väl blekansigtena gifvit den någon enda gåfva att jemföras med denna, som dessa vildar skänkt den civiliserade menskligheten?

Det är icke tomma ord, då jag säger att öfver hela de hvitas Amerika en stark inverkan af den röda folkstammen fått insteg, såväl i antagna institutioner som inom tankens område.

De fem nationernas förbund var den typ, hvarefter våra förfäder bildade sin konfederation af *tretton kolonier*, och detta icke blott med afseende på sjelfva unionsprincipen, men äfven med iakttagande af dess flesta detaljer. Iroqueserna hade uttänkt teorien om de skilda staternas lagstiftningsrätt, hvilken kolonisterna sedan togo efter — en oklar och farlig lära, som lemnar tillfälle öppet för utveckling af många skilda makter, kanske till splittring af Unionen. Tusentals stridigheter och ett inbördes krig, hvars slutliga utgång vi ännu ej skådat, hafva blifvit följden af denna teori. Dessa Iroqueser hade, som medel att öka sin makt och utvidga sina gränser, antagit regeln att aldrig öka någon af de redan gifna nationernas välde, men deremot upptaga nya stammar i förbundet, en ny princip för politisk makt som de hvita lärde sig af dem. Efter dessa två grunder hade de fem nationerna ökats till åtta, och de tretton kolonierna, ordnade enligt samma mönster, hafva efter hand utvecklat sig till fyratiosex stater och territorier.

Vid 1774 års konferens, då fullmäktige från Pennsylvanien, Maryland och Virginien bgåfvo sig till Lancaster för att öfverlägga med Iroquesernas Sachems, talade den store chefen Casannatego till den i ordalag, värdiga en grekisk medlem af Achaïska förbundet: »Våra visa förfäder grundade förening och vänskap emellan de fem nationerna. Denna union har gjort oss mäktiga. Den har gifvit oss styrka och skänkt oss anseende hos nästgränsande stammar. Om I följen samma regel, skolen I äfven blifva starka och mäktiga. Derföre råder jag eder, att hvad helst må hända, I aldrig striden med hvarandra.» Officiela handlingar till kongressen bestyrka sanningen af att den Iroquesiska konfederationen var upprinnelsen till Förenta Staterna.

De Fem Nationerna hade högt begrepp om friheten, såväl den politiska som inom det enskildta lifvet. Hvar man hade lika rättigheter. Sachem tillsattes alltid genom val, äfven om han var son af en högt ansedd man som före honom beklädt samma plats. Någon ärftlig rang fanns icke och inga andra titlar än de som uttryckte mannens befattning, såsom »krigare», »rådgifvare», »siare». Alla män af Iroquesernas stam och deras bundsförvandter sades vara friborna och hvarandras likar; ingen friboren man kunde blifva slaf. Slafveri var under hvilken form som helst dem motbjudande. Ingen Iroques kunde ega en medmenniska. Krigsfångar blefvo antingen dödade eller upptagna i stammen som dess medlemmar. Ja, frihetsläran var så stark inom de Fem Nationerna, att sjelfva jorden förklarades fri och ingen slaf kunde finnas inom de röda männens gebiet, ehuru samtidigt negrer köptes och såldes på Bostons, Filadelfias och Newyorks torg. Längre fram lärde sig emellertid de mindre ädla indianstammarne — Cherokeeser, Choktaws och Chikasaws — af sina hvita bröder att stjäla eller köpa sin svarte broder och hålla honom i band liksom mulåsnan eller hunden.

Hos flera stammar, likväl mindre i Vesterns vilda regioner än bland Delawares, Mohikaner och Senecas, åtnjuter qvinnan ett förvånande högt anseende, icke blott inom sin wigwam, der hon innehar hedersplatsen, men äfven i det offentliga lifvet, — ja, hon eger till och med rättighet att deltaga i rådplägningar angående krig eller fred. Bland de ädlare indianstammarna sätta krigarne en stolthet uti att visa sina hustrur en aktning, vida större än den ytliga artighet stadslifvet hos oss fordrar; af brist på annat namn skulle vi vilja kalla den ridderlighet. Detta är ett vackert undseende af den starke för svagheten, och ofta har den ett mildrande inflytande på råheten hos dessa vilda krigare. Inom ett lagbundet samhälle, der allas rätt är skyddad och icke beror af individernas nyck, är naturligtvis icke så stort behof af denna mannens öppet erkända hyllning af qvinnan. Men hos vilda och halfvilda folkslag, hos jägaren och herden — Seneca-indianen och Anezi-araben — blir den en dygd, en handling af moralisk och poetisk skönhet, som förädlande måste inverka på sederna.

Hvem kan betvifla att de indianska idéerna om trolldom, om månggiftet, om flera gudar, själavandring, om oss omgifvande andeväsen, samt belöning eller straff i ett annat lif, hafva rotat sig djupt i den amerikanska, hvita befolkningens sinnen och att de skola leda till mycket godt eller mycket ondt i Amerikas religiösa lif!

Ett ibland de första intryck en engelsman erfar vid sammanträffande med indianer — näst nyfikenheten öfver deras målning och brokiga fjädrar — är intresset för deras fördelning i horder, menniskoslägtets äldsta samhällsform. Systemet är i grunden österländskt och tillhör alla nomader och herdefolk; i Medien, Indien, Arabien och Scytien återfinner man detsamma. Första steget från vildt till civiliseradt lefnadssätt är indelning stammar, grundad på familjen-eller klanen. Sparta egde tre hufvudstammar, Athen fyra, Palestina tolf, Rom tre. Inom hvar och en af dessa stater synes en stam haft högsta anseendet: Uylliderna i Sparta, Eupatriderna i Athen, Juda i Palestina och Ramnes i Rom. Bland de mångfaldiga indianstammarna tyckes emellertid icke ett dylikt öfverherrskap vara tillfinnandes och skulle aldrig erkännas. Hvar hord utgör en makt för sig och dess förnämsta politiska sats är att bibehålla sitt oberoende. Af dem hafva ock de hvita lånat idéerna om staternas speciela lagstiftningsrätt.

SJUNDE KAPITLET.

Lefnadssättet bland indianerna.

Sagan om Minnehaha: »Det leende vattnet», har lärt oss att bland dessa skogarnes och ödemarkens barn, finnas traditioner fulla af känsla och poesi. En indians lif — då han går ut på ströftåg, jagar bisonoxen och elgen; då han vinner sin älskarinnas hjerta genom gåfvan af en slagen fiendes skalp; då han svänger sig stolt i krigsdansen; då han begrafver stridsyxan och bortlägger skalperknifven, då han talar till sin stam vid rådplägningen; kallt trotsar död och marter om han fallit i fienders händer — allt är fullt af romantik. Hans personlighet är af artistisk effekt, hans handlingar fulla af vild poesi. Skogen, der han dväljes, grässteppen der han jagar, floden der hans båt ilar fram — allt är för honom fullt af andeväsenden. Öfver allt tycker han sig stå i förtrolig gemenskap med tingens innersta väsende; från hvarje löf, ur hvarje klippa hör han naturens stämma. Ej underligt då, att hans oskrifna poemer äro fulla af vild kraft, befryndade med och ändå så olika Homers, Ossians och de gamla skandinavers urpoesi.

— — »En ung jägare fattade kärlek till en skön

flicka och bad att få henne till sin maka. Ingen var så snabb i kapplöpningen, så tapper i kriget som han, derföre var han hela stammens stolthet och hans begäran blef af den unga flickans far med glädje bifallen; men på bröllopsdagen dog bruden. Och qvinnorna svepte henne i en ny duk, gräfde en djup fåra i jorden, klagade öfver hennes liflösa kropp och lade den ned i det höga gräset. Men den unge jägaren kunde icke lemna hennes graf. Bågen hängde ospänd i hans tält; stridsklubban låg på marken, ty hans hjerta var begrafvet i skogen, der hans brud hvilade; hans öra lyssnade icke längre till stridens och jagtens rop. Endast en glädje var honom öfrig: att sitta vid kullen der hans älskade låg, att tänka på henne och i inbillningen följa henne till andarnas land. Gamla män hade lärt honom att de aflidnas själar gå till de lyckliga öarne långt, långt söderut, der solen ständigt lyser och himlen aldrig är gömd i töcken. Der i en evigt lugn och klar sjö ligga de lyckliga öarne, och en dag då han satt på den kalla grafkullen och träden stodo tyngda af snö, tänkte han: »jag vill gå att söka den ö der min bruds själ nu dväljes.» Han vände sitt ansigte mot söder och började sin vandring, och länge fortgick den genom ett land fullt af sjöar, höjder och dalar, likt hans eget; men efter en lång tids förlopp syntes ej mera snö i träden eller is på vattnet; luften blef klarare, jorden grönskade, buskar och örter knoppades, snart lyste fälten af blommor och i lundarne sjöngo foglarne. En gångstig ledde inåt en tät skogspark; den följde han och kom så upp på en hög ås; deruppe stod en wigwam. Vid dörren helsades han välkommen af en gammal man med silfverhvitt hår, blekt ansigte och stränga forskande ögon. Gubben var klädd i en drägt af vilda djurs skinn och lutade sig vid en staf. Jägaren ämnade berätta honom sin historia; — »Tyst!» sade den gamle; »jag har väntat dig och derföre steg jag upp att bjuda dig ett välkommen. Hon, som du söker, har varit här, har hvilat sig en stund och så gått vidare. Kom in i min hydda.» Då jägaren förfriskat sig med mat och dryck samt tagit sig hvila, ledde gubben honom åter ut ur hyddan och sade: »Ser du denna afgrund och landet der bortom? Det är själarnes rike. Du står vid dess gräns och jag vaktar dess port. Men endast själar kunna komma ditöfver. Lägg ned din packning, ditt pilkoger, lemna här din kropp och din hand; gå nu in i själarnas land!» Lätt som en fogel höjer sig på vingarne, höjde sig jägaren öfver jorden. Skogen, sjön, bergen voro ock de samma som förut, men han såg dem med nya blickar. Hela naturen skimrade af ljus och var full af välljud. Luften var lättare, himlen klarare, marken grönare än hvad som synes för dödliga blickar. Foglarne sjöngo för honom, djuren kommo smekande till honom; ingen fruktan fanns mera, ty intet blod gjutes i andarnas land. Sväfvande fram snarare än gående, kom han allt längre; berg och träd hindrade ej mera hans väg än en dimma, ett rökmoln kan hejda en menniska.

»Slutligen kom han till en stor, kristallklar sjö i hvars midt en herrlig ö reste sig. Vid stranden låg en kanot af hvit sten och i den en åra tillreds. Då han stigit i båten och ämnade skjuta ut från stranden, såg han liksom i en dröm en annan, snöhvit kanot vid sidan af hans egen och i den satt hans brud, blek och skön som han sista gången såg henne. På samma gång sköto de sina kanoter ut i vattnet och hennes årtag besvarade hans, liksom tonerna i musik. Jägarens hjerta intogs af en lugn glädje, medan de färdades framåt den lyckliga ön. Men då de kommo närmare och han såg framåt stranden, greps han af oro för sin älskade, ty före dem bröt sig sjön i höga, hvita vågor och i det klara, djupa vattnet kunde han se drunknades kroppar och ben af mångtusende som omkommit i bränningen. Som han var stark och modig kände han ingen fruktan för sig, blott för henne, utsatt för den vredgade vågen i den lilla farkosten. Men då de kommo in ibland bränningarne, gingo deras båtar emellan dessa lika lätt och säkert som hade de varit blott luft. Rundt omkring syntes många båtar, hvar och en med en själ. Somliga voro i stor fara, andra hade redan kantrat. De kanoter, som förde små barn, gledo lugnt och lätt till stranden; de som buro ynglingar och jungfrur kämpade med vindkast och svallvågor. Gamla män voro i fara för stormar, mer och mindre svåra alltefter deras gerningar, ty lugnet och stormen tillhörde icke andarnas sjö, men de själar som foro derpå. Lätt lade sig de tvänne kanoterna vid stranden och jägaren samt hans brud ilade upp på den gyllene ön. O, hvilken förändring emot den forna, töckniga, kalla jorden! Inga grafvar! Intet krig! Stormar hveno aldrig genom luften; dimma bortskymde icke solen; ingen is fanns på den herrliga ön. Hunger och törst kändes aldrig der, ty den luft man andades skänkte näring nog. Deras fötter kände aldrig trötthet, deras hufvud värkte icke der mera, och ingen sörjde der öfver dem som dött. Glad skulle den unge jägaren hafva stannat hos sin älskade i andarnas land, men ett mäktigt väsende, kalladt: Lifvets Herre, kom fram till honom och talade med en röst ljuf som qvällens vind: — »Återvänd till det land, hvarifrån du kommit; din dag är ännu icke inne. Gå tillbaka till din stam och fyll din pligt som en god man. Då detta blifvit gjordt, skall du åter förenas med den ande du älskar. Hon är här och skall stanna för evigt, lika ung och lycklig som då jag kallade henne hit från snöns land.» — Då rösten slutat tala, spratt jägaren upp ur sin slummer och fann den lilla grafkullen, de snöhöljda träden och sorgen i sitt hjerta. O ve! allt var blott en dröm!»

Den röde mannen tror på en gud, eller, rättare sagdt, han tror på många gudar; så ock på ett lif efter döden, som han får dela med sin häst, sin falk och sin hund. Han tror att det finns en god och en ond ande, båda lika starka och under dem en oräknelig mängd andar — i bergen, i träden, i molnen, vattnet, kölden. Vinden, solen, stjernorna, allt är befolkadt af andeväsenden. Ingen Greklands fåraherde gaf någonsin Hymettos, Arkadien, »Orion» och »Björnen» sådana svärmar fantastiska väsenden som Cheyenner, Pawner och Ormindianer tro bebo dess slätter och berg, pass och skogar, sjöar och moln. Men att bygga tempel åt sina gudar, det har indianen aldrig lärt; för honom är det nog att finna dem i allt hvad som omger honom. Det är en naturreligion han eger och hans enda gudstjenst består i utöfvande af trolldom. Han tror på hexor och trollkarlar; på deras förmåga att förvandla menniskor till djur, och tvärtom. Sömnen är för honom blott en ny sida af lifvet och drömmar anser han vara lika verkliga, som hvad han företar sig under vaket tillstånd. Indianen inbillar sig att hela den rymd som omger honom är liksom mättad med gudar och osynliga väsenden, hvilka omgifva honom på jagten eller under striden, höra då han åkallar dem och sjelfva, genom tecken och ljud, kunna göra sig förnimbara af honom. Just indianen är grunden till klapp-andar, borddans och dylikt fantasispel; i konsten att framkalla andar till sin hjelp står han ännu långt öfver sådana fuskare som bröderna Davenport och Homes.

Hans religionsbruk äro få och vidskepliga. Att sjunga för de sjuka och bjuda de döda födoämnen är hans sätt. Han stoppar i örat eller i näsan en talisman — vanligen någon snäcka från den stora sjön — eller binder han den kring handleden till skydd emot onda andar. Prester, såsom vi uppfatta detta ord, har han inga, men han litar blindt på sin siare (jössakeed), ej blott i allt hvad som rör hans själ, men ock i kroppsliga fall. Också är profeten på samma gång läkare; sjukdom är nämligen enligt indianens tro en följd af såväl andlig som fysisk oreda, som blott kan besegras af den som har makt öfver synden och döden. Brigham Young har ungefär samma befattning vid ena ändan af Saltsjön, som en Shoshonee medicin-man vid dess andra ända.

Några besvurna lagar hafva icke de röda männen. Styrelsen inom stammen är rent patriarkalisk; liksom hos alla vilda horder är det stammens äldste, som utöfva högsta makten, utom i krigstid, då den starkaste och slugaste tar väldet öfver de öfriga. Om votering hafva de intet begrepp; välja de en ledare så gifva de detta tillkänna med höga rop. Nyttan och hedern af arbetet fatta de icke, och blott med missnöje, med tungt hjerta kan äfven den bäste indian förmås att drifva ett yrke. Inom hvarje indians bröst lefver en känsla af att de, alltifrån början, varit en fri folkstam, en hord af jägare och krigare, som beherskat menniskor och djur med stridsklubban och pilen; de tycka sig vara för goda att träla och släpa, att utföra qvinnors och de fegas verk. Drefvos de ej af hungern till jagt, skulle de ej göra någonting alls, mer än supa och slåss. I dessa båda afseenden öfverträffa Dakotas och Creeks de största slagskämpar i våra stora städer.

Jag kan icke säga att indianerna i sitt enskildta lif på mig gjort ett synnerligt godt intryck. En Cheyenner-krigare på en stark häst, klädd i en vacker liftröja af skinn, broderad med perlor, räffelbössan hvilande på sadeln och en filt hoprullad bakom ryttaren; hans hustru vandrande med trötta steg bredvid, bärande sitt lilla barn på ryggen och en packe lifsmedel i händerna — detta var min första, personliga erfarenhet af de ridderliga indianernas lif. En pöbellik skara Utah-krigare, som stormade fram på gatorna i Denver, rusade in i bodar och målade sina ansigten, medan deras qvinnor, belastade med barn, kålhufvuden, buffelhudar och åtskilligt annat husgeråd stapplade efter dem i den djupa leran, var min andra bekantskap. En sjelfsvåldig, oförskämd trupp Pawnees, rökande och supande vid sidan af Pacificjernvägen, medan deras hustrur, bortlegda af männerna mot femtio cents för dagen samt en ration majs och rått kött, släpade som trälar, var tredje tablån. Alltsom dylika exempel tilltogo i mängd, började jag misstänka att den ädle indianen ändå icke var så mycket gentleman som en troende läsare af »Den siste Mohikanen» skulle förmodat. »Hvarföre arbeta ej dessa karlar sjelfva, i stället för att stå och hänga i bodar och på krogar, medan de låta sina hustrur gräfva och bära ved?» frågade jag en vän från Omaha. Han log. »Ser ni då ej att de äro friborna krigare? De kunna ej förnedra sig nog för att arbeta.»

Ehuru qvinnan hos Sioux, Pawnees och Cheyennerna möjligen åtnjuter en viss makt inom sin wigwam och en högst vilkorlig frihet att yttra sin mening vid rådplägningen, hålles hon dock i många afseenden och i allmänhet taget icke bättre än en slaf. De förmåner hon eger hafva blifvit henne förlänade, snarare såsom medlem af stammen, än i egenskap af maka och mor. Kanske köpt af sin man för en filt, en gammal bössa, en kagge bränvin, beror det helt och hållet af denne mans nyck eller ömhet om hon blir behandlad som en fin dam eller som en hund. Han kan sälja, han kan skänka bort henne. En qvinna är lika underordnad mannen som en häst sin herre. Hon räknas bland hans öfriga lösegendom, hon som flera andra, ty hos indianer är månggifte allmänt. Allt arbete måste hustrun göra; hon skall fästa wigwam vid marken, skall hämta vatten och vedbrand, gräfva upp rötter och insamla nötter, tillreda maten, sy kläder, torka skalperna och bära barnen, då de äro på vandring stadda. Och medan mångfaldigt tröttande arbete kommit på hennes lott, eger hon knappt några af en qvinnas, en makas rättigheter. För den ringaste förseelse kan mannen förskjuta sin hustru eller beröfva henne sitt barn. Ej heller skonas alltid hennes blygsamhet. Ehuru otrohet på det grymmaste bestraffas, kan mannen erbjuda sin hustru åt hvem han behagar. Med ett ord: i indianens hem äro familjens qvinliga medlemmar sin herres tillhörighit och han kan behandla dem precist såsom han finner för godt. De hafva blott att tiga och lyda.

Och derför är den indianska qvinnan just sådan som man kan vänta genom en dylik behandling. Är mannen grym, blir hon barbarisk, är han vårdslös om sin person, blir hon osnygg; är han osedlig, blir hon skamlös. Då något riktigt lågt och vidrigt skall utföras, öfverlemnas detta åt qvinnorna. Skall en tagen fiende pinas, äggas de till detta dåd. En krigare kan med stridsklubban slå sin fånge till döds, men en långvarigare, en gräsligare tortyr, som att rycka lös hans naglar, bränna honom under fotsulan eller rycka ut hans ögon, detta och mycket mera, alltför rysligt att ens nämnas, utföres af de onda andar som dväljas i qvinnogestalt.

Alla män med hvilka jag talat af dem som vid Sand Creek slogos mot indianerna, beskrefvo »squaws» såsom ännu ursinnigare i striden än krigarne sjelfva. De hvita qvinnor, hvilka haft den tvåfaldiga olyckan att falla i händerna på indianer och att med lifvet återkomma för att berätta om den förnedrande behandling de lidit, ropa högt emot squaws, såsom ännu grymmare och lastfullare än sina herrar. Historien om en hvit qvinnas fångenskap hos indianer är sådan att den aldrig borde blifva berättad. I Colorado finnas åtskilliga, som genomgått ett sådant öde och det är i sanning förfärande att se de vilda blickarne, att lyssna till de kraftfulla förbannelserna af en far, en bror, en trolofvad till någon af dessa olyckliga varelser, om en Cheyenne bedömes annorlunda än som en hund, den det är hvar och en hederlig mans pligt att skjuta.

Det skulle vara ett farligt försök att på Denvers gator eller längs vägen öfver Klippbergen yttra ett gynnsamt ord om indianerna.

Men med alla fel hafva de likväl några dygder och många goda, naturliga anlag. De äro tappra; de äro för det mesta sedliga. I tålamod ega de få likar, i kraft att uthärda plågor *inga*. De älska sina barn; de äro sina hustrur någorlunda trogna. Vördnad för ålderdomen, för vishet och tapperhet går hos dem nästan till dyrkan och står blott ett litet steg under den känsla de hysa för den store Anden. Under krigstid och emot en fiende anse de alla medel lofliga, men den vanligaste och lägsta af alla folkslags laster, lögnen, är sällspord hos indianerna.

ÅTTONDE KAPITLET.
Postföring.

I trupper af femton till fyrtio man, väl beväpnade och försedda med goda hästar, ströfvade Cheyenner och deras allierade längs den linie der vi skulle fram och plundrade poststationer, samt hotade dervarande mulåsnedrifvare med eld och svärd. Ett indiankrig bryter aldrig hastigt ut, ty som många särskilda stammar och nationer måste indragas i företaget, är på förhand mycket springande än hit, än dit, mycket tobaksrökande och oändligt mycket talande. Då en man önskar krig, måste han först öfvertyga sin chef och den hord han tillhör om nyttan deraf; dernäst har han att rida omkring i landet till andra stammar, hviska, hålla tal, uppägga till hat och vrede, tills han slutligen lyckas bringa de unga krigarnes blod i jäsning. Sedan skola möten hållas, resultatet af rådplägningen jemföras och ett afgörande beslut af alla allierade fattas. Om de tal som höra till ordningen — och hvilka egentligen de gamla och de försigtiga hålla — draga för långt ut på tiden, smyger sig några unga krigare in i fiendens land och väcka der ond blod genom att plundra något nybygge, stjäla bort mulåsnorna och om möjligt äfven qvinnorna. Att de hvita skola hämnas genom ett anfall på dem, att två eller tre af deras egna krigare då skola tillsätta lifvet, veta indianerna, men de veta ock att de stammar som derigenom förlorat en eller annan af de sina, skola stå upp som *en* man och ropa på hämnd.

Det är naturligt att de hvita, då de icke äro understödda af styrelsen, aldrig göra motstånd vid dylika våldsamma besök af indianer, såvida nämligen intet lif blifvit taget eller någon qvinna blifvit bortröfvad. Är ej ett sådant brott begånget, säger man det vara klokare att mätta indianerna än att slåss med dem, ty de hvita kunna aldrig gå mot dessa fiender utan att, figurligen taladt, känna snaran kring halsen. En hvit vågar icke skjuta på ett band Comancher, vore han än fullt säker på att de äro hans fiender, komna för att mörda honom. Dödar han en indian, skall han ovilkorligen anklagas för mord. Den röde mannen har följaktligen fördelen af att få anfalla, när och huru han behagar. Det är först sedan någon af de hvita stupat, som dennes kamrater våga vexla skott med fienden. Då ett parti indianer komma fram till ensligt belägna nybyggen och stationer, hafva derföre innebyggarne intet annat val än att »slagta den gödda kalfven» d. v. s. taga fram sina förråd af fläsk, torkad buffeltunga, bönor, inlagd frukt; att sätta kitteln och stekpannan på elden och traktera de bofvar som kommit för att mörda dem, med de sista matvaror de ega samt tacka Gud om deras objudna gäster täckas återvända till vildmarken, utan att taga deras skalper och bortföra qvinnorna, af hvilka naturligtvis högst få finnas i dessa farliga nejder — jag tror knappt ett dussin mellan Wamego och Denver.

De små ströfcorpser Cheyenner och Arappahoes, som framtågade i vår front, kommo från de sex nationernas stora läger, ej långt från Fort Ellsworth. Deras syfte var egentligen att rekognoscera och utmana till krig; de höllo sig alltjemt litet framför oss, förolämpade de hvita och uppåto allt hvad de kommo öfver. Vid hvarenda station hörde vi berättelsen om deras oförsynta framfart.

Men för oss läto rödskinnen icke se sig på nära håll, utom en och annan, som kom för att tigga. Vid färden öfver en af Smoky Hills långa, låga höjdsträckningar observerade vi en liten trupp Cheyenner, som rörde sig längs en motsatt höjd. De voro till häst och förde äfven handhästar; räffelbössorna glimmade i solskenet och vi öfvertygade oss lätt om att de voro väl beväpnade. Hvar indian har en revolver, många ega två eller tre, instuckna i bältet och nästan alla hade en räffelbössa kastad tvärs öfver hästen. De tycktes ämna sig rakt öfver vägen der vi skulle fram. »Hvilka äro dessa indianer?» frågade jag kusken, bredvid hvilken jag tagit plats på kuskbocken. »Hm, inte vet jag,» svarade han med den i Vestern vanliga betänksamma tonen; »kan väl tro de äro några skälmar.» De gjorde halt, som det ville synas för att vi ej skulle varseblifva en hvit handhäst. »Kan väl tro jag gissar rätt nu,» fortfor kusken efter en stunds funderande; »voro de vänner skulle de komma fram och tigga; voro de tjufvar skulle de gömma sig bakom kullen der borta; kan väl tro de äro ute på krigståg.» De höllo stilla och vi kunde då räkna dem; de voro blott fem till antalet och förde fyra handhästar. Fem man skulle icke tänka på att angripa postvagnen, i hvilken möjligen ett dussin passagerare, beväpnade med lika många räffelbössor, kunde åka. Som gardinerna voro tillslutna, var det dem omöjligt att från den plats, der de höllo stilla, se in i vagnen och räkna oss. Säkerhet rörande antalet fiender, är en vigtig punkt i indianernas krigskonst, ty för honom är framgången en sak ännu mera att yfvas öfver, än till och med tapperheten. Sjelf fintlig i all krigslist, fruktar han ständigt något försåt och vågar sällan ett anfall innan han fullkomligt förvissat sig om fiendens position.

Detta förhållande blef oss till gagn. Vi tillslöto gardinerna mycket noga, så att indianerna blott sågo postföraren och mig. Det är en allmän regel i dessa nejder att ingen passagerare åker utanpå postvagnen i den brännande solhettan, såvida icke alla platser äro upptagna, — en regel, från hvilken vi visserligen afvikit, då nästan alla platser voro upptagna af brefpåsar, men Cheyennerna anade ej förhållandet och visste ej huru många revolvers i skydd af gardinerna voro riktade på dem. Fem indianer skulle väl utan betänkande angripit en, kanske två hvita, ej bättre beväpnade än de sjelfva, men att sigta på en fiende af obekant antal och styrka, derföre akta de sig. Utan öfverraskning men med stor belåtenhet sågo vi dem således upplösa rådplägningen, ordna sig i en linie och fortsätta färden åt ett håll, som för hvart steg ökade afståndet oss emellan.

Vid ankomsten till nästa station hörde vi att samma parti Cheyenner med de lösa hästarna — stulna från något tåg forvagnar — hade varit der, oförskämda och befallande. Allt ätbart hade de lagt sig till, det torkade elgköttet, buffeltungor, fläsk och inlagda frukter; folket hade nödgats koka deras kaffe, hämta friskt vatten, sko deras hästar. Ändtligen begåfvo de sig åter bort, under hotelser att taga postvagnen, samt med befallningar att stationen skulle brännas upp och de hvita flytta derifrån.

Sedan vi druckit litet förskämdt vatten med tillsats af några droppar konjak, som vi till vår lycka medfört från Newyork, begåfvo vi oss åter på väg, i samma riktning som de hotfulla vildarna. Vi störtade fram genom trånga pass, der kusken trodde de lagt sig i försåt; vi foro tätt förbi små kullar, under hvilka skalperade, hvita män — mördade vid nyligen timade strider — knappt hunnit kallna. Till venster sträckte sig Smoky Hill på icke fullt en half mils afstånd som en grönskande linie; vår väg följde nu under tre dygns resa stranden af Smoky-floden. Vid ett ställe, Law Creek, voro männen förskrämda genom ett besök af Cheyenner, ehuru stationen blott låg några få mil från fästet Ellsworth. Ett parti vildar hade kommit, ätit upp maten, tagit med sig hvad som föll dem in och lofvat komma tillbaka inom fjorton dagar, bränna upp husen och mörda menniskorna. Männerna voro öfvertygade om att de skulle komma förut; dessa gränsbor iakttogo många bevis af indianernas fiendskap, som undföllo oss. På morgonen hade smeden gått ut, men under vandringen sett alldeles nog olycksbådande tecken, för att innan en timme gått förbi, skynda sig hem igen. En nybyggare, hvars »ranch» låg strax bredvid, kallade in sin tjenare och sina hästar från marken. Hvar och en var på sin vakt och hade sina vapen i ordning — inalles fem man emot lika många *tusen* indianer. Med en viss tillfredsställelse hörde vi berättas att sju Förenta Staternas soldater från fästet ridit före oss på ett ströftåg efter bufflar och rödskinn. Mulåsnorna blefvo förspända, våra revolvers omladdade och sedan vi tömt en mugg dåligt dricksvatten, tände vi våra cigarrer och hoppade upp på vagnen.

Just då vi skulle begifva oss af, kom en häst med tom sadel, löddrig af svett och flämtande, in på gården; den blef genast igenkänd såsom tillhörig en af soldaterna, hvilka tidigt på morgonen passerat stationen på sin rekognoscering efter bufflar och indianer; — en af de två syntes de hafva träffat. Bill, vår kusk, drog in tyglarna, tveksam om han skulle köra eller stanna; men med en ful grimas och några barska rynkor i pannan, utdelade han ett par kraftiga piskslängar åt mulåsnorna, och så bar det af med ursinnig fart utåt den brännheta, uttorkade slätten.

En half mil från stationen, kommo vi till en döende häst, af kusken igenkänd att hafva tillhört en af soldaterna. Magen var uppsliten på det arma djuret, om af ett buffelhorn eller en knif, kunde vi vid den hastiga förbifarten icke afgöra. Sadel och betsel voro borta, men ingenting gaf oss upplysning om hvem som tagit dem.

Med fingret på pistoltrycket och spänd uppmärksamhet foro vi vidare. Vid nästa station funnos två männer, Kelly och Walden; båda voro uppskrämde. Kelly, en irländsk yngling, sökte genom tokroliga grimaser gyckla öfver »det smutsiga packet», som nyss gjort en påhelsning, men Walden, en yankee som deltagit i kriget, var pinsamt blek och allvarsam. De voro öfvertygade om att Cheyennerna hade ondt i sinnet. Vi gjorde dem present af litet konjak, skakade deras händer och bådo dem vara vid godt mod samt foro vidare.

(Det smärtar mig att nödgas berätta att dessa män tre veckor senare blefvo mördade af Cheyenner. Indianerna kommo fram och fordrade som vanligt mat och tobak. Kelly framsatte den middag de ämnat åt sig sjelfva och den slukades genast. Jag kan icke rätt förstå huru de stackars karlarne kunde försumma att vara på sin vakt; det vissa är att Kelly fick ett knifstyng i hjertat och Walden ett skott genom lifvet. Kelly föll genast död ned och Walden lefde blott några timmar — tillräckligt länge att berätta förhållandet för en forman som färdades derförbi.)

Hela vägen låg öppen och oförsvarad, ty de två fästena Ellsworth och Wallace, hvardera med en svag garnison af två kompanier, voro på ett afstånd af tvåhundratjugu mil från hvarandra. Det vill mycket till om de skola kunna försvara sig sjelfva. Pond Creek låg en mil från Fort Wallace. Vid denna station bodde två fruntimmer, fru Bartholomew med sin dotter. Föregående dag hade ett sällskap Cheyenner varit der, ätit upp allt hvad ätbart fanns och hotat att bränna stationen. Den stackars frun skickade ett bud upp till fästningen och bad om hjelp, men befälhafvaren, en löjtnant Bates, som dock kommenderade en trupp af hundrafemtio man och två kanoner, svarade att om hon och hennes dotter behöfde beskydd, måste de söka det inom förskansningarna, ty han behöfde sjelf hvarenda man till vägens försvar, der det likväl voro vi som eskorterade posten!

Då vi reste från stationen, hade de båda qvinnorna packat in några få tillhörigheter i en handduk och vi sågo dem anträda sin vandring till Fort Wallace.

Vid nästa station var det en ljuflig syn för våra ögon att se några skuggrika träd. Indianerna hade just lemnat stället, då postvagnen körde in på gården. Tre dygn hade de, tjuguåtta till antalet, våldgästat derstädes och befallt öfver stationsmännen, som kungar öfver sina slafvar. Landet var deras, hade de sagt; och allt hvad som dit blifvit fördt tillhörde dem. Då de stodo färdiga att begifva sig af, räknade de träden vid gården; de voro femtioett.

»Icke hugga träd,» sade de; »vi tycka om träd.» Pekande på en stack hö, upplagd för mulåsnorna, tillade de med grym skämtsamhet: »slå gräs, — mycket gräs, — präktig brasa! Och ännu en gång vände chefen sig om samt tillade: »Om fjorton dagar vi komma igen; ni borta då, — mycket bra; ni icke borta — hu! hu! — och hotelsen beledsagades af en fasansfull pantomim, betecknande att insvepa sig i lågor.

Vid följande ombyte, Cheyenne Well, mötte oss ett nytt uppträde. Långt innan vi kommit dit hade jag af postföraren fått en beskrifning på dervarande stationsman, Jack Dunbar, såsom varande den oförvägnaste skogskämpe i Colorado, en af hjeltarne vid Sand Creek, som skickat en kula i hjertat på Hvita Antilopen, då denne gamle chef hade blottat bröstet och uppmanat sina fiender att skjuta. Vi hade derföre hoppats att finna åtminstone *en* man kallblodigt möta indianernas fiendtliga påhelsningar, men då postvagnen stannade på gården sågo vi strax att ondt var på färde. Dunbar är gift och har sin hustru med sig i vildmarken; hans bedrifter vid Sand Creek voro indianerna välbekanta och med skäl befarade han att deras hämnd skulle falla tungt öfver hennes hufvud. En blick på fraktlistan sade honom att vagnen var fullastad och att passagerare som erlagt hundradetals dollars, af brist på utrymme måst qvarlemnas. Mannen kom emellertid fram till oss, förklarade att fråga vore om lif eller död — en qvinnas lif eller död — och bönföll att vi måtte föra hans hustru till en säker plats.

Hvad honom sjelf angick, var han villig att stanna på sin post och till sista blodsdroppen försvara sitt och de honom anförtrodda djurens lif; hans hustru kunde icke slåss emot fiender, och stupade han innan han först hunnit döda henne, skulle det öde som förestod henne blifva förfärligare än någon engelsman ens kunde tänka sig.

Nåväl, egde vi mera än ett val? Brefpåsarna packades om, vi togo en ännu mera snedvriden ställning, lyckades derigenom åstadkomma ett litet tomrum och i detta inkilades den stackars qvinnans magra gestalt. En kudde bakom hufvudet skyddade henne visserligen för många hårda stötar, men då vi trettio timmar senare lyfte henne ur vagnen, var det svårt att säga om hon skulle dö eller lefva.

Under natten fingo vi, de mera härdade männen, någon lindring genom att klättra upp till kusken och inandas den kyliga luften. Det är den brännheta solen som dödar.

Men då denna sol sjönk ned i vestern, strömmade en friskare luft in i lungorna, trängde den genom alla porer och vi fingo åter nytt lif. Pulsen slog fortare, bröstet höjde sig, förnyad kraft spände alla leder. Prairiens underbara, ödsliga storhet grep vår själ; med beundran blickade vi omkring oss och uppåt, alltsom stjernorna efter hand började glänsa på det omätliga himlahvalfvet; och, då månen snart derefter höjde sig öfver horisonten och dess milda ljus föll öfver den sig vågformigt höjande och sänkande gräs-oceanen, ingaf oss naturens skönhet och majestät en sådan hänryckning, att vi kunnat helsa äfven en Cheyenne, Sioux såsom broder — n. b. om han kommit utan skalperknif i handen.

NIONDE KAPITLET.
Indianska samhällen.

Mellan de stora sjöarna och mexikanska viken finnas omkring tvåhundra olika stammar och horder af den röda racen: Creek, Dakotos, Mohikaner, Cheyenner, Pawnees, Shoshoner, Cherokeser, Sioux, Comancher och deras gelikar, alla mer och mindre sjelfständiga till utseende och karakter; män, som i en förfluten tid ensamt herrskade öfver detta stora, herrliga land, svängde sig i sina krigsdansar, jagade elgen och bisonoxen, samt gåfvo många af Amerikas floder och deras stater deras långa, välljudande namn.

Huru man måste behandla dessa vildmarkens söner har varit ett ämne för allvarliga, bekymmersamma tankar, alltifrån den första tid då europeer började kolonisera landet. Det kan ingalunda bestridas att en och annan äfventyrare farit oförsvarligt fram bland dem med karbiner och bränvinskruset, men den anglosaxiska racens bättre natur och rättskänsla hafva snart nog gjort sig gällande, och med grämelse har man långt före detta insett hvilket förderf åstadkommits genom missbruk af krutet och bränvinet, dessa civilisationens mordenglar. Alltifrån Penns dagar har indianernas rätt till Amerikas jord af skriftställare varit förfäktad och deras anspråk på ersättning för förlorade jagtmarker blifvit godkända af lagen.

Statens beslut att betala för de landsträckor de hvita tagit af indianerna, var desto mera rättvist och ädelmodigt, som de infödda, t. ex. Senecas och Walla-Wallah icke ega något klart begrepp om hvad som förstås med jordegendom. En Senecaindian förstod att han hade rättighet till fiske i floden Hudson; en Walla-Wallah begrep väl sin rätt att jaga bisonoxar på slättmarken vid foten af Blå Bergen, men såsom ett ting att plöja och beså, att gräfva brunnar och kanaler uti, och att bygga hus uppå var jorden för dem lika värdelös som hafvet och luften äro det för oss. Att gå på marken, att efter behag färdas derpå fordrade de väl, men eganderätt till denna jord och skyldighet att skydda sitt land emot inkräktare, var något som de röda männen aldrig lärt sig förstå och som, ifall ett sådant begrepp efter hand vaknat, den civiliserade folkstammen ej skulle godkänna. Ingen hord af jägare har en sådan rättighet eller *kan* ega den, ty enligt statsläran kan menniskan icke förvärfva sig annan exclusiv egorätt till naturens gåfva, jorden, än den hon sjelf framkallar genom att odla, beså och bebygga densamma, till fördel för sig eller det allmänna bästa. Men den som blott lefver af jagt på vilda djur gör allsintet godt för det land der han kringströfvar; han rödjer inga skogar, uttorkar intet kärr, muddrar icke upp floder, planterar ej träd eller bygger städer. Sådan jorden var vid hans födelse, sådan lemnar han den vid sin död, och intet fält skall under sådana vilkor blifva hans tillhörighet. En annan fråga är dock om det vore vist att strängt följa hvad logiken bjuder, då man har att göra med stammar, sådana som Sioux och Delawarer. En lag, som den starke med lätthet bär, men som tungt trycker den svage, bör, så vidt sig göra låter, mildras, om den ock ej kan fullt åsidosättas. Med litet kärlek, säga filantroperna, kommer man ett godt stycke på vägen. Amerika var ett fremmande land som vi tillegnade oss; vi förvärfvade oss ofantliga egodelar, genom att drifva jägaren från de floder och skogar, som innan vår ankomst hade skänkt honom och hans familj uppehälle. Vinsten är således i alla händelser *vår*; skadan *hans*. Svårligen kunna vi påstå att behofvet berättigade oss till ett dylikt förfarande; har indianen föga rättighet till landets jord, så kan man med lika stort skäl säga att fremlingen, som undantränger honom, eger alls ingen rätt dertill, utom den ganska obestämda alla menniskor anses hafva till den jord der vi lefva. Enda, rätta lösningen af denna tvistefråga synes således vara en kompromiss; och en engelsman, som för slägtbandets skull måste erfara ett visst oroligt intresse rörande Förenta Staternas sätt att gå till väga, har skäl att känna sig stolt öfver den starkares uppförande i detta fall emot den svage.

Washington bestämde en regel, efter hvilken hvarje stam, af nybyggarne tillbakadrifven från kustländerna, skulle i reda pengar erhålla ersättning för sina jagtmarker. Beslutet härom fattades först sedan ett regeringens ombud öfverlagt och öfverenskommit om saken med en ansedd indianchef. Alltsedan hafva dessa ersättningsanspråk blifvit samvetsgrannt uppfylda af Unionsstyrelsen.

Men den juridiska godtgörelsen var ändock långt ifrån tillfredsställande för samvetsgranna män, hvilka inom sig erkände, att då europeerna tagit fast fot på indianernas territorier, så hade de drifvit undan en folkstam af jägare och beröfvat den sitt lifsuppehälle. Förmådde man då icke verka något godt för den röde mannen? De hvita insågo väl att det skedda ej kunde göras ogjordt. Jägarhorder, hvilka lefde af antilopens och buffelns kött, kunde icke dväljas inom ett samhälle, der jorden odlas till åker och äng. Då den första landgård byggdes, hven den sista pilen genom luften och åren voro lätt räknade, tills äfven bågskytten skulle vara försvunnen. En enda jägare behöfver för sitt uppehälle en jordvidd, som skulle vara tillräcklig att skänka näring åt tusen jordbrukare. På en planet som jorden, hvilken redan är talrikt befolkad, gifves numera icke utrymme för jägarhorder. Bäfvern, som fångas i gillen, elgen, som jagas till döds, bisonoxen, som fälles med klubban, kunna endast trifvas och förökas i nejder, der menniskan låter naturen förblifva i fri vildhet. Röken från en nybyggares härd bortdrifver ovilkorligen buffeln och rådjuret. Äfven herdefolk kunna numera finna utrymme blott i Asiens och Afrikas vildmarker — dessa verldsdelar, der hatet mellan tältens och städernas befolkning lågar häftigast, — men man bör erinra sig, att ett folk som lefver af boskapsskötsel och flyttar sina hjordar från trakt till trakt, för att finna betesmarker, ändock behöfver vida mindre jordrymd till sitt uppehälle, än ett folk som lefver af jagt. Hvad borde då göras? Skulle den röde mannen utplånas från jorden? Skulle den hvite föröda honom för att sjelf lefva och förkofras på hans fäders land? Tusen röster höjde sig emot en så grym dom. Åtminstone borde den ej gå i fullbordan, förrän den hvite mannen kunde säga att hvarje bemödande att rädda indianen blifvit gjordt och misslyckats.

Så uppstod frågan — en fråga som blott genom upprepade försök kunde besvaras — huruvida stammarna Seneca, Delaware, Oneida och Chippewa voro mäktiga att antaga odling; huruvida deras medlemmar skulle kunna förmås att bo i timrade hus, lefva orubbade på samma ställe, odla säd och plantera fruktträd, nyttja underkläder och skodon samt skicka sina barn i skola. En mängd menniskovänner, fulla af intresse för den röda racen, men med bristande kännedom af de eviga lagar, genom hvilka naturen verkar, företogo sig med oerhörd kostnad och trots stora svårigheter att göra försök härmed. Dessa reformatorer hade ett starkt förtroende till sin förmåga att utföra storverk, så att säga med ångkraft; att drifva lefnadsvanor och civilisation, som man drifver plantor i växthus. Fulla af nit grepo de verket an. Landsträckor blefvo gifna åt indianerna; lärare anskaffades; skolor, kyrkor, sågverk och boningshus byggdes. Allt hvad som fordrades till jordens odlande — plogar, tröskverk, utsädesspannmål, fruktträd, hästar och oxar, fjäderfä och grisar — allt gafs dem för intet eller emot en ringa betalning, från de hvitas förråder. En sanningsenlig berättelse om dessa försök skulle blifva historien om storartade bemödanden, som nästan totalt hafva misslyckats, — ett nytt bevis på sanningen af att naturen icke låter sina lagar brytas, sin ordning rubbas eller sina bestämda grader öfverhoppas.

En hord af stammen Seneca fick jordlotter i en skön trakt vid Alleghannyfloden; ett parti Oneidas blefvo nybyggare på en ännu oupptagen mark, midt i staten Newyork; stället fick namnet Oneida Creek. Marken röjdes, hus blefvo byggda, men pengar och arbete voro lika bortkastade; indianerna ville icke med egna händer göra något arbete som var till gagn, och saknade alldeles den omtanke och ihärdighet som en landtman behöfver. En god skörd gjorde dem lata och öfverflödiga; en dålig bortryckte ett stort antal af dem i brist och sjukdomar. Ett par familjer, med några droppar af de hvitas blod i sina ådror, blefvo dugliga nybyggare, de återstående stannade så länge de hade timmer och vildt att sälja. Men då skogen blef uthuggen och villebrådet försvann, började de sälja sin jord och ströfvade bort till Green Bays vildmarker. Nu hafva de flesta öfvergifvit Oneida Creek och med undantag af en familj, Walker, torde snart ingen indian mera finnas qvar. En af de qvarvarande, Bill Beechtree, skar några käppar af valnöt åt mig då jag var der och visade mig bågar och pilar som han säljer. Något annat hvarken kan eller vill han göra. Ehuru han aldrig spännt båge emot en fiende, ehuru han sjunger psalmer med klar och vacker röst, anser han hvarje annan sysselsättning än att skära käppar och förse en pil med hullingar, ovärdig sonen af en indiansk krigare.

I närheten af Leavenworth såg jag en koloni Delawarer och vid S:t Marys mission en koloni Pottawottamies, båda i vissa fall bättre lottade än de förutnämnde, såsom bosatta ibland de hvita med hvilka de lefva i god sämja. Men äfven dessa horder lefva ett tynande lif. De sysselsätta sig emellertid med jordbruk och boskapsskötsel. Delawarerna räknas bland de ädlaste stammar af den röda racen; de hafva vackrare utseende, snyggare lefnadsvanor och lifligare sinnelag än Cheyenner och Pawnees. Möjligt är att ett fåtal utaf denna stora stam kan räddas, genom ömsesidiga förbindelser med deras hvita grannfamiljer, hvilka sistnämnda hysa mindre motvilja för dem än för Sioux och Utah. Pottawottamies hafva varit lyckliga nog att ådraga sitt nybygge i staten Kansas en tänkande katolsk biskops omvårdnad. Flera prester hafva vid S:t Marys mission förenat sig om att grunda skolor, bygga kapell, lära indianerna kristendom och ingifva dem sinne för det husliga lifvet. Tvåtusen barn erhålla undervisning af dessa prester. Boningshusen äro bättre byggda, kreaturen omsorgsfullare skötta och jorden bättre odlad vid S:t Marys, än inom något annat indianskt nybygge som jag sett — utom ett enda.

Vid Wyandotte nära floden Missouri hafva några Shawneefamiljer en koloni; och der, om någonstädes, kunna civilisationens vänner yfvas öfver sin framgång. Indianernas chef och rikaste man, Armstrong, har engelskt blod i sina ådror, en heder som många af dessa Shawnees kunna fröjda sig åt. De odla jorden, de idka boskapsskötsel och drifva handel; några äro gifta med hvita flickor, andra gifva sina döttrar till hustrur åt hvita män och en eller annan försöker till och med att idka bankrörelse och lånetransaktioner. Genom särskildt lagbeslut äro dessa Shawnees tillerkända medborgarerätt i Kansas och derigenom kunna de väljas till jurymän samt votera på kongress-ledamot.

Men dessa Shawnees vid Wyandotte, hvilka ingalunda äro af rent, indianskt blod, kunna svårligen framställas såsom ett slående bevis för möjligheten af den röde mannens civilisation, då så många exempel säga precist motsatsen.

TIONDE KAPITLET.
Den indianska frågan.

Dessa misslyckade bemödanden att bilda ett stort, fast indian-samhälle hafva ständigt framkallat strängt klander emot den röde mannen. Är detta klander rättvist? Kan det tillräknas Delawaren som ett fel, att han icke inom samma generation öfvergår från jägare till jordbrukare? Om en man byggde sin stuga af gröna telningar, i stället för af kärnfast träd, hvems vore felet om stugan föll då stormen låg på?

Hvar och en som studerat menniskoslägtets historia — denna rika sida i naturens bok — vet väl att vi, under vårt fortskridande från det vilda tillståndet till ett civiliseradt samhällsskick, hafva att genomgå tre olika stadier, hvilka man skulle kunna likna vid vårt slägtes barndom, ungdom och mannaålder. Först jägare och förnämligast lefvande af villebråd, blir menniskan sedan herde, för äfven då ett nomadiskt lefnadssätt och vandrar med sina hjordar — getter, får, kameler — från trakt till trakt. I sitt tredje stadium jordbrukare, vinner hon ändtligen fast fot och kommer då först i åtnjutande af civilisationens välsignelser. Dessa, menniskoslägtets tre öfvergångsperioder, ega i vår tid sin renaste typ i indianen, araben och européen, men dessa folkslags nuvarande tillstånd är i och för sig sjelft ingalunda en följd af den race de tillhöra, utan af det stadium i utveckling som de hafva uppnått. Araben, som nu är fåraherde, var fordom jägare; européen, nu jordbrukare, var först jägare, sedan herde, innan han lärde sig odla jorden. Menniskoslägtets fortgång i dessa grader är jemn och oafbruten, ty den lyder lagarna för vår fysiska och moraliska utveckling. Den är derjemte långsam, jemnt fördelad, tyst och omärklig. Den är med ett ord: tillväxt.

Ingen kan godtyckligt öfvergå från första stadiet af mensklig existens till det andra; ännu mindre till det tredje. All tillväxt är tidens verk och beror af krafter som ofta äro omöjliga att kontrollera. Oss menniskor tillkommer kanske att underlätta detta verk, *aldrig* att påskynda detsamma. Likaväl vid uppdragande af en vinranka, som vid ett barns uppfostran, är ett visst aktgifvande på naturen vår enda säkra väg.

Dessa tre stadier i vårt fortskridande uppåt äro mycket bestämda. Skillnaden mellan indianen och araben är lika stor, som mellan den sistnämnde och engelsmannen.

Jägarens lefnadsvanor närma sig mycket rofdjurets. Hans hand är lyftad mot allt lefvande på jorden; djuren på marken, foglarna i luften, alla äro fiender, mot hvilka han lyfter sin klubba, spänner sin båge. Då han öfvergått till herdelifvet vänjer han sig att umgås med hunden, hästen, kamelen, djur som fordra en ömmare vård, och dertill finner han sig förbunden att sköta får och getter, boskap och foglar, hvilka alla han måste skaffa föda och skötsel och med hvilkas svagheter han nödgas hafva fördrag, såvida han icke vill råka i bryderi genom att förlora dem. Önskar han nära sig med mjölk och ägg, vill han kläda sig i deras ull och skinn, så måste han med faderlig blick studera hvad de för sitt välbefinnande behöfva och sörja för dem. Han får skaffa dem goda betesmarker och vatten, han får skaffa sina skyddslingar ett hägn emot dagens hetta och nattens frost. Menniskans förhållande till den lägre, lefvande organismen måste, innan hon inträder i detta stadium, undergå en förändring. Den forne vilden, som hvässade knifven för att anfalla hvarje lefvande varelse, har blifvit en omsorgsfull fostrare för djur och foglar.

Dylik omvårdnad, vanlig hos alla herdefolk — araben i sitt tält, kaffrern i sin kraal; kirgisen i sin koja — är fullkomligt okänd för Nordamerikas indianer. De mildare seder, som blifva en följd af menniskans vård om husdjuren, kunna ej finnas hos de folk som endast lefva af jagt. Att öfvergå från en Senecas till en arabs utvecklingsgrad är en lång väg som fordrar många år, kanske många generationer för att tillryggalägga; och äfven kommen så långt, har jägaren kommit blott halfvägs till den jordbrukande anglo-sachsarens samhällsskick. Då den röde mannen väl hunnit andra stadiet af sin utveckling, skall hvar och en som besökt Nahr Dehab i Syrien och der observerat turkarnes försök att göra Ferdun-araberna till jordbrukare, med köld och utan högt spända förhoppningar afvakta resultatet af ett dylikt experiment.

Cheyennen är en vild ödemarkens son, som hvarken hunger eller köld kan förmå arbeta för sig sjelf, för hustru eller barn. Huru vore detta ock tänkbart? En man kan, enligt hans åsigt, dö af köld och svält, utan att bringa vanära öfver sin stam, men att genom sina händers verk skaffa sig uppehälle, det är för honom vanheder. En krigare, hvars enda pligt är att jaga och slåss, skulle fläcka sin hand genom arbete. Skall majs planteras, rötter uppgräfvas, eld tändas, vatten hämtas — hvar äro qvinnorna? de skola göra detta. Flit råder aldrig i indianens hydda, men hvad som skall uträttas, kommer aldrig på mannens lott. Ej ens nöden förmår drifva honom till ett yrke, ett industrielt företag, och det retar honom icke om äfven hans qvinnor försumma sådant. Hos några af Vesterns stammar, för hvilka villebråd börjar blifva knappt och der bäfvern undviker snaran, plägar squaws och barnen kasta en handfull korn i jorden, men männen egna deras arbeten ingen tillsyn, och om de vid sin återkomst till platsen senare på året finna att deras squaws försummat majs-sådden, är hela begreppet om att arbeta jorden så främmande för indianen, att han endast skrattar åt denna glömska som ett löjligt lappri. Är födan knapp, består hjelpen deruti att indianen, väpnad med tomahawk och båge, tågar emot en grannhord och genom uppoffring af några lif åvägabringar ett jemnare förhål-

4

lande mellan munnar att fylla och de lifsmedel som stå till buds. Detta, råhetens botemedel mot brist, är det enda han känner. Att sätta upp bikupor, att föröka boskapshjordar, skulle aldrig falla honom in. Att hans förfäder varit jägare, att stridsklubban varit deras tillflykt emot hungersnöd, är för honom tillräcklig grund att handla på samma sätt.

Kan det då väcka vår undran, att då Senecastammens medlemmar blefvo satta på en bördig och fruktbar mark, rik på hvit pinie och andra dyrbara trädslag, de föga befattade sig med att odla och så, samt i stället sålde timmer åt de hvita, att de bortarrenderade sågverk och färjor till de hvita, att de uthyrde sina trädgårdar och lastageplatser till de hvita; med ett ord: att de svälte sig fram på en knapp arrendesumma der, hvarest den företagsamme yankeen skulle inkasserat stora summor i guld? Precist som sin arabiske broder vid Nahr Dehab kunde icke Seneca-indianen vid Alleghanny förnedra sina händer genom arbete — något som tillhör qvinnorna, ej krigarne.

Billigheten fordrar således ett erkännande, att anledningen till att de många kolonisationsförsöken med den röda racen misslyckats ej har sin grund i denna folkstams oförmåga att civiliseras, utan i naturens mäktiga lagar. Skilnaden mellan de olika graderna är för stor att i ett steg kunna öfverhoppas — en sanning som indianens välmenande, men okunniga vänner först genom en bedröflig erfarenhet lärt sig fatta. De hafva sett sina omsorger, sin frikostighet förvandlas till förderfvande krafter, ty de indianer som bortlemnade sin jord till hvita män emot årligt arrende voro stängda från sina gamla lefnadsvanor, utan att duga till en ny art af verksamhet. Hvad blef följden? Jo, att de lättjefullt ströfvade omkring i grannskapet af städerna och genom utsväfningar i förtid förspillde sitt lif. Det är ett påstående, att af hundra millioner dollars som blifvit utbetalade åt indianerna, minst femtio millioner förslösats på krogen och i dåliga nästen. Olyckan ligger deri, att de vilda måste lefva i en ständig beröring med en högt uppdrifven civilisation. Blommorna i deras skogar skulle icke säkrare än de dö, om de oförberedda planterades på en solig trädgårdssäng.

Samma önskan att brådstörtadt bringa den röda racen i förtrolig gemenskap med de hvitas civilisation, visar sig i det sätt hvarpå regeringens agenter i Vestern gå tillväga. I Unionens indian-territorier hör ett misslyckadt handläggande af kriminalmål till ordningen för dagen; inom Canadas gränser deremot nästan aldrig. Skälet är att nybyggare och »trappers» i Canada bestraffa indianers stölder och mordgerningar med en raskhet, med ett sundt förnuft, okändt inom Förenta Staternas domarecorps. Min vän, Jem Baker, en dugtig gammal »trapper», bosatt med »squaws» och »papooses» vid Clear Creek, nära Denver, framställde saken klart med några få ord. »Ser öfversten,» sade Jem, för hvilken hvar herreman är en öfverste — »skilnaden är denna: om en Sioux mördar en hvit man nära Fort Ellice, så säga vi, engelsmän: »Skaffa hit honom död eller lefvande; här ha' ni tvåhundra dollars;» och då indianerna skaffat dit honom, så säga vi åter: »Ransaker nu om han är skyldig och är det så, häng honom då i närmaste träd!» Allt är expedieradt på en dag och indianerna hafva sig sjelfva att tacka för att han fått umgälla sitt brott. Men dödar en Sioux en hvit man i närheten af Fort Laramie, så säga vi, amerikanare: »För honom och alla vittnen med största uppmärksamhet hit.» Och då indianerna fört in honom säga vi åter: »Sedan han underkastats ett förberedande förhör, sedan han fått en god sakförare, skall han dömas af en jury, som icke känner något om hans brott.» De flesta gånger frikännes han, återvänder begåfvad med presenter af känslosamma fruntimmer och blir en aktad chef då han kommer till sin stam.»

Jag har hört detaljer om mord, begångna af indianer, hvilka, gripna på bar gerning, blifvit skickade till Washington, tre tusen mil från den plats der brottet skett och der några vittnen funnos. Och sedan de i Washington blifvit sakförda samt slutligen frikända af brist på de vittnen en komplicerad, juridisk method fordrar, hafva de återkommit till prairierna med armar och hals prydda af filantropiska damers gåfvor, och stigit till värdighet af chefer. En enklare och snabbare ransakningsmethod är af nöden på dessa prairier, såvida så grymma dåd, som den sjelftagna hämndlusten framkallade vid Sand Creek, skola kunna förekommas.

Förhållandet är att man i Unionens östra stater alltid undvikit att se den indianska frågan sådan den är, alltid skyggat undan derför, i hoppet att den af sig sjelf skulle upplösas och ej längre oroa våra samveten. »Vi bana oss väg,» yttrade stats-sekreteraren Seward till mig, liksom ursäktande; »för nittio år sedan hade min farfar samma olägenheter af indianerna på endast sextio mils afstånd från Newyork, som dem vi nu varit besvärade utaf, sexhundra mil bortom S:t Louis.» Hvad som ofta väcker min öfverraskning, är den utomordentliga lättheten hos amerikanarne att slå ifrån sig allt hvad som besvärar dem. Jag finner mig emellertid icke fullkomligt öfvertygad om de hvitas befogenhet att genom indianernas undanskjutande »bana sig väg» öfver Nya Verldens kontinent, eller att denna method är den enda.

Skola de nya farlederna från S:t Louis till Mexikanska viken kunna hållas öppna och blodsutgjutelse undvikas, så måste en förändring tillvägabringas i förhållandet mellan indianerna och de hvita, samt en annan ordning, mera öfverensstämmande med verkligheten, inträda. Indianerna, hvilka nu, genom regeringens ständiga efterlåtenhet och sätt att söka vinna dem genom presenter, blindt anse sig vara de starkaste, böra genom en helsosam stränghet tvingas att söka fred. Må de då få den på ädelmodiga vilkor, men sedan tillhållas att troget stå vid sitt ord. Cheyennerna hafva ännu aldrig lärt sig fatta de hvitas makt, men en politik, på en gång klar, mild och fast, skulle snart blifva förstådd af dessa vildmarkens söner. Men fortsättes den nuvarande methoden, att låta köpmannen, emigranten och den resande sjelfva bana sig väg genom ödemarken, skola amerikanarne aldrig upphöra att oroas af sina röda grannar.

ELFTE KAPITLET.
Steppens stad.

Vid högsta punkten af prairierna ligger Denver, steppens stad.

För några månader sedan (tiden har en snabb flykt i Vesterns städer; tänker man sig två år tillbaka, befinner man sig i medeltiden, den som vistats der fem år, är redan en patriark) — för några månader sedan var Denver en stad utan qvinnor.

»Jag säger er rent ut, sir,» yttrade en man, som samtidigt med mig bodde i den träbarack, som för emigranter och guldsökare är känd under namnet »Planters Hotel», »att för fem år sedan, då jag först kom från de stora städerna hit till Denver, hade jag med uppräckta händer gifvit ett tiodollarsstycke för att få se skymten af en fruntimmersklädning på en mils afstånd.»

Den som sade detta satt vid fötterna af en dam, icke mera ung och med temligen vissnad fägring, hvilken jag en stund senare tillät mig att fråga om denna herre var hennes man.

»Hvarför frågar ni detta, sir?»

Som jag icke egde något särdeles skäl för min vetgirighet, svarade jag med en bugning:

»Min nådiga, jag ville hoppas att en så varm beundrare af damerna gjort en så lysande vinst.»

»Nej, jag är ej hans hustru,» svarade hon leende, »ehuru jag kunde vara det i morgon dag om jag ville. Han har nyss begrafvit sin första fru och ser sig om efter den andra.»

Då jag anlände till hotellet hade jag helt nära porten sett en skylt hänga, på hvilken stod måladt med stora bokstäfver:

MADAME MORTIMER
Läkare och Clairvoyante.

I ett bodfenster vid Storgatan hade jag dessutom observerat en affisch, trasig och smutsig, hvilken förkunnade att den ryktbara madame Mortimer anländt till Denver och dagligen kunde rådfrågas rörande fysiskt och moraliskt hjertlidande. Hennes rum på hotellet låg bredvid mitt i korridoren, och som ett temligen stort fenster fanns ofvanför en stängd dörr som förut förenat båda rummen, hade jag när som helst under de fyra sista dagarne kunnat göra hennes personliga bekantskap, genom att helt simpelt stå på tå och titta in. Underligt nog hade jag emellertid icke kommit att tänka på att väpna mig emot min grannes trollmakt genom en dylik rekognoscering, och då jag sedermera talade med den medelåldriga, passerade damen, trodde jag väl minst af allt att *hon* var den ryktbara madame Mortimer, som kunde förutsäga hvars och ens öden, visa männerna deras blifvande hustrur, fruntimmerna deras blifvande män — mot en ringa penning af två dollars personen!

Stackars Sibylla! hon egde ingen stor portion af den poesi, det behag, den underbara makt, som tillhörde forntidens sierskor. Madame Mortimer utgjorde emellertid ett karakteristiskt drag af staden Denver, och man berättade mig att under första tiden af hennes dervaro, då nyheten ännu gaf henne intresse hos guldsökarne, fylldes hennes börs fort af dollars. Då jag såg henne var likväl tron på hennes siaregåfva i det närmaste slut; hotellvärden, som saknade all romantik i sitt sinne och dessutom strängt bevakades af sin hustru, besvärade henne med långa räkningar, och brydsamma affärer tvingade clairvoyanten att för egen räkning börja se sig om efter en make. Hennes lif i denna stad af vilda sällar och spelare måste varit högst beklagansvärdt. Närmaste stad ligger sexhundra mil från Denver och en plats i postvagnen kostar nära tvåhundra dollars. Stackars spåqvinna! Oblida stjernor lyste hotande öfver hennes hjessa!

Jag måste tillägga att vid min återkomst från Saltsjöstaden till Denver, fann jag den lilla skylten nedtagen, som svängt bredvid hotellporten. Jag började frukta att vredgade andar drifvit henne bort till Leavenworth eller Omaha, men då jag skyndade upp till mitt rum mötte jag den arma varelsen i öfra förstugan och bugade mig så förbindligt jag kunde. Af en vän i huset fick jag veta att hon dragit sig undan till det enskildta lifvet, men — till min ledsnad nödgas jag tillägga — blott med hvad som i Denver kallas rang och värdighet *jemngod* med en laglig hustrus.

Denvers män, äfven af högre klassen, hafva, jemte många vackra egenskaper — tapperhet, ihärdighet, frikostighet, företagsamhet — ytterligt dunkla begrepp rörande moralen, och der sedligheten står på svaga fötter kan man vara förvissad om att äktenskapet såsom institution möter stark opposition. Män, som länge lefvat ensamma, skilda från mödrars och systrars förädlande inflytande, hysa vanligen blott en svag tillit till qvinlig dygd och trohet, och der, hvarest man saknar denna tro på qvinnan, hvilken hvarje man borde gömma i sitt hjerta med samma vördnad som han bevarar sin religiösa tro, der skall sällan längtan efter ett upplösligt förbund och efter ett stilla hemlif vakna. Männen kunna äfven der sätta värde på umgänge med fruntimmer, men derjemte noga önska bevara sin frihet. De sämsta män fordra, om de tänka gifta sig, den bästa hustru, men de bästa qvinnorna utbyta icke Nya Englands stater emot Colorado. Häraf kommer också ett talesätt i Denver — ett talesätt bekräftadt af erfarenheten — att ehuru få af guldsökarne i Vesterns städer hafva hustrur, finnes icke många bland dem som kunna tänka på giftermål.

Denver har en befolkning af fyratusen personer; staden har tio eller tolf gator utlagda, två hoteller, en theater, ett halft dussin kapell eller kyrkor, femtio spelhus och hundra krogar. Vandrar man framåt de brännheta, osnygga gatorna, så tycker man sig vara i ett samhälle af demoner.

Hvart femte hus tyckes vara ett schweitzeri, en krog eller lagerkällare, hvart tionde spelhus eller ett tillhåll för osedlighet — ofta båda delarna. I dessa fasans nästen är en menniskas lif ej mera värdt än en hunds. Ända tills för två år sedan, då en bättre ordning började inträda, var det vanligt för hederligt folk att väckas midt i natten af ett bössskott, och att då morgonen kom finna en liflös kropp genom fenstret utkastad på gatan. Ingen undersökning om dödsorsaken företogs. Hederligt folk sade blott: »Hå, Gudskelof! nu finns det *en* syndare mindre i Denver; må hans mördare gå samma väg i morgon!»

Men tack vare William Gilpin, Colorados grundläggare och nuvarande guvernör, tack vare den helsosamma fruktan sheriffen Wilsons skarpa blick och raska hand ingifvit alla oroliga själar, och tack vare framför allt några aktningsvärda, amerikanska och engelska fruntimmers bosättning i Denver, så hafva sederna i detta guldsökarnes pandemonium börjat förbättras. Engelskor, som vistats der i två eller tre år, beskrifva tillståndet som mycket bättre än förr. Naturligtvis står Gilpin — i teorien åtminstone — i opposition mot domar som afkunnas och utföras af den s. k. *Vigilans-Komitéen*, ett hemligt samfund, hvilket, oberoende af juridikens omvägar, tar i sina händer frågor på lif och död, samt ganska fort skipar rättvisa med tillhjelp af revolvern och repet. Ingen vet namnen på ledamöterna af detta stränga tribunal; hvarje förmögen, hvarje driftig man i staten tros vara med deruti, och i förtroende hör man hviskas de förmodade chefernas, bisittarnes och exekutörernas namn. Samfundet är hemligt, agenterna många och intet brott anses undgå denna fruktade, oansvariga domstols vetskap och bestraffning. En man försvinner från staden: — man frågar icke högt hvart han tagit vägen; svaret skulle i bästa fall endast blifva en axelryckning och de hemlighetsfulla orden »har varit deruppe», hvarmed menas att mannen gjort ett besök i en viss beryktad silfverpoppel utom stadens gränser. På ren svenska skulle det heta att karlen blifvit *hängd*. Vigilans-Komitéen sammanträder om nätterna och verkställer sina domar under de tysta timmarna mellan tolf och två, då stilla, hederligt folk borde ligga och sofva i god ro. Någon gång, då köpmännen öppna sina boddörrar vid Storgatan, få de se en liflös kropp svänga på en gren, men vanligen är den nedskuren innan dagningen, förd ur staden och nedgräfd som en död hund. I de flesta fall hålles grafplatsen hemlig för pöbeln, så att ingen legal undersökning om dödsorsaken kan ega rum.

Några tusen män, till största antalet utan hustru och barn, begifna på svordomar, slagsmål och dryckenskap — just som de forna gudarna i de nordliga länder hvarifrån de äro komna — äro nu på väg att vid öfra gränsen af prairierna grundlägga ett rike. Uttrycket är William Gilpins favoritfras, men de samhällen af unga nordmän, som man längs alla gator och vägar träffar, svärjande, grälande och drickande, äro naivt okunniga om det storverk de tillvägabringa.

»Nå, sir,» yttrade till mig en axelbred norrman med djerf blick och ett muntert drag öfver munnen, dessutom skäggig ända upp till ögonen och utstyrd i ett par ofantligt höga stöflor — »nå, säg mig, hvad ni tänker om oss, Vesterns gossar?»

Med Gilpins ord i tankarna och önskande att säga någonting förbindligt, svarade jag:

Åh, ni hålla på att bilda ett rike.»

»Hva' sa'?» inföll han och trodde att jag gjorde

narr af honom — något som »Vesterns gossar» alls icke kunna fördraga. Jag märkte huru han instinktmessigt flyttade handen litet närmare bowieknifven och skyndade mig, för att undgå ett knifstyng, att frågande upprepa: »Ämna ni göra er ett rike här?»

»Derom vet jag ingenting,» svarade han och tog åter sin hand från läderbältet; »men hvad jag vet är att jag gör mig rik.»

Hade Gilpin hört samtalet, skulle han skrattat och sagt att det kom på ett ut.

William Gilpin är kanske den mest ansedda man på prairierna, liksom Brigham Young är det inom Saltsjöstaten, och det ligger ingen öfverdrift i det påståendet, att hans arbetsrum i Denver (ett litet rum på »Planters hotel», som tjenar honom till sängkammare, bibliothek, emottagningsrum, verkstad och slutligen till spottlåda för öfre Colorados tiotusen innevånare) är en högskola för alla politiska åsigter i guldregionerna. Till sin härkomst är Gilpin pennsylvanare; till karakter och böjelse grundläggare af nya herravälden. Ättling af en ansedd qväkarfamilj i Pennsylvanien, har han genom träget studium af historien lärt sig vörda den tolerans i religionsfrågor, som redan Penn uttalade vid Carl den andres hof och som »Vännerna» alltjemt praktiskt tillämpa vid Susquehannas stränder. Af naturen begåfvad med stora egenskaper — ihärdighet, klart omdöme, vältalighet och entusiasm — spelar Gilpin en ovanlig och mäktig rol i denna del af Vestern. Sjelf förklarade han för mig sina religiösa åsigter vara på en gång qväkarens och katolikens: d. v. s. att han omfattar ytterligheterna af skilda trosläror — personlighets-idéer och auktoritetstro, de vidsträcktaste frihetsbegrepp och stränga dogmer, en förunderlig sammangjutning af stridiga meningar och intryck, icke tillkommen genom stundens ingifvelse men resultatet af trägna, historiska studier; — en religiös öfvertygelse, som i vår tid troligen icke finnes någonstädes, utom i gränslandet mellan qväkarnes Pennsylvanien och det katolska Delaware. Gilpin är en sammansättning af skenbara kontraster. Ehuru qväkare, har han genomgått West Points krigsskola och utmärkte sig på den militära banan under kriget mot Mexiko; var den yngste officer i hela arméen, som utnämndes till öfverstelöjtnant, och hade icke en inre röst varnat honom att taga afsked och egna sin verksamhet åt Vesterns hyfsning, skulle han otvifvelaktigt blifvit Grants eller Shermans närmaste man. En lycka för Gilpin var att intet band tvingade honom strida emot bröder under det inbördes kriget. Denne mans verksamhet låg åt ett annat håll, åt den stora Vestern, hvars kämpe och afgud han är, och åt hvars ordnande, odling och upplysning han helgat hela sitt lif.

Under Gilpins styrelse har med Denver börjat en förändring till ett bättre, som alltjemt fortgår. Likväl, och om jag vågar lita på de uppgifter jag erhöll, verkade ankomsten af tio eller tolf aktade fruntimmer, hvilka utflyttade med sina män från England och de Östra Staterna, ännu mera för Denvers hyfsning än till och med William Gilpins snille och vältalighet förmått göra det. I detta land är ett fruntimmer en *makt*. Från första dagen, då en sidenklädning och en spetsschal sågos på Storgatan, började snygghet och ordning göra sig gällande; svordomar hördes mindre ofta, knifvar drogos mera sällan och pistolskott ljödo ej så ofta som förut. Visserligen har intet af allt detta fullkomligt upphört; fjerran, långt fjerran ligger den tid då i Denver råder ostörd frid, men de unga nordmännen hafva likväl begynt blygas för att svära i ett fruntimmers närvaro och att draga knif inför hennes ögon.

Långsamt men säkert har denna förbättring fortskridit. Att börja med, hade fruntimmerna en svår tid. De fruktade för att associera sig med hvarandra, ty den ena misstrodde den andra. Nu är likväl allt bättre, och af egen erfarenhet kan jag förklara, att Denver eger en, visserligen fåtalig, men högst angenäm umgängeskrets af bildade damer.

TOLFTE KAPITLET.
Rättvisans skipande.

Högsta polistjensteman i staden Denver är Robert Wilson, sheriff, auktionsförrättare och fredsdomare i en person, ehuru han svårligen i Colorado skulle igenkännas under dessa benämningar. Liksom Quintus Horatius Flaccus, poet och treflig umgängelsekarl, blott är känd såsom Horatius, är sheriffen och auktionisten Robert Wilson endast känd under namnet Bob, eller i städade sällskap, Bob Wilson. Sheriffen, hvilken påstås i ungdomen hafva varit en vild sälle, spelare om ej något ännu värre, är ännu en ungdomlig, fyratioårig man, liten till växten, men bredaxlad och stark och med ett hufvud som påminner om olympens Jofur. Under mitt vistande på prairierna hörde jag berättelsen om denne mans djerfhet och kallblodighet, som kommo mig att häpna. En dag satt han sjelf och språkade med mig ett par timmar om denna stad och det omgifvande territorium, som för honom utgör hela verlden. En af berättelserna handlade om gripandet af tre hästtjufvar.

Enligt den rådande opinionen i Denver, är mord en jemförelsevis ringa förbrytelse. Ända tills för två eller tre år sedan skedde, som jag redan nämnt, mord af öfverilning, ej af kall beräkning nästan dagligen. Vid dörren till spelhuset — och hvart tionde hus vid Storgatan var spelhus med stimulerande bihang af musik, dryckeslag, — var det om morgnarna en vanlig sak att finna en liflös kropp utkastad på gatan. Gräl hade uppstått vid roulettbordet, pistoler blifvit ryckta ur bältet och den af antagonisterna, som var långsammast i sina rörelser, hade fått tillsätta lifvet. Nå, det var godt och väl; ingen tänkte på att göra väsen af saken; det fanns alltid *en* bof mindre i staden. Ett menniskolif är ej så mycket värdt der på platsen och hvem skulle varit hågad att draga öfver sig och hela samhället en hel hord af ursinniga sällars hämd, genom att utbasunera en skurks dödsorsak?

Ett fruntimmer, hustru till exmairen i Denver, berättade mig att då hon för fyra eller fem år sedan först kom ditut, lågo redan sextio personer begrafna på den lilla kyrkogården, af hvilka ej en enda dött naturlig död. Noggrannare efterforskningar förvissade mig om att denna uppgift ej väl var fullt öfverensstämmande med förhållandet, men den skilde sig likväl obetydligt derifrån och visade i alla händelser huru man i de bättre hemmen ansåg saken. Äfven då jag var i Denver hördes alltsom oftast gräl och oväsen på gatorna, men ingen menniska tänkte på att hjelpa den svagare parten. En natt, medan jag satt och skref i mitt rum, ljöd ett pistolskott helt nära fenstret; vid en blick ut på gatan, såg jag en karl vrida och vända sig i plågor nere på marken. Inom ett par minuter var han bortburen af sina kamrater, men ingen förföljde mördaren och följande dag sade man mig att han undkommit. Midt emot mitt fenster var en brunn, der två soldater sent en afton stannade för att dricka. En engelsman, som stod på hotellets balkong, hörde den ene soldaten säga till sin kamrat: »Ser du skomakaren der borta? knäpp honom!» hvarpå kamraten höjde geväret och sköt. Crispin, stackars karl, hoppade högt upp och fick brådtom att stänga dörren; det var med knapp nöd han slapp undan, ty kulan gick tvers igenom brädväggen af hans lilla bod och fastnade i bjelkarna. Intet ansvar drabbade soldaterna, och då jag yttrade min förvåning öfver denna försummelse af deras befäl, undrade man på att jag kunde sätta sådant i fråga.

Först då man vet att en person tagit lifvet af ett halft dussin menniskor, eller flera, börjar man tänka på att ställa honom till ansvar för hans missgerningar. En beryktad mördare bodde i närheten af Central-city; man visste att han skjutit sex eller sju män, men ingen tänkte på att straffa honom för hans brott, förrän han slutligen blef gripen på bar gerning. Många trodde dessutom att han sjelf sörjde djupt öfver hvad han brutit och då han satt bland vilda kamrater med glaset i hand, plägade han sjelf säga sig vara trött vid att utgjuta andras blod.

En dag, då han red in i staden, mötte han en bekant, som han bjöd på ett glas. Hans vän, som önskade att icke mera blifva sedd i så dåligt sällskap, afböjde bjudningen, hvarpå den samvetslöse bofven midt på dagen och på öppen gata drog upp sin revolver, med affekterad motvilja yttrande: »Min Gud, kan jag då aldrig komma in i ståden, utan att tvingas döda någon?» och sköt sin vän igenom hjertat. Gripen af de uppretade åskådarne fick han en kort ransakning och sträng dom, och gjorde vid midnatten en tur upp i den beryktade silfverpoppeln utanför staden.

Men med afseende på stöld, och framför allt häststöld, är allmänna opinionen vida mindre efterlåten, än då mord kommer i fråga. Häststöld straffas alltid med döden. Fem goda hästar blefvo en gång stulna från en corrol i Denver, och Wilson, som rådfrågades, misstänkte tre illa kände guldsökare, spelare och tjufvar till profession, vid namn Brownlee, Smith och Carter, hvilka nyligen kommit till staden från grufvorna och bergstrakten. Då vid efterforskningar på krogar och i alla usla nästen de värda kamraterna ej voro tillfinnandes, blef sheriffen öfvertygad om att de voro de sannskyldige, lät sadla en häst, såg efter att revolver och bowieknif voro i godt skick och red framåt Plattevägen. Det var tidigt på våren, då snön nyss smält och vattnet stod högt. Kommen till floden, måste han taga af sig kläderna, hålla dem och pistolerna öfver hufvudet och än vadande, än simmande passera floden. Efter att hafva ridit hela dagen och följande natten, kom han ifatt tjufvarne på en ödslig prairie, hundrafemtio mil från Denver och fem från närmaste nybygge. Carter och Smith redo hvar sin af de stulna hästarna och förde derjemte en handhäst hvardera; Brownlee red ensam efter de båda andra. Det var tidigt på dagen, då sheriffen hann dem, och som de icke kände honom började han tala, förnämligast med Brownlee, gaf sig ut för en ruinerad guldsökare på återvägen till östra staterna och fortsatte färden i deras sällskap från klockan åtta på morgonen till tolf, i hopp att möta antingen postvagnen eller något parti köpmän, som torde kunna bistå honom. Men förgäfves såg han efter några hjelpare. Då middagen kom fann han att intet bistånd var att vänta den dagen och tyckte sig böra utföra sitt vågsamma värf på egen hand. Hastigt bytte han om min och ton, höll in tyglarne och sade:

»Håll, mina herrar, vi hafva rest långt nog; nu måste vi vända om.»

»Hvem dj—n är ni?» skrek Brownlee och grep efter pistolen.

»Jag är Bob Wilson,» sade sheriffen lugnt, »och har kommit för att hämta eder tillbaka till Denver. I ären anklagade för häststöld. Lemnen från eder de vapen I bären, så lofvar jag eder laga ransakning.»

»Gå till h—e!» röt Brownlee och höjde sin revolver; men innan han hunnit trycka af, träffades han sjelf af en kula för pannan och med en förbannelse på läpparna störtade han död till marken. Smith och Carter, hvilka hörde ordvexlingen och pistolskottet, vände sig tvärt om i sadeln och ämnade skjuta, men i hastigheten fällde Smith sin pistol till marken och nästa ögoblick stupade Carter död af hästen. Smith som hoppat af, för att taga upp pistolen, sträckte upp båda händerna.

»Kom hit,» ropade Wilson till den qvarlefvande tjufven, »och håll min häst; så der, ja! rör du dig så är du dödens man; du ser att min kula träffar målet.»

»Ni skjuter bra, sir,» svarade tjufven darrande.

»Hör nu väl på, hvad jag säger,» sade sheriffen, »jag skall taga dig och dessa hästar med mig till Denver. Har du stulit dem — så mycket sämre för dig; har du icke gjort det, skall intet ondt hända dig. I hvilket fall som helst kan du vara förvissad om laglig ransakning.»

Wilson tog upp de tre pistolerna från marken; de hade alla piporna laddade. »Jag tvekade några ögonblick,» sade han, då han kommit till denna punkt i sin berättelse, »huruvida jag skulle skjuta af dem; vid nogare besinning beslöt jag likväl att behålla dem sådana de voro; man kan aldrig veta hvad som torde inträffa.» Sedan han inknutit pistolerna i en näsduk och laddat om sin egen revolver, tillsade han Smith att sätta sig upp på en af hästarna, och fastband honom med rep, som han slog omkring hans ben. De båda skjutna karlarne lemnades qvar der de fallit och hästarna fingo gå lösa i bet. Wilson förde sin fånge hela vägen tillbaka, till det förr nämnda nybygget, der en fransman, gift med en engelsk qvinna, slagit sig ned i ödemarken. Sedan sheriffen för dessa makar berättat sakens sammanhang, förklarade de sig genast villiga att bistå honom. Smith fastbands vid en dörrpost och hustrun uppmanades att skjuta honom vid första försök att slita sig lös, hvarefter de båda männen redo tillbaka till platsen der striden egt rum, begrafde de döda, togo de fyra hästarna och återvände med åtskilliga artiklar från de skjutnas fickor, lämpliga att vid ransakningen identifiera dem. Vid återkomsten till nybygget funno de qvinnan alltjemnt på vakt och Smith ursinnig. Under deras bortovaro hade denne anlitat alla medel för att locka henne — böner, smicker, löften om guld — men allt förgäfves. Slutligen hade hon varit tvungen säga honom att hon icke ville höra ett ord vidare och att om han talade mera, skulle hon skjuta honom i munnen. Följande dag var sheriffen åter i Denver med sin fånge, som efter en kort ransakning gjorde ett besök i den beryktade silfverpoppeln.

TRETTONDE KAPITLET.
Sierra Madre.

Från Denver till Bridgerspasset — den högsta punkten af Sierra Madre, öfver hvilken trappers och köpmän hafva dragit en farled — är uppstigandet föga besvärligt hvad branten beträffar, fastän stenar, djup sand, hjulspår och trånga pass mellan klipporna kunna göra det svårt nog. Ännu finner den resande blott föga skiljaktighet mellan en färd i bergstrakter och på prairierna, hvilka ock äro ett högland med kullar och dälder, som småningom, mellan Leavenworth och Denver, höjer sig omkring fyratusen fot. Emellertid är det i nejden af Bridgerspasset, som en stor kontinents mäktigaste vattendrag upprinna; sluttningarna åt östra sidan skicka sina upplösta snömassor till Atlantiska hafvet, liksom de floder, hvilka börja sitt lopp åt Vestern, efterhand sträcka sig bort till Stilla Oceanen.

Under en färd af nittio mil går vägen norrut från Denver, längs foten af en lång bergssträcka, Black Hills, innan man träffar på en passage genom den mur af klippor och snö, som reser sig åt ena sidan. Vid Stonewall, nära Virginiadalen, träffar man ändtligen ett trångt pass, hvilket leder till en vacker skogstrakt, rik på källor och små klara vattendrag, der foreller finnas till en sådan ymnighet, att man kan håfva upp dem med händerna. Den omgifvande naturen är icke ännu vild och storartad, men de besynnerliga bergformationerna jemte den rådande färgtonen ger sceneriet ett visst romantiskt behag. Samma stund man kommer till denna bergstrakt, inser man hvarföre spaniorerna gåfvo den namnet Colorado. Klipporna, jordmånen, träden (synnerligen mot hösten) hafva en stark dragning i rödt.

Landskapet åt söder är, då man kommit igenom Virginiadalen, verkligt skönt. Vägen ligger högt och dominerar en hel sträcka små dalar, lysande af yppig grönska och således rika på vatten; mellan dessa dälder resa sig låga bergsryggar och i fjerran ser man Longs Peaks och Pikes Peaks hjessor höja sig mot skyarna. Nejden påminner starkt om Schweiz; bergssluttningarna äro bevuxna med tallskog, bergstopparna höljda af snö; hela denna tafla kan i storartad skönhet fullt mäta sig med de mest beprisade utsigter af Oberlands Alperna.

Vid Laramie förlorade vi skådespelet af denna bergsnatur. Kullar och åsar af jord och sand, bevuxna med vild lantana och fulla af prairiehundar, coyoter och ugglor utestängde snögränsen från våra blickar.

Emellanåt sträckte sig vägen vid sidan af, eller öfver höjder, som af höflighet kallades berg, såsom Elk Mountain, Medicine Bow Mountain, tills den åter sänkte sig ned till Sage Creek och Pine Grove, men inga verkliga bergstoppar visade sig mera och vår farled hade förlorat allt det romantiska behag som följer en alpfärd. Under skakningar, stötar och gnisslande mot stenar och trädrötter, ruskade vi framåt i postvagnen, än öfver gräsvallen, än i sand eller öfver vadställen, med en alltid enahanda tröttande långsamhet, dag och natt, natt och dag — en enformighet, som blott för den fysiska ansträngningen skulle tagit lifvet af hvem som helst, såvida ej krafterna beständigt varit utsatta för en stark reaktion, till följd af ett hvar stund väntadt anfall af Utah-, Cheyenne-, eller Sioux-indianer.

Äfven då färden gick bäst var lifvet en plåga; då svårigheterna tilltogo, blef det nästan outhärdligt. Endast två gånger på dygnet tilläts vi att äta. Födoämnena voro dåliga, vattnet sämre, kokkonsten sämst. Af vegetabilier funnos inga. Mjölk, thé, smör, ox- eller fårkött saknades nästan öfverallt. Äfven de magiska vexlar från Newyork, som annars förmå framtrolla alla lifvets förnödenheter, voro i dessa ödsliga bergpass utan värde. Hade föda stått att erhålla, skulle vi fått köpa den. En kokhet degmassa, som kallades bröd, kunde man få, men om man förmådde äta och smälta densamma, det blef en annan sak, såvida man nämligen icke var uppfödd och invänjd dervid. Intet öl, inga jästa drycker, stundom icke ens salt stod att erhålla. Som en läckerhet bjödos vi på torrt elgkött och buffel, kryddadt med några korn krut; och för dessa motbjudande delikatesser fingo vi betala halfannan ända till två dollars för en portion.

Men om resan föreföll besvärlig för oss, som tillryggalade den på tolf dygn, huru skall den då vara för trappers, formän och emigranter? Och ändå, trots faror och försakelser af alla slag, är det ständig liflig trafik längs denna bergsväg från och till Saltsjöstaden. Hundratals menniskor med tusentals af oxar, mulåsnor och hästar sträfva uppför den obanade stigen och fortskaffa i lätta forvagnar, särskildt byggda för deras resor, jordens och industriens produkter från de odlade, östra staterna — spannmål, omogna äpplen, salt oxkött, mjöl, inlagda frukter och dito färskt kött, thé, tobak, kaffe, risgryn, socker och en mängd torra varor, från mössor och skor till likkistplåtar och svepningar — allt detta ämnadt för grufdistrikten i Colorado, Utah, Idaho och Montana, hvarest sådana artiklar vinna rask afsättning. Formännen slå sig tillsammans i stora skaror, till vinnande af mera säkerhet; en varufora från Leavenworth till Saltsjön liknar i många fall de stora handelskaravanerna i Syrien. En köpman i någon stad vid Missouri, Omaha, i Nebraska eller Leavenworth i Kansas, får höra, eller kanske blott förmodar att någon handelsvara — thé, bomull, frukt, kanske sirap eller garfvade skinn — är starkt efterfrågad i bergstrakten och att priset derpå inom några veckor torde stiga betydligt. Han köper varan till billigt pris och underkastar sig risken att måhända förlora på sin spekulation. Med den hufvudsakliga handelsvaran förenar han åtskilliga andra — en kista thé, finsmedsarbeten, »kina» och andra medikamenter, viner, en massa filtar och handskar — kanske tusen par höga stöflor. Han köper femtio eller sextio forvagnar, ett spann af tolf oxar för hvar vagn, engagerar en befallningsman eller chef, hyr derjemte hundra karlar, packar in sina varor och skickar af karavanen öfver prairierna. Intet försäkringsbolag i verlden skulle lemna assurans för en dylik handelsfora, destinerad till Denver, Saltsjön eller Virginia. Färden anses alltid vara ett vågspel. Männen som gå med foran måste vara väl beväpnade och säkra skyttar; men blifva de öfverfallna af indianer, hafva de ingen skyldighet att försvara godset. Äro rödskinnen dem öfverlägsna samt ute på krigståg, så ega formännen rättighet att skära sönder vagnslinorna, taga de raskaste mulåsnorna och fly till närmaste militärstation, lemnande vagnar, varor och proviant i sticket. Ingen menniska vill mista sin hufvudsvål; formannen, som kanske har hustru och barn i Omaha eller Leavenworth, önskar gerna få ega sitt hår i behåll. Äfven i den bäst förda handelsfora kan ett eller annat mord ske, men äfven den mest oförskräckte af Vesterns raska gossar sätter sitt eget lif högre än till och med hundra kistor thé och tusen säckar hvetemjöl.

Ibland medtaga dessa karavaner äfven resande, hvilka då få betala femtio dollars — i postvagnen är priset tvåhundrafemtio —; passageraren får då sjelf sörja för sin föda, bivuakera med formännen och laga sin egen mat.

Denna resa — om man alls hinner målet — upptar nittio dygn från Missouri till Saltsjöstaden, en väglängd af öfver tolfhundra mil, med staden Denver halfvägs till rastplats. Vanligtvis tillryggaläggas dagligen fjorton eller femton mil; likväl forceras hastigheten af somliga befallningsmän ända till tjugu mil ute på prairierna.

Midt på dagen hvilar man fyra eller fem timmar för att låta kreaturen beta och för att sjelf tillreda sin middag. Vid nattens inbrott slår karavanen läger, der friskt vatten är att få, om möjligt i närheten af en skogsdunge. Med vagnarna bygges en *Corral*, d. v. s. att de ordnas i en aflång rundel, för större säkerhet endast öppen vid sin ena ända. Hvarje vagn sluter med en tredjedel af sin längd till den nästa, liksom fjellen på ett harnesk. Den eliptiska formen är, enligt vunnen erfarenhet, bästa skyddsmedlet emot anfall af indianerna. Då vagnarna blifvit sammanfogade och oxarna släppta i bet, börja männen hugga bränsle och qvinnorna samt barnen (om sådana äro med) att göra upp eld, samt hämta vatten från källan eller bäcken; snart kokar kitteln och brödet bakas för aftonmåltiden. En och annan af de unga karlarne, som väl förstår sig på att sköta räffelbössan, beger sig ut i nejden för att skjuta åkerhöns och prairiehundar; är lyckan god kommer någon af jägarne tillbaka med en antilop eller en elg, då kanske dagen slutar med en glad fest. Andra gå ut för att skjuta skallerormar, coyotter eller möjligen en varg, ty det händer ej sällan att dylika djur, ursinniga af hunger, stryka omkring i närheten af ett läger. Jag såg en stor grå varg blifva skjuten tre alnar från en vagn, som hade lyfts ned från sitt underrede och i hvilken ett sofvande barn låg. Sedan folket ätit, drifvas oxarna in i vagnborgen, ett nödvändigt försigtighetsmått, emedan de annars, då morgonen kommer, torde befinna sig många mil derifrån, i en indiansk by. Sång, en berättelse, kanske äfven dans afsluta en tröttsam dag. Under den varma årstiden sofva menniskorna i forvagnarna för att skydda sig för skallerormar och vargar; men då snön ligger djup i dälderna, då stormen far tjutande fram öfver den omätliga slätten, äro de höga forvagnarna kyliga hviloplatser och folket föredrar att, insvept i en filt, sofva på marken med bränvinskruset till hufvudgärd. Långt innan dagningen äro alla åter uppe, sela på dragarne, haka fast spannlinorna vid vagnarna och förtära i största hast sin frukost. I soluppgången äro de redan på resan stadda.

Någon gång följer forans egare sjelf med, likväl icke ofta, ty befallningsmannen förstår sig mycket bättre på, att umgås med de sturska, stojande, halfrusiga formännen. Skulle provianten befinnas för knapp, eller bränvinet dåligt, eller någon af vagnarna gå sönder, så kan befallningsmannen stämma in i de öfrigas chorus, då de svära öfver spekulanten och hans anordningar. Ett kraftigt utbrott af smädelser och ilska påstås vara särdeles nyttigt för formännens välbefinnande, och om principalen icke hör det — så mycket bättre för honom! Är han sjelf med i tåget, tycker sig hvar och en hafva något klagomål att frambära; mycken tid förspills onödigtvis och en anda af insubordination får insteg. Inträffar deremot någon motgång — en sak som under resor i detta land är gifven — och egaren icke är med, håller sig befallningsmannen blott vid den förklaringen att han ej kan hjelpa saken. Och på detta sätt, — knotande, supande, grälande — hinna de ändtligen igenom sista bergspasset och afsluta de nittio dygnens stränga försakelser med en veckas vilda orgier antingen bland »hedningarna» i Saltsjöstaden eller i någon ranch i bergstrakten.

Egaren gör resan med postvagnen hastigare, men ingalunda angenämare än formännen, och är tillreds i Denver, i Saltsjöstaden eller Virginia att emottaga foran och säljer den vanligen der i klump — thékistor, medikamenter, kläder, vagnar och oxar.

Nybyggarne kunna delas i två klasser: de idoga som utvandra till bergstrakten, med afsigt att rödja marken, plantera litet majs, föda upp får och boskap, och sålunda arbeta sig upp till en viss grad af välstånd under en tvåfaldig kamp — mot njugg natur och mot fiendtliga indianhorder. En knapp föda och dåligt dricksvatten, obehag som nybyggaren här alltid får vänta sig, kunna ej nedslå hans hopp att genom ihärdighet och flit lägga en grund till förmögenhet för barn och barnbarn. Detta är den ena klassen. Den andra utgöres af vilda sällar som bygga sig en koja vid vägen, der formän och emigranter stryka fram, och sälja bränvin, icke blott till de hvita, utan ock till indianerna, samt göra sig på detta sätt inom kort en icke obetydlig förmögenhet. Båda dessa klasser föra ett lif, fullt af faror och umbäranden. I ännu högre grad än för formannen och emigranten, står nybyggarens lif på spel; ty hvarje samvetslös bof som färdas vägen fram med revolver och bowieknif i bältet, brinner af begär efter bränvin och är färdig att till hvad pris som helst skaffa sig den herrliga drycken, om han också ej har en enda dollar i fickan.

Största faran hotar likväl denna klass nybyggare från indianerna. Dessa älska bränvin mera, vida mera än hustru och barn; under fred är den röde mannen färdig att sälja allt, för att erhålla det berusande giftet, — sin »papoose», sin »squaw», till och med sin krigsfånge. Men har indianen målat sig med ockra och hängt skalperknifven vid sidan, då kommer det ej längre i fråga att köpa eldvattnet af den hvite mannen; då bryter han sig med våld in i ranchen, bemäktigar sig bränvinet och tar icke sällan säljarens lif på köpet.

Vinstbegäret drifver emellertid den hvite att åter uppbygga sin nedbrända koja och fylla sina utplundrade förråder. Lefver han öfver tre somrar, utan att något stör hans handel med whisky och tobak, är han rik. En irländare, Paddy Blake från Virginia, eger en ranch nära högsta punkten af Bridgerspasset, i den ödsligaste trakt man kan tänka sig. Mannen bor egentligen vid Fort Laramie och är till sitt yrke marketentare, men han finner det mera inkomstbringande att till de vägfarande sälja dåligt bränvin för tre dollars buteljen och gröfsta slag tuggtobak för sex dollars skålpundet, än att tillhandahålla besättningen på den lilla fästningen födoämnen. Ett litet blockhus förvarar hans lager af spritdrycker och försäljningen deraf fortgår under den tid af omkring fyra månader på året som vägarne äro öppna och marken utan snö. Indianerna betala med buffel- och bäfverskinn; de hvita med dollars.

Längs vägen igenom denna bergstrakt finnas ett stående samtalsämne för formän och emigranter, liksom för stationskarlar och nybyggare: indianerna. Inom denna region går hvarje rödskinn med skalperknifven i hand. En af postverkets agenter berättade för mig att han sjelf sett en hvit man ryckas ned från forvagnen af en skara Sioux och brännas lefvande. En ryktbar antilopjägare i Virginiadalen mördades för några få veckor sedan, och mellan Elk Mountain och Sulphur Springs blef nyligen ett emigrant-tåg öfverfallet af Cheyenner, samt aderton personer, män, qvinnor och barn, massakrerade. Indianerna togo med sig två unga flickor, hvilka, efter att hafva utstått en förnedrande och grym behandling, skickades tillbaka till Fort Laramie och utvexlades emot några säckar mjöl.

Nära högsta punkten af det första passet står en ödsligt belägen poststation, som till följd af ett visserligen oskyldigt, men obegripligt misstag fått namnet Tallskogen. Två män äro för postverkets räkning stationerade derstädes och en af dem, Jesse Ewing, har blifvit hjelten i ett äfventyr, vådligare än månget som föranledt gåfvan af en tapperhetsmedalj.

Förliden vår kom en trupp Sioux till nämnda station, der Jesse af en händelse befann sig allena. Som vanligt spelade indianerna herrar i huset, åto upp brödet, elgköttet, fläsket och drucko ur kaffet. Sedan de öfverlastat sig med mat och dryck, befaldes Jesse att göra upp en stor eld, emedan de ämnade bränna honom lefvande. Att bränna sina krigsfångar är ett vanligt nöjsamt tidsfördrif hos Sioux. Underligt nog hade Jesse lyckats dölja sin bowieknif och revolver inom kläderna och indianerna visste ej annat än att de hade honom alldeles obeväpnad i sina händer. Som han väl visste att deras hotelse var allvar, vägrade han först att samla bränsle till bålet, men då hans grymma fiender förklarade att deras squaws i händelse af olydnad skulle flå honom lefvande, sade han sig ej kunna uppgöra eld, såvida det ej tilläts honom att i stallet hämta halm och torrved.

Hans begäran ansågs billig och två indianer följde med honom som bevakning. Det var redan mörk natt; den ene indianen stannade vid stalldörren medan den andre gick med in. Snabb som blixten högg Jesse knifven i den sistnämndes sida; nästa sekund hade kamraten en kula för pannan. Skottet tillkallade hela röfvarebandet, tjutande af ilska och hämndbegär, men Jesse var ej sen att gömma sig i en däld under stenar och trädrötter, och på detta gömställe låg han tyst som hade han varit död och hörde Sioux i flera timmar springa af och an, ursinniga och uppgifvande fasansfulla skrän. Natten var mycket kall; han hade hvarken skor eller rock och, hvad som var värst af allt: det hade börjat snöa; han skulle således ej kunna gå ett steg utan att spåren förrådde honom. En lycka var emellertid att indianer äro fullt lika känsliga som de hvita för plågan af att med sina bara fötter gå i snö. Der han låg kunde han höra Sioux jemra sig öfver kölden och fann efter åtskilliga timmars förlopp sina grymma fiender färdiga att begifva sig österut. Då Jesse ej längre kunde förnimma ljudet af steg och röster, kröp han åter fram från sitt säkra gömställe och sprang så fort han förmådde till närmaste station, dit han anlände i dagningen, uppgifven af trötthet och hunger.

Men nu är den raske gossen åter i sitt gamla hem, ett förhållande som jag med grämelse nämner; ty indianerna hota ånyo trakten, och komma de många till antalet, torde Jesse blifva första offret för deras hämnd.

FJORTONDE KAPITLET.
Bitter Creek.

Det flertal bergssträckor, som tillsammans kallas Sierra Madre, har sin högsta punkt i Tremonts Peak, trehundra fot högre än Monte Rosa. Genom de uppsmälta snömassorna på dessa bergssluttningar bildas källor till tre stora vattendrag: Mississippi, som rinner ut i Atlantiska oceanen, åt vester floden Columbia med utlopp i Stilla hafvet, åt söder Colorado med utlopp i Californiaviken. I sydvest reser sig Wasatchs bergskedja och utestänger dessa flodsträckningar från det ofantliga lågland, som nämnes Utah, och stora Saltsjön. Men emellan Sierra Madres och Wasatchs stora bergssystemer ligger en landssträcka, Bitter Creek, som utan tvifvel är en del af de värsta ödemarker på hela jorden.

Denna öken, om man mäter den från Sulphur Springs till Green river, har en bredd af etthundratrettio mil. Den är en region af sand och stenar, utan ett träd, en buske, utan en källa sött vatten. Ben af elgar och antiloper, af hästar och oxar ligga kringströdda på jorden. Allt emellanåt stöter man på en menniskograf; vid hvar och en är fästad en berättelse som förmännen hafva att förtälja. Här hafva vi en sten rest till minne af fem stationsmän som Sioux mördat. Denna kulle utmärker platsen der en ung emigrant hvilar, en flicka som dött under sin pilgimsfärd till detta förlofvade land! Denna påle är en galge der en hop druckna sällar hängde en kamrat vid ett slagsmål. Hela farleden är utmärkt genom hvitnade benrangel och hemska tilldragelser, och den omgifvande naturen står i en noga öfverensstämmelse till menniskornas dåd. Här och der växer litet vild lantana ibland torfvor af ett kort och tunnt gräs. Solrosen upphör nästan att finnas och der man ännu ser denna prairiens prydnad, kommer den icke högre än till storlek af en vanlig bellis. Bergen äro låga och smutsgula till färgen.

Ett fint hvitt dam, som ett ovandt öga tager för snö, men som i verkligheten är soda, ligger öfver landskapet, än i stora fält, än åter i stora fläckar och strimmor. Då bäcken, som gifver ödemarken dess namn, är full af vatten, som t. ex. i början af sommaren när snö och is smälta, kan man någorlunda fördraga att dricka deraf, ehuru smaken visserligen alltid är motbjudande; men nästan uttorkad, som vid höstens början, är dess vatten fullkomligt afskyvärdt för både menniskor och djur, ett vämjeligt förgift, som förorsakar inflammation i magen och blodet. Och ändå måste menniskor och djur dricka deraf, om de ej skola törsta ihjel. Till följe af markens svåra beskaffenhet är vägen högst besvärlig. En fora kan svårligen passera öknen på mindre tid än en vecka; många emigrantkaravaner få lida dess hårda vedermödor ända till tio eller tolf dygn. Då genom knapp föda och skadligt dricksvatten, oxarnes krafter äro uttömda, förmå de icke längre draga forvagnen. Somliga lägga sig vid vägen och kunna icke förmås att åter resa sig; andra ragla hit och dit, komplett odugliga att draga. Den långa spannpiskan hviner förgäfves kring sidor och rygg; föraren har intet annat val än att befria det stackars djuret från oket och låta det lägga sig ned i ödemarken, der vargen och korpen snart göra slut på dess eländiga lif. På detta sätt är hela vägen beströdd med oxars och mulåsnors skeletter. Under vår färd genom Bitter Creek träffade vi alltsom oftast foror, som nödgats lemna kanske en tredjedel af sina dragare fria, det vill säga att de i anseende till oduglighet blifvit släppta att afbeta det sparsamt växande gräset, möjligen under tillsyn af en pojke, i hopp att de åter skola hämta krafter. Då många dragare sjukna, blir ansträngningen för de friska alltför stor och hela karavanen får då under en veckas tid mot sin vilja stanna i den ohelsosammaste ort man kan tänka sig.

Liggande emellan de nämnda två sträckningarna af Klippbergen och sjelf af lika höjd öfver hafvet som Mont Pilatus i Schweiz, har Bitter Creeks ödemark ett ganska strängt klimat. Ordspråket lyder att dess vinter slutar med Juli månad och börjar ånyo med Augusti. Många mulåsnor och oxar dö af köld, i synnerhet om hösten, då middagens brännande hetta utbytes mot nattens isande vindar. Denna köld smyger sig försåtligt öfver kreaturen, snarare lik en ljuflig hvila; de digna ned på sina knän och tillsluta ögonen, liksom voro de fullkomligt friska, men då morgonen dagas resa de sig icke mera från sitt läger. Ungefär samma förhållande är ock med menniskor; männen lägga sig till hvila på marken, insvepta i sina buffelhudar eller filtar; möjligen känna de sina fötter litet domnade, litet frusna, det är allt. De mera erfarna veta dock, att de aldrig åter skola få lif och rörelseförmåga i dessa fötter. Jag hörde berättas om en förare vid en stor varutransport, hvilken, sedan menniskor och djur sökt hvila för natten, sjelf åtog sig att hålla vakt vid lägret. Hela natten satt han till häst, insvept i sin varma kappa, än slumrande, än fullt vaken, men alltid uppmärksam om blott ett löf rörde sig. Då morgonen kom och det blef rörelse i lägret, ropade han på en af formännen och ämnade stiga af hästen; men då han skulle lyfta foten ur läderhylsan som tjenar i stället för stegbyglar, kände han till sin öfverraskning att benet var stelnadt och ej ville lyda hans vilja. Då han lyftes ur sadeln befunnos bägge benen förfrusna upp till knäet; han dog efter tre dygns svåra plågor.

Det är en vanlig sak att på prairierna eller i bergstrakten se personer, som genom köld förlorat fingrar eller tår.

Knappt mindre farlig än kölden är för karavanerna, äro de våldsamma stormar, som med ögonblicklig hast bryta ut och tjutande stryka fram öfver högslätten. Vid återresan från Saltsjöstaden öfverföllos vi i öknen af ett dylikt oväder, storm, isbark och hagel, som med vinden rätt emot oss piskade oss i ansigtet och innan kort blötte oss inpå kroppen. Till att börja med mötte vi orkanen tappert, höllo våra hästar i jemnt lopp och fortsatte färden. Men de stackars djuren förmådde icke länge stå emot. Skrämda af stormens dån, slagna af hagelskuren, stannade de och stodo alldeles orörliga, lika likgiltiga för kuskens muntrande rop, som för piskslagen. Erfarenheten hade lärt körsvennen, att dragarne vid dylika tillfällen måste få följa sin egen vilja; han lät dem således helt hastigt vända. Med ryggen mot ovädret och hästarne i skydd af vagnen förblefvo vi stilla under tre timmar, eller tills stormen åter lade sig, då vi stego ur vagnen, skakade af oss regn och snö så godt sig göra lät, drucko litet konjak, tände våra cigarrer, och fortsatte derpå färden i den kalla nattluften.

Ett tåg af emigranter, som äfven nödgats göra halt helt nära oss för att invänta bättre väder, var icke så lyckligt i sina anordningar som vi. Så snart stormen bröt lös, stannade hela karavanen, men i stället för att hålla de skrämda mulåsnorna och hästarna väl bundna, hade männen släppt dem lösa, att efter godtfinnande möta elementernas raseri. Några ibland dem kunde icke motstå denna lockelse. Under ett par minuter stodo de stilla med nosen i vädret, vände sig derefter ifrån stormen, skälfvande af rädsla, skrapande i den våta marken med framfötterna, böjde ned hufvudet och flydde i den vildaste fart. Det blef en fullkomlig kapplöpning, under hvilken säkert många djur störtade döda till marken. Vi fingo ej bevittna utgången af våra grannars besvärligheter, ty natten bredde sitt mörker mellan oss och deras läger, och samma stund ovädret lade sig, svängde vi om vår vagn och åkte vidare. Emigranterna åter skulle afvakta dagningen innan de kunde företaga sin rekognoscering efter de rymda hästarna, som de troligen hade att följa hela mil, öfver klippblock och bergsskrefvor. När hästar en gång väl börjat fly för hagel och storm, så stanna de ej godvilligt åter. De klättra uppför berg, de simma äfver vattendrag, de slita sönder sig i busksnåren; först då inga krafter mera finnas qvar, stanna de darrande, eller störta döda till jorden.

Då en dylik förvirring och panisk förskräckelse träffar en karavan — då hästarne antingen flytt eller blifvit sjuka, då formännen äro modfälda af trötthet och dålig föda — bryta sig »vägagenter» in i corralen och göra sig med lätthet till herrar på platsen.

Vägagenten är den benämning, som i bergstrakten gifvas åt skurkar, hvilka tröttnat vid ärligt arbete vid grufvorna, för att under stråtröfvarens farliga men mera inbringande yrke göra lycka. Många ruinerade handlande, spelare och guldsökare blifva vägriddare, plundra handelsforor och emigranter, samt våga sig stundom äfven på postvagnen. Väl beväpnade och säkra skyttar, afhållas dessa samvetslösa karlar af ingen fruktan för mannens styrka, af ingen aktning för qvinnan, från att begå de grymmaste ogerningar. Deras hand är lyftad emot hvar och en, som möjligen eger en dollar i sin börs. Hvarje lagbud, som kan brytas, hafva de brutit; hvarje oförrätt hafva de begått; om de alltjemt öka sitt skuldregister så gör det föga till saken; huru skulle de kunna blifva sämre än de redan äro? Dessa bofvar stryka omkring i band af från tre eller fyra, ända till tjugu, till och med fyratio man, och äro för formannen eller emigranten vida farligare än indianerna. Ty indianen är likväl blott en vilde, som den hvite mannen möjligen torde kunna beherrska eller öfverlista; men hans egen stamförvandt — sjelf kanske i lyckligare dagar köpman eller forman — kan fullt mäta sig med honom i slughet och genomskådar i ögonblicket hans ställning.

Många män, hvilka varit vägagenter, ja, som ännu anses stå i förbindelse med röfvarband, hafva återgått till samhället och gå oantastade, som krögare, ranch-män t. o. m. postförare. I den fria

Vestern gälla andra rekommendationer än om god frejd. Säker hand och säkert öga, fyndighet och raskhet äro af mera värde hos en tjenare, än de aktningsvärdaste vitsord från hans förre herre. Lifvet är der alltför otämdt, att civilisationens ädlaste lagar skola kunna tillämpas. Jag såg i Denver en man, som öfver hela Colorado vunnit en bedröflig ryktbarhet. Han sades hafva mördat ett halft dussin män; icke förty fick han komma och gå, köpa och sälja varor, utan att någon antastade honom. Fruktan för hans bundsförvandter var tillräckligt stark att lägga ett band äfven på vigilanskomitéens och den oförfärade sheriffens verksamhet. Under min hemresa genom Bitter Creeks ödemark hade jag äran att åka i sällskap med en f. d. stråtröfvare, som skämtade öfver sina bedrifter på landsvägen och icke det ringaste frågade efter sheriff eller domare. En af hans historier var följande:

En gång, då han jemte en annan samvetslös kamrat var ute på förvärf, hade de lyckats plundra några resande på tusen dollars. Helt nöjda med sitt rof styrde de stegen till Denver, i hopp att der frossa af sin fångst, då de på långt afstånd upptäckte fem karlar till häst, hvilka min reskamrat sade sig genast känt igen för att vara ett band, som han fordom tillhört. »Nu äro vi sålda,» sade han till kamraten; »dessa män skola plundra oss på våra pengar och kanske skjuta oss för pannan, på det vi ej skola sqvallra ur skolan.»

»Det vilja vi se,» svarade hans ännu listigare vän. »Jag känner nog till dem; vi skola låtsa oss vara fattiga stackare.»

Sedan de smort sig med lera och orenlighet samt antagit en jemmerlig min mötte de ryttarne med tillropet: »Gif oss fem dollars, kapten; vi äro så hungriga och trötta. Komma vi blott till Denver så få vi kanske hjelp af kamrater. Skänk oss fem dollars!» Denna begäran gick stråtröfvaren till hjertat; han kastade till de båda listiga karlarne de begärda pengarne tillsade dem att tiga och galopperade bort i spetsen för sin trupp.

För ej länge sedan plundrades posten under förhållanden, som äfven i dessa vilda nejder voro ovanligt grymma. Berättelsen härom var ännu i hvarje mun under namn af »mordet i Portliffsdalen» och lyder sålunda, enligt mördarens bekännelse till sheriffen Wilson:

Frank Williams, en man med dåligt anseende, men förträfflig kusk, god skytt och erfaren bergvandrare, hade lyckats få anställning som postförare. Vid ett besök i Saltsjöstaden gjorde han bekantskap med en handlande från Atchison, vid namn Parker, som i affärer företagit en resa till mormonstaden och nu med sin vunna vinst tänkte återvända hem. M'Causland från Virginia och två andra köpmän, alla medförande stora summor i guldsand, hade föreslagit Parker att de alla gemensamt skulle fara med postvagnen, för att bättre kunna skydda sig emot anfall. Detta anförtrodde Parker åt William, medan de sutto med glaset i hand, och bad honom såsom pålitlig kusk och som vän råda honom i denna sak. Uppmuntrade till resan af Frank Williams, togo de fyra herrarne plats i postvagnen, som de enda passagerarne, och resan gick väl tills de kommit in i Portliffdalen.

Der blefvo de alla mördade. Vid en trång punkt af passet lät Frank sin piska falla. Han stannade vagnen och sprang tillbaka för att taga upp piskan; i samma ögonblick ljödo flera pistolskott; tre af passagerarne föllo döda ned; åtta maskerade karlar rusade fram, ryckte upp vagnsdörren, kastade ut döda och döende, tillegnande sig pengar och guldsand. Parker var sårad, men lefde ännu. Då han såg Williams komma springande med en revolver i hand, ropade han åt honom: »hjelp mig, Frank; jag kommer mig nog; hjelp mig blott!» Frank förde pistolmynningen mot sin väns panna och tryckte af, rädd att någon öfverlefvande skulle sqvallra om hans brott, hvarefter han åkte fram till nästa station och rapporterade att posten blifvit röfvad och passagerarne mördade. Två män följde honom tillbaka för att taga hand om de liflösa kropparna och efterforskningar företogos mellan Denver och Saltsjön angående mördarne. Ingen misstanke föll på Frank, förrän några veckor derefter en tjuf berättade för sheriffen Wilson, att Frank Williams lemnat sin beställning som postförare och frikostigt öste ut pengar i Saltsjöstaden. Vår vän Bob tog sina mått och steg för att låta bevaka honom; men innan sheriffens spioner hunnit till ort och ställe, blef Williams oförmodadt synlig på Denvers gator. Innan han varit en hel dag i staden, hade han åt sig och sina sällskapsbröder köpt sju nya, vackra drägter, hyrt ett illa beryktadt spelhus och bjudit nästan alla äfventyrare i staden på ett glas.

En qväll blef han af Wilson gripen och förd inför vigilans-komitéen. Hvad som föregick under dess nattliga session är okändt; namnen af närvarande ledamöter kunde man blott gissa sig till. Men hvad man med visshet nästa morgon insåg, var att Frank Williams blifvit funnen skyldig till något rysligt brott; personer som stigit tidigt upp hade sett hans liflösa kropp hänga vid en påle på Storgatan.

FEMTONDE KAPITLET.

Nedstigandet från berget.

Sedan vi hunnit förbi Fort Bridger började vägen hastigt sänka sig i tvära branter, och nejden företedde efterhand mera grönska. Farleden var visserligen alltjemt svår, stenig och obanad, än sträckande sig öfver runda bergshällar, än stupande ned i djupa dalgångar och ibland ytterst besvärlig för den djupa sanden; men i det hela höllo vi redan på att utbyta Sierras höga bergsplateau med dess kala ödslighet, emot raviner och dalsänkningar, hvarest lantanan ändtligen gaf rum åt ett högväxt grässlag. Här och der i bergsskrefvorna började buskväxter skjuta fram; dvärglika ekar och lönnar visade sig i höstens färgprakt af purpur och guld. Låga tallar och cedrar blefvo allmänna; sorl af rinnande vatten hördes inom lunderna; långa sträckor af balsambusken och korgpilen följde lik en bräm kanten af de små bäckarna. I det bleknande dagsljuset fortsatte vi färden igenom ett pass, Muddy Creek; det var redan fullkomligt mörkt då vi vid slutet deraf tvärt krökte förbi en hög klippa och studsade vid åsynen af ett vidsträckt eldsken, såväl i dälden midt framför oss som på sluttningen till venster. En stor karavan mormon-emigranter hade der slagit läger. Väl hundra forvagnar voro sammanfogade till en corral, till skydd emot Utah- och Com-indianer, nere i den trånga dalen, kring hvilken klippspetsar och berg reste sig skyhöga så att man blott kunde skönja en liten fläck af det stjernbeströdda firmamentet. Framför hvarje vagn brann en stor eld; män och qvinnor, gossar och flickor voro samlade omkring dessa eldar; somliga åto sin qvällsvard, andra sjöngo i raskt tempo; här och der dansades. Oxar, mulåsnor och hästar stodo om hvarandra i brokigt hvimmel; hundar lågo och sofvo vid elden eller skällde de på postvagnen, och under hela detta uppträde ljödo cymbaler, jägarhorn och trumpeter. Ehuru vi ännu befunno oss högt uppe i bergstrakten, kände vi oss alltmer nalkas gränsen till Saltsjöstatens Eden — detta *de sista dagarnas heliges* paradis, till hvilket väfvaren från Manchester, bonden från Llandudno och skoflickaren från Whitechapel känna sig kallade.

En timme derefter stannade postvagnen vid Bear Rivers station, hvilken förestås af mormonbiskopen Myers, en engelsman, som hittills inskränkt sitt antal fruar till två. Hans ena hustru bor jemte honom vid Bear River. En legd medhjelparinna, en ung engelska, som kommit på besök, och två eller tre manliga tjenare utgöra biskopens hjord och hushåll. Hustrun var ett behagligt fruntimmer, enkel, elegant, intagande. Medan vi sköljde af oss dammet efter resan, tillredde hon fort och väl en måltid. Trötta och hungriga som vi voro, föreföll oss denna Myers som en förebild af en god herde. Vid en af Englands högskolor skulle säkert hans kunskapsmått befunnits underhaltigt; i öfverhuset skulle hans tal ingalunda blifvit godkända; uttrycken voro icke valda, uttalet icke rent och välljudande; jag vågar icke svara för att han kände grekiska alfabetet; men han kände deremot fullkomligt sina pligter som en god menniska emot de hungriga och trötta, hvilka en kall natt stannade vid hans dörr. Sedan han gjort upp friskare eld på spisen, skurit kotletter af ett fårlår — den första goda mat vi smakat på många dagar — och skyndat till källan efter friskt vatten, lade han halm i vagnen på det våra fötter icke skulle lida af nattkylan. Af honom fingo vi verkligt thé, godt bröd, till och med smör. Kotletterna voro förträffliga och igenom det fina behag, hvarmed den unga husmodern och hennes eleganta vän serverade måltiden, blef denna för oss en verklig fest.

Vi lemnade Bear River med den bästa tanke om åtminstone en fläck af den kyrkostat Brigham Young grundat.

Under natten passerade vi Den hängande klippan och Ekopasset — underbara, fantastiska bergformationer, som, sedda en stjernklar augustinatt, i sanning göra ett gripande intryck på sinnet. I god tid följande dag kommo vi till Coalville, första mormonbyn, bestående af ett antal trähus, hvart och ett omgifvet af en nyanlagd trädgård. Här och der syntes små tegar, bevuxna med majs, en blott genom hårdt arbete förvärfvad landvinning från en oblid natur, der för ett knappt tjugutal af år tillbaka Utah- och Bennocksindianer jagade elg och togo hvarandras skalper. Stenkol finnes härstädes; dessutom friskt vatten och äfven något skog. Under det vi åkte, tittade vi nyfiket in i boningshusen, i synnerhet der två eller flera stodo inom samma inhägnad, ty vi hade nyss af vår kusk fått veta att i de gårdar der flera dörrar funnos, bodde någon af de äldsta, som egde två, eller flera hustrur. Vi måste ovilkorligt tänka på den förfärliga ödemark, genom hvilken vi nyss färdats; och vi kunde ej annat än förvånas öfver det mod, den flit, den fanatism, som genom hvilken lära, hvilka lockelser som helst, kunnat förmå menniskor att söka odla denna ödsliga dal, med afsigt att göra den behaglig. Men så har emellertid Coalville uppstått, en stad bland bergen, eller åtminstone begynnelsen till en stad, anlagd i ett bergspass, der ingeniörer och erfaret folk förklarade det vara komplett omöjligt för hvarken menniskor eller djur att existera. Små majsodlingar följde stränderna af ett litet vattendrag. Boskap betade på bergssluttningen, utanför boningshusen lågo hundar och vaktade, svin bökade i jorden, öfverallt sprungo höns och på gårdarne stodo hästar. Barn, med rosiga kinder, klara blå ögon och ljust hår, alltsammans talande om engelsk härkomst, lekte utanför gårdsgrinden och tumlade om i höet. Tioåriga flickor mjölkade korna och gossar vid samma ålder körde redan sitt par hästar. Qvinnorna lagade till frukost eller stodo och tvättade kläder; männen togo upp potatis, plockade ned frukt, timrade eller sågade bräder. Alla voro sysselsatta; hela stället vittnade om en viss välmåga, ehuru platsen för så kort tid tillbaka var en stenig ödemark. Ibland grönskan sköt en liten nätt kyrka upp sin spira.

Ju längre vi kommo ned ifrån bergstrakten, desto mer vidgade sig dalarna; boskapshjordar gingo i bet på de vidsträckta, grönskande fälten. Vi passerade Kimballs hotell, en station som hålles af en son till Heber Kimball. Mannen har någon förmögenhet och har slagit sig ned i denna enslighet, med sina hjordar af får och boskap och sina tre hustrur. Han bekänner sig till mormonismen, men har icke förthy blifvit förjagad ur Saltsjöstaden till följd af dryckenskap och oljud på gatorna. Det vill synas som de heliga utöfva sträng räfst emot förbrytare; inga blodsband, inga förbindelser, vore de än aldrig så mäktiga, förmå skydda den brottslige för kyrkans bann.

Vid Mountain Dell lefver biskop Hardy. Tre af hans åtta hustrur hafva följt honom till bergstrakten. I hans hem sågo vi en liten Utah-indian, som blifvit uppfostrad till mormon och en god medborgare. Han var en slug pojke, som rätt väl insåg skilnaden emellan att äta varg- eller fårkött och som af hela sitt hjerta hatade sina bröder, rödskinnen. En af biskopens fruar berättade oss att den unge indianen som »papoose» såldes af sin far för några dollars; att han har lätt att lära allt praktiskt, men är lat och trög vid boken. Bäst behagar det honom att ligga i solen och göra ingenting, men att sköta hästar och köra, förstår han sig väl på. Slutet är att han med mycken möda och omkostnad blott kunnat uppfostras till tjenare åt den hvite mannen.

Mormonerna hafva en egen åsigt rörande den röda racen. De anse honom nämligen vara en ättegren af hebreerna, som emigrerade från Palestina till Norra Amerika, medan de ännu voro Guds utvalda folk och hade prestadömet i sina händer. Men genom olydnad förlorade de emigrerade hebreerna sin presterliga värdighet och derjemte äfven sin hvita färg, sin högre intelligens och ädla ansigtsbildning. Enligt mormonernas tro, kunna ännu några matta ljusglimtar af den första, sanna läran skönjas hos dessa Israels afkomlingar, deras tro på en Stor Ande, deras fördelning i stammar och månggiftet. Men Guds förbannelse hvilade öfver dem och deras barn. De äro komna af en helig stam, — men en helig stam öfver hvilken himlens vrede nu ligger tung. »Då tiden är inne — den tid som Gud vet,» sade Young till mig vid ett senare samtal,

»skola de återkallas i sitt nådastånd, skola upphöra att göra det onda, men lära att älska det goda; då skola de sätta sig ned i städer, deras färg skall åter blifva hvit och den presterliga värdigheten skall ånyo komma dem till del.»

Det måste i sanning fordras en stor förändring för att en .Paronee, en Utah skola likna Aaron och Josuah!

Innan kriget utbröt och slafveriet ej längre fick existera på Norra Amerikas jord, hade mormonerna utfärdat en lag, som berättigade till inköp af gossar och flickor af indianerna, i afsigt att uppfostra de små rödskinnen i den sanna mormonska läran och bibringa dem kunskap i nyttiga yrken. Utah- och Ormindianer äro alltför villiga att sälja sina barn, och många, som under dessa år köptes, finnas ännu i dessa dalar. Naturligtvis äro de nu lika fria som de hvita och vida mera lata, bedrägliga och elaka än dessa.

Biskopens hustru, med hvilken jag talade i ämnet, och som sjelf genom erfarenhet fått sina ögon öppnade, hade föga tillit till styrelsens beslut att bibringa Utah och Bannocks en grad af civilisation. Hon såg att en förbannelse hvilade öfver den röde mannen. Väl var det hennes tro att den tid skall komma, då äfven indianen blir mottaglig för flitens, ordningens och religionens välsignelser, men icke menniskan, endast Gud kan verka denna pånyttfödelse.

Ett långt, brant pass, nio eller tio mil i utsträckning, med en å som drifver vattenverk, med frisk grönska, der boskap gick i bet, förde oss från Mountain Dell till Saltsjödalen, som alldeles oväntadt och öfverraskande låg framför oss, då postvagnen krökte förbi en utskjutande klippvägg.

Den tafla som utbredde sig för våra blickar var, från hvilket håll man än betraktade den, af en ren och fullkomlig skönhet, sådan blott några få landskap på jorden kunna skryta med. Ej underligt att den stackars emigranten, oftast kommen från ett eländigt europeiskt hemvist, exalterad af fanatism och af alla den långa färdens hårda försakelser, ser ned i denna dal som på ett jordiskt paradis.

Belägen vid foten af Wasatchs bergskedja, hvars snöhöljda toppar resa sig mot skyn, utbreder sig det stora slättlandet långt åt norr. Öfver denna omätliga dal låg ett guldskimmer, en verkan af strålande solljus öfver hela fält bevuxna med solrosor, åt alla håll glittrade små sjöar och vattendrag. Till venster hade vi den stora Saltsjön inom en halfcirkel af berg, af hvilka några spetsar sträckte sig högt upp bland molnen; denna bergskedja kallas af indianerna Oquirrk. Framför oss lyste staden Nya Jerusalem med sina hvita byggnader ibland grönskande lundar. Bortom staden flöt floden Jordan som från Utahsjön för sött vatten igenom dalen till Saltsjön, denna stora insjö, hvars djupblå böljor förläna hela landskapet ett drag af friskhet, och liksom skuggar det med sin dunkla spegel. I denna sjö, som har en bredd af hundra mil, en längd af hundrafemtio, ligga två bergiga öar, Antilopön (numera kyrkön) och Stansburg-ön, medan i fjerran Utahs och Nevadas berg resa sina oregelbundna, romantiska toppar.

Luften var ljuf och behaglig; sydländsk genom sin aromatiska doft, nordlig genom sin friskhet. Svalkande vindar kommo från Wasatchs toppar, der snö och is ligga qvar hela sommaren. Atmosferen var så ren att Black Rock, ett af bergen vid sjön, ehuru på ett afstånd af tjugufem mil, tycktes ligga blott några hundra alnar framför oss, och bergstoppar, som genom sextio mil voro skilda från hvarandra, syntes utgöra samma kedja.

Ju längre nedåt dalen vi kommo, desto klarare lyste hela nejden af guldfärgade blommor i solskenet. Staden föreföll som en ofantlig park eller trädgård med lummiga massor af dunkelgröna träd, och alltemellanåt stack en kiosk, en kyrka eller annan större byggnad upp sina hvita murar. Bortom staden på en högre punkt syntes ett läger. I dess hvita tält och baracker ligger en Förenta Staternas armécorps, som misstänksamt bevakar hvad som förehafves i »De sista dagarnes heliges stad». Emellertid ökar detta fältläger taflans romantiska skönhet. Dess färger gifva en vacker relief åt detta landskap i hvitt, guld och grönt.

SEXTONDE KAPITLET.
Det nya Jerusalem.

En ström och ett vattendrag — ej större än Xenil som gaf anledning till Granadas anläggande och förvandlade den ofruktbara vegan till en trädgård — bestämde platsen för det Nya Jerusalem. Brigham Young berättade mig, att medan han färdades öfver bergen för att söka ett nytt hemland åt sitt folk, hade han en natt uppenbarelse af en engel, hvilken stod på spetsen af en kulle och pekade på den plats der det nya templet skulle byggas. Då han kom ned i Saltsjödalen, sökte han först efter den kulle han sett i drömmen. Då den var funnen märkte han att en frisk ström rann nedanför kullens fot; detta vattendrag kallade han City-ån. Georg Smith, en af församlingens äldste, och några pionierer ledde denna å fram och åter genom en jordlapp, som föreföll temligen odlingsbar och i hvilken de satte potatis. Derefter stälde de sina steg norrut, utstakade byggnadsplats för templet och drogo en vidsträckt qvadratlinie der omkring. Denna qvadratplats, tio acres stor, utgör nu stadens medelpunkt, mormonernas helgedom, det Nya Jerusalems harem.

Staden ligger mellan de två stora sjöarna Utah och Saltsjön — liksom Interlaken mellan Brienz och Thun — med den skillnad, likväl, att distanserna äro vida större här. Utahs båda insjöar äro ett par haf jemförelsevis till Berner-alpernas två, täcka vattenspeglar. En flod som mormonerna gifvit namnet Jordan, flyter från Utahsjön till Saltsjön, men den har sitt lopp ett stycke ifrån staden och djupt ned i dalen, hvilket gör den oduglig till att vattna trakten. Young har en plan att leda en kanal från den öfre sjön, längs Wasatchsbergens sluttning, ett företag, som kommer att kosta mycket pengar, men också att göra ofantliga, toma jordsträckor fruktbara. Får Saltsjöstaden i fred tilltaga i makt, skall denna kanal utan tvifvel blifva byggd, och en mark, som nu är betäckt med stenar, sand och vild lantana, förbytt till vingårdar och parker.

Staden, hvilken, enligt hvad man sade mig, innefattar tretusen acres jord mellan bergen och sjön, är utlagd i qvadrater af tio acres hvardera. Hvar qvadrat är fördelad i jordlotter af en och en fjerdedels acre, en jordvidd som anses tillräcklig till byggnadstomt och trädgård.

Ännu är templet obyggdt, grunden är väl lagd af huggen granit och arbetet utfördt med en soliditet, som bör trotsa tidens åverkan. Den templet omgifvande qvadraten är emellertid tills vidare bebyggd med åtskilliga hus, gamla tabernaklet, en stor parkanläggning och nya tabernaklet. En hög mur innesluter dessa byggnader — en mur, hvarken med styrka eller konstmessighet uppförd, snarare lik en jordvall än det mäktiga verk som omger tempelgrunden på Moriah berg. Då templet blifvit bygdt är meningen att uppföra starka, prydliga vallar och plantera dem med träd, på det de ock må skänka stadens innevånare skuggrika promenader.

Tempelqvadraten ger hela staden dess form. Från hvarje sida sträcker sig en gata af hundra fots bredd i rak linie utåt den jemna slätten. Andra gator af samma bredd löpa parallelt med dessa, åt söder och norr, åt öster och vester, alla planterade med rader af akasia och ailantus, samt försedda med två rännilar, hvilka ständigt föra friskt vatten ned ifrån bergstrakten. Åt norra sidan gå gatorna ända fram till bergssluttningen, och intet annat än för knapp befolkning hindrar dem ännu från att i söder och vester sträcka sig ända bort till sjöarna, ett mål som på papperet redan är utsatt, och som de ifrigaste mormonerna ej misströsta om att ernå.

Main Street, hvilken sträcker sig längs framsidan af det blifvande templet, är hufvudplatsen för embetsrum, styrelsens residenser och derjemte för handeln. Ursprungligen var denna gata afsedd till att uteslutande innefatta byggnader af högsta rang för gudstjensten och staten. Den kallades då Östra Tempelgatan, och, oberäknadt sjelfva tempelbyggnaden, fanns vid densamma rådhuset, uppbördskammaren, samt residenser för kyrkans tre högsta styresmän: Young, Kimball och Well. Då hade gatan ymniga kanaler och vackra trädplanteringar, men handeln har gjort intrång på det nya templets område, liksom i forntiden på det gamlas; Brigham Young har sett sin makt vika för penningmäklares, köttmånglares och småkrämares. Banker, varumagasin, byråer, hoteller — alla dessa den nya tidens fördelar — öppnas hvar efter annan vid Main Street. På många punkter hafva träden blifvit nedhuggna, för att lemna utrymme för varors emottagande eller afsändande; de nätta, små trädgårdarna, fulla af äpple- och persikoträd, bland hvilka boningshus, byggda af soltorkadt tegel, tittade fram, hafva fått lemna plats för handelsbodar och mångelskestånd. Trots handel och liflig rörelse, är Main Street ännu icke stenlagd och endast sparsamt bebygd. Man kan under en vandring längs denna gata observera de tre olika stadier, hvarje amerikansk stad har att genomgå i byggnadssättet: träskjul, lerhus (i trakter der god tillgång är på bränsle och passande materialier bygges af tegel) samt slutligen stenhus. Många af de bästa husen äro ännu af trä, flertalet af tegel, soltorkadt liksom det hvilket fordom nyttjades i Babylon och Egypten, och som ännu öfverallt begagnas i Mexiko och Californien; några få äro af röd sandsten, till och med af granit. Templet bygges af huggen granit, tagen från en närbelägen bergssträckning. Rådhuset är af sandsten, så ock många af de stora varumagasinerna, såsom Godbés, Jennings, Gilberts, Clawsons. I dessa magasiner kan man, liksom i en turkisk bazar, få köpa allt möjligt, ljus och champagne, guldsand, tryckta bomullstyger, thé, pennknifvar, conserver och råttfällor. De smärre handelsbodarna, glaceförsäljningar, rakstugor, restaurationer, hoteller och alla bättre bostäder äro af soltorkadt tegel — ett godt byggnadsämne i detta torra klimat. Dessa hus gifva en behaglig anblick, äro varma om vintern, svala under sommaren; det enda som mot dem kan invändas är, att de möjligen under häftigt regnväder kunna smälta. Några träbaracker, qvarstående sedan första ankomsten till Utah, synas äfven till. Längre åt söder, der gatan utsträcker sig så långt blicken når, börja akasie- och lind-planteringarne ånyo.

På den del af Main Street der rörelsen är starkast, skiljer den sig icke från Denvers, Leavenworths och Kansas' hufvudgator genom något annat, än frånvaron af schweizerier, lagerkällare och krogar. Hotellen hafva ingen källarsal, i staden få inga spelhus, inga tillhåll för osedlighet, ingen försäljning af spritdrycker finnas. På hotell »Saltsjön», der jag bor och som eges af öfverste Little, en af mormonernas äldste, kan jag icke få köpa ett glas öl eller en flaska vin. Nu är ej en enda bod öppen för utminutering af starka drycker (ehuru «hedningarne» svära på att de inom några veckor skola hafva en försäljning i gång) och vid frukost, middag och qväll serveras thé vid bordet. Med afseende på denna totala brist af »claretcobbler», »whisky-bourbon», »Tom & Jerry» och mångfaldiga andra försåtliga spirituösa drycker, i hvilkas tillredande amerikanarne kommit långt, är Saltsjöstaden visserligen mycket olik Leavenworth och andra, der hvart tredje hus vid gatan tycks vara ett näste för fyllerilasten. Har man väl hunnit förbi det qvarter i mormonstaden, som utgör handelns och affärslifvets brännpunkt, inser man ganska klart

Youngs idé, vid planeringen af det nya hemmet. Akasian växer längs kanten af en liten bäck; boningshusen ligga på ett afstånd af tjugu till trettio fot från gatan, skuggade af persiko- och äppleträd, och vinrankor, törnrosor och solrosor växa ända upp till takfoten.

En oräknelig mängd tvärgator korsa hvarandra åt alla håll, men alltid i rät vinkel och alla lika hvarandra, dimmiga, utan stenläggning och med små vattenrännilar samt rader af akasia, silfverpoppel och philarea. Alla byggnadsplatser äro utlagda i qvadrater; på hvarje tomt ett boningshus, omgifvet af fruktträd. Åtskilliga af dessa bostäder äro stora och af rätt god byggnadsstil; andra deremot små och oansenliga, inom hvars tre eller fyra rum den talrika familjen blott med svårighet tycks kunna hysas. Inom några gårdar ligga ända till tre byggningar, täcka schweizerhyddor — de särskilda hustrurnas bostäder.

»Hvem eger denna boning?» frågade vi en gosse och pekade på en täck villa.

»Den tillhör brodern Kimballs familj,» svarade han.

Uppe på bergssluttningen, vid stadens högsta punkt, ligger en gård tillhörig Hiram Clawson, en af församlingens äldste. Den vackra trädgården lyser röd af de ädlaste persikor, plommon och äppelsorter, af hvilka vi, till följd af egarens yngsta hustrus artighet, ofta fått smaka under vårt vistande i mormonstaden. Midt i trädgården står ett stort boningshus, der hans första och andra hustru lefva med en gemensam familj af tjugu barn. Och i ett hörn af trädgården, inbäddadt i den lummigaste grönska, står en vacker, hvit paviljong; der bor yngsta hustrun, Alice, en dotter till Brigham Young, jemte sina fyra söner. Denna unga dam säges utöfva lika mycket välde öfver sin herre och man, som någon sultans dotter, hvilken blifvit förmäld med en pascha. Naisbit, en af mormonernas poeter och äldste, engelsman till födseln, bor med sina två hustrur och många barn i ett vackert hus, äfven på bergssluttningen, helt nära Clawson. En stor del af staden är ännu grönskande — obebyggda tomter, hvilka vänta på ankomsten af nya skaror emigranter, för att, äfven de, blifva en punkt för lif och verksamhet. Vid First South Street ligger theatern och stadshuset, båda vackra byggnader, hållna i en för Vestern ovanligt ren styl.

Stadshuset är polisens hufvudqvarter, äfvensom plats för en domstol. Mormonernas polismän äro snabba och gå tyst tillväga; deras blickar tränga in i hvarje vrå, deras hand är färdig att gripa hvarje skälm om halsen. Intet förhållande, om än aldrig så obetydligt, undgår deras vaksamhet. En af »hedningarne», en vän till mig, som på qvällen sedan det blifvit mörkt var på väg till teatern, såg på gatan ett bekant fruntimmer och tilltalade henne. Följande dag infann sig en herre på hotellet der han bor och varnade honom för att tilltala någon mormonflicka på de mörka gatorna, såvida hon ej var åtföljd af sin far. Under vintermånaderna vistas vanligtvis i Saltsjöstaden sju- eller åttahundra guldsökare, unga, vilda sällar, hvar och en med bowieknif i bältet och revolver i handen, pockande på öl och bränvin, roulettebord och lättfärdiga qvinnor, alltsammans dem strängt förnekadt af »De sista dagarnas helige». Då har polisen all möda ospard att hålla dessa vildar i tygeln, och att detta lyckas dem med så ringa blodspillan är en förvåning för hvarenda guvernör och domare i hela Vestern. William Gilpin, Colorados guvernör och Robert Wilson, Denvers sheriff, hafva endast loford att yttra öfver dessa stränga och tystlåtna, men skickliga och kloka polismän.

Med mormonernas domstol voro vi nyligen på väg att göra bekantskap, en bekantskap, som dock gick om intet. För några dagar sedan träffade vi domaren och blefvo vänligt inbjudna att öfvervara en session. Vi följde honom; men medan vi samtalade i ett yttre rum, under afvaktan att något mål skulle förekomma, hviskade någon i hans öra att vi voro engelska jurister. Nästa ögonblick var han borta och rätten ajournerades. Då denne domare icke intagit sin plats vid domarebordet, står han och säljer medikamenter innanför en disk vid Main Street, och som vi veta att han der är att träffa, gå vi stundom dit in och få oss en flaska sodavatten eller en cigarr; men ännu hafva vi icke varit i stånd att få bevittna hans method att skipa rättvisa.

Staden har två svafvelkällor, öfver hvilka Brigham Young låtit bygga badhus. Det ena badet är fritt. Vattnet är uppfriskande och stärkande; värmegraden 92 grader.

Ingen tiggare synes till på gatorna; knappt någonsin en berusad man, och händer detta någongång, kan man vara öfvertygad om att det är en guldsökare eller en soldat — således en »hedning». Ingen ser ut att vara i nöd. Menniskorna äro stilla och höfliga, vida mera, än händelsen i allmänhet är i de vestra-staterna. Till följd af de myckna träden, de friska bäckarna, den boskap man alltemellanåt ser, hafva gatorna en prägel af landtlighet och frid, som i ingen af dessa regioners städer står att finna. Än ses en oxe, hemkommen för natten, stående under en stor akasia; än stannar en ko vid en gårdsgrind och en ung flicka sätter sig att mjölka henne. Lätta vagnar, sådana som nyttjas vid färden öfver bergen, stå vid sidan af gatan, och solbrända emigranter, hvilka just nu ankommit från sin långa ökenvandring, sitta tacksamma för skugga och vatten under de höga akasierna och plaska sina fötter i den friska rännilen.

Main Street, såsom brännpunkten för handel och rörelse, erbjuder likväl mer än några andra gator scener af intresse för åskådaren, allramest då ett emigranttåg nyss har anländt. En sådan tafla har jag just nu framför mina ögon; den karavan som vi passerade i närheten af Bear River har nu kommit med sextio vagnar, fyrahundra dragare och sexhundra menniskor, män, qvinnor och barn, alla från England och Wales. Gatan är full af vagnar, några af oxarne hafva lagt sig i det brännande solskenet; männen se ifriga och forskande ut, belåtna att hafva fullbordat den långa resan öfver hafvet, genom staterna, öfver prairierna och nu senast öfver bergen. Qvinnorna och barnen hafva ett aftärdt och trött utseende; smuts, ansträngningar och försakelser hafva gifvit något förvildadt och spökligt åt hela deras gestalt. Svårligen skulle man i denna trasiga, tattarlika grupp igenkänna den lugne förpaktaren från Monmouth, den snygge, ordningsälskande handtverkaren från Woolwich och den välklädde smeden från London. Forvagnar hålla på att aflastas vid varumagasinen. Grufarbetare från Montana och Idaho, med höga stöflor och läderbälten, springa af och an. Ett sällskap Ormindianer, med långt hår och höljda i ett snäft draperi, gå med stolt och förbehållsam min och pruta på dåliga varor. Denne karl med den bredbrättade hatten, som på en liten eldig häst kommer i carrière framåt gatan, så att dammet hvirflar högt i luften, är en ny-mexikanare; der kommer en kalifornier, osmakligt utstyrd med ringar och bjefs; der gå två officerare i blå uniform från fältlägret bortom staden.

Luften är förunderligt ren och genomskinlig. I dalen faller sällan något regn, ehuru häftiga oväder nästan dagligen stryka fram öfver bergstrakten. Ett moln stiger upp öfver vestra bergen, rullar fram öfver höjden och synes hota staden med en öfversvämning; men då storm och störtregn bryta löst derur, sväfvar hela molnet österut och försvinner bland Wasatchbergens snöiga toppar.

SJUTTONDE KAPITLET.
Mormonernas teater.

Inom detta mormonsamhälle har teatern en vigt och betydelse, som af ingen kristen kyrka i London, Paris eller Newyork skulle den tillerkännas. Brigham Young är i många fall ett original; ehuru öfversteprest inom ett samfund, som proklamerar en ny lära, har han ifrat för att få sin teater i ordning, innan församlingens tempel kommit en enda aln öfver grunden.

Hvar och en vet att dramat har en religiös upprinnelse och att scenen hetat en »skola för sederna». Young är ihärdig uti att blott följa de primitiva grundsanningarne: inom familjlifvet går han tillbaka till Abraham; inom det sociala lifvet till Thespis. Presterna uppfunno såväl forntidens som nutidens skådespel; och om erfarenheten besannar påståendet, att menniskorna lättast låta leda sig, då man håller dem vid ett gladt och lätt sinne — »hvarför då icke predika sedoläran från scenen?» tänker Young; »hvarför icke inöfva skådespelare och aktriser till föredömen af godt uppförande, till att tala ett rent och vackert språk, till att kläda sig med smak? hvarför icke söka förena religiös känsla med nöjet af att se ett väl uppfördt skådespel?»

Vi lemna åsido huruvida Brigham Young har rätt eller orätt i sin åsigt rörande nyttan af en teater i en stad som ännu ej har någon högskola; det säkra är att han ihärdigt ämnar pröfva den goda halten af sin idé. Med anledning häraf har han låtit bygga en mönsterteater och har nu ingen möda ospard att bilda en mönstertrupp af skådespelare.

Till det yttre är teatern byggd i en kall, dorisk styl; arkitekten har lyckats att med enkla medel frambringa en viss effekt. I det inre är den luftig och hög, utan draperier och utan loger, med undantag af två på avantscenen. Lätta kolonner stöda de särskilda raderna och alltsammans är måladt i hvitt och guld. Parketten höjer sig tvärt öfver orkestern, och som hvar och en der hör och ser förträffligt, äro dess platser de förnämsta. Alla bänkarna derstädes äro för familjernas räkning; hvar afton då det spelas, har man här tillfälle att se biskopar och äldste, omgifna af sina hustrur och barn, skratta och klappa händer med lika stor förnöjelse som någon skolgosse vid åsynen af en pantomim. En gungstol midt för scenen är Youngs egen plats — hans plats då han vill fröjdas, omgifven af sina Heliga. Då det ibland behagar honom att från sin loge åskåda pjesen, sitter någon af hans fruar, skaldinnan Elisa, Harriet den bleka, eller Amelia den praktfulla i hans stol och gungar den sakta, medan hon skrattar åt pjeserna. Rundt omkring denna första plats sitta alla de som göra anspråk på att stå sin profet närmast: förste rådgifvaren Heber Kimball; andre rådgifvaren och derjemte general-en-chef Daniel Wells; aposteln och kyrko-historietecknaren Georg A. Smith; aposteln Georg Cannon; ordförande-biskopen Edward Hunter; Stenhouse, en af kyrkans äldste och derjemte utgifvare af tidningen »Daily Telegraph»; dessutom en mängd af mindre klart skinande mormonljus.

Vid sidorna af avantscenen finnas som sagdt två loger; den ena tillhör profeten, då det behagar honom att vara allena, eller om han ostörd vill språka med en vän; den andra är förbehållen de damer som spela under aftonens lopp, men som för en stund äro oupptagne. Det är en regel att hvars och ens nöje skall tillgodoses, och utan tvifvel är det för misserna Adams, Alexander, och hvad de unga skådespelerskorna allt heta, ett stort behag att när de så önska kunna se allt från sin loge, utan att sjelfva vara sedda.

Tack vare direktören Hiram Clawsons säkra blick och klokhet, kan verkligen presidenten glädja sig öfver att denna teater någorlunda närmar sig hans ideal af teatrar. Allt utanför rampen är i förträffligt skick; ordning och lugn herrska midt under största munterhet. Hvarken inom eller utanför dörrarne finns det oskick, som hör till saken vid Londons teatrar; inga dåliga qvinnor; inga ficktjufvar, trasiga barn eller druckna och svärjande karlar. Som en mormon aldrig förtär spritdrycker och sällan röker, består den enda servering dessa mångahanda menniskor tillåta sig, i persikor, som de med välbehag suga. Korta pjeser äro mest omtyckta på teatern, liksom korta predikningar i tabernaklet. Klockan åtta går ridån upp; omkring half elfva faller den åter, och som mormonerna äta sin aftonmåltid innan de gå bort, gå de till hvila straxt efter hemkomsten från teatern; de tillåta aldrig nöjet störande inverka på följande dags arbete. Redan klockan sex ringes till frukost.

Teaterns i Saltsjöstaden största förtjenster äro likväl tillfinnandes bakom scenen; — det stora utrymmet, den förträffliga belysningen, den ända till ytterlighet drifna snyggheten. Jag har gjort mig temligen väl bekant med foyeer vid Europas större teatrar; men ingenstädes, hvarken i Italien eller i Wien, har jag sett så noga och uppmärksamma anordningar för de spelande, som i denna vildmarkens stad. Foyern är den vackraste salong. Dekorationsmålare hafva sina atelierer; klädlogernas betjening ofantliga förråd under sin vård. Hvart fruntimmer, hennes rol må vara aldrig så obetydlig, har sitt eget vackra toilettrum.

Young förstår väl, att den som vill reformera åsigterna rörande skådespelarkonsten, får börja bakom kulisserna: att man måste höja aktörens anseende inför sig sjelf och andra, innan scenen han vinna det anseende som den bör. Till den ändan bygger han icke blott toilettrum för damerna, utan han för äfven sina döttrar in på scenen till exempel och uppmuntran för andra. Tre af dessa unga sultaninnor, Alice, Emily och Zina, uppträda i olika pjeser. Jag har haft äran att blifva vänligt bekant med Alice, Hiram Clawsons yngsta hustru, och har af henne fått höra åtskilligt rörande fadrens idéer om teaterreformen. »Sjelf är jag icke synnerligt road af att spela,» yttrade hon en dag till mig, vid middagsbordet; »men min far önskar att jag och mina systrar ibland skola taga en rol; han anser det ej vara rätt att bedja fattiga mäns döttrar göra hvad hans egna barn skulle undandraga sig.» Hennes ovilja för att uppträda hade sin grund deruti, sade hon, att naturen ej förlänat henne anlag för skådespelarkonsten; att se andra spela roade henne deremot mycket, och högst sällan underlät hon att vara på teatern. Brigham Young har ej blott att reformera åsigterna rörande den dramatiska konsten; han nödgas snart sagdt äfven, utan mönster och ledning hos de spelande, väcka till lif en rätt uppfattning af densamma. En direktör, som har sjuhundra mil till närmaste teater, skall naturligtvis hafva stora svårigheter att bekämpa. Anlag för scenen växa ej, som solrosen och persikoträdet, på hvilket fält som helst; de måste uppsökas — än i en skobod, än i ett mjölkmagasin och än på ett handelskontor; men hvar helst talangen blifvit funnen, så kan Young icke tänka på att bedja en ung flicka göra hvad en af hans döttrar ej skulle vilja åtaga sig.

I Newyork, i S:t Louis, i Chicago torde knappt någon finnas som påstår scenen vara en skola för dygd och goda seder; eller att skådespelarkonsten är ett yrke, hvaråt någon tänkande far vill egna sina döttrar. Young är icke blind för den sanningen, att han har att bekämpa en social fördom, då han vill göra teatern till en uppfostringsanstalt. En anda af lastbarhet hvilar öfver hvarje teaterhus lik en giftig atmosfer, ehuru visserligen ingenstädes mindre ond än i Amerikas städer. För att bekämpa detta förderf — till en stor del följden af inplantade, dåliga traditioner, — offrar han, skulle man kunna säga, en del af sig sjelf, nämligen sina barn, de enda i Saltsjöstaden som kunna rena scenen. Ur denna synpunkt sedt, kan man betrakta Alice och Zina som två prestinnor, införda på den offentliga skådeplatsen, för att genom sin närvaro befria den från en gammal och oförtjent skam.

Young och hans hjelpreda, Clawson, göra sig mycket besvär med att uppfostra miss Adams, en ung dam som behöfver lära mycket, med undantag af konsten att behaga. Äfvenså finns miss Alexander, en vacker flicka, som ej blott är liflig och intagande, men ock eger verkliga anlag för tiljan. En anekdot, som visar att Young ej saknar humor, har blifvit mig berättad med afseende på miss Alexander. En resande skådespelare, som på vägen från San Fransisko kom till Saltsjöstaden, fattade häftig kärlek till denna unga dam. Han begaf sig till presidenten och anhöll om tillstånd att göra henne ett anbud. »Nå, nå, min käre vän,» sade profeten; »väl har jag sett er spela både Hamlet och Julius Cesar rätt bra, men sträck ändå icke edra tankar ända till Alexander.»

Första gången jag såg Brigham Young, satt han i sin loge. Stort hufvud, bredt, ljuslätt ansigte, blå ögon, ljusbrunt hår, välbildad näsa och ett gladlynt drag omkring munnen, sådant är hans utseende. Han var enkelt klädd i svart rock, hvit väst och halsduk, skjortknappar och armknappar af guld. Hela hans utseende var engelskt — men en engelsman af medelklassen och från en provinsstad. Sådan presenterade sig mormonernas profet, påfve och regent, då vi första gången sågo honom på teatern, bland sitt folk. En dam, som jag sedan fick höra var en af hans fruar, Amelia, satt jemte honom i logen. Äfven hon var enkelt klädd enligt engelsk smak och allt emellanåt, till hälften dold af ett draperi, betraktade han publiken genom sin operakikare, alldeles som Englands damer pläga göra. Hon såg bra ut och hennes ansigte hade ett tankfullt, poetiskt uttryck som behagade.

Parketten var fullsatt af unga flickor; på många bänkar sutto väl ett dussin små och stora, barn af Kimball, Cannon, Smith och Wells. På somliga ställen hade tjugu till trettio flickor tagit plats tillsammans. Young har sjelf sagt mig att han eger fyratioåtta lefvande barn, somliga redan fullväxta och gifta. Att Alice är Clawsons hustru har jag redan nämnt. Zina, som jag sett spela mrs Muskot i »Min mans vålnad», har en vacker och fyllig växt, ovalt, ljuslätt och mildt utseende, men skådespelerska är hon just icke. Emily har jag sett; hon anses som fjerde hustru komma att dela sin syster Alices hem! »Hedningarne», som tycka om att forska litet näsvist angående presidentens familjförhållanden, hviska att Alice icke är lycklig med sin herre och man. Jag kan icke tro att det eger någon grund! En dag i förliden vecka hade jag nöjet att föra syster Alice till middagsbordet, att konversera med henne under en stor del af aftonen och att leka med hennes fyra, präktiga gossar. En gladare, till utseendet lyckligare qvinna har jag sällan sett, och som ett ovanligt förhållande både i öster och vester af Amerika, anmärkte jag att hon tilltalade sin man vid hans dopnamn, Hiram. De amerikanska damerna tilltala alltid sina män, med deras tillnamn, t. ex. mr Jones, mr Smith, icke William eller Georges.

Den första pjes jag såg var »Carl den tolfte». Då i densamma Adam Brock varnar sin dotter Eudiga för unga, flyktiga officerare, ljöd ett muntert, halft barnsligt skratt af de unga flickorna öfver hela parketten. Yttrandet ansågs hänsyfta på general Douglas' läger och dess officerare, af hvilka många voro närvarande och hjertligt togo del i munterheten. Pjesen är full af speglosor öfver militärer och deras kärleksförbindelser; hvarje ord tillämpades af »de helige» på deras egna, politiska förhållanden. Regeringens truppers bekantskaper och umgänge — så väl officerares som soldaters — med mormonernas qvinnor, ger ämne till stort missnöje hos stadens innevånare, af hvilka flera sägas hafva förlorat sina hustrur genom enlevering af militärer. Young talade nyligen med harm om dessa förhållanden, utan att likväl namngifva förbrytarne såsom tillhörande unionstrupperna. »Man gör oss mycket obehag,» sade han; »man innästlar sig i våra angelägenheter, ja, äfven inom våra familjer; vi kunna ej tåla sådant; då dessa skurkar äro öfverbevisade få de umgälla hvad de brutit.» Jag tänkte på många handlingar af mormonerna, som med rätta ådragit dem fullt så strängt bedömande, men jag teg och afvaktade något vidare yttrande af presidenten. »Inom min egen familj,» tillade han, »har likväl aldrig sådana ledsamheter egt rum.»

Då under pjesens fortgång Carl den tolfte vredgas öfver sina officerares kärleksförbindelser, var det högst egendomligt att se »Proféten» kasta sig tillbaka i stolen, färdig att kikna af skratt; medan Amelia med mera värdighet alltjemnt betraktade publiken genom sin kikare.

ADERTONDE KAPITLET.
Templet.

Hvad teatern är för detta folks sociala lif, det är templet för dess troslif. Den förra symboliserar denna verldens glädje; det senare ett kommande lifs herrlighet. Skådebanan har redan blifvit öppnad, emedan den rörde förhållanden, hvilka ej tåla något uppskof. Tempelbyggnaden fortskrider långsamt; det ena stenblocket passas in på det andra varsamt och omsorgsfullt, ty arbetet skall, en gång fullbordadt, vara för evigt.

Dessa mormoner påstå sig genom märg och ben vara så uppfyllda af gudsfruktan, att de gerna om tillfället så fordrar kunna undvara religiösa former. För några dagar sedan var jag i tillfälle att åhöra Brigham Youngs första tal till en skara nyss anlända emigranter, och detta tals rent praktiska tendens skulle på det högsta öfverraskat mig, såvida jag ej genom föregående samtal med mannen blifvit förberedd derpå.

»Bröder och systrar i Kristo,» sade han, »I hafven af Gud blifvit dragna från verlden och genom Hans nåd förda till denna dal ibland bergen, att vara behjelplige med uppbyggandet af hans rike. I ären trötta och kraftlösa efter vandringen. Hvilen eder då en dag, ja, två dagar om eder göres behof. Stån sedan upp och sen till huru I kunnen lifnära eder. Gören eder inga stora bekymmer öfver edra religionsangelägenheter. I hafven blifvit utkorade och Gud skall hafva eder under sitt hägn. Varen vid gladt mod. Sen eder omkring i denna dal, dit I blifvit kallade. Eder första pligt är att lära eder odla kål, och icke allenast det, men äfven lök, och icke allenast lök, men äfven tomatos och söt potatis. I skolen vidare skaffa eder en gris, bygga eder ett hus, plantera en trädgård, uppföda boskap och baka edert bröd; med ett ord: eder första pligt är att *lefva*. Den pligt som kommer dernäst — ty I som ären danskar, fransmän och schweizare känna icke vårt språk — nästa pligt blir att lära eder engelska, ty det är Guds språk; på detta språk är mormonernas Bok skrifven och det talar »De sista dagarnas helige». Detta är hvad I först skolen lära eder; det öfriga skall sedan i sinom tid komma eder till del. Gud välsigne eder; vår Herras Jesu Kristi frid vare med eder.»

Tempelbyggnaden är icke försummad. Man kan gerna medgifva att intet folk på jorden anslår större andel af sina inkomster åt kyrkobyggnader och gudstjenstens firande än mormonerna. En tiondedel af all behållning — ofta ännu mera — gifves med gladt hjerta till kyrkan, men en adepts första tanke och en äldstes första råd äro alltid att man skall betrakta arbetet — tankens och handens arbete, men mest handens — som ett Gudi behagligt offer, hvarigenom en menniska kan renas från synden och vinna varaktig fred. Alla lidelser, hat, vrede, stridigheter — som andra sekter uttala i ord och skrift, — dem bilägga mormonerna genom arbetet. De sky ingalunda att tala i ämnen, hvilka röra deras lärosatser, men de föredraga att med spaden förklara sina förnämsta kontroverser med verlden.

Och detta gör att de kunna lefva och vinna välstånd, der inga andra menniskor skulle existera. De ingeniörer, hvilkas rapporter lydde att ej ens hundra nybyggare skulle finna uppehälle i dessa dalar, hade icke så orätt som mången, med Youngs lyckade kolonisation för ögonen, skulle förmoda. Äfven den gamle Bridger, trapper från Wasatch, var icke en sådan narr som man nu skulle tro, då han erbjöd att betala tusen dollars för hvart majsax som mognade i denna dal. Dessa män talade endast om hvad man kunde vänta af vanligt folk, drifna af vanliga motiver, och intet är säkrare än att vanligt folk skulle hungrat ihjel i dessa nejder. Jordmånen är så hård, så mager, att med all sin arbetslust kan en mormon endast odla fyra acres jord på den tid, hvarunder en nybyggare i nejderna kring Missouri och Kansas' floder med lätthet odlar fyratio. Tag bort mormonernas brinnande arbetshåg, och inom två år skall Saltsjöstaden vara lika beroende af bördigare staters sädesproduktion som Denver nu är det.

Hvilka äro då dessa arbetsamma »Heliga», som hålla på med denna tempelbyggnad?

För trettiosex år sedan funnos sex mormoner i Amerika; i Europa allsingen. I detta år (1866) bo tjugutusen helige i Saltsjöstaden; Ogden, Provon och Logan hafva hvardera fyratusen invånare. Om man sammanräknar folknumren i alla de hundrasex städer och byar, som utgöra hela denna koloni (alla fullständigt ordnade och styrda af biskopen samt äldste) så blir summan hundrafemtiotusen; inom andra delar af Unionen åtta à tiotusen; i England och dess besittningar omkring femtontusen; i det öfriga Europa tiotusen; i Asien och på Söderhafsöarna omkring tjugutusen; tillsammans icke mindre än tvåhundratusen själar, fångade af Joseph Smiths lära. Alla dessa hafva blifvit omvända inom trettio år.

Denna mäktiga tillväxt — midt under sträng förföljelse — är ett af de underbaraste förhållanden med denna besynnerliga sekt. Under den korta tiden af en menniskas halfva lifstid har den från intet utvecklat sig till en stor och mäktig kyrka. Islam, som med eld och svärd predikar Guds enhet, har långsammare utbredt sitt välde än dessa Amerikas »Heliga». Under den korta tiden af föga mer än trettio år hafva de vunnit en nation från kristna kyrkan; de hafva förvärfvat ett territorium större än Spanien; de hafva byggt en stad i ödemarken, redan folkrikare än Valladolid; de ega en väl exercerad armé — som jag tror tjugutusen man; de hafva ett talrikt presterskap, som inom sina led räknar flera hundra profeter, presidenter, biskopar, rådgifvare och äldste. De hafva antagit en ny lagbok, ny teologi, ny samhällslära, allesammans rakt fiendtliga emot hvarje annan samfundsinrättning och religion.

Räknade i siffertal äro redan mormonerna mäktiga. De skriftliga årsberättelserna äro emellertid ingalunda att fästa sig vid; ty i verkligheten är detta folk vida starkare, vi må lägga dess verldsliga eller andliga makt i vågskålen. Andra nationer kunna räknas efter person; för mormonerna duger icke denna metod, då hvarje man är på samma gång prest och soldat; hela folket räknar som sin pligt att försvara sitt land och sin lära, såväl med verldsliga som andliga vapen. Hvarje man har en tanke i sin hjerna, en revolver i bältet, en räffelbössa i handen. I hvart enda hus finnas vapen, i profetens rum, på tidningsbyråer, i emigranternas kojor, i badhus och på hoteller. Då vi först anlände till Saltsjöstaden var vårt hotell — hållet af öfverste Little, en ansedd man bland mormonerna — fullt af gäster, och en eländig skrubb, utan ett bord, en stol eller garderob, blott försedd med en tältsäng, blef oss i hastigheten af en neger erbjuden till sofrum. Rekommendationsbref, ofördröjligen lemnade, förde snart vänner till vår hjelp, men hotellet var så öfverfullt af resande att icke ett enda rum stod att erhålla för min vän och reskamrat; han fann sig således förbunden att antaga öfverstens anbud af bostad i hans eget hem. Vid sin ditkomst träffade han en af värdens fruar, sysselsatt att för husets unga, täcka döttrar föreläsa en bok rörande nyttan af månggifte, och då han anmodades att passera natten i ett rum tillhörigt en son i familjen, var det med icke ringa öfverraskning han under hufvudgärden fann en laddad pistol, på väggen två Colts revolvers med alla pipor laddade och i ett hörn två räffelbössor. Unga Little, som egde rummet, är en sjutton års yngling.

Till att börja med voro mormonerna ett fredligt folk, som endast kämpade med andans svärd. Men då »hedningarne» föllo öfver dem för att utrota hvad *de* ansågo som sanning och då de sågo att lagen, till hvilken de vädjade i sitt djupa bekymmer, icke kunde gifva dem någon hjelp, då omgjordade de sig med verldsliga vapen, köpte sablar och bössor, organiserade sig i regementen, öfvade sig träget i exercis och hade efter några månader blifvit en mäktigare trupp än man, att döma af deras fåtalighet, skulle väntat. Voro de ej starka nog att trotsa allmänna opinionen och grunda ett nytt herravälde vid stränderna af Mississippi, så förmådde de åtminstone oroa sina grannstater. Då kriget mot Mexiko utbröt, skickade mormonerna en lysande corps till krigsteatern. Från den dagen hafva deras fältöfningar fortgått med oförminskad energi. Exercisen är nästan en del af deras gudstjenst; en mormon är nämligen lika mycket förpligtad att infinna sig vid paraden som i tabernaklet. Det är ingalunda figurligen taladt, om jag säger att hvarje manlig innebyggare i Deseret — så kalla mormonerna Utah — hvar stund håller sig redo att anträda en missionsfärd och att gå i fält. De skryta, och ej utan anledning, med att inom femton minuter kunna sammankalla tre tusen räffelbössor och lika många revolvers omkring sitt stadshus. En gång, vid ett falskt allarm var verkligen en så stor truppstyrka under vapen.

Dessa tempelbyggare kalla sig sjelfva »heliga», erkänna bibeln såsom sann, döpa sina adepter i Kristi namn, men äro det oaktadt intet kristet folk. Ingen kyrka i verlden skulle kunna hålla förbund med dem i deras nuvarande tillstånd. I verkligheten närma de sig vida mera, såväl rörande sin troslära som i seder och styrelsesätt, till Utah- och Ormindianerna, än till någon anglosachsisk kyrka. Young drager en mening ur bibeln som ingen annan menniska der kan finna. Det har ofta varit påstådt att mormonerna föregifva sig ega en ny öfversättning af bibeln, en gåfva till dem af den Helige Ande; Brigham Young säger mig dock att detta påstående är falskt. Han förklarar sig förstå Skriften bättre än vi, hedningar, och att den djupa meningen i vissa dunkla ställen af densamma för honom blifvit genom gudomlig uppenbarelse förklarade; men han antager vår engelska bibelöfversättning. »Kung Jacobs bibel är ock min», sade han med mycken liflighet; »någon annan vet jag icke af.» Mig har det velat synas att han betraktar denna version såsom i visst fall gudomlig och det språk hvarpå den finnes såsom heligt. »Det engelska språket», yttrade han, »är ett heligt tungomål, det bästa, det mildaste och det kraftigaste i verlden.» Jag tror han anser engelskan vara det språk som talas af Gud och i himmelen. »Det är heligt», sade han, »ty det är språket på hvilket englarna skrefvo mormonernas Bok, denna sista uppenbarelse Gud har gifvit menniskorna.» Då en vän till mig gick in i en bokhandel och önskade köpa mormonernas religionsbok, räckte honom bokhandlaren en engelsk bibel. »Vi ega ingen bättre än denna», sade han; »hela vår troslära skall ni finna på dessa blad.» Så säga de ständigt, men det är icke dess mindre en sanning att de i bibeln tycka sig finna en mängd fakta och lärosatser, som vi aldrig der hafva funnit — en helt ny berättelse om skapelsen, syndafallet, försoningsläran och ett lif efter detta. Man kan med skäl säga att de sjelfva gjort sig en ny himmel och en ny jord.

En mohamedansk moské står närmare den kristna kyrkan, än mormonernas tempel gör det. Islam har störtat ned afgudarna, mormonismen har åter uppsatt dem. Smith och Young hafva befolkat sin sällsamma himmel med gudar som de sjelfva tillskapat. I deras ögon är den Allsmäktige intet annat än himmelens President, högste styresmannen bland andeliga pärer, sittande på en herrlig tron, lik olympens Jupiter. Med ett ord: mormonernas tempel är ingenting mindre än ett nytt folks altare, — ett folk med nya lagar, ny sedelära, nytt presterskap, ny industri, ny kyrkolag och en ny Gud.

NITTONDE KAPITLET.
De tvenne Profeterna.

Intet är lättare än att skratta åt dessa svärmare. De äro af det lägsta folket, jordens afskum, de stora städernas drägg, backstugornas traspack. Joe Smith var deras profet och hans historier om de gyllne taflorna, om Urim och Thummim, om den egyptiska mumien och Spaldings romanmanuskript, om mormonbanken, pappersmyntet och de »andeliga hustrurna» kunna detaljeras af en god berättare så att salvor af skratt skola ljuda från hedningarnes läppar. Man kan måhända säga att den nya kyrkans svagaste punkt är dess stiftares hela jordiska tillvaro, liksom dess stödjepunkt är hans död. Hade Smith lefvat länge nog för att blifva rätt genomskådad, anser mången att ett folk med sinne för det komiska aldrig skulle länge låtit lura sig af honom.

»Se på detta fräcka, flottiga ansigte,» säga dessa betraktare, »och säg sedan om man ett enda ögonblick kan tro dess egare mäktig af en gudomlig ingifvelse? Smith, som hade en sekt-stiftares skarpa instinkt och som visste att en kyrka växer kraftigast och fortast, begjuten af sina martyrers blod, utsatte sig dagligen för smädelser och förföljelse. Ingen man vinner popularitet förrän han blifvit förtalad, ingen anses som ett helgon, förrän han lidit skymf och smädelser, ingen blir profet, innan han lidit martyrdöden. »Förföljelse,» säger Brigham Young, »är vår arfslott. Hafva vi rätt, så är verlden emot oss, men verlden kan icke segra emot Guds utvalda folk.» Smith fattade fullkomligt sanningen af dessa ord; han sökte efter förtryck som ett insegel på sin kallelse och hans fiender inom unionen förunnade honom i fullt mått hvad han så ifrigt åstundade.

Trettionio gånger blef han kallad inför rätta. Det är ett stort bevis på slughet att han, ehuru enligt sin önskan så ofta anklagad, ändå aldrig kunde fällas. Hvarje beskyllning emot honom gaf hans kyrka ökad lifskraft. Men ändock tillväxte den nya sekten långsamt — vida långsammare än många andra i vår tid. Smith var alltid omgifven af missnöjda, tvistande anhängare — »helige», hvilka påstodo att Profeten plundrade församlingens kassa. Ringdon, som varit honom behjelplig vid bedrägeriet att utgifva stulna stycken ur Spaldings roman såsom tolkningar af guldtaflorna, öfvergaf honom och blef en af hans anklagare. Andra följde detta exempel, och ehuru många nya proselyter gjordes bland menniskor som icke kände Joseph personligen, skulle sekten svårligen hållit tillsammans, såvida icke några af Vesterns vilda sällar fått det olyckliga infallet att göra Smith till martyr. En pöbelhop företog sig att skipa rättvisa efter lynchlagen, bröt sig in i hans fängelse i Carthago, och nedsköt honom som en hund.

Detta brott som icke af något kan ursäktas, gaf ny fart åt läran och öppnade tusentals enfaldigt folks öron för missionärernas predikningar. Sedan mordet blifvit begånget, var rättvisan för långsam och för svag att gripa och som sig borde bestraffa brottslingarne; följden blef ett fanatiskt skrik att profetens blod ropade till himlen om hämnd!

Då det blef bekant att Smith var död — att han lidit döden för sin tro, voro ock alla hans fel glömda. Minnet af hans list, hans snikenhet, hans grofva sinnlighet, okunnighet och ärelystnad var gömdt i den obekanta graf der han hvilade. Han hade visserligen aldrig beräknat förföljelserna komma att gå ända till martyrdöden, men dess ära tilldelades honom af hans anhängare, och många som nu först omfattade hans lära, tillräknade honom hans blodiga död vida mera till pris och heder, än om han hade fört det frommaste hjeltelif för sanning och rättvisa.

Joseph Smiths historia är så gammal som menskligheten. Denne man — så länge han lefde i Nauvoo, käbblande med sina apostlar om mitt och ditt, tvistande med sin hustru Emma rörande »andeliga hustrur» och oupphörligt utsatt för anklagelser för stöld och fylleri, — var ingalunda en person som Amerikas folk hade skäl att frukta; men hans mod i Carthagos fängelse höjde denne bedräglige gäldenär och drinkare, denne tjuf och sedeslöse skurk till värdighet af helgon. Personer, hvilka knappt skulle velat vara tillsammans med honom då han lefde, proklamerade honom efter döden som en värdig Moses och Kristi efterföljare.

Under en ny ledare, Brigham Young — en man af lågt stånd, men med stor skarpsinnighet och sundt omdöme — frigjorde sig sekten från den anda af splittring och strid, som inom densamma varit rådande, fick ett mera städadt skick, ordnade bättre sina brutna led, och började med nytt lif utvidga sin missionsverksamhet. Young fann att mormonernas nya samhälle, till följd af deras grannars hat, ej kunde stanna inom sitt gamla gebit vid Mississippis stränder. Han gaf derföre sitt folk det rådet att godvilligt lemna det odlade landet der de aldrig funnit frid, och uppslå sitt tabernakel i någon af den fjerran Vesterns ödemarker, då kallade »den amerikanska öknen» — en landsträcka der aldrig en mensklig fot trampat marken, med undantag af några vilda indianstammar — en region som af alla räknades att vara *Ingens tillhörighet*. Det var ett djerft förslag. Bortom prairierna, bortom Klippbergen låg en fasansfull öken af salt och sten, som intet land vårdat sig om att taga i besittning. Under medeltiden hade någon af påfvarne skänkt denna ödemark till spanska kronan, från hvilken den sedermera tillfallit republiken Mexiko som ett värdelöst byte. Hvarken spaniorer eller mexikanare hade någonsin tagit denna jord i besittning. Midt uti ödemarken låg ett nytt »Döda hafvet», ingalunda mindre hemskt än Bahr Lout — Lots sjö. Tjugufem procent af dess vatten är salt. De små vattendrag som deri hafva sitt utlopp ansågos skadliga för helsan; alla källor i nejden påstodos gifva bittert vatten och stränderna voro många mil betäckta med en hvit skorpa — *saleratus*. Dessa stränder liknade ingen annan fläck på jorden, med undantag af Syriens Ghor, men de voro mera motbjudande än dessa, ty vattnet i Saltsjön är grumligt och orent, och längs sjökanten finnas pölar och vattensamlingar, hvarifrån en vämjelig lukt uppstiger: Till råga på alla afskräckande förhållanden rörande denna ödemark af salt, sten och förruttnadt vatten, låg den skiljd från hela den öfriga verlden, i öster af Klippbergen, i vester af Sierra Nevada, en kedja af alper lika höga som Mont Blanc och betäckta af evig is och snö.

De indianhorder, som under sina spaningar efter rötter och insekter ströfvade fram och åter i denna ökennejd, voro kända som de vildaste och lägsta stammar af sin race. Hjordar af bisonoxar, en och annan flock af måsar, otaliga svärmar af gräshoppor voro de enda djur som gåfvo fälten något lif. Om våren, då en sparsam grönska, vild salvia och dvärgsolrosor, betäckte jorden, kommo äfven gräshoppor upp ur marken och förtärde snart hvart grönt strå. Inga skogar funnos. Der gräs växte, var det tunnt och saftlöst. Blott den vilda salvian och solrosen syntes trifvas rätt väl, men dessa plantor äro för menniskan gagnlösa och ansågos giftiga för husdjuren.

Trappers, som från Wasatchsbergens höjder och pass hade sett ned på saltdalen, beskrefvo den såsom en region utan lif, utan en enda frisk gräsvall, utan floder och källor med drickbart vatten. Med öfvertygelse att hvarken träd kunde växa, eller att knappt en enda frisk källa fanns, hade dessa upptäcktsresande förklarat den stora amerikanska öknen såsom fullkomligt olämplig till boningsplats och uppehälle för den civiliserade menniskan. Men Young tänkte annorlunda. Han visste att hvar helst mormonen satt spaden i jorden — vare sig i Ohio, Missouri eller Illinois — hade hans arbete alltid blifvit välsignadt med en rik skörd, och sektens nya öfverhufvud hade förtroende till samma starka senor, samma kraftfulla händer, samma ihärdiga mod, att de skulle aftvinga saltsjödalen om äfven sparsamma skördar.

Young, som till yrket varit timmerman, förstod sig väl på att fälla träd, hugga timmer, bygga forvagnar och sätta upp flyttbara träskjul. »De heliga», som han ville föra med sig, voro vana vid arbete och umbäranden. Flertalet bestodo af handtverkare och jordbrukare från Nya Englands stater och Vestern, och de förstodo att använda sina händer till hvad yrke som fordrades samt voro härdade mot mödor och svårigheter. Hade sektens anhängare varit engelsmän eller fransmän, skulle de förgåtts under försöket att passera prairierna och bergstrakten, men den infödde amerikanaren är helt annorlunda; han duger på en gång till köpman, slagtare, snickare, skrifvare, spannkusk, statsman; han är, med ett ord, litet af hvarje, och duglig till allt, rik på resurser och fyndighet. En bagare kan bygga en bro; en prest fånga en vild häst, en lagkarl baka majsbrödet. Young visste att under vandringen genom gräsöknen och öfver bergen, hvilkas namn,

(Klippbergen) utmärka deras karakter af ofantliga, lösa klippblock, vältrade på hvarandra — skulle folket pröfvas hårdt; men såsom en praktisk man insåg han äfven att dessa ansträngningar kunde fördragas af härdade menniskor. Lefnadsmedel och spannmål till utsäde kunde medföras i deras lätta, välbyggda forvagnar, och några droppar maltwhisky skulle göra vattnet drickbart. Att hvar och en af Youngs disciplar var kunnig i något handtverk är redan nämndt och hvarje qvinna förstod sig på sömnad, bakning, ladugårdsskötsel, klädtvätt; ja, äfven barnen kunde blifva till nytta under den långa färden, ty hvarje tioårig amerikansk flicka kan mjölka en ko; hvarje gosse köra ett spann.

Sedan ett parti pionierer — af hvilka flera ännu lefva — blifvit skickade förut att undersöka landet och afgifva rapporter, manade Young till uppbrott och hvarje familj i Nauvoo beredde sig till en resa, hvartill i historien icke finnes ett motstycke, alltsedan de dagar då Moses förde Israels barn utur Egypten. Mormonerna bröto upp ifrån sina goda hem, medförande de födoämnen som funnos, rotväxter, utsädesspannmål och ett dussin bränvinsfat. De som egde dragare och forvagnar, spände för, och de som voro alltför fattiga att köpa sig detta, gjorde sig dragkärror. Allt hårdare ansatta af sina fiender, begåfvo de sig af ifrån Nauvoo medan vintern ännu varade, gingo öfver Mississippi på isen och anträdde en färd af femtonhundra mil genom ett land utan en banad väg, en bro, en odlad jordlapp. En af deras äldste, John Taylor, som för mig berättade denna flyttning, sade huru de hade lemnat allt efter sig; majsfält, trädgårdar, vackra boningar med böcker, mattor, pianos — med ett ord, allt hvad som skänkt lifvet trefnad. Den väg de hade att tillryggalägga var lika lång som från London till Lemberg i Österrike, eller sex gånger som ifrån Kairo till Jerusalem. Pawnees och Örmindianer, vargar och björnar ströfvade omkring i de regioner der de skulle fram; strida strömmar hämmade vandringen; svåra bergsstigar lågo före dem, och den hamn som efter alla mödor och faror väntade dem var en ofruktbar dal, vid stränderna af ett dödt haf — ett land, vattnadt af bittra strömmar och med betesmarker besådda med salt.

TJUGONDE KAPITLET.
Flykt från träldom.

Berättelsen om mormonernas utvandring, sådan jag hört den af Young, Wells och Taylor, samt af ännu flera gamla män, hvilka voro med, är sådan att den måste plåga hvar hederlig man, på samma gång som den ingifver honom en viss grad af beundran. Då detta folk af öfvermakten fördrefs från de hem de sjelfva byggt, de tegar de odlat, voro dagarna korta och snön låg djup på marken. Allt, utom något majs och potatis till årets utsäde, måste qvarlemnas i deras förbittrade fienders våld: de hem hvilka nyss blifvit ordnade, det tempel de byggt, de grafvar som nyss blifvit igenmyllade. De små barnen fingo händer och fötter förfrusna. Hunger och törst plågade både unga och gamla. Långa sträckor af ökensand, så djup att vagnshjulen nedsjönko till axeln, måste passeras, innan sött vatten stod att erhålla. Källor funnos inga alls. Hägringar gäckade ofta de vandrande med falska löften och kommo de till en bäck eller å, befanns dess vatten icke sällan bittert till smaken och skadligt för helsan. Dagarna voro korta och kalla; bristen på allt annat värn mot kölden, än vagnarnas segeldukstak, gjorde nätterna rent af förskräckliga. Hästarna började sjukna. En farsot utbröt bland boskapen och fåren, så att mjölk började tryta och de nedslagtade djurens kött blott med tvekan och oro förtärdes. Några fattiga, gamla och trötta måste lemnas efter, och till deras beskydd en trupp unga män, som hade varit väl behöflig.

Och ej heller var denna skara af folkets starkaste och yngsta män den enda de under begynnelsen af sin utvandring fingo frånsäga sig. Just vid den tidpunkt då hvarje kraftfull arm var af högsta värde för de landsflyktiga, utbröt kriget mot Mexiko, och den styrelse, som förut aldrig varit tillräckligt stark att skaffa dem rätt, kom nu med fordringar på en beväpnad trupp. Young besvarade kallelsen såsom det höfves en patriot; femhundra ynglingar, de yppersta af emigranterna stego fram och lofvade gå i fält. Sedan deras chef välsignat deras förehafvande, blefvo de inmönstrade och begåfvo sig till krigsteatern.

Betydligt försvagade genom denna förlust af sina kraftfullaste män, tågade mormonerna vidare. Vid ankomsten till Missouri slogo de ihop en färja och passerade floden. Dermed voro de inkomna på de omätliga prairierna, öfver hvilka de upprättade en karta, banade en farled och vid ankomsten till strömmar slogo broar. Gräs och örter samlade de för sin egen räkning; majs såddes för de skaror som skulle komma efter, senare på året; flyttbara träskjul uppslogos för de små barnen; åt sig sjelfva gräfde de hålor i jorden till skydd mot vinter och snö. Födan var knapp, vattnet dåligt och det vildbråd de på slätten funno — elg, antilop och buffel — verkade skadligt på deras helsa. Nästan all whisky, som de medtagit för att göra vattnet drickbart, hade blifvit dem fråntaget under färden. Att sälja bränvin till indianerna var förbjudet och under förutsättande att mormonerna till detta ändamål medförde sin whisky, slogos faten sönder af regeringens agenter. Endast fyra fat blefvo räddade, och detta af Brigham Young sjelf. En af de äldste, som var med på färjan och som sjelf berättade mig tilldragelsen, säger detta var den enda gång han sett profeten i raseri. Whiskyn var redan förd om bord, då en polistjensteman tog den i beslag och gjorde sig redo att slå in stäfverna; på bevarandet af denna spritdryck berodde folkets lif och räddning och då Brigham såg mannen höja sin hammare, grep han sin revolver, riktade mynningen mot polismannens hufvud och ropade: »Håll! rör icke dessa fat; gör ni det, så, vid den lefvande Guden, skall ni dö!» Karlen fick brådt att hoppa i land och emigranterna blefvo ej mera ofredade.

Ehuru vi gjorde resan öfver prairierna i augusti månad, ganska fort och under vackert väder, led vår helsa mycket genom bristen på färsk mat och på godt dricksvatten. Min reskamrat sjuknade i dysenteri; hvarken mat eller dryck kunde han behålla; det enda som gjorde detta möjligt var litet konjak. Vattnet i synnerhet ville nästan döda honom. Hans friska, solbrända ansigte blef kalkhvitt; en odräglig kraftlöshet bemäktigade sig honom; hela hans gestalt, förut så full af ungdomens styrka, var så aftärd att en af karlarne vid någon station kom fram till mig sedan han nyfiket tittat på honom och sade: »ni skall känna er bra ensam då han är borta.» Min sjukdomsattack kom senare och under en annan form. Skinnet på mina händer föll af, som om det blifvit skrapadt med en knif; bölder slogo upp på ryggen och en under mitt ena öga; mina fingrar fingo djupa sprickor, som af skörbjugg.

Samma sjukdomar härjade svårt i emigranternes läger, sade mig Taylor. Många sjuknade i dysenteri; ännu flera i skörbjugg.

Några af mormonerna ångrade sig och vände om vid dessa pröfningar. Flera uppgåfvo andan vid kanten af vägen och lades ned i sin ensliga graf. Hvar morgon hölls begrafning af dem som under natten hade dött. Några lif kostar alltid en sådan ökenvandring, äfven nu, då vägar äro upptagna och stationer byggda, hvarest proviant kan erhållas. Af det emigranttåg jag sett komma in, hade sex personer dött på prairierna. Ett ungt fruntimmer har berättat mig, att då hon reste till Saltsjöstaden, dogo åttatio på vägen; i medeltal torde man kunna antaga fyratio dödsfall i en karavan under tåget öfver slätterna och bergen. Intet efterföljande emigranttåg har dock lidit såsom det första. »Antalet af lif som förspildes var stort,» sade Brigham Young, då han berättade om utvandringen. Flertalet mormoner voro likväl starka, härdade män och qvinnor, och med okufvadt mod sträfvade de framåt på den frusna marken. Kände de sig någon gång nedslagna, så spelade musiken upp en glad sång, hvaruti allt folket instämde och glömde derunder sina vedervärdigheter. Dagen om sjöngo de hymner; då qvällen kom dansade de kring vakteldarna. Dyster modlöshet, ascetiskt svärmeri bannlystes från deras samfund och ur deras tankar. En tryckpress var en af de få dyrbarheter som de hade fört med sig från Nauvoo, och ett tidningsblad, tryckt och utgifvet vid vägkanten, spred goda råd och god tröst igenom hela lägret.

Sedan de passerat sandöknar och landsträckor, hvilka först efteråt hafva blifvit utsatta på kartan under namnen Nebraska och Dakota, voro de framkomna till foten af den första sträckningen af Klippbergen. Öfver dessa alper hade ännu aldrig en väg blifvit sökt, och de pass, som möjligen voro farbara, lågo gömda i djup snö. Gamla mäns ögon fylldes af tårar, då de förtälja huru de landsflyktige arbetade sig uppför branterna; ofta nödgades de draga upp sina vagnar och blott med ytterlig möda fingo de upp kreaturen. Sedan gällde det att skaffa föda, baka brödet och tillreda maten; ingen hjelp, ingen vägvisare stod att erhålla. De unga och oförvägnaste tågade förut, drefvo undan björnar och vargar, stenade skallerormar, jagade elg och rådjur samt banade en skymt af gångstig för qvinnorna och de gamla. Slutligen, då de nått högsta punkten, blickade de ned på den sträcka de hade framför sig af kala, trädlösa slätter, torra flodbäddar, dalgångar med alkalihaltiga bottnar, och höjdsluttningar utan någon grönska, här och der en pöl med bittert, salt vatten och trånga, branta bergpass. Dag efter dag, vecka efter vecka sträfvade de vidare framåt öfver de kala Sierras, genom de ofruktbara dalarne. Provianten var på väg att taga slut; det blef knappt med vildbråd. Utah- och Ormindianerna visade sig fiendtligt sinnade och om de någonsin hunno målet för resan, hurudant var väl detta? Jo, en ofruktbar saltöken, och i den hade de samtyckt att bygga och bo!

Förmådde allt detta sammanlagdt nedslå deras mod? Nej, intet, alls intet! De hade icke väntat sig ett grönskande paradis; de visste att landet aldrig varit taget i besittning, emedan det ansågs endast godt nog åt vildarne. Det enda som ökenvandrarne väntade att finna, var frid och frihet, under hvilkas hägn de skulle kunna börja sin kamp med naturen för att aftvinga den ett hem för sig och för de trosförvandter som kommo senare. Med klappande hjerta och vid trumpeternas klang gingo de ned för det sista passet och togo sitt ödsliga land i besittning; de marscherade fram till sluttningen vid floden Jordan, nära till kullen på hvars topp Brigham sett engeln i drömmen. Der lade de grundstenen till en ny stad, undersökte uppmärksamt trakten, och glädjen blef stor då de upptäckte ej blott friska källsprång, men äfven skogsparker samt gräsbevuxna kullar och dälder.

Ej en timme förslösades. »En »heligs» första pligt, då han kommer till denna dal,» sade Brigham Young till mig, »är att lära sig sköta åker och trädgård; uppföda svin och fjäderfä; vattna jorden genom kanaler och slutligen bygga sig en boning. Resten kommer nog i sinom tid.» Från begynnelsen ledda af denna praktiska anda, grep genast hvarje man verket an. Deseret (Bi-landet) tillkännagafs såsom Förlofvade landet och de »heliges» blifvande hemvist. Det var för dem en okänd, en aldrig förr upptagen mark och de hoppades der grundlägga en oberoende stat.

TJUGUFÖRSTA KAPITLET.
Ankomst till Utah.

Snart nog började dalen under deras kloka behandling få ett helt annat utseende; vattendrag från bergen leddes i olika riktningar genom dalen; fält blefvo plöjda och besådda; boningshus reste sig från marken; hjordar af boskap och får sökte bete på sluttningarna; saltverk och sågverk anlades; fruktträd planterades och vägar byggdes. Då mormonernas herdar inträngde i nya pass och dalgångar, funno de tallar, silfverpoppel, fläder, björk och buxbom — värderika materialier för de nya hemmens byggnader. Ett nytt Jerusalem sprang upp från grunden; tempelbyggnaden började; en tidning utgafs. Valnöt och andra hårda träslag planterades på dertill passande platser. Rödskinnen, hvilka så länge varit en förskräckelse för jägare och bergvandrare i Vestern, vunnos med smicker och gåfvor; inom några månader syntes de, från att vara de hvitas fiender, förbytta till deras vänner och allierade. »Vi funno det mindre kostsamt,» yttrade öfverste Little, »att skänka indianerna deras lifsuppehälle, än att föra krig med dem;» och denna politik har, med undantag af två eller tre snart åter öfvergående missförstånd, blifvit följd af Young alltsedan ankomsten till Saltsjödalen. Under två eller tre hårda år hade nybyggarne att strida mot gräshoppor, detta plågoris för äfven det gamla Canaan; med tillhjelp af fiskmåsarne från sjöarne och genom kloka metoder att fånga dessa insekter, lyckades likväl mormonerna skydda årets skörd af majs och frukter. Så gingo de första åren och nybyggarne hade icke omkommit i ökenmarken; de hade tvertom begynt att trifvas och att förtjena pengar. Och sålunda hafva de tilltagit alltmera i mängd och förmögenhet, tills i vår tid deras köpmän äro kända både i London och Newyork och deras stad är omtalad som ett verldens under.

Hvad är då orsaken till det nya samhällets förvånande tillväxt i Vesterns ödemarker?

»Kasta en blick omkring eder,» sade Young till mig, »om ni önskar veta hurudana vi äro. För nitton år sedan var denna dal ett ödeland, der ingenting annat än vild salvia och solrosen ville växa; vi som kommo först, hade intet annat med oss än några oxar och vagnar, några säckar rotfrukter och majs. De skaror som kommo efter oss — till flertalet väfvare och handtverkare — hade alls intet med sig, knappt ett öre i pengar och föga skicklighet vid jordens brukande. När ni ser er omkring från denna balkong, kan ni sjelf finna hvad vi verkat.»

På hvad sätt hafva då dessa, »de sista dagarnas helige», med en framgång så mycket öfverträffande alla andra kolonister i Vestern, lyckats utföra sitt värf?

Ej kan det vara svar nog om man säger att dessa helige äro narrar och svärmare. Det är mycket lätt att skratta åt Joseph Smith och hans kyrka, men icke har man kommit längre för det. Mäktiga fakta stå ändå qvar: Young och hans folk äro bosatta i Utah, en församling af tvåhundratusen själar, en armé af tjugutusen man. Man må gerna skratta åt Smiths alla dumma påfund, hans Urim och Thummim (som förmodades hafva varit ett par glasögon!) hans egyptiska papyrusrulle, Abrahams skrifter på prosa, hvilka han påstod funnos i hans ego; hans trettionio stämningar för rätta o. s. v. Allt detta ger med skäl anledning till åtlöje, men icke lärer detta löje fördrifva fantasterna ur hans läger, icke komma murarna i det nya Jerusalem att ramla, eller Utah- och Ormindianerna att ifrån vänner åter blifva mormonernas fiender. Äfven de klaraste argumenter torde ej lyckas hämma framfarten af den mängd missionärer, hvilka i många olika länder predika Joseph Smiths läror för tusentals lyssnande åhörare. Den tid är förbi, då Amerikas folk kunde skratta åt den nya sekten.

Ehuru England anses som en plantskola för mormonismen, hafva vi, engelsmän, ännu icke lärt att betrakta den annorlunda än som en löjlighet, ett obehag, bland de många, hvilka, likt en utslagssjukdom, tid efter annan bryta ut i vår samhällskropp — måhända ett tecken af ej rätt god helsa; men såsom symptom af i grunden farligt störda lifsfunktioner har säkerligen ingen bedömt densamma. Har något prestmöte användt en enda dag till granskning af mormonläran? Har en biskop någonsin besökt »de heliges» hufvudnäste vid Commercial Road? Möjligen hafva två eller tre prester kastat ut pamfletter emot dem bland den läsande publiken, men hafva dessa värdiga fäder varit hos dem i deras Londonshem? Sällan, ganska sällan har, äfven bland lekmän, något lefvande intresse för saken yppat sig. Men våra bröder, amerikanarne, kunna svårligen behandla mormonerna så vårdslöst. De se denna nya kyrka inför sina ögon, de kunna klart uppfatta det goda såväl som det onda den innebär; för dem har den således redan upphört att betraktas som en bagatell. Till denna dag hafva våra mormoner lärts att anse England såsom ett Egypten och deras födelsehem som en landsförvisningsort. Amerika är deras Canaan, Saltsjöstaden det Nya Jerusalem. Jag säger ej att detta är för oss godt, ehuru det har skenet deraf, genom att det befriar oss från fullgörande af en plågsam pligt och bortskaffar från våra städer ett ämne till blygsel och skam. Åsigten bland mormonerna är, att de fattiga, gamla och kraftlösa böra lemnas qvar i träldomslandet, att dö; men de rika, de unga och nitiska äro förbundna af sin tro att utvandra och sätta sig ned i det förlofvade landet. För de yngre »helige» och synnerligen för qvinnorna förordas utvandring. Tusental emigrera derföre, men säkert är att äfven många tusental stanna hemma. I London, Liverpool, Glasgow, samt många andra städer ega mormonerna skolor och kyrkor, böcker och tidskrifter, af hvilkas innehåll de verldsligt lärde känna nå-

got, de andeligt lärde, *mindre*. Som mormonerna aldrig varit en politisk sekt, aldrig begärt några rättigheter, aldrig knotat öfver någon oförrätt, men varit nöjda om de fått lefva och verka i fred, så hafva de undgått pressens uppmärksamhet och väcka ej mera intresse inom samhällslifvet än Hernhutarne och Plymouthska Bröderna. Inom Londons sällskapskretsar kan man på en vecka höra flera diskussioner rörande klappandar, Prince och Hume, än hvad man på ett halft år får höra angående Brigham Young och hans land. Mormonerna äro icke presentabla i societeten; men i Boston, i Newyork och Washington hafva de redan blifvit ett ämne för fruktan, — en makt som man med skäl befarar skall taga öfverhand. I Amerika hafva de redan gifvit jurister åtskilligt arbete och satt arméer i rörelse. Colfax sändes för att underhandla med Young, kongressen har nedsatt komitéer för att behandla Utahs angelägenheter. Den dag tycks närma sig då mormonfrågan måste öfvervägas af praktiskt folk — icke blott inom skolor och från predikstolar, icke blott inom senaten och inför domareborden, men — frukta vi — äfven på stridsfältet.

Frågan huru mormonerna böra behandlas af Unionen torde blifva en af de mest svårlösta gåtor af den tid som lagt en brygga öfver oceanen, slagit en gördel af blixtar rundt omkring jorden och kufvat solstrålarna att tjena sig. Det rätta svaret är icke ännu funnet, ty vi hafva ej kommit till slutligt bestämmande af till hvilken grad tanken är fri för lagens kontroll, och huru långt den tolerans bör sträcka sig rörande seder och samhällsställning, som måste blifva en följd af tolerans i religionssaker. Hvart steg framåt för att finna detta svar måste samtidigt innebära ett bemödande att tyda mormonismen och anledningen till dess förvånande tillväxt. Denna lära låter ej längre undanskjuta sig, hvarken som en galenskap eller såsom en härd för lastbarhet. Så besynnerliga dessa svärmare synas oss, är det dock säkert att någon skymt af sanning måste finnas i lagarna för deras samhälle. De lefva och tilltaga i välstånd, och menniskor som kunna lifnära sig genom arbetet, menniskor, hvilka genom företagsamhet vinna välstånd, kunna ej ledas blott och bart af oförnuft. — Se blott mormonernas stad! Dess gator äro snygga, husen välbyggda, trädgårdarna stå fulla af fruktträd. Dåliga qvinnor och drinkare äro okända i deras samhällen. De ega flera folkskolor än någon annan sekt inom Unionen. Men det må vara huru som helst, vi må aldrig så ärligt erkänna det goda som hos dem finnes, ett faktum är att deras förtjenster reta oss kanske ännu mera än deras brott. Mången anser att folket i Förenta Staterna skulle tåla dem bättre, om de uppförde sig sämre än livad som nu är fallet.

Hvad hafva mormonerna åstadkommit?

Jo, midt ibland ett fritt folk hafva de grundat en despotisk makt. I ett land som förkastar statsreligionen, hafva de satt sin kyrka öfver alla menskliga lagar. Inom ett anglosachsiskt samhälle hafva de insmugglat några af den röda racens idéer, många af dess seder. I nittonde århundradet efter Kristus hafva de upplifvat sociala förhållanden vanliga i Syrien nitton sekler före Hans födelse.

En förebild till deras samhällssystem står visserligen att finna på närmare håll och på en mindre vördnadsvärd plats än i bibeln. Indianens wigwam kunde förse »de heliga» med ett närmare mönster för månggiftet än patriarkens tält, men skulle också denna härledning vara sann, torde Kimball och Young svårligen medgifva detta. Som de framställa saken, är Abraham deras föredöme af en rättfärdig man, ty han öfvergaf hem, fränder och fädernesland för att lyda Gud. Sara är hos dem rättfärdiga qvinnan, ty hon kallade Abraham herra och gaf honom sin tjenstepiga Hagar till hustru. Allt hvad Abraham gjorde, är för dem ett exempel att lydigt följa. Alla den kristna kyrkans läror och bud, alla verldsliga stadgar och institutioner äro af intet gagn och värde, jemförelsevis med den arabiske sheikhens seder. Trampande under sina fötter, såväl vetenskapens lagar, som historiens lärdomar, predika mormonerna såsom en pligt att i anda och lefverne återgå till den hierarkiska och patriarkaliska styrelseform som existerade i Syrien för fyratusen år tillbaka. Hvad alla andra hvita män lärt sig akta högt, såsom tidens och tankens dyrbaraste gåfvor — den personliga friheten, familjelifvet, ombyte af regent, yttranderätt, likstämmighet inför lagen, allt detta kasta mormonerna åt sidan som värdelöst skräp, för att med asiatens blinda lydnad underkasta sig en man af låg börd och utan uppfostran, men hvilken de betrakta som Guds vikarie på jorden. Ingen påfve i Rom, ingen tzar i Moskwa, ingen kalif i Bagdad har någonsin varit i besittning af en makt, jemförlig med den som mormonerna förlänat Young. En af deras äldste, vid namn Stenhouse, måhända den mest bildade man jag sett i Saltsjöstaden — yttrade en gång till mig: »Jag tillhör dem som anse att broder Brigham kan göra hvad han vill. Han har grundat denna kyrka och derföre eger han rätt att i allt följa sin egen åsigt.» Många andra hafva sagt detsamma, om ock i andra ord. Ingen vill sätta sig upp emot Youngs vilja. »Hellre må en man gå till h—e,» yttrade Stenhouse, »än söka trotsa Brigham.» Inom en hinduisk kast, hos en kirgisisk hord, skulle till och med ett sådant slafviskt tillbedjande förefallit mig besynnerligt. I det fria Amerika, bland Sydneys och Washingtons landsmän, samt framstäldt af en rätt god skriftställare, nog mycket amerikanare för att gå med två revolvers i fickorna, var det mera än besynnerligt — det var ett tecken.

TJUGUANDRA KAPITLET.

Arbete och tro.

Joseph Smith, född i Sharon i Vermont af fattiga och okunniga föräldrar, hade blifvit litet förvriden genom ett tal af Shaker-predikanten Frederick vid Mount Libanon. Sedan den okunnige ynglingen blifvit »väckt» började också han predika för godtrogna och enfaldiga menniskor, påstod sig ega uppenbarelser af englar, sade sig hafva talat med Gud, ansigte mot ansigte, och af honom blifvit kallad att grunda en ny kyrka på jorden, — en kyrka för Amerika, det nya Canaan, som från tidens begynnelse varit utvaldt till säte för en ny religion och ett nytt rike. Menniskor som kommit för att höra honom hade gått bort omvända. Han hade sagt dem att ett nytt prestembete blifvit stiftadt och att Guds rike nu åter vore att vänta på jorden, och hans åhörare hade öfvertygade gått ifrån honom, för att föra dessa glada tidender till tusentals kristna hem. Inga lockelsemedel hade blifvit använda, intet tvång; något dylikt kunde ej heller komma i fråga under sektens första tider, då den icke egde andra vapen än ordets makt. Då arbetade »de helige» ännu fredligt i vingården och vunno i stillhet proselyter, inför sina motståndares ögon. Att i fred få predika sin lära och få en öppen plats för sina predikanter, var allt hvad de begärde och mera än hvad de fingo. Mormonerna skickade ingen Khaled till olika nationer för att bedja dem välja mellan omvändelse, slafveri eller döden; *icke* emedan ett dylikt sätt att gå tillväga hade varit stridande emot deras troslära, men helt enkelt af orsak att de i ett fritt land och bundna af verldslig lag icke sågo en utväg att med tvång utbreda sin lära. Alltifrån sin första uppkomst hafva de varit gripna af en stark omvändelselust. Skulle någonsin den tiden komma, då mormonerna kunna omgjorda sig med svärd och draga ut i strid, så skola de befinnas lika skonslösa som Gideon, lika grymma som Omar, men under den tillryggalagda tiden hafva de nödgats bekänna sig snarare till en lidande, än stridande kyrka. Allt hvad de hittills verkat, har skett genom ordets kraft, genom hvad de kalla »sanningens makt».

Huru hafva dessa ödemarkens nybyggare lyckats utföra de verk vi se med våra ögon?

»Helt enkelt,» svarar Young, »igenom arbete och tro; genom att handla i öfverensstämmelse med sin bekännelse, och genom att tro hvad de säga.»

Nästan alla krafter som inom menskliga samhällen förläna sina egare det högsta inflytande — snille, ryktbarhet, höga embeten, hög börd och rikedom — saknas af dessa »helige». Ingen man med Luthers, Calvins eller Wesleys mäktiga ande har uppträdt ibland mormonerna. I intellektuelt hänseende var Joseph under all kritik. Brigham är en man med godt, sundt förnuft. Pratt är en drömmare, Kimball är en okunnig. Wells, Cannon, Taylor och Hooper, — de förnämsta af deras ledare — hafva ej lagt i dagen några verldsliga företräden, lärdom, vältalighet, skaldskap eller hög slutkonst, som kan förklara den hastiga och fortgående framgång som följt dem i alla länder.

Biet har af mormonerna blifvit valdt såsom sinnebild för Deseret, ehuru naturen alldeles förnekat detta ofruktbara, blomsterfattiga land att ega denna lilla nyttiga insekt. Youngs eget hus kallas bikupan; ingen drönare finner der en plats; äfven profetens hustrur äro förbundna att skaffa sig uppehälle genom sömnad, undervisning, spånad, garnfärgning och inläggning af frukter. Hvar qvinna i Saltsjöstaden måste arbeta, hvar och en efter sina gåfvor; alla tro fullt och fast att arbetet är ädelt och heligt, ett offer, menniskan värdigt och Gudi behagligt. Fina damer sy handskar och göra solfjädrar, torka persikor och fikon, bereda frö af diverse trädgårdsväxter, väfva lärft och sticka strumpor. Lucy och Emiline, ibland kallade »harems ljus», stå i högt rop för sin skicklighet att brodera blommor. Åtskilliga af Emilines broderier äro onekligt vackra, och Susans syltade persikor oöfverträffliga. På männens lott faller naturligtvis det tyngsta arbetet ute på marken, att bryta upp jorden, dämma floden och leda den i kanaler, hugga timmer, föra hjordarna på betet och fånga vilda hästar. Men både män och qvinnor äro gemensamt sysselsatta med att inreda hus, plantera trädgårdar, arbeta i verkstäder och i grufvorna, alla med en ihärdighet, en arbetslust, som man aldrig finner öster om den stora bergskedjan. Något aflönadt presterskap finns icke. Då hvar mormon är prest, skulle det på inga vilkor fördragas att han uppbar ett enda öre, offrade han ock sin tid, hela sin verksamhet, ja sjelfva lifvet för hvad hans trosförvandter betrakta såsom Guds bud. Skyldigheter mot kyrkan stå främst; dernäst komma pligterna mot familjen, mot individen; men skillnaden mellan dessa båda pligtförhållanden är så stor, att någon kollision eller villrådighet aldrig kunna komma i fråga.

Profeter, presidenter, biskopar, äldste, — alla arbeta de med sina händer ute på fälten eller i staden, bygga qvarnverk, hugga timmer, taga upp nyodlingar, drifva hjordarna på betet, odla persikor, sälja band, köra forvagnar. En dag mötte jag en gammal man af vördnadsvärdt utseende, som kom med en korg på armen, öfverbredd med en snöhvit servet. Hans åsyn väckte min uppmärksamhet och jag fick snart reda på att han var Joseph Young, äldre broder till Brigham och ordförande i de sjuttios råd. Gubben var på väg till torget med sin korg persikor, för att sälja dem.

En apostel kör sin plog; en patriark styr sitt spann mulåsnor. I en stad der arbetet anses heligt, måste naturligtvis äfven de högst uppsatte vinna anseende och heder genom flit och industriela företag. Dessa mormoner hafva inom sin styrelse ingen enda overksam dignitär. Brigham Young är egare af ett sågverk, en bomullsplantage, en farm. Heber Kimball har ett mejeri, en linoljefabrik, ett sågverk; Georg Smith är landtbrukare och mjölnare; Orson Pratt lärare i matematik; Orson Hyde förpaktare; John Taylor, fordom svarfvare, är numera qvarnegare; Wilford Woodruff förpaktare och mejerist; Georg Cannon boktryckare. Dessa män äro alla kyrkans yppersta ljus och på samma gång personer af flitiga, tarfliga lefnadsvanor. Young, Kimball och Taylor äro nu rika. De tolf apostlarne anses nästan alla vara fattiga; men fattiga eller rika lefva dessa mormonernas Äldste af hvad de genom hufvudets eller handens arbete förvärfva och taga intet, säger man mig, för sin verksamhet i kyrkans tjenst.

En mormonbiskops obetalade funktioner äro talrika. Han har att vårda ej blott sin hjords andeliga välfärd, men ock deras materiela intressen och utkomst; han skall tillse att de sköta sin jord, att de hålla sin bostad snygg, att barnen få undervisning och kreaturen god tillsyn. Förliden söndag, efter gudstjenstens slut i tabernaklet, inbjöds jag att bevista en sammankomst, hvartill Brigham Young kallat alla biskoparne och hvarunder, som vanligt, deras särskildta åligganden skulle behandlas. Då jag trädde upp på den upphöjda plats der kyrkans dignitärer sutto, kunde jag icke återhålla den tanken, huru mina vänner vid Bishopsthorpe och Wells skulle anse en dylik samling. De gamla männen sutto i en ring och ordförande-biskopen, Edward Hunter, frågade hvar och en, hvilka arbeten för närvarande fortgingo inom deras distrikt, vare sig i byggnadsväg, målning, jordbruk eller trädgårdsskötsel, äfvenså rörande den hjelp, som en eller annan af de fattiga och sjuka behöfde. Ett emigranttåg hade just nyss anländt och biskoparne hade på sitt ansvar att sätta sexhundra menniskor i tillfälle att bygga sina hem och odla rotfrukter, den första åring som emigranter taga af jorden. En biskop sade sig vilja taga fem murare på sin del; en annan, två timmermän; en tredje, en bleckslagare; en fjerde, sju eller åtta jordbrukare, och så hela raden igenom. Ej många minuter derefter såg jag tvåhundra af dessa fattiga utvandrare satta i tillfälle att förtjena sitt dagliga bröd. »Detta,» anmärkte Young med ett småslugt leende, »är ett af fälten för våra biskopars verksamhet.» Jag erkänner öppet att deruti kunde jag icke finna någonting klandervärdt.

TJUGUTREDJE KAPITLET.
Missionsverket.

Mormonismens brinnande nit gör sig dock allramest märkbart i sektens verksamhet som missionärer. Mormonerna skryta öppet med, att då de gå ut i verlden för att omvända »hedningarne», föra de med sig hvarken penningpung eller rensel; fattiga och ensamma gå de på Herrans vägar att utföra Hans värf; stödja sig icke vid menniskors styrka, icke vid jordiska skatter; bekymra sig icke om hvad de skola äta, hvar de skola hvila sig; men lemna sig sjelfva och hela sitt förehafvande i Guds händer.

Sättet, hvarpå en af församlingen kallas till missionär, har i vår beräknande tid en anstrykning af primitiv romantik. Young går, t. ex. framåt Main-street, får der se en ung man körande ett spann, åkande i en forvagn, eller ridande på en eldig häst. En profetisk anda fattar presidenten; han ropar till sig den unge mannen, säger honom att han af Herran blifvit kallad att gå ut och predika, nämner kanske den tid han skall vara borta och platsen för hans verksamhet. Tiden kan belöpa sig till ett, tre, till och med tio år; platsen dit han skickas kan vara Liverpool, Damascus, Delhi, Peking. Den unge missionären ber om några timmars anstånd, för att ordna om sitt hus, taga afsked af sina vänner, kyssa hustru och barn, och derpå begifver sig denne man, utkorad på öppen gata, för att utföra sitt heliga värf.

Jag har talat med ett dussin sådana missionärer, unga män som blifvit kallade från åkern, från qvarnen eller trädgården, att utan rensel och penningpung begifva sig på väg — om så fordrades — till verldens ände. Stenhouse hade varit missionär i Frankrike och Schweiz; Riter i Österrike; Naisbit i England; Dewey i Ostindien och på Ceylon. Metoden var för alla densamma.

Utan mynt och utan resekost beger sig missionären på väg. Han hyr ut sig som kusk, skyddsvakt eller timmerman vid någon handelsfora, på väg stadd åt kusten eller till Missouri, alltsom tillfället yppar sig. Är Europa platsen för hans arbete, skaffar han sig någon befattning i Newyork, som skrifvare eller som handtverkare, alltefter de gåfvor han eger, och der stannar han, tilldess en tillräcklig penning blifvit förvärfvad att betala passagerareafgift öfver hafvet. Eller om detta uppehåll icke passar för hans mission, hans karakter, låter han antaga sig till matros, finner sig ödmjukt uti att dela sjöfolkets mödor och knappa kost och begagnar sig deremot af tillfället att, medan skeppet klyfver vågen, för sina kamrater predika de glada tidenderna om mormonernas goda hemland bortom bergen. Missionären är icke boklärd. »Vi ega inga högskolor,» säger Young, »der våra unga män kunna lära sig att blifva narrar. Vi taga en yngling från bergstrakten, der han huggit ved, jagat björnar och fångat vilda hästar; honom sända vi ut som missionär och då han kommer åter, är han en man.» Då missionären, oftast utan ett öre i fickan, kommit till Europa, söker han sig, om möjligt, ett hem hos någon trosförvandt. Finner han ej en sådan bostad, sofver han på en bänk, en stentrappa, under ett träd, bland plank och byggnadsvirke vid ett skeppsvarf. »Jag landsteg i Southampton,» berättade Stenhouse, under det han förtäljde mig om de många proselyter han gjort, »utan ett öre i min börs; jag sålde stöflorna som jag bar för att köpa en bänk, från hvilken jag höll mina predikningar.» Denway berättade mig om sin resa från Saltsjöstaden till San Fransisko; från San Francisko till Ceylon; derifrån till Poohah i Indien, hela tiden predikande, lefvande af allmosor, aldrig fruktande någon nöd, men förtröstande på Guds hjelp. Först arbetade han hos kaliforniska guldsökare; derefter tjenade han bland kinesiska sjömän; sedan bland cingalesiska jordbrukare. Vid ankomsten till Bombay blef han mulåsnedrifvare. Sällan saknade han tak öfver hufvudet, aldrig lifsuppehälle. Sådan är andan bland de unga mormonerna. Lifnärande sig med en brödkant, sofvande i de torftigaste hem, vandrar missionären vidare, från stad till stad, predikande och nitisk att fylla sitt anförtrodda värf. Tålig, måttlig, undvikande all uppmärksamhet, alla debatter, sjelf förande det torftigaste lif, söker han blott det fattigaste folket; och då hans mål är hunnet vänder han tillbaka, predikande och visande proselyter hela vägen till sitt eget hem, sin landtgård med de trefna hjordarna och den slumrande, lilla vattenqvarnen i Saltsjödalen.

Inom denna mormonstad, der hvarje man är en äldste, är äfven nästan hvar och en prest. Hvilken som helst kan således kallas till missionär, och ingen Österlandets slaf lyder sin herrskares bud med större ifver än dessa »helige», hvilka af Young skickas till främmande land.

De goda tidender männen, sådana som Dewey och Stenhouse, förkunna bland däckspassagerare, varfsarbetare, bärare, tjenstehjon och deras likar, äro sådana, som de föraktade och missbelåtna trängta efter att höra. De tala emot verlden och dess vägar; de tala för behofvet af en genomgripande förändring; de lofva den fattige ljusare öden och ett lyckligare hem. De bjuda den hungrande bröd; den värnlöse ett hem; den nakne kläder. Handtverkaren lofva de en såg eller en qvarn; landtmannen egen gård att bruka. Den himmel, hvarom de predika, ligger icke fullkomligt bortom grafven; denna jord är enligt deras mening en del af himmelen, och då jorden med allt hvad deruppå finns, är Herrans, så är ock, enligt deras förmenande, allt det jordiska goda Hans trogna bekännares arfvedel. De lära att de rika hafva förvridit Kristi lära och att de rikas kyrkor blott tjena djefvulen. Joseph Smith framställes af dem såsom en herde för alla fattiga. De förkunna att okunnighet är en dygd som leder till frälsning, och att de lägre klasserna äro Guds utvalda.

Andra kyrkor än mormonernas förkunna visserligen samma läror, men deras predikanter handla äfven som om de trodde dem vara sanning. Visa den unge missionären en tjuf, en tiggare, en förkastad varelse — med ett ord, en menniska som är förtviflad eller på väg att förgås i elände — och han skall handla som om han kände sig af Gud utvald att rädda den olycklige. Med menniskor som gå dyrbart klädda, som bo i stora hus och äta på silfver, har mormon-missionären ingen gemenskap. Hans verkningskrets ligger i usla gränder och bakgator, icke i praktfulla palatser. De rike, de lärde, de bildade hafva sin egen tro, sina lefnadsvanor, som det ligger utom hans makt att ändra eller förbättra. De behöfva honom icke och han söker ej dem. Hvad skulle han ock säga till dem? Skulle de lyssna till hans löften om ljusare öden? Hvad vore för dem hans lockelser om ett jordiskt Eden af bördiga åkrar och betesmarker? Gående förbi dessa verldens barn, vänder han sina steg till samhällets förkastade medlemmar, om hvilka ingen mer än han tycks vårda sig rätt. Bristen och eländet öppna de fattigas öra för hans budskap. Han prisar ingalunda de ringa för deras fattigdoms skull; han säger dem icke att pauperismen förutsätter ett nådastånd; hans lära är att rikedom är en god sak, och han gifver dem en försäkran, som genom tusentals exempel af honom bekräftas, att de »helige» vinna rikedom genom egen flit och Guds välsignelse. För menniskor som hungra efter jordiska egodelar, är obestridligen det välstånd, hvartill han inbjuder dem i Deseret, en mäktig lockelse.

Vård om de fattiga är en af mormonernas heligaste pligter. En biskops första ansvar är att tillse det ingen menniska saknar föda och kläder. Finner han någon familj lida nöd, går han till en lyckligare lottad granne och ber honom i Herrans namn om en säck hvete, några skålpund thé, en topp socker, en filt, en bädd; så vet han att denna bön skall genast villfaras. Hela jorden är ju Herrans och måste villigt lemnas om Han så bjuder. Jennings, en af kyrkans äldste och den rikaste köpmannen i Saltsjöstaden, har berättat mig om huru ofta dylika uppfordringar göras till honom; äro tiderna onda, kunna de inträffa ända till två gånger om dagen. Om nöden så fordrar, går biskopen upp på uppbördskammaren och erhåller den hjelp hans församling behöfver; ty de fattigas brist skall fyllas framför kyrkans. Dylikt vädjande från enskild välgörenhet till en publik kassa, kommer dock sällan i fråga, ty om en mormon eger några förråd. måste han dela dem med den hungrige; har han kläder, måste han dela med sig deraf åt de nakna. Ingen ursäkt antages för uraktlåtande af denna dyra pligt. Budet till oss att sälja det vi hafva och gifva åt de fattiga, är för de allraflesta af oss ett tomt ord. Men mormonen, liksom araben och juden, hvilkas energiska anda han tillegnat sig, vet icke af ett dylikt dagtingande med sitt eget samvete. »Föd mina får,» är för honom ett bud som icke tål något uppskof, något förnekande.

En särskild kassa är samlad för att hjelpa behöfvande trosförvandter, och Young, som bär omsorgen för det hela på sina skuldror, har sjelf det ganska tröttande ansvaret af kassaförvaltare. Jag följde biskop Hunter, en god och fryntlig gubbe, full af nit och skämtsamma ord, för att mönstra den nyss anlända skaran engelska utvandrare — sexhundra menniskor, dels från Wales' bergstrakter, dels ock från de mellersta landskapen, männer, qvinnor och barn; alla fattiga, alla obehagliga, trötta, orena, uppbrända af solen, sönderslagna af skörbjugg till följd af färdens besvärligheter. Den gamle biskopen öfverraskade mig genom den milda tonen i sin röst, genom sina visa råd och den faderliga godhet, hvarmed han bemötte dessa stackars menniskor. Några af qvinnorna voro sjuka och pockande; de ville ha smör, de ville ha thé, de fordrade många andra saker som icke stodo att få för så fattigt folk. Hunter skickade till staden efter läkare; han gaf order till uppbördskammaren för inköp af smör och thé. Aldrig skall jag glömma det uttryck af outsäglig tacksamhet som lyste i mångas blickar. De arma varelserna kände att den gamle biskopen var dem en klok och omsorgsfull vän.

Emellertid äro mormonerna ingalunda i allmänhet fattiga, i den mening som t. ex. irländarne äro det. Tvärtom; för att vara ett så nytt samhälle, för att hafva börjat med ingenting och sjelfva med arbete fått söka sin utkomst, kan man anse dem rika. Utah är redan rätt väl försedd med odlad jord, farmers och trädgårdar; på bergssluttningarna beta stora hjordar af får, hästar och boskap, och hufvudstaden, det Nya Jerusalem, är med omdöme utstakad samt redan ganska väl bebyggd. Alla äro arbetsamma; alla äro måttliga; deras jord kostar dem intet och det välstånd som uppstår genom industriela företag är rätt betydande. Att fördubbla antalet af sina hjordar, att samla stora förråd af majs och hvete, detta är för dem att lyda Guds bud.

TJUGUFJERDE KAPITLET.

Mormonernas lära.

För att fullt förstå mormonerna, måste man se ännu något längre än till deras vackra stad, deras bördiga åkrar, deras väl skötta verkstäder, deras vidsträckta byar; — man måste inse äfven de andliga källorna till deras styrka.

Joseph Smith bibringade sina disciplar en lära, ingalunda ny: att i hans religion finnes mycket som är godt och måhända äfven något ondt. Han företog sig derföre att med gudomligt bistånd (och med Ringdons, Youngs och Pratts hjelp) draga allt det goda ur hvarje gammal troslära och förena det med den kyrka han var sysselsatt att stifta. Mycket tog han från Mahomed, mera från Paulus, mest från Abraham; men under hans företag att fritt handskas med religioner, gjorde han sig alls inga betänkligheter vid att äfven låna ett och annat från hinduerna, från tartarerna och från indianerna. Hans kyrkas lärosatser kunna lätt specificeras på följande sätt:

1. Gud är ett personligt väsende, med mensklig kropp och menskligt utseende.
2. Menniskan är en del af Guds väsende och skall sjelf en gång blifva en gud.
3. Menniskan blef icke skapad af Gud, men existerade från all evighet, och skall i evighet existera.
4. Menniskan är icke född i synd och är icke tillräknelig för andra fel än sina egna.
5. Jorden är en koloni för förkroppsligade andar; en af de många sådana i universum.
6. Gud är de ödödliges President. Han har under sig fyra skilda klasser af väsenden: 1:o Gudar — d. v. s. odödliga varelser af den fullkomligaste organism till kropp och själ. Dessa väsenden hafva fordom varit de menniskor som lefvat i en fullkomlig lydnad under lagen; 2:o Englar — odödliga varelser som på jorden lefvat i ofullkomlig lydnad under lagen; 3:o Menniskor — odödliga varelser, hos hvilka en lefvande själ är förenad med en menskplig kropp; 4:o Andar — odödliga varelser som ännu vänta att blifva iklädda sitt kroppsliga tabernakel.
7. Mannen, varande af samma klass som gudarna, blir, och detta genom äktenskapet, valbar

till en af himmelrikets troner. Hans hustru och hans barn äro hans rike, icke på jorden allenast, men ock i himmelen.

8. Guds rike har åter kommit till jorden. Tiden är inne för de »helige» att taga sitt eget i besittning; men genom dygder, ej med våld, genom flit och arbete, ej med strider.

Joseph Smith synes hafva inhämtat nästan alla dessa lärosatser af Ringdon och Pratt. Den sistnämnde — mormornernas mest boklärde anhängare, och alltför boklärd, att vara förstådd och tolererad af Young — har i åtskilliga skrifter och föreläsningar framlagt en skapelsehistoria för himmel och jord, hvilken Young strängeligen varnat mig för att anse som sanning. En gång, om icke flera, hafva Pratts skrifter blifvit formligen förkastade af Presidenten och de Tolfs råd. Icke förthy behåller han sin värdighet som apostel. »Vore icke jag, sade Brigham leende, »så hade han länge sedan varit förskjuten ur församlingen.» Då jag till Young framställde Pratts lära om anden och materien inföll han otåligt: »Vi veta intet derom. Kanske är det sannt; kanske också falskt. Vi hafva ännu icke fått något ljus rörande dessa ämnen.» Hvad i ofvanstående åtta paragrafer blifvit anfördt, är mormonismens lärosatser, offentligen bibringade ungdomen i deras skolor och ett utdrag ur den katekes som blifvit skrifven af Jacques, en af kyrkans äldste, och formligen godkänd af Young.

Dessa satser synas af mormonerna blifvit tagna dels ur de äldsta, dels ur nyare mytologier.

Mormonernas Gud tycks till gestalt och egenskaper vara ett motstycke till Homers Zevs. Deras englar äro ej olika S:t Paulus' Beni-Elohim, okroppsliga och osynliga väsenden af luft och lågor. Menniskan, såsom ett ännu oskapadt, oförstörbart väsende, är en af Pythagoras' idéer, och såsom en varelse född utan synd samt endast ansvarig för egna onda gerningar, igenkänna vi henne som en af Svedenborgs fantasier.

Någon schism har i Utah och annorstädes bland mormonerna uppstått, rörande läran om englarna, en oreda som blifvit följden af Orson Pratts drömmar och gissningar. Young har haft godheten undervisa oss i sin kyrkas sanna dogmer angående detta besynnerliga ämne. Englarna, säger han, äro ofullkomliga väsenden, saknande förmåga att stiga till högre grader af gudar, hvilkas budbärare och tjensteandar de äro, och i evighet skola förblifva. De äro odödliga varelser, som genomgått sitt studium såsom andar och äfven såsom menniskor på jorden; men de hafva icke uppfyllt lagens bud; de hafva ej helgat sitt lif och sina krafter åt fullkomlig lydnad för Guds vilja. Derföre kunna de icke heller ernå en högre grad af salighet. På min fråga hvari de brutit emot lagen, svarade Young: »Deruti att de ej lefvat ett patriarkaliskt lif, att de icke tagit flera hustrur, såsom Abraham och Jakob, David och Salomo, såsom alla dem, hvilka i skriften kallas Guds vänner.» Enligt Youngs förmenande äro englarna, ungkarlars och monogamisters själar, varelser, hvilka, genom brist på afkomlingar och i saknad af flera hustrur, blifva odugliga att regera i de himmelska sfererna. I en annan verld skola således min reskamrat och jag, — han, såsom ogift och jag egande blott en hustru — aldrig ernå högre värdighet än af oförmälde englar, medan Young och Kimball, omgifna af sina drottningar, sitta på himmelska troner!

Dessa lärosatser, såsom de predikas i Saltsjöstaden, såsom de spridas inom England — i Wales' bergstrakter, bland Merseys varfs-arbetare, i gränderna usla nästen — utöfva en mäktig trollkraft öfver råa själar. Ingenting, som ej är beräknadt på gagn, ingår i mormonernas läror. Ingen reformator har varit mera praktisk än Young. Tron är grunden till alla deras handlingar; hvad de tro, det göra de ock. Den som klart vill uppfatta mormonernas samhällsställning — garderad af tjugutusen väl beväpnade skarpskyttar — måste lära sig förstå hvad de tänka om himmelen.

Liksom islams äro mormonerna ett bedjande folk. Religionen är deras lifskraft, derföre måste ock hvarje dagens handling, vare sig social eller kommerciel, af dem betraktas som ett utförande af Guds vilja. Derutaf kommer deras ringa aktning för politik, deras likgiltighet för alla kompromisser. De tyckas lefva utan någon fruktan, utan oro för morgondagen; till Himlen, och endast till den, sätta de sin lit om hjelp och skydd. Tala med dem om Chicagos beslut att med våld undertrycka månggiftet, och de skola endast le åt er verldsliga vishet samt säga eder att de lefva ett andeligt lif och att Gud skall beskydda sina egna. Framkasta till dem ett ord om att Young är dödlig och att han en dag skall behöfva en efterträdare; ännu en gång skola de le åt er okunnighet och säga att de icke hafva något att skaffa med dessa ting, att Gud är stark och vis, samt mäktig att sända sin kyrka de tjenare som behöfvas. Hela sin lit sätta de till Gud. Jag bör likväl tillägga en sak, hvarom jag gjort mig förvissad: de ega stora förråd af kulor och krut.

Förtroende till Guds hjelp är hos mormonerna icke så mycket en verkan af svaghet och ödmjukhet, som ej mera af högmod. Young sätter menniskan vida högre i skapelsens kedja, än hvad någon kristen religionslärare gör det, ja, kanske högre än till och med en mohamedansk mollah, ehuru visserligen, enligt Koran, englarna äro i paradiset tjenstandar åt de trogna som der samlats till ro. Persiska och indiska religionsstiftare gå ännu längre än Mohamed och påstå att menniskan är en del af Guds personlighet. Men Young förklarar menniskan såsom en oskapad och oförstörbar del af den Högste; en varelse med makt att lyfta ett slägte odödliga, okroppsliga andar till gudars värdighet. Huru mycket en brinnande tro på mannens rättighet och makt såsom Guds son och synnerliga gunstling, förmår stärka modet och i striden gifva armen kraft, det står att läsa på hvarje blad om israeliternas krig och i berättelserna om Sikhs strider.

Mormonernas samhällsstadgar kunna skiljas i tre olika delar: 1. De hvilka behandla deras förhållanden sinsemellan och mot främlingar; 2. De hvilka behandla deras styrelsesätt; 3. De hvilka behandla familjen.

TJUGUFEMTE KAPITLET.
Samfund-stadgar.

Första afdelningen innefattar två ledande idéer:
1. Den nya kyrkan, stiftad i Utah, men kallad Amerikas kyrka, är fri och (med ett enda undantag) öppen för hela verlden, för menniskor af hvarje folkstam, hvart land, hvar troslära och färg — judar från Newyork, buddhister från San Francisko, parser från Calcutta, metodister från Liverpool, mohamedaner från Kairo, Cheyenner från Smokyhill-floden. Enda undantaget är negrer. »Negern,» sade Young till mig denna morgon, »är en afkomling af Cain, den förste mördaren och hvars svarta färg är ett tecken af den förbannelse Gud pålade honom.» Endast *en* neger har blifvit upptagen i de »heliges» församling och detta tillstaddes af Smith, medan de ännu voro qvar vid Nauvoo. Men förrän Gud borttagit förbannelsen, vill Young ej hafva några af dessa cainiter inom sin kyrka.

2. Den nya kyrkan icke blott upptager alla som komma, den tolererar alla olika trosbekännelser, gör inga frågor, fordrar inga pröfningar, begär intet afsvärjande af en annan lära. Härigenom har en bekännare af en annan religion blifvit anhängare af mormonismen, utan att derigenom förlora sin identitet, utan att krossa sina afgudar, utan att trampa sin gamla tro, sina forna vanor under fötterna

med ett ord: utan den andeliga förändring som kristna förstå med »en ny födelse». Den som öfvergår till mormonismen antager blott en ny sanning jemte de sanningar han möjligen redan förut bekänner. Joseph Smith är honom förestäld som en försonare, ej som en söndrare; de »helige» förklara nämligen att under hvarje form af religion gömmer sig något som är godt och att ingen sekt på jorden åtnjuter uteslutande privilegium på Guds kärlek.

Låt oss betrakta dessa båda ledande idéer, ej ur dogmatisk, men ur politisk synpunkt.

Kyrkan är fri och öppen. Då en religion först uppkommer är den vanligen afsedd för en folkstam och dess ritual lämpad för ett visst luftstreck. Vi se i historien så många bevis på att en troslära slår rot inom en bestämd nejd af jorden, men borttynar hvarje annorstädes, att tänkaren stundom känner sig frestad tvifla på möjligheten af en religion, gemensam för alla jordens folkslag och klimat. Moses' lag vann få efterföljare utom hebreernas tolf stammar. Konfusius vinner inga proselyter utom Kina. Den store Anden herrskar endast i Amerikas skogar. Guebrerna hafva aldrig spridt sin tro utom Persien och Indien. Dagon var äfven en lokalgud för ett folkslag som älskade hafvet. Thor tillhör blott den högsta norden. Brahma är endast känd för hinduerna och vi veta alla att detta folk gör inga proselyter. Så strängt är lagen att lefva frånskild alla andra folkslag, fästad i hinduens begrepp, att en man, tillhörande en kast, aldrig kan öfvergå till en annan. Den som födes brahmin, måste alltid förblifva brahmin, en sudra är, så länge han lefver, en sudra. Buddhaismen eger i visst afseende karakteren af en universel kyrka; derigenom att den bekännes af så många folkstammar och nationer, skulle man kunna säga att den är verldens hufvudreligion, såvida nämligen mängden af tempel och församlingar bestämde denna värdighet, men af dess fyrahundra millioner bekännare finnes intet enda folk, som icke genom asiatens naturliga böjelse för tron på själavandring, blifvit draget till denna troslära, och derför kan man med fog påstå, att, ehuru vidt spridd öfver jorden, tillhör ändock buddhaismen en särskild region af jorden. Islam, åter, är arabernas religion. Då den spreds österut till Ganges och åt vester till Guadalqvivir, bars den framåt på spetsarna af myriader lansar, men ingalunda mottogs den af Indiens eller af Spaniens folk såsom en saliggörande lära. Då den aldrig fritt hade rotat sig i dessa länder, upphörde den snart åter att finnas i Spanien. Både i Persien och Indien tillhör islamismen hufvudsakligen folk af den semitiska stammen. Nanak i Punjab och Bab i Persien kunna sägas hafva grundat religionsläror på en bredare basis än de flesta, ty såväl Sikhs som Babies mottaga med öppna armar proselyter från Allahs, Buddhas och Brahmas dyrkare. Men likväl kan man tryggt säga att aldrig idéen om en fri och öppen kyrka, der alla folkracer — den bruna, den hvita, den svarta och den röda — som bröder skola mötas, vaknat hos dessa half-barbariska svärmare.

Sålunda skulle det vilja synas, som hvarje religion genom mer eller mindre hemlighetsfulla band vore fästad vid den region der den först sprungit upp. En gammal legend säger att arabens profet bjöd sina anhängare med väpnad arm utbreda den sanna tron så vidt öfver jorden som palmen bär frukt, — en sägen som under de förflutna tusen åren varit till det mesta besannad. Mahomed hade aldrig en tanke på att erbjuda sitt halft tropiska samhällslif åt nordens hvita barbarer, de hungriga jägarhorderna på andra sidan Euxinska hafvet, eller åt de frusna innebyggarne bland Helvetiens alper. Hans förbud emot vin och fläsk, måhända väl befogadt i länderna vid Nilen och Jordan, skulle varit högst olämpligt vid Donaus och Elbes stränder. Mahomeds lagbok var skrifven för palmernas luftstreck och derinom har den ock vunnit bestånd. Ingen babii finns utom Persiens gränser, ingen sikh annorstädes än i öfre Indien;

menniskorna finna ofta, inom sitt fädernesland, de religionsbruk som för dem och för detta land lämpa sig bäst.

Sjelfva kristendomen, ehuru så mycket ädlare till sin anda, så mycket fastare till sin sammansättning än någon af dessa, af geografiska förhållanden beroende trosläror, förefaller betraktaren såsom vore den hufvudsakligen afsedd för den götiska folkstammen. Ehuru vår religion uppkom i Palestina, samt under några år fortfor att bekännas i Egypten och Syrien, har den aldrig rätt velat rotfästas i Asien. Intet arabiskt folk har antagit korsets lära, liksom götherna aldrig erkänt halfmånen. De halft orientaliska, kristna kyrkor, som ännu finnas i Afrika och Asien — abyssinierna, kopterna och armenierna — tillhöra icke den stora, arabiska menniskoracen. Sanna förhållandet är, att ingen enda gren af den kristna familjen ännu klart framställt sin kyrka såsom öppen och fri för alla nationer, alla skilda sekter; tvärtom: vi sätta en heder uti att vara *exclusiva* greker, katoliker, anglikaner, lutheraner, hellre än bröder af en och samma allmänneliga kyrka. Det största kristna samfund på jorden kallar sig romerskt och apostoliskt, i stället för att uttala sig såsom omfattande hela verlden och såsom erkännande ingen annan stiftare än Jesus Kristus.

Huru mycken styrka som förloras genom denna inskränkta uppfattning af vår herrliga religion, inser hvarje tänkare, så snart någon angelägenhet, gemensam för hela kristenheten, kommer under behandling. Så t. ex. frågan rörande den heliga grafven, som för blott tolf år sedan gaf anledning till krig mellan Ryssland och Vestmakterna.

Den nya kyrkan tolererar olika trosbekännelser och lefnadsvanor. Åtskilliga tänkare, t. ex. More och Locke, hafva med talang skrifvit öfver rättvisan och klokheten af att tolerera olika trosbegrepp, men ännu har ingen mäktig, kristen kyrka praktiskt följt dylika, liberala åsigter. Af ingen annan anledning än skiljaktighet i dogmer, hvilka blott torde kunna bestämmas af den högsta intelligens, äro grekiska, romerska, lutherska, holländska och schweiziska kyrkorna i den bittraste fejd med hvarandra. De småda hvarandras ceremonier, de angripa hvarandras motiver, ja, Roms och Englands prelater tadla hvarandra med en bitterhet, som de skulle tveka vid att lägga i dagen mot en mohamedansk Imam eller Saltsjöstadens profet. Vi handla i sanning som ginge hela vårt bemödande derpå ut, att hindra vår nästa från att med oss blifva delaktiga af kärlekens och fridens evangelium. Lika skonslöst som gileniternas svärd höggo in på de flyende skarorna vid Jordan, slå ock vi alla våra bröder, hvilka ej kunna eller vilja uttala vårt *shibboleth*.

Sådan den helige stiftaren gaf oss vår kyrka, var den idel kärlek och barmhertighet; sådan menniskorna hafva mästrat den, är den hård och sträng som hinduernas kastlära. En brahmin håller sig icke stoltare afsöndrad från en sudra, än en grekisk kristen från en kopter. Äfven vid Kristi vagga och graf strida vi om företrädena af våra olika dogmer, tills mahomedanerna, som nödgas skilja de tvistande trosförvandterna, måste blygas på våra vägnar. Och förhåller det sig bättre i London, Rom och Moskwa, än i Bethlehem och Zion? Råder ett sådant agg mellan hinduernas hundrade olika sekter, som mellan de skilda kristna kyrkorna? Hvem vågar stiga upp och säga det? En Vishnas tillbedjare kan lefva i samma kloster som Sivas dyrkare; skulle väl en kalvinist och en katolik kunna bedja i samma samfund? En hinduisk vis lärde den sköna sanningen att tron upphäfver och försonar kastskilnaden, så att alla fyra kasterna, ehuru skilda till rang och utseende på jorden, inför Gud äro bröder och likar. Många kristna bekänna väl samma lära, men nämn mig en statskyrka som antagit dem? den grekiskt-kristna vill icke medgifva att den romerska kan räddas från helvetet, och hvarje armenisk munk tror sin koptiske antagonist komma att brinna i evinnerlig eld. Af alla jordens folkslag äro väl anglosachsarne de varmaste anhängare af tankens och ordets frihet, men hafva icke äfven vi haft våra flammande Smithfieldsbål? Eger icke vår lista på martyrer en försvarlig längd? Somliga författare se ett andeligt godt i denna skarpa skiljaktighet mellan sekterna, men de politiska följderna kunna åtminstone icke förnekas: I England inre oroligheter, öfver hela Europa krig, och i Palestina den Heliga Grafvens innehafvande af turkarne. En tolerant kyrka skulle skydda samhället för otroligt mycket bortslösande af krafter.

TJUGUSJETTE KAPITLET.
Ur politisk synpunkt.

Den andra afdelningen samfunds-stadgar — dessa stadgar som behandla planen och metoden för mormonstatens styrelse — sträcker sig till frågor af högsta politiska betydelse. Trenne punkter torde böra anföras, såsom varande af högsta vigt för att rätt uppfatta detta besynnerliga folk.

1. Den nya kyrkan förkunnar att Gud står i personlig beröring med sina »helige». Han leder dem nu, såsom under forna tider och som Han alltid skall göra det, genom en utvald profet för hvilken Han omedelbart förklarar sin vilja. Och detta, icke blott i hvad som rör de vigtigaste angelägenheter: strider, hungersnöd, utvandring, men ock i alldagliga företag: odling af en åker, byggande af ett hus, val af en hustru, o. s. v.

2. Den nya kyrkan förkunnar att sann gudsfruktan tillika är sann glädje; glädjen är en välsignelse från ofvan, skänkt af en fader till hans barn. Såsom sådan blir gudsfruktan icke lik en sträng pålaga, befalld af en herrskare, icke lik en botgörelse, anbefalld af en prest; den blir en lätt

och oskyldig förnöjelse; en glädje i andlig och verldslig betydelse; en ljuflig känsla af fylld pligt, af antaget offer, af stärkta lifsandar.

3:o Den nya kyrkan förkunnar att arbetet är en heder, odlandet af en ofruktbar jord en ädel handling, skördande af majs och olja, frukter och blommor, gummi och kryddor, en dygd som förlänar salighet, ty hela jorden betraktas af mormonerna såsom en ödemark, den der genom arbete kan åter blifva en del af ett annat lifs himmel.

Dessa reglor fordra en närmare belysning af alla dem som verkligen önska förstå mormonkyrkans snabba politiska tillväxt.

Den nya kyrkan står under gudomlig ledning. Begreppet att Gud alltid är närvarande bland sitt folk, att han genom ett utvaldt och ofelbart ombud dag efter dag gör sin vilja känd, skall visserligen för hvarje vördnadsfullt sinne synas profanerande, men för en despot, som önskar beherrska sina medmenniskor, är det utan tvifvel ett slugt sätt att ega deras hopp och fruktan i sina händer — ett sätt som måste förläna honom en snart sagdt obegränsad makt. Hvar och en vet, att för en viss klass menniskor är känslan af ett omätligt afstånd nog för att utplåna all fruktan, fördunkla allt begrepp. Dylika svaga och obildade sinnen förlora efter hand tillit för auktoritetsrätt och auktoritetstro. Allt hvad de skola stödja sig vid, måste vare nytt och nära till hands. Gamla edikter blifva dem tvifvelaktiga; traditioner äro för dem blott ett narrspel. En religion som tager ett visst år till begynnelsepunkt och beständigt hänvisar derpå, måste alltid råka i konflikt med dylika svaga själar. Att säga dem, det en sak är långt borta, att något har händt för ofantligt länge sedan, är att försätta dem i en moralisk tröstlöshet. Dessa menniskor önska alltid stå helt nära en händelses utgångspunkt, och om en sådan nåd kunde beskäras dödliga, skulle de vilja stå ansigte mot ansigte med Gud. Moses har icke talat för dem; Sinai är blott ett tomt ord.

Aldrig hafva Galileiska Hafvets vågor stillats för deras ångest; aldrig stodo de i förgården af templet då förlåten remnade.

För menniskor af denna klass, folk som ständigt ropar på tecken och under, svarade Jerusalem genom en lång följd af profeter, hvilka förde judarnes himmel med sig till jorden och liksom utdelade den ibland folket jemte dess dagliga bröd. Rom svarar nu, som det af gammalt gjort med sitt mysterium af Guds omedelbara närvaro i brödet och vinet. Rom och Jerusalem funno i dessa medel ett lugnande svar på dessa oroliga andars spörsmål; men städer af en mera omfattande kultur — London, Boston, Amsterdam, Genève — ega inga andra tillflygter emot en dylik oro, än sina lärdas kritiska forskningar. Ack, lärdomen har icke alltid ett svar! Den tro som söker sitt stöd i logiken och historien måste förefalla fromma och olärda själar såsom blott verldslig klokhet, stödjande sig på menniskoförnuft, der intet annat stöd än Gud borde sökas. Religiöst tvifvel är mera pockande, mera oresonligt än det filosofiska tviflet. Kanske är dess tillvaro farligast i de stater der frihetskänslan är starkast och bildningen störst, ty religionstvifvel är alltid en följd af den civilisation, som gör snabbare framsteg i materielt än i moraliskt hänseende. Liksom ögat kan fördunklas genom ett öfvermått af ljus, så kan sinnet äfven blifva sjukligt genom ett öfvermått af fysisk kraft. Friheten framkastar frågor, på hvilka ett svar ej alltid är till hands och filosofiens trångmål komma alltid väl till pass för gudsförsmädaren. Då menniskor begära ett tecken och man för dem blott upprepar ett datum, hvem kan undra öfver att de vända sig bort? Själar, som famla i mörkret, bedja ej om kontroverser, historiska fakta, logiska bevis; hvad de önska är en lefvande tro, en omedelbar uppenbarelse, en personlig Gud.

Och så stiga mormonerna fram samt förmena sig kunna afhjelpa all brist. Då Young med stor emphasis ropar: »detta vet jag!» så taga de »helige» hans röst för att vara Guds. Deras ögon stråla, deras ansigte får ett hänryckt uttryck vid hans försäkran; nytt hopp, nytt mod vakna i deras hjertan. De emottaga hans löften och råd såsom gudomliga, och börja dermed ett nytt lif. Det skulle vara en stor blindhet hos våra religionslärare, om de icke insågo huruledes i vår tid och företrädesvis hos de mest frisinnade folk, många svaga själar, af brist på sann, andlig näring, affalla från en tro som de icke längre kunna fasthålla såsom verklighet, samt antingen kasta sig in på rationalismens eller papismens irrvägar. Till de svaga, som ropa på något att stöda sig vid, säga rationalisterna: »kommen hit och afsvärjen alla troslärer»; men mormonerna locka med: »kommen till Gud och blifven frälsta ifrån fördömelsen.»

Gudstjensten är lifvets glädje. Från social synpunkt betraktade äro mormonerna ett muntert samhälle; deras kyrkbruk ega glans och festlighet. Alla gamla troslärors dystra, hotande eller tröstlösa föreställningar äro bannlysta från Nya Jerusalem. Der behöfver ingen frukta för att blifva fördömd; der grubblar ingen på predestinationen, den fria viljan och nådavalet. En mormon lefver inom en atmosfer af tillförsigt, ty enligt hans föreställning har han redan nu sin himmel omkring sig, i de leende, odlade fälten, den djupblå sjön, de snöhöljda bergstopparna. För honom är de »heligas» samfund den andra tillkommelsen; grundläggandet af deras kyrka begynnelsen af Guds rike. Mormonen fruktar icke, oroar sig icke för framtiden. Hvad som är, skall förblifva; morgondagen är som i dag, nästa år som det förflutna, himmelen en fortsättning af jordlifvet, der hvarje menniska skall åtnjuta ett mått af ära och makt, alltefter sin lydnad för den Högstes bud i sitt nuvarande lif; jorden är ett paradis, afsedt för glädje och nöjen. Vore det möjligt att Young och Pratt studerat hinduernas filosofer, skulle man vara frestad tro att de lånat denna del af sitt system från Vallabrachas disciplar, hvilka predika glädje och festligheter som det högsta goda.

Men dessa idéer att göra fester och nöjen till en pligt, må nu vara komna från hvilken källa som helst; det vissa är att glädje — åtminstone skenbart — herrskar i Utah. Man skulle kunna kalla Young en minister för allt slags munterhet; han har byggt en stor teater, der hans döttrar spela komedi; han har anordnat en festsal, der baler och concerter gifvas; lustpartier på sjön och till lands — allt sådant vinner hans synnerliga bifall. Största omsorg egnas åt odlande af drufvor och persikor samt allt hvad till ett godt bord hörer; en epikuré skulle möjligen i Saltsjöstaden bjudas på läckerheter, hvarefter han förgäfves finge längta i Washington och Newyork. Då jag intagit middag hos någon af apostlarne, har jag varit öfverraskad af den stora myckenheten och omvexlingen af utsökta frukter, kakor och desserter. En främling som kommer till Nya Jerusalem och ser teatern på allt vis omhuldad men templet obygdt, kan likväl ej rätt återhålla den föreställningen att Brigham Young icke är alldeles så »helig» som hans folk påstår.

Den nya kyrkan betraktar arbetet som heligt. Att arbete är en heder, är en gammal sats, känd af judarne, hållen i helgd af esseerna, förklarad af S:t Paulus. Under medeltiden ingick denna lära i många af munkarnes legender och i vår tid ligger den till grund för alla Englands, Frankrikes och Amerikas systemer att reformera och förnya samhället. Men principen att handarbetet i sig sjelf är godt, att det i och för sig sjelf är en himmelens välsignelse, en hugnad för hjertat, en synnerligt god gåfva för själens förnöjelse och derjemte en yttring af gudsfruktan, detta är en mening som ännu af ingen troslära blifvit antagen såsom grundsanning. Handens arbete har visserligen blifvit kalladt nyttigt, men ingenstädes har det af lagen behandlats som ädelt. I vår gamla verld gifvas benämning furstar och ädlingar åt dem som skrifva och tänka, icke åt dem, som plöja och dika, eller insamla skördarna. Ädel verksamhet utöfvas, enligt vår mening, af domare, statsmän, talare, prester. Ingen i Europa tänker att den som planterar träd, uttorkar kärr, bygger ett hus, skördar en åker utför ett ädelt arbete. Hinduerna sätta de lejda arbetarne i sina två allralägsta kaster, jordegare i den tredje, handtverkare i fjerde kasten. Dessa fyra klasser äro alla vida mindre hedrande än krigarens yrke och prestens. En sudras både kropp och själ räknas för mindre än ett enda hår på brahminens hufvud, ty bland hinduerna anses arbetet som en förbannelse, aldrig en välsignelse, och Bengalens frie arbetare är endast en ringa grad högre än en pariah och slaf. Då och då hade hebreerna en ljusglimt af bättre begrepp: »Ser du en man, den der är skicklig i sina händers verk, han skall stå upprätt inför konungen.» Från denna källa hafva mormonerna lånat sin idé om arbetets ära och tolkat den — ej blott på sitt språk, men i bördiga betesmarker och sädesbärande fält. Hos dem är hvarje väl utfördt arbete en rättskaffens handling; en flitig och trägen arbetare är synnerligen benådad.

Den politiska fördelen af en sådan lära är gifven.

TJUGUSJUNDE KAPITLET.

Äktenskapet.

Men den besynnerligaste, den mäktigaste — vi kunna väl säga, den förfärligaste — af dessa tre afdelningar samhälls-stadgar, äfven om vi blott betrakta dem från politisk synpunkt, är den, hvilken behandlar familjelifvet och företrädesvis äktenskapet, ty äktenskapet är en af samhällslifvets vigtigaste grunder och det olika sättet hvarpå det uppfattas, är den säkraste mätaren af de särskilda religions-systemens lägre eller högre anda.

Mormonerna ställa äktenskapet bland de främsta af menniskans pligter på jorden. Deras dom om de odödliga andar, hvilka ännu vänta på sin jordiska gestalt, är grunden till denna lära; att lefva ogift är enligt Youngs påstående ett försummande af den heligaste förbindelse och blir följaktligen en synd. En ogift man är, enligt mormonernas åsigt, ett ofullkomligt väsende, lik en fogel utan vingar, en kropp utan själ. Kärleken är en längtan efter en högre tillvaro och lidelsen, rätt förstådd, närer vårt andeliga lif.

Betrakta vi äktenskapet blott från politisk synpunkt, kunna vi ej förneka dess stora betydelse. I många religioner är det endast tolereradt såsom det *minst* onda af två onda ting. Esseerna, från hvilka vi tagit så mycket, tillstadde det blott för de svaga, men för en rättskaffens man ansågs det bäst vara att lefva ogift och inom de högre graderna af deras samfund var förhållandet mellan makar okändt. Många hinduiska, andliga ordnar hylla celibatet. Grekerna hade sina vestaler, egypterna sina anachoreter, syrierna sina ascetici. Inom olympen prisades kyskheten som en dygd. Hestia och Artemis ärades framför alla himmelens innevånare, emedan de stodo för högt att nås af kärleken; ja, idéen att giftermålet förutsatte ett slags förnedring, hade fått ett så stort insteg i hedningarnes åsigter, att den oupphörligt framlyste i skrift och tal. Att ej älska och vara älskad, var sublimt. I all hednisk poesi är namnet jungfru högre än benämningen moder, ädlare än den af maka. Äfven bland kristna samhällen har äktenskapet varit ämne för stridigheter. En kyrka kallar det sakrament; en annan nämner det ett kontrakt; alla förklara det böra bero på hvars och ens godtycke; få betrakta det såsom förtjenstfullt. Grekiska kyrkan uppmanar till celibat inom en klass; den romerska förbjuder giftermål för sitt presterskap. Lutherska kyrkan kan sägas stå neutral rörande denna vigtiga fråga, men ingen af dem alla har ännu predikat äktenskapet som en pligt för att rätt kunna lefva en kristens lif.

Tvertom; hvarje kyrka som under förflutna tider behandlat detta ämne — den grekiska, armeniska, coptiska, romerska eller abyssinska — hafva både genom exempel och ord förklarat äktenskapets band såsom hinderligt för en rätt hög uppfattning af kristendomens anda. Häraf klosterlefnaden, häraf presternas celibat-institutioner, som förderfva samhällsandan, hämma utvecklingen af många hemlifvets dygder och förgifta familjens helgd. En prest utan hustru är en lefvande protest emot kärleken mellan makar; ty om det vore en sanning att hjertats heligaste band äro en snara att locka menniskor från Gud, så skulle det obestridligen vara hvarje rättsinnig mans pligt att slita dessa snaror i stället för att binda dem. Synd är synd och bör med lika mycket allvar undvikas af lekman som prest.

Men har äktenskapets stora vigt och betydelse icke med fullt allvar och som sig bör blifvit uppfattad af någon tid, så har Brigham Young deremot gått alltför långt åt motsatt håll. För honom är giftermålet en pligt och ett privilegium; alla äldste, hvilka betraktas såsom föredömen i alla goda gerningar, måste vara gifta och äfven ibland det lägre folket anses det såsom en skam, ett tecken af ett obotfärdigt hjerta, om en ung man lefver ogift.

Så till vida är allt godt och väl, men mormonerna gå ännu längre, ty i motsats till katolikerna, som förneka sina prester en makas kärlek, uppmanas presterskapet hos de förutnämnda att taga sig flera hustrur, och bland deras högre prelater, profeter, apostlarne och biskoparne, går detta missbruk till en vederstygglig höjd; hvarenda prest af de högre graderna i Saltsjödalen har flera hustrur och dessas antal variera alltefter hans samhällsställning och förmögenhet. Ingen af de tolf apostlarne har mindre än tre.

Att icke hafva många hustrur är att icke vara god mormon. Min vän, kapten Hooper, har, ehuru han anses som rik, nitisk och af ett behagligt väsende — en utmärkt representant af Utah i Kongressen — aldrig varit i stånd att uppnå någon högre värdighet inom kyrkan, i anseende till sin motvilja för att taga en andra hustru.

»Vi betrakta Hooper,» sade aposteln Taylor för ett par dagar sedan vid middagsbordet till mig, »blott som en half mormon,» åt hvilket yttrande alla skrattade på ett eget, listigt sätt. När munterheten, i hvilken äfven de unga damerna deltogo, upphört, sade jag åt Hooper:

»Här har ni en god utsigt för nästa saison. Välj ut sex af de vackraste flickorna i Saltsjöstaden; gift er med dem i ett tag; tag dem se'n med till Washington och öppna saisonen med en bal!»

»Godt,» svarade Hooper; »det kunde gå an för en tid; men sedan skulle jag snart komma ur modet.»

Young, som mycket gynnar Hooper, är stolt öfver hans talanger och fullt medveten af hans tjenster, säges på det ifrigaste yrka på att han skall taga ännu en hustru, för att derigenom införlifva sitt öde, vare sig till godt eller ondt, med den månggifte hyllande kyrkan. Om Hooper ger vika skall det bli tillfölje af en tacksamhets- eller pligtkänsla för sin förman.

Brigham Youngs verkliga hustrur, som lefva i hans hus — Beehives, Lionhouse och White Cottage — äro omkring tolf till antalet. Den förnämsta af dem alla är Mary Anne Angell, ett gammalt fruntimmer, hvars fem barn — tre söner och två döttrar — redan äro fullvuxna. Hon bor i White Cottage, det första hus som blef bygdt i Saltsjödalen. Hennes båda äldsta söner, Joseph och Brigham, chefer bland sitt folk, äro redan ryktbara som missionärer. Syster Alice, hennes äldsta dotter, är min vän — på scenen. Den mest omtalade af de tolf fruarna är måhända Eliza Snow, lycklig skaldinna och af alla respekterad för sin rena karakter samt beundrad för sina talanger. Omkring femtio år gammal, med silfverhvitt hår, mörka ögon och ädla drag, enkel i sin klädsel, lugn, belefvad, nästan kall i sitt väsende, är Eliza en fullkomlig kontrast till hvad man tänker sig ett »harems ljus». Jag är mycket böjd för att tro henne ej vara Youngs hustru i detta ords rätta betydelse. Hon kallas alltid miss Eliza. Mormonernas kyrkolag vid vigsel mellan man och qvinna förutsätter ingalunda alltid samma förbindelse som hos oss, och det är endast af brist på ett bättre betecknande uttryck, som de qvinliga »heliga», hvilka såsom »andliga» hustrur ingått förbund med en man, kallas hans *hustrur*. Syster Eliza bor i Lionhouse, i ett vackert rum i andra våningen, med utsigt åt Oquirrhs bergskedja, dalen, floden Jordan och Saltsjön — en skön tafla af himmel, vatten och land. De öfriga af Youngs hustrur äro alla mera underordnade och heta: syster Lucy, med hvilken han har åtta barn; syster Clara, med hvilken han har tre; syster Zina, skaldinna och lärarinna (förr hustru till d:r Jacobs), med hvilken han äfvenledes har tre; syster Amelia, en gammal tjenarinna till Joseph, med hvilken han har fyra barn; syster Eliza (n:o 2) af engelsk härkomst (den enda engelska i profetens hus), med hvilken det är sagdt att han har fyra eller fem barn; syster Margaret, med hvilken han har tre eller fyra barn; och syster Emiline, ofta kallad »favoriten», med hvilken han har åtta barn.

Apostlarne hafva alla ett mindre antal hustrur än presidenterna. George Smith, kusin till profeten Joseph och mormonkyrkans historieskrifvare, har lemnat mig följande förteckning på de tolf apostlarne:

Orson Hyde, första aposteln, har fyra hustrur;
Orson Pratt, andra aposteln, har fyra hustrur;
John Taylor, tredje aposteln, har sju hustrur;
Wilford Woodruff, fjerde apost., har tre hustrur;
George Smith, femte aposteln, har fem hustrur;
Amasa Lyman, sjette aposteln, har fem hustrur;
Ezra Benson, sjunde aposteln, har fyra hustrur;

Charles Rich, åttonde aposteln, har sju hustrur;
Lorenzo Snow, nionde aposteln, har fyra hustrur;
Erastus Snow, tionde aposteln, har tre hustrur;
Franklin Richards, elfte apost., har fyra hustrur;
George Cannon, tolfte aposteln, har tre hustrur;
Med undantag af John Taylor anses alla apostlarne vara fattiga män. I Saltsjöstaden påstås det visserligen vara vanhederligt af en man att taga sig en ny hustru, såvida han icke eger medel att fullt försörja familjen med hem, föda och kläder, men så vet jag ock att alla qvinnor få sjelfva träget arbeta för sin utkomst. En djerf och ärelysten man yttrade till mig i går afton: »jag gifter mig snart åter. Min afsigt är att stiga i kyrkans embeten, och ni har redan sett tillräckligt, sir, för att finna det ingen inom vårt samhälle har hopp om befordran, såvida han icke eger talrik familj. För att vinna någon makt, måste man hafva åtminstone tre hustrur.»

TJUGUÅTTONDE KAPITLET.

Månggifte.

Några ord böra yttras angående månggiftets politiska betydelse för Saltsjöstadens helige. Två frågor framstå sjelfmant för våra tankar; först: har löftet om flera hustrur bevisat sig vara en stark lockelse för män af en viss klass, att öfvergå till mormonismen? och sedan: har månggiftet, då proselyter blifvit vunna, befunnits ett medel, hvarigenom sekten, långt utöfver vanlig beräkning, tilltagit i storlek?

På den första frågan kan blott ett svar sanningsenligt gifvas. Man må nämna motivet huru som helst; man må med mormonerna kalla det andens åtrå, eller med de klentrogna sinnlighetens åtrå; det vissa är att friheten till att vinna fleras tycke, att taga flera hustrur och hålla dem inneslutna i harem i denna tid liksom fordom verkar som ett mäktigt och förledande lockmedel.

Young och Pratt förklara att sinnliga böjelser icke ega en omedelbar andel i deras val af en ny hustru, att dessa val äro himmelens verk, att äktenskapsförbundet är en religiös akt och att en andelig hustru, mannens följeslagerska i evigheten och såsom hans drottning, sittande bredvid honom på en af himmelrikets troner, kan endast blifva honom gifven af Gud. Young yttrade till mig med en leende min, att de gerna ville låta sina hustrur betyga sanningen af deras ord; många af dessa damer äro nämligen gamla, fula, obildade samt ingalunda behagliga i sitt sätt. Mina egna ögon hafva dock förvissat mig om att åtskilliga andra ega ungdom, täckhet och behag. Kan jag väl tvifla på att Young, med kännedom af sin makt, med sin skicklighet att beräkna medlen, klart inser slugheten af att på detta sätt storsinnadt vädja till de sköna? Om till åtlydnad af himmelens bud hvarje år en ny hustru tages, synes det mig ega ett misstänkt tycke af att de helige sörja för sitt eget nöje. Och hvem kan likväl påstå att dessa män äro oredliga? Young har sagt mig att han under denna besynnerliga sekts första tider var mycket emot månggiftet, och jag tror att han då talade efter sin öfvertygelse. Bland mormonernas presidenter och apostlar har jag ej sett någon, hvars utseende säger mig att han är en ljugare och skrymtare. Dagligen har jag umgåtts med fanatiska religionssvärmare, men jag vet mig ej ha sett en enda man som jag ville kalla en skurk. Deras tro är icke vår; deras seder icke våra. Hvad mera? Finnes ej bland hinduerna många sekter, hvilka hylla ceremonier, som vi engelsmän skulle kalla oanständiga? ja, några så afskyvärda att en man som första gången bevittnar dem, är färdig att tillkalla polis. Skulle Ras Mandali tillåtas i London? eller Kanchulyas få fira sin gudstjenst i Newyork? Under drottning Victorias spira lefva menniskor, som i full öfverensstämmelse med sin troslära, om ock ej i öfverensstämmelse med sedlighet, efterhärma Krishnas erotiska lekar och välja genom lotteri föremålen för sin yrande dyrkan.

Att Young tror på befogenheten af sina ord och handlingar, vill jag således icke betvifla, då jag nödgas anse honom, efter graden af sitt vetande, sina lefnadsvanor, vara en ärlig man; men åtskilliga af hans anhängare anklagas allvarsamt för att isynnerhet med en viss vältalighet predika öfver månggifte, såsom lönen för inträde i deras kyrka, och jag vet att de gerna anföra Nathans löfte till David, att denne skulle få komma i besittning af sin fiende Sauls hustrur. Att denna lära af de helige sjelfva är befunnen synnerligt lockande för verldens barn, torde af deras missionärer ej kunna förnekas. Vare sig att anden är villig eller köttet svagt, nog af: Wales' jordbrukare, Londons handtverkare och Lancashires väfvare lyssna med brinnande öga och klappande hjerta till missionärernas målningar af Saltsjödalens paradis, der en man eger frihet att vinna allt hvad hans arm har kraft att bemäktiga sig, så många hus han kan bygga, så många hustrur han kan försörja och styra. Proselyter lockas med att ett harem icke blott är lagligt och rättmätigt, men äfven lätt att vinna, då qvinnans hjerta genom Försynens nåd är öppet för sanningen, sådan den predikas af Young, då Saltsjöstaden har rikedom på unga fruntimmer och då det är de heliges rätt och pligt att lefva enligt den fullkomliga lagen. Få af församlingens äldste sägas återkomma till Utah från en resa, utan att medföra en ny favorit som har vunnits från verlden för att förenas med hans hjord. En af Youngs hustrur har varit gift i Newyork, men förälskade sig i profeten och rymde med honom från sin mans hus. Det är i Utah ett ämne för skämt, att Kimball aldrig låter en missionär afresa, utan förmaningar att taga med sig hem några unga lam. Det är anmärkt som en gifven regel, att kyrkans dignitärer af himlen blifva välsignade med de vackraste fruarna — en af de belöningar för en dygdig vandel, som Helvetius ansåg särdeles önskvärd, men den intet samhälle förut dristat godkänna.

Rörande den andra frågan kunna två svar lemnas. Inom ett stadgadt samhälle, som Turkiet, Syrien och Egypten, utöfvar polygamien föga inflytande på folkmängdens tillväxt. Förr trodde man annorlunda. Åtskilliga skriftställare, som t. ex. Montesquieu, hvilka sågo att månggifte herrskade i flera af Orientens länder, inbillade sig att i dessa regioner qvinnornas antal vida öfversteg männens och att fördelningen af flera hustrur åt hvarje man således var en af naturens lagar, hvilken ock sedan urminnes tid blifvit följd för att rätta en underlig oreda i nativitets-förhållandet. Resande t. ex. Niebuhr, som fann de arabiska sheikherna ega harem, tillskrifver polygamiens orsak det förhållande att hos araberna qvinnan åldras vida förr än mannen. Dessa slutsatser äro emellertid falska och hafva längesedan blifvit förkastade.

Vi kunna nu lyckligtvis säga att enligt tillförlitliga upplysningar, äfven i Egypten och Arabien, män och qvinnor födas i nästan lika antal, dock så, att männen äro något talrikare. Vi se således att naturen bestämt menniskoslägtet att lefva i engifte och att naturens eviga, mäktiga lagar förkasta den vidunderliga och regellösa tillväxten inom ett samhälle, som vanhelgande frigör sig från den form af äktenskap, hvilken en gång är bestämd såsom den enda rätta, vare sig att dessa afvikelser uppträda som polygami eller polyandri. — Naturens sanna lag är således att en man och en qvinna skola gemensamt ega ett hem; och inom en redan gammal stat, der förhållandet är mera jemnt emellan de båda könen, der sederna äro enahanda och religionen densamma, skall hvarje olydnad emot denna heliga lag snarare försvaga än föröka folkmängden, i dess helhet betraktad. Så lyder det ena svaret. Rör deremot frågan icke en hel nation, men en särskild familj, ett samfund, en sekt inom densamma, då måste svaret utfalla annorlunda. Äfven i Arabien är det naturligt att om en sheikh lyckades från andra horder röfva till sig så många qvinnor, att hvarje ung man i hans läger erhöll tre hustrur, så skulle denna sheikh snart se sig i spetsen för en talrikare hord än hans grannar, hvilka blott ega en hustru hvar. Detta öfverensstämmer temligen med mormonernas samfund i Amerika. Deras eget samhälle kunde ej förse dem med det antal hustrur de proklamera såsom öfverensstämmande med alla kommande tiders samhällslära. Lyckades det dem deremot, att genom goda eller dåliga medel locka till sig qvinnor från andra håll, skulle det vara en dårskap att förneka, det de genom förvärfvande af en sådan skatt snart måste oerhördt tilltaga i mängd. En man kan ega hundra barn; en qvinna knappt tjugu. Vi veta att Jairus och Hillel måste hyllat månggifte, då vi höra att den förre hade trettio söner och den senare fyratio.

Att räkna antalet barn inom de särskilda hemmen af Saltsjöstaden är ingen lätt sak. De upplysningar census lemnar äro ej tillförlitliga, då de, enligt aposteln Taylors ord till mig, egentligen gissningsvis uppsattes af en regeringens tjensteman, som ej ville gå omkring i husen och räkna. Här i staden råder en verkligt musulmansk jalusi, rörande förhållanden som i London och Newyork skulle anses såsom statens egendom. Young har sagt sig ega fyratioåtta nu lefvande barn. Kimball har kanske lika många. Hvart hus är fullt; ser man en qvinna, så har hon vanligen ett spädt barn i armarna och kommer jag in i ett hem, så visar man mig två eller tre små. Denna dal är ett verkligt småbarnsland. Att en husfader eger tjugu gossar och flickor är en vanlig sak. En köpman, hos hvilken jag i går åt middag, kunde icke säga mig antalet af sina barn, förrän han rådfrågat en kontobok på sin pulpet. En af hans hustrur, en vacker engelska, förebrådde honom leende denna okunnighet, men så förhöll det sig och först efter åtskilligt bläddrande och hopsummerande kunde han meddela mig antalet af sina unga ättlingar. Denne patriark är trettiotre år gammal.

Det var till följd af polygamien som Israels barn efter några generationer förökades så att de ej kunde räknas, och ingen kan gerna misstaga sig på tendensen hos dessa Amerikas heliga. Young har flera barn än Jairus, Pratt flera än Hillel, Kimball flera än Ibzan. Denna tillväxt kan icke fortgå under en tid af hundra år; redan förut torde ett aftagande vara att förutse; men för det närvarande existerar den emellertid — ett förhållande som icke är bland de minst hotande af dem en statsman i vår tids Amerika har att emotse.

TJUGUNIONDE KAPITLET.

Månggifte såsom religionsbud.

Då mormonerna, enligt hvad de sjelfva förklara, samlade allt som var godt och fruktbringande från andra trosläror, tyckas de till bandet emellan man och hustru, sådant det blifvit antaget inom alla civiliserade samhällen vare sig kristna, judiska, muselmanska eller hinduiska, hafva velat lägga några högligen dramatiska detaljer. De hafva icke endast antagit månggiftet inom sin kyrka, utan äfven lånat det från forntiden under dess äldsta och mest barbariska form.

I och för sig sjelft betraktadt, och såvida vi kunde lösslita oss från de begrepp hvari vi uppvuxit, skulle icke det faktum att ett nytt samfund uppstått, hvilket antagit månggifte, böra öfverraska oss så mycket eller ingifva oss en sådan fasa och ovilja, då vi både genom legend och historia känna till systemet, om vi också sjelfva ej hafva uppväxt derunder. Abraham och David hyllade detsamma. Hvarken Moses eller Paulus förbjödo det, och Mohamed, som renade polygamien från Orientens gröfre drag, sanktionerade den med ord och handling. I Condovas skaldskap, i Bagdads romantik ingår månggiftet såsom element. Den djerfve jainen, den lärde brahminen, den trotsige rajpooten, alla hylla det. Äfven inom den kristna kyrkan är opinionen delad om huruvida saken i sig sjelf är orätt eller blott, såsom förorsakande oreda inom samhällskroppen, bör undvikas. Många af kristendomens tidigaste anhängare voro polygamister, och den schism, som i vår tid uppstått mellan Colenso och kaffirchefen, har sin grund deruti att kyrkans fäder i forna tider tilläto de män som blifvit döpta, att ega flera hustrur. Ej heller är polygamien i denna del af verlden — vildmarkerna kring Saltsjön — någonting nytt och öfverraskande, ty allt hvad vi känna om Shoshone- och Utah-indianerna, bör öfvertyga oss om att densamma ibland dem alltid varit rådande. Dessa bergssluttningar äro vilda och kala; ett ofruktbart land och hårdt lefnadssätt föranleder månggifte; alla indianhorder, som i dessa nejder söka ett knappt uppehälle, hylla nomadiserande folkslags sed att stjäla och sälja »squaws». En mäktig chef skryter öfver sina många hustrur, och de hvita män som slagit sig ned bland dessa Utah-, Cheyenne-, Arappahoes- och Kiowa-indianer, vare sig såsom bäfverjägare, vägvisare eller tolkar, hafva nästan alla antagit den röde mannens seder. De tolf blekansigten som man nu vet vistas tillsammans med indianerna, och i deras sällskap jaga bufflar samt taga skalper, äro allesammans polygamister med kanske större harem än någon stamchef.

Men de helige hafva icke nöjt sig med att blott hylla månggiftet: de hafva antagit denna form af familjelifvet under dess mest oinskränkta och förderfligaste gestalt. Under sitt sträfvande att grundlägga ett nytt samhälle hafva de gått tillbaka ända till de tider, då Abraham fick befallning att flytta från Haaran. Mormonerna förkasta derigenom alla efterföljande reformatorer; de förbise ej blott hvad Mahomed, men ock hvad Moses verkat för en förädling af familjelifvet. Moses förbjöd att taga en hustru af ens egen slägt; Mahomed inskränkte åtminstone antalet af hustrur till tre eller högst fyra — en måtta hvaråt Young och Kimball, med sin beundran för Abraham framför Moses, endast skratta. Hvem gifte sig med sin halfsyster Sara? fråga de — jo, Guds man. Häraf hafva Utahs »helige» tagit sig anledning att påyrka giftermålet mellan halfsyskon, utan att med ringaste fog, som skäl derför, kunna förebära hvarken en urgammal arabisk sed eller några andra förhållanden, som i den gamla tiden gjorde det förklarligt.

Mormonerna finna intet hinder, hvarken i naturens lag eller i religionen, för att ingå förnyade giftermål inom samma familj, ett ämne hvarom jag en dag hade ett högst eget samtal med Young och de tolf apostlarna. Young förnekade att menniskorna urarta genom giftermål inom förbjudna led.

Jag sade att mormonerna gå ända till Abraham. Stundom vore jag böjd att tro dem gå ännu längre, att de snarare funnit typen för sina husliga förhållanden i indianens wigwam, än i patriarkens tält. Liksom Utah-indianen tar mormonen så många hustrur han kan gifva uppehälle; liksom Mandanen kan han gifta sig med tre eller fyra systrar, med en mor och hennes dotter. Kanske skulle man kunna säga att i mormonernas lagbok ej finnes en paragraf angående förbjudna led, och att en man eger rätt att taga hvilken qvinna som behagar en, till sin hustru.

Jag har haft ett högst eget samtal med Young i detta ämne. Jag frågade honom huruvida det vore vanligt bland mormonerna att gifta sig med en mor och med dennas dotter, och om så var, hvilken auktoritet de följde, då en sådan förbindelse icke var godkänd hvarken genom Moses' lag, eller genom någon »uppenbarelse» till Smith. Då jag tydligt fann att han sökte undvika ett erkännande af att sådant alls kom ifråga, uppgaf jag bestämdt ett fall i staden, som hade kommit till min kunskap. Aposteln Cannon, hvilken var närvarande, sade att i dylika förhållanden vore den första förbindelsen blott en yttre form och att den äldre qvinnan endast vore att anse som en mor för mannen och hans unga hustru. Jag lät emellertid ej afspisa mig, men anförde mitt exempel: en af församlingens äldste gift med en engelska, som sedan ett föregående gifte egde en dotter, hvilken några år senare äfven blef hans hustru, sedan modren i det senare giftet redan fått fyra barn.

Young yttrade att sådant icke var vanligt i Saltsjöstaden.

»Men det händer likväl?»

»Ja,» sade Young, »det händer någon gång.»

»På hvad grund kan en sådan handling godkännas af kyrkan?»

Efter en kort tystnad svarade han med ett tvunget och inställsamt leende:

»Detta är en fråga som rör förbjudna led. Vi ega derom ännu icke säkert ljus. Jag kan ej upplysa er om hvad kyrkan erkänner såsom rätt, jag kan blott meddela er min egen mening; men ni måste lofva att ej publicera densamma — icke berätta den — jag skulle kanske annars blifva missförstådd och klandrad.»

Hvad han då sade, är jag af mitt löfte förbunden att förtiga, men de fakta som kommo under mina ögon har jag all rättighet att anföra. Giftermål inom förbjudna led anses ej såsom ett brott af mormonerna. Det är alla bekant att qvinnorna hos dem stå till sina herrar i närmare blodsband än hvad Amerikas lag tillåter. Det är en daglig sak i Saltsjöstaden, att man är gift med två systrar, med sin brors enka, ja, med mor och dotter. En »helig» vid namn Wall har gift sig med sin halfsyster, anförande Abrahams och Saras exempel, som Young äfven, efter något besinnande, godkände.

Inom ett hem i Utah kan man få se det sorgliga skådespelet af dotter, mor och mormor, alla hustrur åt samma man! Jag har frågat presidenten om han, med sitt nyvunna ljus i ämnet, såg något hinder för giftermål mellan syskon. Han ville ej yttra sig om kyrkans åsigter, men för egen räkning såg han det ej. Hvad som vidare yttrades var af följande lydelse:

Jag. Inträffar någonsin dylika giftermål?
Young. Aldrig.
Jag. Äro de förbjudna af kyrkan?
Young. Nej; de äro förbjudna af fördomen.
Kimball. Allmänna opinionen skulle ej tillåta dem.
Young. Jag skulle ej sjelf vilja göra detta, eller tillåta andra något sådant, såvida jag kunde hindra det.
Jag. Således hvarken förbjuder eller uppmuntrar ni detta?
Young. Mina fördomar hindra mig derifrån.

Denna qvarlefva af en gammal rättskänsla från den »hedniska» verlden, *och den ensamt*, synes vara det enda band, som hindrar mormonerna från att kasta sig i de svåraste förbrytelser som finnas emot sedlighetens bud och familjens helgd. Huru länge skola dessa intryck från det kristna samhället bibehålla sin kraft?

»Ni skall här lära känna polygamister af tredje generationen,» sade en dag Stenhouse till mig, under ett samtal rörande andra ämnen. »Då dessa gossar och flickor vuxit upp och gift sig, skall ni i dessa dalar se en tafla af sannt patriarkaliskt lif. Ännu hänga vi fast vid den Gamla Verlden; vi tänka alltid på hvad folket i Skottland och i England skall säga om oss.»

Långsamt och liksom under en dold, en hemlig tillväxt uppkom polygamien bland dessa svärmare, och dertill under en form som äfven i Persien och Afghanistan skulle väckt förvåning. Den började med Ringdons theori om den andliga hustrun, som han påstods hafva lånat från Vermonts methodister.

Först var denna idé blott en mystisk spekulation, med vida mindre afseende på verlden och dess pligter, än på himlen och dess troner. Vi veta att denna lära predikades af Ringdon, men förnekades af Joseph Smith, samt icke förty småningom intog de äldste och uppväckte mycken skandal inom församlingen.

Den oro som Ringdons fanatiska dårskap uppväckte inom den nya sekten, lät icke åter betvinga sig; att taga sig flera hustrur blef snart en gifven sak, först inom den nya profetens hem, snart äfven inom Kimballs, Pratts och Hydes harem. Dessa äktenskap, blott halft hemliga, gjorde ett slut på det mystiska tvång som åtföljt theorien om den andliga hustrun och den andlige mannen. Nu voro de polygamister, men de voro det åtminstone på ett ärligt sätt.

Flera år derefter förevisade Young ett papper, som han sade vara en trogen kopia af en uppenbarelse Smith haft i Nauvoo, enligt hvilken han befalldes att efter Abrahams, Jacobs och Davids sed, emottaga så många hustrur som Gud ville gifva honom. Detta papper var icke skrifvet med Smiths egen styl, ej heller af hans hustru Emma. Young förklarar det vara skrifvet efter Smiths diktamen af en lärjunge, och tillägger, med en sann uppfattning af naturens röst, att då Emma första gången hörde det läsas, grep hon papperet och kastade det på elden.

Young säger mig att han sjelf var emot den nya läran och predikade emot densamma, emedan han insåg huru många ledsamheter den skulle bringa öfver kyrkan. Han påstår sig hafva fällt många bittra tårar öfver den heliga skrifvelsen och att endast Josephs försäkran att befallningen om månggifte var en sann uppenbarelse, kunde förmå honom att underkasta sina fördomar och sina böjelser Guds vilja. Han är mycket bestämd rörande denna sak. »Hade ej budet om månggifte kommit,» sade han till mig, »så skulle vi lefvat ett andeligt lif, ehuru ej i så fullkomlig grad som nu. Gud har igenom Joseph befallt menniskorna att taga sig flera hustrur. Detta är hvad vi fast tro.» Medan han yttrade detta såg han vädjande på apostlarne, hvilka sutto rundt omkring oss, och alla bugade sig, liksom till bifall.

Mormonerna medgifva sjelfva, att under många år denna uppenbarelse icke kungjordes och dess bud icke gingo i verkställighet. Två ting voro att taga i betraktande, innan en sådan dogm kunde öppet predikas inom kyrkan: först, huru den skulle blifva emottagen af den stora mängdens helige, såväl i Amerika som öfver allt annars; och sedan: huru den skulle anses af Amerikas lagar. Till att förvissa sig om huruvida den af mormonerna skulle blifva välkommen, höllos predikningar och skrefs poesi deröfver. Qvinnor invigdes till missionärer och skickades ut ibland folket för att anmana dem att ångra sina synder och återvända till ett patriarkaliskt lefnadssätt. Hvarje Sara uppmahades att anskaffa sin Hagar. En fanatisk hänförelse grep mormonernas hela samfund och alla heliga förklarade sig tro på Guds befallning till Joseph, angående flera hustrur.

Slutligen sammanträdde tvåtusen äldste i Nya Jerusalem; och efter åhörande af fanatiska tal utaf Orson Pratt och Brigham Young antogs och erkändes Smiths uppenbarelse såsom sann. Detta tilldrog sig den 26 augusti 1852, en betydelsefull dag för detta samhälle och en af de bedröfligaste i civilisationens historia.

Nästan alla dessa äldste voro af engelsk härkomst; blott några få voro tyskar, fransmän och danskar, men nitton af tjugu voro födda i England eller Unionen. Den dagen ingingo den röda och den hvita folkstammen ett förbund, ty Orm-indianen hade slutligen funnit en broder i »blekansigtet», och Pawneen såg sin wigwams sedelära antagen i anglosachsarens hem.

Den nya dogmen, som påstods vara sänd från himmelen, förklarades emellertid af Young såsom en ingalunda allmän och fri rättighet för de »helige», utan som en personlig utmärkelse för några få af himmelens mest värderade och gynnade söner.

Profeten synes klart hafva insett den makt som härigenom kom i hans händer. Man kan säga att han blef herre öfver hvart enda hem i Utah. Ingen af Orientens despoter har någonsin egt ett sådant välde öfver sitt folk, som det hvilket Young tillvällade sig och som han håller fast såsom ett privilegium, oskiljaktigt från hans person och rang. En mormon kan nämligen väl välja sig en hustru utan profetens tillstånd; detta anses vara hans rättighet som menniska, men öfver denna gräns får han ej gå utan sin statschefs tillstånd. Vill han taga sig en andra hustru, så fordras dertill speciel tillåtelse af himmelen, och den har ingen annan än Young rätt att begära. Säger Young *ja* får giftermålet ega rum; säger han *nej*, gifves ingen appel. Inom mormonernas kyrka är polygamien icke en mensklig rättighet; den är en gåfva af Gud.

TRETTIONDE KAPITLET.
Den stora schismen.

Dogmen angående flera hustrur har ej fått insteg i mormonkyrkan utan häftiga tvister och en stark schism.

George Smith, kusin till Joseph och mormonkyrkans historieskrifvare, har efter anteckningar på sitt embetsrum gifvit mig den upplysning att omkring femhundra biskopar och äldste i Saltsjödalen hylla polygamien. Dessa femhundra ega, enligt hans beräkning, öfver hufvud taget fyra hustrur och femton barn hvardera, hvilket gör på de förflutna fjorton åren en folkmängd af tiotusen personer. Detta antal synes visserligen betydligt, men utgör likväl blott en tjugondedel af hela antalet mormoner. Om de femhundra äro alla af samma opinion, nämligen: att Guds vilja verkligen blifvit Joseph tillkännagifven, att den redligt blifvit upptecknad, att den samvetsgrant blifvit bevarad; så är ändock ett stort fält öppet för stridiga meningar. Young kan sjelf ej förneka att den stora massan af »helige» måste nöja sig med en hustru; det är blott de rike, de mäktige som ega flera, men äfven bland dem finnas många, hvilka tveka att inkasta sig i så pass osäkra familjförhållanden eller som frukta att förr eller senare råka i en obehaglig kollision med Förenta Staterna. Somliga protestera i tal och skrift, andra draga sig ur kyrkan utan att likväl förneka Joseph Smiths auktoritet.

Tillvaron af en annan mormonkyrka, fiendtlig mot Saltsjöstadens, förnekas ej af Young, hvilken naturligtvis anser den vara den ondes påfund. Stora skaror »helige» hafva gått ur kyrkan, med anledning af månggiftet, — i Kalifornien ensamt tjugutusen. Många af dessa non-pluralister lefva i Missouri och Illinois. Äfven bland dem som med stor förkärlek till Saltsjöstaden stannat der, tyckes mig åtminstone nitton bland tjugu ej hafva något intresse för och icke ens en särdeles god tanke om polygamien. Öfvertygelsen att sektens grundläggare, Joseph Smith, aldrig hyllade denna lära är vidt spridd.

Profeten, biskopar, äldste, alla sektens högsta ledare påstå att Smith, flera månader före sin död, i Carthago tillät sig, ehuru i hemlighet, att ega flera hustrur. Naturligtvis säga icke de att han genom att förbinda sig med flera qvinnor begick ett brott emot lag och sedlighet; de förklara saken så, att han antog till hustrur blott de qvinnor, hvilka blefvo honom gifna af Gud. Emellertid betyga de att han var pluralist. Vore genom deras intyg saken bevisad, skulle all tvekan vara slut, då allt hvad Smith företog sig, af hans bekännare hålles som dygdigt och rätt. Och å andra sidan är denna sekt, då den predikar månggifte, förbunden att bevisa sanningen af sin hypothes. Ty hade Joseph icke varit polygamist, skulle han svårligen enligt deras förmenande varit en rättsinnig mormon och nu en af Guds helige, då det numera är en af deras dogmer att den som blott egt en hustru skall endast blifva engel — budbärare och tjenare åt de patriarkaliska gudarne. Derföre, och ehuru kyrkans äldste icke särdeles nöjaktigt kunnat bevisa sin sats, hafva de manhaftigt påstått att Joseph i hemlighet ingått förbund med en mängd qvinnor, af hvilka de ännu utpeka tre eller fyra, som lefva i Saltsjöstaden inom Brigham Youngs familj.

Emellertid har ännu intet bevis blifvit anfördt, som öfvertygar om att Joseph var polygamist samt att han verkligen dikterade den beryktade uppenbarelsen till fördel för månggifte. Att han icke öppet lefde med mera än en hustru, är medgifvet af alla eller af nästan alla; och så vidt man bör stödja sitt omdöme vid hans tidigare skrifter, hvilkas äkthet ej kan betviflas, är det klart att hans åsigter stodo i strid emot de läror och seder, som efter hans död blifvit sektens hufvudtheser. I mormonboken låter han Gud sjelf säga att han har sin förnöjelse af att qvinnor äro kyska och att Davids och Salomos harem äro styggelser inför honom. En af kyrkans äldste, Godbe, för hvilken jag visade denna mening, underrättade mig om att biskoparne resonerade bort denna förkastelse af polygamien, såsom varande uttalad af Gud under en tid då han var vred på sitt folk för deras synder, men att den ingalunda borde tolkas såsom uttryckande Hans oföränderliga vilja med afseende på ett heligt lefverne.

Fakta ega sin vigt, likaväl som dylika slutsatser.

Det är väl kändt att Joseph satte sig emot Ringdons theori om den andeliga hustrun; det är lika välbekant att han sjelf hvarken offentliggjorde de uppenbarelser som nu bära hans namn, ej heller någonsin yttrade ett ord om att ett dylikt dokument fanns i hans händer.

Emellertid påstå nu profet, biskopar och äldste, med ett ord: alla kyrkans högste styresmän, att sektens stiftare under många månader före sin död hade flera hustrur, en sak som Smiths hustru Emma, hvilken troget delade hans motgångar liksom hans utmärkelser och som i alla tider var hans handsekreterare, bestämdt, lugnt och ihärdigt förnekar. Hon förklarar hela berättelsen vara falsk; hela uppenbarelsen ett bedrägeri. Månggiftet påstår hon vara Youngs och Pratts påfund, den ondes verk för att störta Guds nya kyrka. Af denna orsak har hon ock skiljt sig från församlingen i Utah och tagit sitt hem tillsammans med hvad hon kallar »spillrorna» af den sanna kyrkan i Nauvoo.

Josephs fyra söner, Joseph, William, Alexander och David, förneka och förkasta alla hvad de kalla »Youngs bedrägeri rörande månggiftet». Dessa söner till Joseph Smith äro nu fullvuxne män, och deras personliga fördel synes så nära förbunden med framgången af fadrens sekt, att ingenting annat än deras personliga öfvertygelse om sanningen af hvad de påstå, kan gerna hafva förmått dem att stå upp som fiender emot Brigham Young.

Vare dermed huru som helst, det vissa är att dessa, den förste profetens söner hafva föranledt en stor schism inom kyrkan. Under benämningen josephiter har redan en stor mängd mormoner samlat sig kring dessa fyra unga män, och detta samhälle är redan mäktigt nog att kunna trotsa lejonet i dess kula. Under mitt vistande i Saltsjöstaden har Alexander Smith varit der, och tillåtits predika emot månggiftet.

Young synes mig vara högligen bekymrad med afseende på dessa unga män, hvilka han med glädje skulle vilja emottaga inom sin familj och adoptera som sina söner, om de blott ville medgifva detta.

9

David betraktar han med synnerlig bevågenhet. »Innan detta barn föddes,» sade han till mig en dag, »förtäljde mig Joseph att det skulle blifva en son, att hans namn skulle blifva David och att han skulle växa upp till en föresyn och herrskare för sin kyrka.» Jag frågade Young, huruvida han trodde denna profetia komma att besannas. »Jo,» svarade han, »då Gud så vill, skall David blifva kallad till sitt verk.» Vid min fråga huruvida David icke just nu hade öfvergifvit kyrkan svarade Young: »Han skall åter inkallas och försonas dermed, samma stund som han känner en åstundan att göra det rätta.»

Den ifrågavarande söndringen, ledd af profetens enka och hennes söner, är ganska betänklig för kyrkans bestånd och anses så äfven, till och med af dem som icke synnerligen tänka på morgondagen. Young fattar fullkomligt faran; han inser att »hedningarne» ganska lätt skulle försona sig med det samfund profetens söner bilda i Nauvoo, men att krig förr eller senare ovilkorligt hotar honom och månggiftets anhängare i Utah.

Det hufvudsakliga — nästan *enda* — bevis jag under mitt vistande i Saltsjöstaden funnit till stöd för att Joseph Smith haft flera hustrur, är en ursprunglig försäkran af Young.

Jag gjorde honom uppmärksam på den förlust af moralisk kraft hans kyrka alltid skulle lida, så länge bevisen rörande denna hufvudfråga äro vacklande. Om Joseph varit vigd vid flera hustrur, måste anteckningar derötver och äfven vittnen finnas; hvar äro då dessa anteckningar, dessa vittnen?

»*Jag* är vittnet,» inföll Young häftigt. »*Jag* vigde dussintals qvinnor vid Joseph.»

Jag frågade huruvida Emma visste detta. Han sade sig förmoda det, men kunde icke rätt säga om så var. Vid min fråga medgaf han att ingen af dessa dussintals hustrur skänkt Joseph Smith några arfvingar.

Från två andra håll har jag fått upplysningar,

som på sitt sätt bekräfta Youngs påstående. Två vittnen, lefvande långt skilda från hvarandra och obekanta med hvarandra, hafva sagt mig att de varit förtrogna vänner till qvinnor som förklarat sig i Nauvoo blifvit vigda vid Joseph Smith. Young försäkrade mig att flera gamla fruntimmer, hvilka nu lefva inom hans hem, äro enkor efter Joseph, och att alla apostlar erkänna och vörda dem såsom varande detta. Tre af dessa damer har jag sett i tabernaklet. Man har sagt mig att några af dem väl skänkt den senare, men icke den förste profeten arfvingar.

Sedan jag pröfvat halten af alla intyg jag emottagit, såväl af vänner som af fiender, blir min tro att dessa gamla fruntimmer väl må varit vigda vid Smith för evigheten, men att de ingalunda voro hans hustrur i den mening som Emma, liksom öfriga qvinnor måste tolka detta ord. Jag anser att de varit hans andliga drottningar och följeslagerskor, valda efter Vesleyanska perfektionisternas idé, med afseende, icke på jordiskt äktenskapsband, men på ett annat lifs delade herrlighet. Young må således efter bokstafven ha rätt i denna tvist; men profetens söner ega enligt mitt förmenande den lagliga och moraliska rätten på sin sida. Enligt min fulla öfvertygelse, och ifall månggifte skulle fortfarande stå fast inom den nya kyrkan, så är icke Joseph Smith, men Brigham Young anstiftare deraf.

TRETTIOFÖRSTA KAPITLET.

Förbundet.

(Den andeliga hustrun.)

Mycken oreda har uppstått till följd af att vi uppfattat ordet »förbund» såsom liktydigt med giftermål. Förbund kan betyda detta; men det kan också ega en annan betydelse. En qvinna hos mormonerna kan ingå förbund med en man utan att hon derföre är hans hustru. Ett sådant förhållande finna vi hos Eliza Snow, skaldinnan, hvilken, ehuru hon ingått förbund med Young, kallas miss Snow och af sina trosförvandter betraktas som ogift. Förbundet har, om man så vill, en vida högre betydelse än äktenskapet, ty detta är en verldslig institution, men förbundet är både för denna verlden och för ett annat lif.

En besynnerlig idé, som mormonerna hafva inpassat i det rena bandet mellan makar, är läran om dess fortfarande efter döden. Enligt deras kyrkolag kunna kontrahenter ingå förbund antingen för detta lifvet ensamt, såsom kristna kyrkan bjuder, eller för både denna verld och för ett lif efter detta. Utah-indianen har en viss aning om dessa mormonernas läror; han drömmer om att i de stora jagtmarkerna, bortom solens nedgång, skall han ständigt följas af sin trogna hund och sin favoritsquaw. Den mosaiske araben, då en ljusglimt af lif efter döden föresväfvade honom, befolkade sin himmel med de män och qvinnor han hade känt på jorden, och en ibland de rättigheter som följde honom in i evigheten, var den, att der återfå sin jordiska maka. Den mahomedanske araben har visserligen med senare skalder lärt sig att hans paradis är prydt med sköna houris, men han tror derjemte att en tapper krigare eger rätt att, om han ber derom, i himlen återförenas med sin jordiska, trogna maka. Det är blott för vår högre, renare himmel, som menniskornas glädje och bekymmer äro okända, ty der tager man sig icke hustru och icke heller gifves hustru åt man; utan de rättfärdiga äro såsom englar i himmelen.

Hvarken indianens eller arabens theorier om en återförening i äktenskapet efter döden, kunna inverka annorlunda på makars inbördes förhållande än att en god och kärleksfull hustru har ett så mycket varmare intresse för att uppfylla sina pligter, på det att hon efter döden måtte åter intaga sin plats vid sin makes sida i en himmelsk wigwam eller ett paradisiskt tält. Men ibland mormonerna vid Saltsjön har föreställningen att giftermål för detta lifvet är ett kontrakt, hvilket icke blott för sin mindre varaktighet, men ock till hela sin natur skiljer sig från förbund för evigheten, medfört de farligaste följder — följder som här icke ens behöfva upprepas.

En af mormonernas äldste predikar den troslära, att en qvinna, som är hustru åt en man för detta lifvet, kan genom förbund tillhöra en annan för evigheten. Beseglingen måste ske här på jorden och kan försiggå redan under hennes första mans lifstid. Till en viss grad är detta en företrädesrätt för andra och senare hustrur, ty bland de heliga åtnjuter qvinnan nästan samma rätt att välja sin himmelske brudgum, som mannen att välja sin jordiska brud.

Naturligtvis uppstår alltid den frågan, hvarthän detta förbund för evigheten af qvinnans själ leder, med afseende på detta lifvets förhållanden. Kan den himmelska beseglingen försiggå, utan hennes jordiske makes vetskap och tillstånd? Kan den ske utan att han derigenom förnärmas? Är det så visst att någon man skulle lida att se sin hustru besegla evighetsförbund med en annan, då det sistnämnde naturligtvis måste vara vida högtidligare och af mera bindande kraft än det jordiska kontraktet? Är det icke troligt att förhållandet mellan menniskor, hvilka äro förenade genom ett dylikt mystiskt band, skall hållas mera hemlighetsfullt än de jordiska banden?

Några mormoner förneka att det ofta händer att samma qvinna är gift med en man på jorden och med en annan ingått förbund för himmelen. Det är möjligt att saken icke *ofta* inträffar, men den sker likväl, och det ringare folket eger intet skydd emot dess missbruk, ty Young är herre i detta, som i alla andra fall. Säger han till en af de äldste: »tag henne till din andliga hustru,» så sker det med eller emot hennes mans medgifvande.

Man säger mig att dessa senare och som högre ansedda vigselakter ofta ske i hemlighet, i närvaro af blott två eller tre förtrogna bland kyrkans styresmän. De tillkännagifvas icke och ovisst torde vara om de blifva registrerade. Hvilken man med en vacker hustru kan då lita på, att hon icke af de äldste skall lockas in i ett sådant mystiskt band för en annan verld, med en man af hög rang inom kyrkan? Det andeliga ståndet, vare sig att dess medlemmar nämnas prester, profeter eller äldste, utöfvar i alla land en hemlighetsfull makt öfver qvinliga sinnen; hvad pastorer äro i London, abbéer i Paris, mollahs i Cairo, gosains i Benares, det äro apostlar och äldste i Utah med den ökade makten af att kunna upphöja sina qvinliga trosförvandter på de högsta, himmelrikets throner. Med undantag af Bombays guru har ingen prest på jorden en sådan makt att imponera på svaga qvinnosjälar, som en mormonbiskop i Saltsjöstaden. Hvem försäkrar den ringare mormonen att icke statens högste, desse män som påstå sig ega så mycken makt både öfver himmel och jord, under det hemlighetsfulla förhållande förbundet innefattar, kunna skymfa hans heder?

En annan ej mindre besynnerlig galenskap bland mormonerna är äktenskap mellan en lefvande person och en död.

Giftermål för denna verlden är en jordisk affär, och måste genom kontrakt ingås mellan två lefvande personer, men äktenskap för evigheten, såsom varande en himmelsk angelägenhet, kan, säga de helige, ingås mellan en lefvande och en död kontrahent, alltid förutsatt att giftermålet ingås i laga form och blifvit sanktioneradt af profeten. Äktenskapsbandet måste vara verkligt, öfverensstämmande med kanonisk och verldslig lag — ingalunda någon platonisk förbindelse, något mystiskt själsäktenskap. Men, frågar man, huru kan en qvinna i sådan mening blifva hustru åt en man som längesedan hvilar i grafven? Jo, genom ett substitut, förklara mormonerna.

Ett substitut! Kan vid ett giftermål något sådant komma ifråga, som att en man eller en qvinna träder i stället för en annan? Young förklarar det så. Hebreerna, säger han, hade ett halft begrepp om en dylik dogm, då de bjödo den yngre brodern träda i sin äldre broders ställe — och äro icke alla heliga en enda familj inför Gud? Men hos hebreerna var denna sed att taga sin broders enka till äkta, ett undantag från den allmänna lagen och i Mohameds lag förkastades den alldeles, såsom en afskyvärd och oren qvarlefva af polyandri. Intet ordnadt samhälle har någonsin återtagit denna herdefolkets sed; men Young, som ej låter skrämma sig af historiens vittnesbörd, behandlar med sjelfrådig fräckhet denna, såväl som hvarje fråga rörande qvinnans rättigheter. En qvinna kan välja sig en brudgum i himmelen, men likasom en man då han vill taga en ny hustru dertill bör ega profetens bifall, så kan äfven hon ej få sin önskan uppfylld, utan Youngs bifall och medverkan.

En ung flicka med förvirrad inbillningskraft får ett infall att blifva ett aflidet helgons himmelska drottning. Ingenting är lättare än det, såvida nämligen Young är vid lynne att gilla hennes dårskap, ty profeten är hennes ende domare, den ende som eger rätt att bestämma öfver hennes handlingssätt. Genom en religiös akt förbinder han henne med den döde man som hon utvalt till sin herre och gemål i himmelen, och genom samma akt ger han henne någon af sina äldste eller apostlar till substitut på jorden; skulle hennes skönhet fresta hans öga, så kan han i egen person föreställa den aflidne helige.

Jag har i tabernaklet sett två fruntimmer, vid hvilka Young låtit viga sig som substitut för Joseph Smith, hvars hustrur de anse sig vara. Profeten säger mig sjelf att ännu många flera finnas;

och att de båda nämnda till Young stå i samma förbindelse som andra, jordiska hustrur till sina män, det vet jag. De äro mödrar till barn, hvilka bära Youngs namn. Två af de unga damer jag sett på scenen, syster Zina och syster Emily, äro döttrar af qvinnor, som påstå sig vara Josephs enkor. Öfver dessa fruntimmers historia hvilar ett mystiskt dunkel, som jag svårligen torde kunna genomtränga. Två af dem lefva i Brighams hem, en tredje i ett litet boningshus bredvid hans port, en fjerde jemte sin dotter vid Cotton Wood i bergstrakten.

Min tro är, att åtskilliga af de äldre qvinnorna ingått besegladt förbund med profeten som hans andeliga hustrur, och de yngre efter hans död valt honom till sin herre och konung.

Joseph Smith är mormonqvinnornas mest eftersträfvade gemål i höjden. Måhända ligger det i naturen att om qvinnor skulle tillåtas sjelfva välja sin make, så blifva alltid verldens store, de mäktiga på thronerna föremålen för deras dyrkan; säkert är, att många mormonqvinnor längta att få sluta sig till Josephs bröst, icke ideelt, som deras kristna systrar tala om att hvila i Abrahams sköte, utan reelt, som hinduqvinnorna trängta efter sin älsklingsgud Krishna.

Young säges behålla alla dessa proselyter sjelf, emedan den aflidne profetens värdighet var så hög, att ingen utom hans efterträdare i embetet anses värdig blifva hans substitut. Skönheter, som Joseph aldrig såg då han lefde och hvilka voro barn och otrogna då upploppet i Carthago egde rum, äro nu beseglade med honom för evigheten och föda barn i hans namn.

Med undantag af hinduqvinnans lidelse för sin afgud, finnes kanske på hela jorden ingen galenskap så besynnerlig, som denna, de qvinliga heligas erotiska passion för de döda. Ett fruntimmer i Newyork greps af ett okufligt begär att blifva maka åt den mördade profeten. Hon letade sig fram till

Saltsjöstaden, kastade sig för Brighams fötter och anropade honom med brinnande häftighet att låta viga sig vid henne i Josephs namn. Young ville henne ingenting, hans harem var fullt, hans tid upptagen. Han ville resonnera med henne och skickade slutligen bort henne; men hennes galenskap var för stark att beherskas. Hon bestormade honom så länge att han till slut gaf vika, beseglade hennes förbund med Joseph för evigheten, antog sjelf plats som substitut och gaf henne rum i sitt hus.

Mormonerna förmena sig derjemte ega en sådan makt öfver andeverlden, att de kunna besegla förbindelse mellan döda och lefvande.

Stenhouse, en af församlingens äldste, har meddelat mig ett förhållande, som äfven i sin väg vittnar om den vidunderligaste förvirring i begrepp. Han berättade sig nämligen ega en afliden hustru, hvilken, enligt sin egen begäran, blef vigd vid honom efter sin död. Han hade känt denna unga flicka mycket väl, och beskrifver henne såsom vacker och högst intagande; hade hon fått lefva skulle han önskat få henne till hustru. Medan han var bortrest på en mission, sjuknade hon och dog, men på dödsbädden yttrade hon en innerlig önskan att ingå förbund med honom för evigheten, på det att hon måtte få dela hans himmelska thron. Young hade intet att invända deremot, och vid Stenhouses återkomst från Europa till Saltsjöstaden blef vigseln firad i närvaro af Brigham och flera andra, då Stenhouses första hustru stod inför altaret såsom ombud för den döda bruden. Han räknar den aflidna skönheten bland sina hustrur och tror att hon skall regera jemte honom i himmelriket.

TRETTIOANDRA KAPITLET.
Qvinnans ställning.

Och hurudan har då qvinnans ställning blifvit genom dessa vidunderliga experimenter inom samhällets och familjens lif?

Under mitt två veckors vistande bland de »helige», har jag haft ganska många tillfällen att göra iakttagelser och derigenom bilda mig ett omdöme. Jag har dagligen sett presidenten och några af apostlarne; jag har blifvit mottagen i många hus såsom gäst, och presenterad för nästan alla betydande män inom kyrkan. Jag har ätit middag vid deras bord, jag har pratat med fruarna och lekt med barnen. Det intryck som derunder allt klarare hos mig vaknat rörande mormonsamhällets inverkan på qvinnans karakter och ställning, är en följd af allvarligt studium samt den erfarenhet jag vunnit. De ibland Saltsjöstadens innevånare, som bevisat mig gästfrihet, skola som jag hoppas ej betvifla min erkänsamhet, om ock mina åsigter stå i bestämd strid emot deras.

Lyssnar man endast till hvad de äldste i församlingen förklara, skulle man tro att idéen rörande månggifte vunnit sina mest fanatiska anhängare just ibland qvinnorna. De påstå att en mormonpredikant, då han framställde Sara och Rachel såsom exempel värdiga att följa, har sina uppmärksammaste åhörare på qvinnornas sida. De säga vidare att redan i Nauvoo en komité bildades af fruntimmer för att utbreda intresset för månggifte, att mödrar predika dess nytta för sina döttrar, att skaldinnor behandla detta ämne i sina poesier. De försäkra mig slutligen att den första hustrun känner sig stolt och lycklig åt att sjelf få utvälja och föreslå sin make en ny Hagar.

Dessa mormonernas påståenden äro otvifvelaktigt understödda af en och annan qvinlig författare, som t. ex. Belinda Pratt.

Enligt min öfvertygelse är mormonismen olycksbringande för qvinnan. Jag vill ej begagna uttrycket att den *förnedrar* henne, då ordet förnedring kan innefatta äfven den djupaste skymf; men säkert är, att den sänker henne betydligt inom samhällets grader — åtminstone enligt den civiliserade verldens begrepp. I verkligheten eger qvinnan härstädes ingen plats i umgängeslifvet. De långa, höga murarna, boningshusen hvilka ligga alldeles gömda inom trädpartier och gröna rankväxter, de noga tillslutna fönsterna och dörrarna, verandorna som ligga omsorgsfullt dolda för främlingens blickar — allt detta förefaller en engelsman snarare som svartsjuka, despotiska mahomedaners harem, än såsom lyckliga och fria kristna hem. Männen se hvarandra sällan i hemmen och ännu mera sällan i sina hustrurs sällskap. Afsöndring tycks vara en gifven följd, öfverallt der polygamien är en lag. Man kan vara förvissad om att — äfven med förbiseende af andra förhållanden — bruket att hålla qvinnorna utestängda från umgängslifvet skall efter hand göra dem döfva för hvad som är värdt att höra, och blinda för hvad som är skönt; ty om konversationen utvecklar mannens intelligens, kan man med ännu större skäl säga att den uppfostrar qvinnan, och sanningsenligt måste jag, enligt min vunna erfarenhet, förklara att mormondamerna förlorat vana och förmåga att deltaga ens i sådant ytligt prat, som kommer i fråga vid ett middagsbord eller i salongen. Jag har sett blott ett enda undantag från denna regel, och detta var ett fruntimmer, som med skicklighet plägade uppträda på scenen. I somliga hus sprungo fruarna — ofta med sitt späda barn i armarne — ut och in i rummen, togo in champagne, drogo ur korkar, buro in tårtor och frukt, tände strykstickor, tillredde isvatten, allt under det herrarne sutto beqvämt tillbakalutade i sina gungstolar, med fötterna halfvägs ute genom fönstren, rökte cigarrer och tömde sina vinbägare. (Att icke dricka vin och icke begagna tobak är föreskrifvet af Young och läres i skolorna; men cigarrer fann jag i många hus och vin i *alla*, med undantag af hotellerna.) Alla fruntimmer äro enligt regeln tarfligt — för att icke säga torftigt — klädda. Inga glada färger, inga garneringar eller prydnader synas till i deras toilett. Deras väsende är stilla och undergifvet, jag skulle nästan vilja säga att deröfver hvilar ett onaturligt lugn; det är liksom all värme, all glädtighet, allt lif hade blifvit förqväfdt och dödadt hos dem. Om de någongång le, så är deras leende ändå trött och glädjelöst, och ehuru de alla äro af engelsk härkomst, har jag aldrig från någons läppar hört det friska, ungdomliga skratt, som är eget för vårt fosterlands unga flickor.

Deras kunskapsmått är ganska inskränkt och högst få ämnen intressera dem. Att de förträffligt förstå sig på barnskötsel, är en sak som jag tager för gifvet, och jag vet att många bland dem ega stor skicklighet i att sylta och torka frukt. Men i allmänhet äro de skygga och förbehållsamma, liksom voro de rädda att hvad man yttrar om en solnedgång, en flod, en bergssträcka, af deras herrar och män kunde betraktas såsom farligt för hemfriden. Då man är på besök i huset, föras fruntimmerna in i salongen, liksom barnen hos oss. De stanna inne en liten stund, taga de fremmande i hand och helsa, samt smyga sig åter ut så snart de kunna, liksom kände de sig i societeten icke rätt på sin plats. Jag har på intet annat ställe funnit en så hög grad af skygghet hos fullvuxna qvinnor, utom i syriska tält. Någonting motsvarande en engelsk dams lätta och fina umgängessätt står aldrig att finna i Saltsjöstaden, ej ens hos de rika. Här för icke qvinnan spiran. Här säger mig aldrig en hustrus sätt att hon är fru i sitt eget hus. Icke alltid sitter hon sjelf vid bordet, och då det sker intar hon platsen längst ned. Man blir innan kort öfvertygad om att hon långt mindre tillhör salongen och middagsbordet, än barnkammaren, köket, skafferiet och fruktkällaren.

En ung engelskas behag, glädtighet och frihet

att uttala sin mening äro alldeles okända för hennes syster i Saltsjöstaden. Blott då samtalet mellan värden och hans gäst vändt sig kring frågan om månggifte, har jag sett fruarnas ansigten få färg och uttryck, men ett uttryck som sade precist motsatsen af den opinion, för hvilken Belinda Pratt gjort sig till organ.

Jag är öfvertygad att månggiftet ingalunda öfverensstämmer med qvinnornas åsigter inom detta samhälle. Utom allt hvad jag sett och hört uttalas af de gifta qvinnorna, i de hem der polygami herrskar, har jag talat särskildt med åtta eller nio unga flickor, hvilka alla redan i två eller tre år hafva vistats i Saltsjöstaden. De äro otvifvelaktigt mormoner och hafva gjort stora uppoffringar för sin tro; men efter att hafva skådat sina trosförvandters familjelif hafva de allesammans fått verklig afsky derför. Två eller tre af dessa flickor äro rätt vackra och skulle varit gifta inom första månaden om de så önskat. En af dem har haft sju anbud; somliga af hennes beundrare äro gamla och rika; andra, unga och fattiga, hafva ännu sin framtid att skapa. Men de rika hafva redan flera hustrur och hon har ingen håg att träda in som den femte eller sjette i ledet. De unga männen äro deremot ifriga mormoner och vilja ej gifva löfte att blott taga en hustru; derföre vägrar hon bestämdt att antaga någons tillbud. Alla dessa flickor föredraga att lefva ogifta i arbete och beroende, som tjenstehjon, kammarjungfrur, klädsömmerskor, framför ett jemförelsevis öfverflödigt lif inom en mormonbiskops harem.

Det är ett vanligt påstående — en tro som till stor del har sin grund i Belinda Pratts beryktade manifest — att mormonernas Sara är villig och glad att skänka sin herre och man huru många Hagar han önskar. Flera än en »helig» har sagt mig att detta är regeln, ehuru de medgifva undantag vara möjliga, då äfven en och annan Sara hos mormonerna icke ännu fullt uppnår sitt mönster.

Är det måhända en händelse att jag aldrig träffat andra än *undantagen?* Det är möjligt att en eller annan hustru verkligen af fanatism eller undergifvenhet kommer derhän, men aldrig har jag talat med någon som velat erkänna det, ens i sin mans närvaro och då tillfället varit lämpligt att yttra en sådan mening, om också blott på gyckel. Hvart enda fruntimmer som jag gjort denna fråga, har häftigt och ifrigt svarat nej, ehuru med det bundna och kufvade mod som karakteriserar hvarje mormonhustru. »Skulle *jag* framföra min mans frieri till en annan flicka?» sade en fru; »ingen qvinna skulle underkasta sig sådant; och ingen flicka skulle heller vilja lyssna till ett frieri, sålunda framfördt.»

Sättet att taga sig den andra eller den sextonde hustrun tillgår alldeles lika. »Jag skall säga er,» sade en af församlingens äldste, »huru vi vid val af maka gå tillväga. Jag har, t. ex. två hustrur som lefva, en som är död. Som jag anser mig hafva råd dertill, och då en man icke åtnjuter särdeles anseende inom kyrkan såvida han ej har minst tre hustrur, tänker jag allvarsamt på att skaffa mig en tredje. Nå väl, jag bestämmer mig för en ung flicka och öfverlägger med mig sjelf huruvida det är Guds vilja att jag skall begära henne. Om jag då i mitt hjerta känner det vara rätt, talar jag vid min biskop, som råder och tillstyrker, allt som han finner vara bäst; derefter går jag till presidenten som skall afgöra huruvida jag är en god och rättvis man, duglig att hålla ordning i mitt hem, hålla fred bland mina hustrur och uppfostra mina barn i gudsfruktan, och är jag af honom befunnen värdig, erhåller jag af honom tillstånd att fullfölja mitt frieri. Derefter meddelar jag hela förhållandet och presidentens tillåtelse åt min första hustru, såsom den förnämsta af familjen och ber henne gifva mig råd och upplysningar rörande den unga flickans karakter, lynne och duglighet. Kanske talar jag ock med min andra hustru, kanske äfven *inte*, ty saken angår ej henne så mycket som den första, hvilken dessutom är äldre, har större erfarenhet och är mera min vän än den andra. Ett afstyrkande af min första hustru skulle för mig vara af stor vigt, då jag deremot inte synnerligen skulle bry mig om hvad den andra sade eller tyckte. Förutsatt att inga hinder vidare möta, skulle jag tala med flickans far, och antog han mitt anbud vore ordningen inne att tala med den unga flickan sjelf.

»Men skulle ni ej gjort er förvissad om den unga damens samtycke,» frågade jag, »innan ni haft så mycket besvär? Hade det ej varit rätt att vinna hennes kärlek först?»

»Nej,» svarade han, »detta skulle jag ansett vara orätt. Vi äro stränga i våra åsigter. Jag hade naturligtvis sett henne på theatern, i tabernaklet, i societetssalongen, jag hade talat med henne, dansat, promenerat tillsammans med henne, och derunder sökt gissa mig till hennes egenskaper och tycken; men jag skulle icke inlåtit mig i någon kärleksförbindelse eller sökt vinna hennes tycke, i den mening som ni i verlden se saken. Sådana förbindelser äro icke af jorden, men af himmelen, och vi måste med afseende på dem följa Guds vilja och vår kyrkas bud.»

Denne mans två hustrur lefva i hvar sitt hus och se hvarandra sällan. Under mitt vistande i Saltsjöstaden har ett barn till andra hustrun blifvit sjukt; mycken oro har till följd deraf rådt inom hemmet och jag har hört första hustrun, hos hvilken jag en dag varit bjuden på middag, säga att hon skulle vilja gå och göra sin medsyster ett besök. Herrn i huset ville ej höra talas derom, och han hade visserligen rätt, då sjukdomen tros vara diphteritis, och hon sjelf har en skara småfolk omkring sig. Emellertid har sättet hvarpå hon framställde sitt förslag öfvertygat mig om att hon visst icke dagligen umgicks med sin mans andra hustru.

Jag upprepar ännu en gång: i mormonernas samhälle är mannen herrskare, qvinnan eger inga rättigheter. Hon har ingen annan plats eller värdighet såsom menniska, än den af sin herres slafvinna och hustru. Det kan ingalunda väcka min förvåning att unga flickor, hvilka minnas sina engelska hem, skygga tillbaka för att ingå giftermål hos mormonerna äfven om de antagit Youngs lära att månggifte är Guds vilja och lag. »Jag tror det är rätt,» yttrade till mig en täck och rödkindad engelska, som vistats tre år i Utah, »jag tror visst att månggiftet är bäst för dem, hvilka kunna förmå sig dertill, men för mig duger det icke, och jag underkastar mig det aldrig.»

»Men om Young skulle befalla det?»

»Det skall han inte göra!» sade flickan och slog trotsigt tillbaka sina guldgula lockar, »och gör han det så lyder jag ej. En flicka måtte väl ha rättighet att gifta sig eller lefva ogift? Och jag, för min del, kommer aldrig i ett hus der en hustru redan finns.»

»Äro mormonernas hustrur missnöjda med sin lott?»

»Somliga finna sig deri, de flesta lida deraf. De anse den vara religionens bud, men jag kan inte säga att någon tycker rätt om saken. Några hustrur lefva i fred med hvarandra, men icke just så många, — de flesta ha sitt kif och sqvaller sina emellan, som mannen kanske aldrig vet af. Ingen qvinna kan utan missnöje se en ny hustru inträda i huset.»

En »helig» skulle säga mig att denna flicka ännu är blott halft mormon; han skulle troligtvis uppmana mig att anse hela denna berättelse som osanning och förtal, och bedja mig dröja med att fälla ett omdöme, förrän jag i fjerde eller femte generationen blir i tillfälle att studera polygamiens resultater!

Emellertid torde det vara mig tillåtet att i några ord uttala ett slutligt omdöme. Inom ett mormon-samhälle befinner sig qvinnan på en helt annan plats än i England och Förenta Staterna. Hon flyttas från salongen ned i köket, och har hon kommit i barnkammaren, så stannar hon der. Vi kalla detta ombyte *degradering*, mormonerna kalla det *reform*. Jag skall icke säga att mormonernas fruntimmer genom denna förändring hafva sjunkit i sedligt och religiöst hänseende; — det är ju en möjlighet att de ej hafva det — men i allt som rör behag, ordning, umgängessätt, sjelfkänsla, hafva de obestridligt enligt våra begrepp förlorat mycket. Männerna i Saltsjöstaden förklara att qvinnorna der blifvit mera husliga, bättre makor och mödrar än hvad de äro ute i verlden och att hvad de förlorat i yttre behag och lysande företräden, hafva de fått väl ersatt genom dygder och duglighet. Mig synas äfven de förnämsta fruar föga bättre än de lägsta tjenstehjon; att vara vän och sällskap åt sin man kommer för en hustru der aldrig i fråga. Taylors döttrar, två vackra unga flickor, passade upp vid bordet. Vi skulle funnit det vida mera passande att stå bakom deras stolar och bjuda dem fogel, tårtor och andra delikatesser. Det är med mormonerna som med turkarna, — de hålla sina qvinnor kort. Intet fruntimmer i Saltsjöstaden vågar glömma att mannen är skapelsens herre. En flicka tilltalar sin far »sir», och svårligen skulle hon våga sätta sig ned i hans närvaro, förrän han befallt det.

»Qvinnan,» sade Young till mig, »har lättare att vinna frälsning, än mannen har det. Hon saknar tillräckligt förstånd, att gå långt i det onda. Mannen har högre kunskapsmått och mera kraft, derför är också för honom faran större att blifva fördömd.»

Mormonernas troslära synes innefatta den åsigten att qvinnan ej är värd fördömelsen.

I mormonernas himmel kunna männerna till följd af sina syndiga gerningar stanna inom englarnas stadium, men qvinnorna må hafva begått hvilka fel som helst, så blifva de ändock alla hustrur åt gudarna.

TRETTIOTREDJE KAPITLET.
Den republikanska författningen.

»Vi ämna reda den der mormonfrågan nu snart,» yttrade en politiserande Ny-Engländare; »vi hafva utfört ett större verk än detta i Södern just nu, och vi skola nog få sakerna i behörig ordning der borta i Saltsjöstaden.»

»Menar ni med vapenstyrka, sir?» frågade en engelsk resande.

»Naturligtvis; det är en fråga som rör grunden för hela vår samhällsbyggnad. Den republikanska författningen förbinder oss att undertrycka dessa mormoner.»

Detta samtal som fördes tvärs öfver bordet under en glad middag hos en gästfri och ryktbar publicist i Philadelphia, tilldrog sig uppmärksamhet af alla närvarande, hvilka äfven började taga del deruti; — det var ett lysande sällskap af lagkarlar och politici, — de flesta kongressledamöter; allesammans fast tillgifna republiken.

»Skulle ni anse det vara rätt,» sade den resande engelsmannen, »ni, sir, som är författare och tänkare — ni, mina herrar, hvilka alla kunna sägas representera Amerikas åsigter — att i ett land der ordet är fritt och toleransen vidsträckt, använda vapenstyrka mot *idéer* — regementen till fot och till häst, under strider om dogmer — skulle ni anse rätt att kämpa för sedligheten med bajonetter och bowieknifvar?»

»Det är en pligt emot vårt samvete,» inföll en ung kongressledamot, »att jaga bort dessa mormoner, hvilka ej blott äro fiender till kristendomen, utan äfven konservativa, ja, anhängare af despotismen.»

»Young är demokrat,» yttrade en tidningsredaktör från Massachusetts, hvilken sjelf gjort en resa till mormonernas stat; »vi hafva ingen rätt att bränna hans stad, för den politik han hyllar; icke heller för den religion han predikar, — vi ega ej rätt att befalla öfver någon menniskas religiösa åsigter. Men vi hafva stiftat en lag emot månggifte, och vi äro mäktiga nog att göra våra lagar respekterade i hvarje del af denna republik.»

»Med våldsamma medel?»

»Med våld, ifall ohörsamma samhällsmedlemmar tvinga oss att begagna sådana medel.»

»Ni vill då säga att i hvilket fall som helst ämnar ni tvinga dem; passivt, ifall de underkasta sig; aktivt, om de göra motstånd?»

»Just så!» inföll vår gästfrie värd. »Regeringen måste undertrycka mormonerna. Denna fråga står nu närmast på dagordningen; nästa år skall den gå igenom.»

»Ni anser det således vara rätt att med bomber och kartescher bekämpa ett sådant ondt som polygamien?»

»Vi hafva befriat fyra millioner negrer med bomber och kartescher,» inföll en domare från Pennsylvanien lugnt.

»Förlåt mig, men ligger deri verkligen ett bevis för sakens rätta behandling på denna väg? Att ni hafva med militärstyrka undertryckt konfederationen är en sanning, men månne det icke äfven är lika visst att, för fem eller sex år tillbaka, hvar och en medgaf slafveriet vara en laglig institution, hvilken, så länge fred och ordning herrskade inom slafstaterna, borde behandlas enligt lagens och öfvertygelsens grunder?»

»Ja, så är det. Vi hade ingen rätt till negrerna förrän deras herrar höjde upprorsfanan. Jag medger att krigets utbrott först gjorde vår ståndpunkt fullt säker.»

»Ni medger således öppet att ni ej egde någon rätt öfver de svarta, förrän ni genom rebellionen förvärfvat fullkomlig makt öfver de hvita, hvilka höllo dem i slafveri?»

»Ja, just så!»

»Om således plantageegarne hållit sig stilla;

om de troget följt lagarna och aldrig försökt genom våldsamma medel utvidga sitt välde, som t. ex. i Kansas, så skulle er rättskänsla hafva bjudit eder att lemna slaffrågans afgörande åt tiden och det stigande rättsbegreppet, åt tillväxten af sunda, ekonomiska kunskaper, åt erkännandet inom slafstaterna sjelfva af välståndets minskning och folkmängdens aftagande, med ett ord: åt den moraliska makt som är bästa grunden till allt socialt framåtskridande?»

»Kanske så,» svarade tidningsredaktören. »Men mormonerna hafva ej ännu gifvit oss ett sådant tillfälle. De äro ett stilla, sträfsamt och industriöst folk, hvilket blott sköter sina egna angelägenheter, såsom det anstår menniskor, hvilka föresatt sig att aftvinga ofruktbara ödemarker deras lifsuppehälle. De äro på ett sätt oss till nytta; ty deras koloni har blifvit en föreningslänk mellan Staterna vid Atlantiska hafvet och dem vid Stilla Oceanen; genom de fält som af dem blifvit odlade, erhåller dessutom befolkningen i Idahos, Montanas och Nevadas grufdistrikter sina lefnadsmedel. Vi hafva således ingen annan grund för klagomål emot dem, än deras månggifte; men Nya Englands stater äro just nu häftigt uppretade mot denna sekt, ty öfverallt i detta land nämnes den såsom uppkommen till följd af Nya Englands konventiklar, ett påstående som icke eger någon annan grund än att Joseph Smith, Brigham Young, Heber Kimball, med ett ord, alla de främsta ljusen inom deras kyrka råka att vara födda i någon af Nya Englands stater.

»Och då dessa stater,» inföll en representant från Ohio skrattande, »falla på någon desperat idé, så kan ni tryggt lita på, att de icke så lätt gifva vika.»

»Om de sjelfva anse sin sak rättvis; om de finna den sanktionerad af moral och verldserfarenhet, så göra de rätt uti att stå fast. Men skola de östra Staterna anse det vara en god, en klok politik att med härsmakt angripa ett samfund för dess trossatser? I dessa Vesterns ödemarker och bergstrakter dväljas hundratals kringströfvande horder, hvilka hylla månggiftet. Skulle ni anse det väl betänkt, om missionsskolorna togo ifrån dem deras religionslärare och biblar samt general Grant i stället skickades öfver dem med en armé? Ni hafva i dessa vestra territorier minst hundratusen menniskor af den gula racen, hvilka äfven hylla polygamien; — skulle ni anse det väl befogadt att borra deras skepp i sank, bränna deras hem och med eld och svärd förjaga dem från eder jord?»

»Deras sak är alldeles olik mormonernas,» inföll tidningsredaktören; »dessa röda och gula folkstammar äro barbarer; den ena dör troligen ut; den andra torde förr eller senare återvända till Asien. Men Young och Kimball äro af vårt eget folk; de känna lagen och evangelium. Kunna vi ej befalla öfver deras religion, så skola vi åtminstone tvinga dem till laglydnad.»

»Det är sannt att alla menniskor böra följa lagens bud, men *sättet*, se det är just frågan! Som jag tyckt mig finna hafva mormonerna intet att invända emot edra lagar, så vida de handhafvas af jury och domare, och ej af öfverstar med deras subalterner.»

»Med andra ord,» sade domaren från Pennsylvanien, »hafva de ingen anmärkning emot våra lagar, blott de sjelfva få sköta dem.»

»Vi måste fördrifva dem!» ropade den unge kongressledamoten.

»Hafven I ej redan två gånger gjort försök att förjaga dem? Ni funno dem tolftusen till antalet vid Independence i Missouri; ni ogillade deras lärosatser (ehuru de då icke bekände månggiftet), ni drefvo dem med väpnad arm derifrån; de nedsatte sig, trettiotusen till antalet, i Nauvoo; der grepo ni ånyo till vapen emot deras religionsförvillelser; ni dödade deras profet, plundrade deras stad, drefvo dem ut i öknarna; då steg deras antal till etthundratjugusjutusen! Hvar och en af oss vet, att till följd af en hemlighetsfull lag i naturen, går hvarje kyrka framåt i styrka och i mängd af bekännare, ju mera förföljelse den lider. Detta har öfvergått till ordspråk. Under mitt vistande i Saltsjöstaden hörde jag Brigham Young förmana de missionärer han sände, att icke locka proselyter genom skildringar af deras vackra stad och dal, men att tala om den förföljelse de »helige» ledo och att kalla de fattiga och enfaldiga att komma för att med dem lida för sin tro. Menniskor kasta sig lika begärligt in i en förföljd troslära, som myggor i en eldslåga. Är det er afsigt att göra hela Vestern till en mormonstat, skicka då en armé af hundratusen man till Klippbergen.»

»Men vi kunna svårligen lemna dessa pluralister i fred.»

»Hvarför icke, med afseende på bajonetter och bowieknifvar? Hafva ni ingen tro på *sanningens* makt? Stå ni icke trygga i öfvertygelse att ni lefva *rätt*? Och äro ni fullt säkra på att ej hafva något att lära af dem? Hafva icke dessa menniskor, hvilka lefva och trifvas der, hvarest ingen annan kan uthärda, gifvit eder ett ovedersägligt bevis, att ehuru visserligen deras dogmer och deras moral äro falska, så är den princip de följa vid odlingen af sin jord synnerligen sund.»

»Jag medger,» inföll redaktören, »att de ega skicklighet i landtbruket.»

»»Skicklighet» är i sanning det minsta loford man kan tilldela dem för de underverk de frambragt. I Illinois förvandlade de ett träsk i en trädgård. I Utah har genom deras arbete öknen blifvit förbytt till bördiga åkrar och ängsmarker. Mormonerna hafva blifvit rika, och detta med en hastighet, som äfven i Förenta Staterna måste förefalla såsom trolleri. Ett samhälle, rekryteradt från de lägsta, de fattigaste klasserna, en gång redan beröfvadt sin jord och sina hem, tvunget att utgifva millioner dollars under en lång och farlig ökenvandring, och slutligen stannande i en nejd, derifrån både indianer och bisonoxen flytt för att ej omkomma af hunger, har icke förthy der lyckats vinna både uppehälle och välstånd. Sluttningar och dalar omkring Saltsjön bära nu rika skördar af hvete och råg. En stad har blifvit byggd, äfvenså qvarnar och sågverk; vägar äro anlagda, kanaler gräfda; skogen är vårdad. Midt i vildmarken är en *depôt* ordnad, der Montanas och Nevadas grufarbetare få sina lefnadsmedel. Förmedelst mormonernas industri äro kommunikationer mellan S:t Louis och San Francisco öppnade. Är det republikens afsigt att omintetgöra tjugu års nyttiga arbeten, för att med detsamma krossa en vanryktad troslära? Äro ni säkra, mina herrar, att, om ett dylikt beslut går i verkställighet, det också lyckas? Hvilka fakta i mormonernas historia gifva skäl att tro, det en förföljelse, om än aldrig så sträng, skulle minska deras antal, deras djerfhet, deras nit?»

»Ni ser då ingen utväg att krossa dem?

»Att krossa dem! Nej, det ser jag icke. Jag erkänner ingen annan väg att rätt bemöta frågan rörande sedeläran och religionen, än genom öfvertygelsens makt och med stöd af sann gudsfruktan. Hvarför icke sätta er lit till sanningen, till rättskänslan, till historiens lärdomar? Hvarför ej öppna goda vägar ända till Saltsjön? Hvarför ej uppmuntra jernvägsförbindelser och genom bättre kommunikationer göra de Östra staternas högre bildningsgrad renare, gudsfruktan och aktning för familjens helgd välsignelsebringande inom detta tillhåll för månggiftet? Hvarför icke möta deras predikningar med motpredikningar, deras bevis med motbevis, deras böcker med skrifter i en ren, evangelisk anda? Hafva då *vi* inga missionärer, som kunna mäta sig med Stenhouse och Dewey? Ni måste vara derpå beredda, att medan vi verka på mormonerna, reagera de ock på er. Äfven detta torde blifva en hård kamp, men då skola åtminstone edra vapen vara rättmätiga och utgången på striden blifva god. Kunna ni ej förlita er derpå, att den rättvisa saken segrande skall gå ur striden?»

»Godt,» sade domaren, »måhända äro vi af skiljaktig mening angående befogenheten af våldsamma medel; hvad nyttan af den moraliska kraften beträffar är vår tanke endast en. Samma lag måste herrska öfver hela republiken. Enhällighet är vårt motto; likhet inför lagen vår tro. Boston och Saltsjöstaden måste räcka hvarandra handen, såsom Boston och Charleston redan hafva gjort det. Kan ni öfvertala Brigham Young till oundgängligt nödvändiga eftergifter? det skulle jag vilja se — låt buteljen gå omkring, mina herrar.»

Slut på första delen.

FÖRRA DELENS INNEHÅLL.

			Sid.
Kap.	1.	I Vestern	5.
»	2.	Det blödande Kansas	12.
»	3.	Landposten	20.
»	4.	Prairierna	28.
»	5.	Prairie-indianer	37.
»	6.	Den röde mannen	42.
»	7.	Lefnadssättet bland indianerna	49.
»	8.	Postföring	57.
»	9.	Indianska samhällen	65.
»	10.	Den indianska frågan	71.
»	11.	Steppens stad	77.
»	12.	Rättvisans skipande	84.
»	13.	Sierra Madre	89.
»	14.	Bitter Creek	98.
»	15.	Nedstigandet från bergen	105.
»	16.	Det nya Jerusalem	112.
»	17.	Mormonernas teater	120.
»	18.	Templet	126.
»	19.	De tvenne profeterna	132.
»	20.	Flykt från träldom	138.
»	21.	Ankomst till Utah	143.
»	22.	Arbete och tro	148.

			Sid.
Kap.	23.	Missionsverket	153.
»	24.	Mormonernas lära	158.
»	25.	Samfundsstadgar	163.
»	26.	Ur politisk synpunkt	168.
»	27.	Äktenskapet	173.
»	28.	Månggifte	178.
»	29.	Månggifte såsom religionsbud	183.
»	30.	Den stora schismen	190.
»	31.	Förbundet. (Den andeliga hustrun.)	195.
»	32.	Qvinnans ställning	202.
»	33.	Den republikanska författningen	210.

VÅR TIDS AMERIKA
af
WILLIAM HEPWORTH DIXON.

Om detta arbete, som å originalspråket på särdeles kort tid upplefvat 7 upplagor, yttrar sig engelska tidningspressen på följande sätt:

Times. „Detta särdeles intressanta arbetes författare, som genomrest den aflägsna Vesterns slätter och bergshöjder ända till Saltsjödalen, gifver här en förträfflig teckning af mormonerna, många skildringar af de scener, hvartill han var åsyna vittne och de samtal han hade med flera af „de heliga", under sitt vistande hos dem. För att erhålla full insigt om den besynnerliga sekten, kallad „the Shakers", och deras tåliga, kärleksfulla verksamhet, deras utmärkta skolor och deras ständiga gemenskap med den osynliga verlden, hänvisa vi läsaren till arbetet. Mr Dixons bok är väl och med tanke skrifven och vi kunna icke påminna oss något föregående arbete öfver resor i Amerika, som så mycket sysselsätter sig med dessa föremål."

Pall Mall Gazette. „Få böcker hafva under denna saison utkommit, egnade att i så hög grad uppväcka allmänt intresse, som Mr Dixons särdeles underhållande och lärorika arbete öfver Nya Amerika. Ingen kan vara närmare intresserad af uppkomsten och utvecklingen af nya idéer på andra sidan Atlanten, än vi sjelfva. Mormonerna, „Shakers" „the Bible Perfectioners", Spiritualisterna, „the Tunkers", „the free Lovers", äro till större delen af engelsk härkomst, ehuru de äro födda i Förenta Staterna. Boken är intressant från dess första sida till den sista, och innehåller en stor mängd intressanta och värderika upplysningar."

Saturday Review. „I dessa särdeles underhållande volymer vidrör Mr Dixon många drag af amerikanskt samhällslif; men det är i hans skildringar af mormonerna, „Shakers", „Bible Communists" och andra likartade associationer, som läsaren säkerligen skall finna mesta intresset. Vi tillråda hvar och en som intresserar sig för den menskliga naturen, att sjelf läsa Mr Dixons arbete."

Examiner. „Vi hafva aldrig haft något så genuint och så tillfredsställande om mormonerna, som de uppgifter Mr Dixon lemnat oss; men han tager dessutom en vidsträcktare öfverblick af den fjerran Vestern och belyser genom sin berättelse sådana punkter af lifvet, som han anser som nyttiga hjelpmedel vid studiet af de nyaste sociala förhållandena — fröen till ett framtidens samhälle. Det finnes icke ett kapitel, ur hvilket ej intressanta utdrag kunde göras — icke en sida, som icke genom glänsande skildringar af menniskonaturen i ovanlig form håller uppmärksamheten vid lif från berättelsens början till dess slut."

All the Year round. „Mr Dixons bok är en omsorgsfull, klok och utförlig skildring af de mest framstående sociala fenomen, som de nyaste sidorna af Nya Verlden erbjuda. Framställningen är intressant alltigenom, såväl som afhandlande de vigtigaste ämnen för betraktelser. Ingen, som sysselsätter sig med studier öfver samhället eller menskligheten, borde vara utan denna bok, såsom en värderik och pålitlig handbok öfver Nya Amerika."

Dublin University Magazine. „I detta utförliga arbete skildrar Mr Dixon amerikanska qvinnor och män, under olika förhållanden, skarpt, kraftigt och sanningsenligt. Den skarpsinnige yankeen, den allvarlige politikern, senaten och poststationen, katedern och prairien, landstrykare och filantroper, folkrika gator och hemska ödemarker, salonger och boudoirer, med qvinnan öfverallt i förgrunden — allt passerar förbi oss på några af de mest lifliga och lysande blad, som någonsin blifvit skrifna."

Manchester Examiner. „Vår kritik öfver detta märkliga arbete består i att bedja alla våra läsare sjelfva genomläsa det. Ingen anmälan kan gifva någon riktig föreställning om den lifskraft, som genomgår den från dess första sida till den sista. Mr Dixons bok meddelar läsaren den tankerikhet, hvarmed den är uppfylld. Den gifver ny förmåga till insigt af det inre lifvets verksamhet i nutidens Amerika."

(*Fortsättning å senare delens omslag.*)

VÅR TIDS AMERIKA.

AF

WILLIAM H. DIXON.

Öfversättning från engelskan

af

THORA HAMMARSKÖLD.

SENARE DELEN.

Komplett i 2 delar: 3 rdr rmt.

VÅR TIDS AMERIKA.

AF

WILLIAM H. DIXON.

Öfversättning från engelskan

af

THORA HAMMARSKÖLD.

Senare delen.

STOCKHOLM,
Sigfrid Flodins förlag.

STOCKHOLM,
Sigfrid Flodins boktryckeri, 1868.

FÖRSTA KAPITLET.
Onkel Sams egendom.

Då man från Newyork gjort en flod- och sjöresa till Toledo; derifrån genom Mississippidalen fortsatt färden till S:t Louis, öfver prairierna till Virginia Dale och vidare genom bergstrakten till Stora Saltsjön; så, längs Wasatchs bergskedja och genom Bittercreck-landet till Omaha; derifrån med ångbåt följt Missouri till dess mynning och sedan vidare färdats genom Indiana, Ohio, Pennsylvanien, Virginien och derunder besökt åtskilliga städer; slutligen uppehållit sig en tid i Washington, trängt sig ibland de promenerande i parkerna kring »the White House» och tillbringat åtskilliga timmar under Capitolii dome, skall man finna sig vara qvitt många förutfattade meningar och fördomar. Detta är endast en naturlig följd af daglig beröring med samhällslifvet under dess nyaste former, med folk, hvilka ännu befinna sig i ett tillstånd af inre jäsning och kamp, innan sans och ordning hinna befästa sig, men hos hvilka snillet och företagsamheten ännu ega den första ungdomens hela kraft. Troligtvis skall dock intet förhållande i så hög grad öfverraska fremlingen, som storleken af det land, som på folkspråket kallas »Onkel Sams egendom».

»Sir,» yttrade till mig en landtbrukare i Minesota, »detta lands olycka är att vi ha för mycket jord» — ett uttryck som jag öfverallt hör upprepas, — af Pittsburghs jernfabrikanter, af Richmonds tobaksodlare, af Worcesters bomullsspinnare. Denna klagan är, med ett ord, allmän hos egare af grufvor, sågverk, plantager och jord, hvilka naturligtvis anse sig behöfva arbetare emot lägre dagspenning, än som nu är möjligt. Tider hafva funnits, då samma rop höjts af Norfolks jordegare, Manchesters bomullsfabrikanter och Newcastles kolhandlare. Personer som till nedtryckta pris fordra arbetshjelp skola alltid lida af att landet eger vidsträckt, produktiv jordyta. Men dessa herrar må knota och klaga aldrig så mycket — ingen kan dock förneka sanningen af att det första som, vid ankomsten till Förenta Staterna gör på fremlingen ett mäktigt intryck, är detta lands oerhörda storlek.

Under det inbördes kriget, medan affären med Trent ännu, både i England och Amerika, bringade sinnena i någon jäsning — en brodertvist med litet rätt och litet orätt på ömse sidor — utgaf en publicist i Newyork en karta öfver Unionens stater och territorier, sträckande sig i öster och vester från Atlantiska till Stilla hafvet och åt andra hållet, från de öfra, stora sjöarna, ända till Mexikanska golfen. På samma karta och i lika skala hade ock en kontur af England blifvit uppdragen. Jag vill icke påstå att det blifvit gjordt i afsigt att nedslå vårt högmod, men visst är att vi på papperet sågo ganska obetydliga ut. Vore vi en nation som gjorde oss en ära af att ega »mycket mull» i det goda landet England, så skulle denna karta gå oss djupt till sinnes. Betydlig jordvidd är ingen hufvudsak af vår makt. På tre eller fyra timmar hinna vi tvärs öfver landet, från Liverpool till Hull, från Severn till Themsen; mellan vår frukosttimme och middag göra vi med lätthet en resa från London till York, från Manchester till Norwich. Det är ett vanligt gyckel i Newyork, att en amerikanare, på besök i London, ej sedan det blifvit mörkt törs lemna sitt hotell, af fruktan att halka ned i sjön.

Republiken eger inom sina gränser mera än tre millioner qvadratmil land; en fjerdedels million qvadratmil vatten — salt eller sött; en bergssträcka Alper, en sträcka Pyrenéer, en sträcka Apenniner;

skogar, jemförelsevis med hvilka Schwarzwald och Ardennerna äro som tyska leksaker; floder hvilka lika mycket öfvergå Donau och Rhen, som dessa vattendrag öfverträffa Mersey och Clyde.

År 1851, då folkslag från verldens alla delar kommo tillsammans i kristallpalatset, hvart och ett medförande det yppersta och konstfärdigaste de egde till en täflan sinsemellan, voro Förenta Staterna under flera veckor af maj och juni representerade endast af ett vidsträckt, oupptaget tomrum. En örn utbredde sina väldiga vingar öfver det öde rummet, medan i de afdelningar som tillhörde Belgien, Holland, Preussen och Frankrike, utställare och besökande svärmade som bin i en kupa. Många logo hånligt åt pappersfogelns rufvande öfver den tysta öknen, men jag kunde åtminstone aldrig från det europeiska, brokiga hvimlet inträda i denna afdelning, utan att inom mig erkänna huruledes våra fränder der borta i Vestern hade — om också omedvetet — funnit ett träffande uttryck af sitt mäktiga rike. I Hyde Park, liksom hemma hos sig, visade de sig hafva utrymme och detta till öfverflöd.

Ja, republiken är ett stort land. Vi hafva icke i England nog långa distanser, en tillräckligt vidsträckt areal, för att bibringa en rätt föreställning om dess storlek. Vår längsta utsträckning är från Lands End till Berwick, en linie, några mil kortare än afståndet från Washington till Lexington. Vår bredaste dal är den, hvarest Themsen har sitt lopp; hela dalen skulle få plats i den minsta af Sierra Madres dälder. Staten Oregon är större än England, Kalifornien ungefär så stort som Spanien, Texas icke obetydligt större än Frankrike. Vore Förenta Staterna fördelade i lika lotter, kunde deraf blifva femtiotvå konungariken stora som England, eller fjorton kejsaredömen som Frankrike. Äfven om vi till måttstock taga hela Europa — denna kontinent som vi pläga nämna en »verld» och der hvar och en makt äflas att skydda »den politiska jemnvigten» — så komma vi betydligt till korta, då vi vilja jemföra dess distanser och landtvidd med Förenta Staternas. Så t. ex. är afståndet från Eastport till Brownsville längre än från London till Tuat i Stora Sahara, från Washington till Astoria längre än mellan Brüssel och Kars; från Newyork till San Francisco längre än mellan Paris och Bagdad. Dylika mått tyckas nästan föra oss från verkligheten in på det underbaras och fantasiens gebiet.

Låtom oss taga vattendragen till måttstock för en jemförelse. En ångbåt kan gå nittio mil uppför Themsen, tvåhundra uppåt Seine, femhundrafemtio på Rhen. I Amerika skulle Themsen vara en å, Seine en bäck, Rhen ett rätt vackert vattendrag, ehuru visst inte af någon synnerlig storlek. Somliga af Amerikas stora floder, t. ex. Kansas och Platte, hvilka flyta genom ofantliga lågland, äro ingenstädes djupa nog för ångbåtar, ehuru på många ställen mer än en mil breda, men några floder äro segelbara under en sådan sträcka af mil att man måste känna sig på det högsta öfverraskad. Mississippi är fem gånger längre än Rhen; Missouri tre gånger längre än Donau. Från sin mynning till Fort Snelling är Mississippi befaren af ångbåtar en väglängd af tvåtusen etthundratrettioen mil, och dock är denna flod blott den andra i ordningen i Förenta Staterna.

Kasta vi en blick på Amerikas karta, så se vi i norr ett antal sjöar. Vi, engelsmän, taga våra begrepp angående sjöar från Coniston, Killarney, Lomond, Leman och Garda. Men dessa vatten gifva oss ingen rätt föreställning om Huron och Superior, knappt nog om Erie och Ontario. Coniston, Killarney, Lomond, Leman och Garda skulle alla tillsammans icke utgöra tiondedelen af den minsta utaf de amerikanska sjöarna. Hela de schweiziska, italienska, engelska, irländska, skotska och tyska sjöarnas vattenmassa skulle icke förorsaka någon synbar ökning af Michigans vatten. Yorkshire kunde godt få rum ned på bottnen af Erie; två hertigdömen, så stora som Schleswig och Holstein tillsammans nere i Ontario, ja, hela Danmark skulle bortsköljas af Hurons vågor. Många, äfven af Amerikas mindre sjöar skulle med fog kunna kallas haf. Så t. ex. har Saltsjön en yta af tvåtusen qvadratmil, då Geneversjön blott har trehundratrettio, Comosjön nittio och Killarney åtta. Ett konungarike, som t. ex. Sachsen, och ett par hertigdömen, som t. ex. Parma och Coburg, kunde, om de tillsammans kastades ut i Lake Superior, öka dess fägring med en ö, men de skulle icke mera inkräkta på dess vidsträckta yta än en af de små täcka holmar, hvilka äro en prydnad för Loch Lomond.

Bergsträckor anses af många såsom icke varande en af de mäktigaste punkterna af Amerikas sceneri, men emellertid finner man massor deraf inom detta land, som vida öfverträffa sådana obetydligheter som Pyreneerna, Apenninerna och Savoyiska Alperna. Alleghannybergen, i höjd uppgående mot Helvellyn och Pilatus, sträcka sig igenom en region, till längd lika med afståndet mellan Ostende och Jaroslaw. Wasatchbergen, knappt kända i Europa, har en mäktighet och storlek som Juliska alperna. Sierra Madre, vanligen kallade Klippbergen, till storlek och höjd litet under vårt Snowdon, litet öfver Mont Blanc, sträcka sig nedifrån Mexiko, igenom hela republiken ända upp till det brittiska Amerika, en väglängd, ungefär som mellan London och Delhi.

Ingen tvekan kan således ega rum angående Amerikas jättelika dimensioner. Republiken är ett stort land och vi veta alla att i längden blir ett rikes materiela storlek en gradmätare af dess politiska betydenhet.

Utesluta vi alla sjöar och vattendrag, återstå dock inom Förenta Staterna en areal af omkring ett tusen niohundratjugusex millioner acres, nästan alltsammans produktiv jord, skog, prairier, slättmark, alluvialgrund, hela landet beläget inom den tempererade zonen, med helsosamt klimat och ymnig tillgång på skog, stenkol, bergolja och jern; ett land, stort nog att till hvar och en af fem millioner familjer utdela en jordlott af trehundraåttiofem acres.

ANDRA KAPITLET.
De fyra racerna.

Inom denna sköna region af land och vatten lefver en förvånande mängd af olika folkstammar.

Intet europeiskt samhälle kan framvisa så bestämda kontraster i typ och färg, som dem man här har tillfälle att iakttaga; ty då vi, i Frankrike, Tyskland, England äro allesammans hvita, då vi räkna vår härkomst från en gemensam stam, då i våra seder, språk och trosläror herrskar ett visst brödraband, så hafva våra fränder i Förenta Staterna, jemte den hvita racen af sachsare och celter, schwaber och galler, äfven indianer, negrer och tatarer; — nationer och horder, ingalunda fåtaliga, ingalunda gäster för dagen, som komma och gå, utan stora samhällen af män och qvinnor, med de sociala rättigheter som födsel och jordens besittning under en hel lifstid anses förläna. Hvita, svarta, röda, gula racer — alla hafva de i detta land ättlingar, hvilka erlägga skatt, nära sig af dess produkter och lyda dess lagar.

I England äro vi böjda för att skryta öfver att hos oss de stridigaste folk sammansmält till en kraftfull stam: den trofaste sachsaren, den ytlige celtern, den praktälskande normanden och den måttlige picten. Våra begrepp om raceskillnad äro emellertid endast en barnlek, jemförda med den häftiga antagonism, som i detta afseende råder i Amerika. Liksom vi, i gamla verlden, hafva skilda klasser; så råder, med en ännu skarpare distinktion, i den nya verlden skillnad efter folkstammarnes olika färg. För Georgiens neger, Dakotas indian, Montanas kines är den hvite mannen en »hvit» och intet annat. Han må vara spanior, fransman, dansk eller anglosachsare, så är han för deras enfaldiga begrepp barn af samma familj, medlem af samma kyrka. Våra finare skiljetecken mellan olika nationer äro för dessa fremlingar fullkomligt omärkbara.

I Vestern kan man i någon grufarbetares hem sätta sig vid middagsbordet tillsammans med ett dussin andra gäster, hvilka, hvad deras egendomliga typ och färg angår, i olikhet öfverträffa till och med hvad man får se i Kairos bazarer, vid Aleppos stadsportar, och i en af Konstantinopels moskéer. På sin ena sida har man kanske en polsk jude, en italiensk grefve, en choctaw-chef, en mexikansk »rancho», samt på andra sidan en f. d. officer af konfedererade armén, en mormonbiskop, en sjöman från Sandwichsöarna, en parsisk köpman, en krämare från Boston, en kolonist från Missouri. En neger kokar måhända maten, en kines drar korkarna ur buteljerna, och värdens döttrar, nätta hyggliga, välklädda unga flickor, passa upp vid bordet och hälla i vinet. Hela detta sällskap har dragits till Vestern genom sitt brinnande begär efter guld, och språka ifrigt med hvarandra, mera såsom gäster i ett Newyorks hotell, än som fremlingar i nationalitet och religion. Ty i Vesterns stater skall man under samma tak finna lika stor skiljaktighet i tro, som i färg. Värden är måhända en universalist, d. v. s. anhängare af den beskedliga, amerikanska sekt, som påstår att ingen menniska på jorden kan blifva fördömd, ehuru den menniskoälskande mannen är nog svag i logik, att knappt kunna öppna munnen utan att uttala en fördömmelse öfver några af sina gäster. Mormonen sätter sin förtröstan till Joseph Smith såsom profet och undergörare; kinesen tillber Buddha, af hvilken han vet ingenting alls mer än namnet; juden beder till Jehova, som han knappt kan sägas känna bättre; choctaw-chefen åkallar den »Store Fadren», eller som de hvita låta honom säga: den »Store Anden». Sam — alla negrer heta här Sam — är troligen methodist, men märk väl: methodist af episkopala kyrkan; (Sam och hans svarta bröder hata allt som är simpelt!) den italienske grefven är en tviflare; mexikanaren katolik; konfederalisten, misstroende alla religioner, sätter sin förtröstan till konjaksbuteljen. Missouriern är anhängare af »Gudstillkommelsen» — en af Amerikas allra nyaste sekter, hvilken påstår sig hafva fört Gud närmare till jorden. Att parsen har sin enskilda åsigt angående solen, kunna vi lätt gissa oss till; drottning Emmas landsman är hedning och krämaren från Boston, numera kalvinist och inom sig dömande hela sällskapet till eld- och svafvelpölen, var förut kommunist och anhängare af Noyes' skola.

Hvita, svarta, röda, gula män — alla dessa hufvudtyper af menniskoslägtet — hafva sammanträffat på denna kontinent, belägen mellan Kina och Australien, mellan Europa och Afrika. Här, i dessa Vesterns regioner, skocka de sig tillsammans och äflas att tillskansa sig jordens rikedomar.

Den hvite mannen, som hvarken frågar efter köld eller hetta, blott han kan vinna läcker och god föda och vackra kläder att pryda sig med, tycks inom hvarje zon vara den förnämsta. Han uthärdar alla klimat, han kan utföra alla slag af arbeten, han genomgår hvilken pröfning som helst. Den hvite mannen kastar sina nät i Fundy Bay, vaskar guld i Sacramentodalarna, odlar dadlar och citroner i Florida, fångar bäfver i Oregon, uppföder boskapshjordar i Texas, spinner garn i Massachusetts, rödjer skogar i Kansas, smälter jern i Pennsylvanien, »kannstöper» i Columbia och är köpman i Newyork. Hans natur är på samma gång ytterst böjlig och härdig; han är hemma i palmernas zon, liksom i furans; öfverallt är det han som befaller, leder och herrskar.

Den svarte mannen, ett äkta tropikernas barn, för hvilket värme är lika nödvändig som andedrägten, flyr från nordens kalla nejder, der den hvite vinner styrka i senorna och blod i ådrorna. Negern föredrar söderns träsk och savanner. I palmernas, bomullsbuskens och sockerrörets land finner han de rika färger som äro hans ögons fröjd, den brinnande sol, i hvars ljus han mår så godt. Friheten lockade honom aldrig att flytta norrut, till köldens och dimmornas regioner, och äfven nu, då Massachusets och Connecticut fresta honom med anbud af hög dagspenning, lätt arbete och god behandling, vill han icke flytta dit. Blott med svårighet kan han förmås att lefva i Newyork och endast de mest härdade af hans stam stanna öfver sommarmånaderna i Saratoga och vid Niagara. Sedan »Sam» blifvit en fri man i Södern, har han vändt den kalla, om ock vänskapliga, Norden ryggen, för att söka sig ett gladare hemvist. Sittande på risfälten, vid sockerrör-plantagerna, eller under mulbärsträden i sitt älskade Alabama, med en brokig halsduk bunden kring hufvudet och sin banjo på sina knän, är han glad som en fogel, medan han sjunger sina långa, tokroliga visor och låter solstrålarna falla på sitt ansigte. Negern är en lokalbild i Amerikas sceneri och har der sin plats i ett hörn — det allragladaste hörnet — af taflan.

Den röde mannen, hvilken fordom var en jägare bland Alleghanny-bergen och dess dalar, icke mindre än på prairierna och omkring Klippbergen, har med sin squaw, sina elgar, bufflar och antiloper, blifvit af den hvita racen tillbakadrifven långt bort åt den stora Vestern, till öknar och ödemarker vester om Mississippi och Missouri. Undantag finnas, men regeln är emellertid denna. Ett parti småkrämare, i pittoreska drägter, kunna påträffas vid Niagara; cherokeeser och mohawks, hvilka sälja bågar och käppar, samt narra unga herrar och damer att gifva sig pengar för att sjelf sedan kasta ut dem på krogen. En koloni, af föga bättre sort, finns vid Oneida Creek. Några individer deraf odla majs, plantera fruktträd och sjunga psalmer; mängden svälter, låter åkern ligga oplöjd, hugger ned ek och lönn, eller lemnar bort de bördigaste fälten och tärs af längtan efter de stamförvandter som kastat tillbaka den hvite mannens gåfva, målat sitt ansigte med ockra samt gått sin väg med sina vapen. »Red Jacket» vid Niagara och »Bill Beechtree» vid Oneida Creek — den första säljande perlbroderier åt flickor, den andra täljande käppar åt gossar — äro de sista representanterna af mäktiga nationer, jägare och krigare, hvilka en gång herrskade öfver de stora landsträckorna ifrån Susquehanna till Eriesjön. Red Jacket vill ej bosätta sig, Bill Breechtree är oduglig till allt arbete. Förhållandet med rödskinnen är, att grafva orka de icke, men att tigga blygas de icke. Häraf kommer att de drifvits undan från sina fäders jord; det är plogen som förjagat dem; det är röken från hemmens härdar som de ej kunna lida. Ödemarkens och skogarnas vilde son reder sitt hem der, hvarest vargen, skallerormen, buffeln och elgen dväljas. Då de vilda djuren fly, följer han efter. Alleghannybergens sluttningar, der han för sjuttio år sedan jagade elg och skalperade den hvita qvinnan, skola aldrig mera genljuda af hans stridsrop. Men i Vestern är indianen ännu en bild i landskapet. Från Missouri ända till Colorado är han herre öfver de ofantliga slättmarkerna. De fästen, hvilka de hvita byggt för att beskydda sina vägar till San Francisco, stå der blott som en liten påminnelse om deras makt. De röda männen finna det svårt att bortlägga tomahawken och taga till plogen; endast några få tusen hafva ännu förmått sig dertill. Det är blott några hundra som af de hvita hafva lärt sig att dricka bränvin, bo i timrade hus, plöja jorden och bortlägga jagten, krigsdansen samt tillbedjandet af den Store Anden.

Den gule mannen, vanligtvis en kines, ofta äfven en malay, någon gång en dyak, har af behof efter arbetsförtjenst lockats att begifva sig till Amerikas vestra kustländer, ifrån sitt eget fädernesland i Asien eller någon af Stilla hafvets öar. Från arbete vid grufvorna, till anrättande af en omelette och skjortstrykning, är han villig och användbar till hvad som helst, hvarigenom en och annan dollar kan förtjenas. Af den gula racen kan man beräkna minst sextiotusen menniskor i Kalifornien, Utah och Montana. Många komma och gå, men ännu flera gå icke åter. Ännu så länge äro dessa stackars varelser oskadliga och verkligen till gagn. Hop Young har ett tvätthus, Chi Hi tar plats som kock, Cham Thing tjenar som huspiga. Dessa menniskor gå ej i vägen för någon annan och arbeta villigt för en bit bröd, — har Mike rymt ur tjensten och begifvit sig till guldgrufvorna, så arbeta de murbruket vid en byggnad; har Biddy gått och gift sig, så skura de golfvet. Tåliga och ödmjuka, långt ifrån starka, men tacksamma för hvad arbete som helst, föredraga dessa gula män likvisst alltid fruntimmerssysslor; deras förtjusning är att tvätta kläder, sköta små barn, och passa upp. De äro ypperliga hofmästare och kammarjungfrur. Lo Sing, en gladlynt, gammal, flicklik individ med piska i nacken, tvättar sin herres skjortor samt stärker och stryker dem ganska bra, blott han kunde förmås att icke spotta på veck och manchetter. För honom är detta spottande hvad fuktning med friskt vatten för en tvätterska, och skulle hans husbonde än fatta honom vid hårpiskan samt gnugga hans lilla oansenliga trubbnäsa mot det heta stryklodet, så hindrades han af sina inbitna lefnadsvanor att inse det orätta i methoden samt afvika derifrån. Detta år utgöra den gula folkstammens barn en undfallande skara af sextiotusen personer; några få år härefter torde den vara sexhundratusen menniskor stark, och då skola dessa, i känsla af sin materiela makt, fordra rösträtt, samt vilja imponera på valens gång. I somliga distrikt skola de snart utgöra en majoritet, välja domare, tillsätta jurymän, tolka lagarna. Dessa menniskor äro buddhister, hylla månggifte och tillåta barnamord. Lika visst som att nästa år skall komma med sina årstider, lika säkert är ock att ett asiatiskt samhälle skall uppstå vid Stilla hafvets kuster. En buddhistkyrka, svarande mot den i Kina och på Ceylon, skall uppstå i Kalifornien, Oregon och Nevada. Och ännu säkrare är att en strid om arbete skall uppkomma mellan de folkstammar som lefva af kött och dem som finna sin näring af ris, — ett af dessa krig i hvilka segern ej alltid stannar på den starkaste sidan.

Den hvite, den svarte, den röde, den gule mannen — hvar och en har sina seder att följa, sina naturgåfvor att göra fruktbärande, sina samvetsfrågor att respektera, och i alla dessa punkter stå de i fullkomlig opposition mot hvarandra. De fyra stora, menniskoslägtets typer representeras för mig så tydligt af mina fyra vänner: H. W. Longfellow, poet i Boston, Eli Brown, uppassare i Richmond, Spotted Dog, vilde i Klippbergen, och Loo Sing, tvättpojke i Nevada. Under hvilka förhållanden skola så heterogena ämnen kunna sammansmälta till en enda stam?

TREDJE KAPITLET.
De båda könen.

Hvad som, näst efter landets ofantliga storlek och menniskoracernas mångfald, måste under en resa i Förenta Staterna öfverraska fremlingen, är det missförhållande mellan båda könen, som nästan öfverallt eger rum.

Vid en middag, sådan jag nyss tecknat den, i en trakt af den stora Vestern, hade ingen af husets fruntimmer sutit vid bordet, icke derföre att de ej kunde skicka sig fullkomligt väl, men emedan de hade annat att göra, än intaga sin middag med en mängd fremlingar. Husfadern må vara gift, och skryta aldrig så mycket öfver sin förträffliga hustru, sina unga, vackra döttrar; hustrun liksom döttrarna få ändå, i stället för att sitta till bords, stå bakom stolarna, bjuda omkring faten, servera théet eller hjelpa Loo Sing draga korken ur vinbuteljerna. Det är ondt om fruntimmer i Vestra Staterna; många dagar kunna gå, utan att man får se ett täckt ansigte. Om man på ett af de mindre värdshusen ropar städerskan, så sticker Sam in sitt ulliga hufvud eller Chi Hi sin rakade hjessa. Att få en qvinlig tjenare är i dessa nejder knappt möjligt; Molly rymmer med en grufarbetare, Biddy blir gift med en handlande, och då resande hålla vid porten, har husets unga fru eller husets unga döttrar intet annat val, än att sjelfva tillreda deras middag och sätta den på bordet, ifall ej gästerna skola afvisas att trötta och hungriga fortsätta färden. I Saltsjöstaden, då jag åt middag hos mormon-apostlar och rika köpmän, serverades alltid måltiden af familjens fruntimmer — ofta utsökt täcka och behagliga unga flickor.

Till att börja med, känner sig en gäst högligen besvärad häraf, vida mera än damerna sjelfva synas vara det. Att se en ung dam, som nyss citerat ett poem af Keats eller spelat ett stycke af Gounod, taga plats bakom en stol, draga korken ut en catawba, torka tallrikarna, lemna fram såsskålen, är pröfvande för nerverna, särdeles om man ännu är ung och skäligt uppmärksam emot fruntimmer. Med tiden blir man naturligtvis härdad dervid, liksom vid åsynen af en skalperknif eller ljudet af vildarnes stridsskrän; man lär sig småningom inse att qvinnorna i gulddistrikten, på prairierna, vid ensligt belägna landtgårdar icke kunna göra på annat vis, då en gäst söker herberge eller en måltid, och då de hafva alls ingen hjelp att tillgå utom Sam och Loo Sing. I dessa regioner, hvarest antalet män är så mycket öfvervägande det af qvinnor, är hvarenda flicka en dam, och nästan hvarje fullväxt qvinna en hustru. Männen kunna få hyras emot skälig dagspenning, för alla arbeten som höra dem till; att laga maten, sköta hästarna hålla trädgården i ordning, hugga veden; men att få en tjenstflicka som bäddar sängarna, passar upp vid bordet, vårdar barnen; — nej, egde man också de största rikedomar, skulle detta ej låta sig göra. Briddy kan ställa bättre till för sig än så. Unga, vackra flickor ega ett helt lotteri med idel vinster till hands, hvilken stund som de behaga; ja, äfven de gamla och fula kunna få männer om de så önska. Öfverallt vester om Mississippi är stor efterfrågan på hustrur, och hvilken rask flicka skulle vilja taga tjenst som piga, då kyrkdörren står öppen och bröllopsklockorna ljuda hvilken stund hon behagar? Hvarje qvinna måste naturligtvis föredraga att blifva fru i sitt eget hus, framför en annans tjenstehjon.

Man kan få en värdinna under en resa i Vestra staterna, som otvifvelaktigt är af godt stånd, god uppfostran och som är klädd med smak. Såväl hon, som hennes unga döttrar, skulle i hvilken stad, i hvilket samhälle som helst anses intagande och behaglig. De tala fransyska väl, och då de resande, med männernas vanliga sjelfviskhet, samlas under fönsterna till damernas rum för att prata och röka, är det ej utan öfverraskning man der uppifrån hör de briljantaste passager ur Faust. Att lyssna till Siebels serenad djupt inne bland Klippbergen, är ett nöje hvarpå man troligen icke gjort sig räkning; men ett faktum är obestridligt: en stund förut hade den ypperliga alten gjört tjenst som kökspiga. En gång förut i mitt lif har något dyligt händt mig: i Marocco, der en mörkögd Judith, dotter till en jude i hvars hus jag fick herberge öfver natten, först stekte höns och tomatoes till min aftonmåltid och sedermera vyssade mig till sömns med tonerna från sin guitarr, der hon satt på trappan utanför mitt rum.

Den ojemnhet i antal mellan män och qvinnor, som jag redan nämnt, gör sig icke endast märkbar i Colorado och öfriga Vesterns territorier, utan äfven i hvarje Unionens stat, ja, nästan i hvarenda stad. Efter härjningarne i kriget, till hvilket denna missproportion var en verksam ehuru osynlig orsak, mötes man oupphörligt af bevis på sanningen af denna iakttagelse; i Washingtons balsalonger, på Newyorks gator, i Bostons kyrkor, vid middagsborden i Richmond, i Omahas träskjul, i Atlantas plantager, på Saltsjöstadens theater. Öfverallt och beständigt hör man samma klagan öfver brist på fruntimmer; i hundratals röster ljuder ett echo af samma brist; fruar kunna ej få tjenstflickor, dansörer ingen moitié, männen inga hustrur. Jag bevistade en bal i en stad vid floden Missouri, der endast halfva antalet herrar fingo dansa och detta, ehuru de unga damerna voro artiga nog att dansa med på både *première* och *seconde*.

Jemförelsevis med Paris och London, tycks i Amerikas samhällen i detta afseende råda en förvänd ordning. Går man i Paris till Madeleine — fullt af fruntimmer! går man i London till S:t James palats — fullt af fruntimmer! Hvartenda hem i England har ett parti döttrar, på hvilka mödrarna göra sig små förhoppningar, likväl icke alltid oblandade med små farhågor. Då Blanche blir trettio år och ännu är oförlofvad, börjar hennes goda far hysa sina betänkligheter. Ett gammalt ordspråk säger att en flicka vid tjugu år tänker: »hvem skall fria till mig?» och vid trettio år: »hvem skall jag fria till?» Här i Amerika är det ej qvinnan utan mannen som blir den förbisedda varan i äktenskapsmarknaden. Ingen yankee-flicka behöfver, liksom hennes europeiska systrar, tjena en annan qvinna för sitt dagliga bröd. Hennes täcka anlete är hennes rikedom; hennes kärlek af högre värde, än den skicklighet i alla arbeten som hör henne till. Väl kan det hända att kriget — kartescher och bajonetter, pest, nöd och försakelser — hafva bortryckt några af de män som suckat efter en vänlig blick från hennes ögon, men nya skaror tillbedjare hafva i deras ställe anländt från Europa och missförhållandet vid antalet män och qvinnor, anmärkt redan före krigets utbrott, säges vara ännu större efter dess slut. Marknaden är öfverfull af unga män som önska sig en hustru; priset faller oupphörligt och blott de vackraste och hyggligaste ega något hopp om afsättning!

Denna teckning är ingalunda något gyckel, utan grundar sig på ren sanning. Då 1860 års census afslutades, befunnos de hvita männerna med sjuhundratrettiotusen öfverstiga antalet af qvinnor. Ett förhållande som detta har ej sin like i något europeiskt samhälle, med undantag af påfvestaten, hvars seder och lagar äro olika hvarje annat lands. Men i alla andra kristna länder — Frankrike, England, Tyskland, Spanien — är antalet qvinnor betydligt större än det af män; i Frankrike tvåhundratusen; i England trehundrasextiofemtusen. Det ovanliga förhållande, som i detta fall tillhör Amerika, inskränker sig ej till en viss region, kuststräcka, eller ett visst luftstreck. Af fyratiosex organiserade stater och territorier, råder endast i åtta den för Europa gällande ordningen, nämligen i Maryland, Massachusets, New Hampshire, New Jersey, Newyork, Norra Carolina, Rhode Island och Columbia, medan i alla de öfriga trettioåtta, dels genom köp och dels genom eröfring förvärfvade stater och regioner, sträckande sig alltifrån Atlantiska hafvet till Stilla Oceanen, saknas det för ett ordnadt, fast och sedligt samhälle nödvändiga elementet: en maka för hvarje ung man. I åtskilliga vestra distrikt är detta missförhållande så stort, att det måste väcka förfäran: i Kalifornien tre män mot en qvinna; i distriktet Washington, fyra mot en; i Nevada, åtta mot en; i Colorado, tjugu män mot en qvinna.

Man skulle vara frestad tro denna dåliga proportion ega sin enda grund i den starka emigrationen från andra verldsdelar, och utan tvifvel bidrager den dertill, då man vet att vida flera män än qvinnor komma med hvarje skepp till Boston och Newyork; men vore det också en lag att ingen emigrant fick sätta foten på Amerikas jord, utan att vara åtföljd af syster, hustru eller dotter, så skulle ändå en betydlig procent af den manliga befolkningen komma ogift i sin graf. Lägga vi alldeles åsido tyskars och irländares quota, så återstå ändock fyra på hvart hundratal män, hvilka naturen icke förlänar en maka. Emigrationen kommer i detta fall endast naturen till hjelp; Europa skickar sina skaror män att täfla med den infödda befolkningen om de fåtaliga qvinnorna. Bland hela Förenta Staternas hvita befolkning finns fem procent flera män än fruntimmer; hvar tjugonde är således dömd att lefva utan hustru.

Men hvad som är ännu mera öfverraskande, är att samma missförhållande råder äfven hos åtminstone två af de underordnade racerna. Det finns flera gula män än qvinnor; flere röda krigare än »squaws». Endast hos negrerna är antalet qvinnor något öfvervägande.

Blott få tartarer och kineser hafva tagit hustrur och döttrar med sig öfver hafvet. Då de först kommo till Amerika, hoppades de inom ett år hafva samlat rikedom nog, att kunna återvända till sitt eget land och sätta sig i ro för att smutta på sitt thé och odla apelsiner. Många som nu äro bosatta i Kalifornien eller Montana, hafva skickat helsningar till sina hustrur att komma efter; kanske göra de detta; kanske också *icke;* det större antalet torde väl redan ingått nytt gifte medan deras herrar och män varit borta. För närvarande är proportionen aderton män mot en qvinna.

Tills dato hafva indianerna blott blifvit räknade efter som förhållandet är med en eller annan hord och stam — i Michigan, Minnesota, Kalifornien och Nya Mexiko. Men ehuru deras lefnadssätt inom dessa distrikt är i allmänhet mera stilla, derför gynnsammare för qvinnans existens, öfverträffa ändock männerna till antalet sina qvinnor med fem emot fyra.

Må hvar och en tänka sig det inflytande, som detta missförhållande måste utöfva inom Amerikas samhällen! — en befolkning af sjuhundratrettiotusen män, hvilka lefva ogifta!

Må man vidare besinna att dessa män icke af fri vilja föra ett enstörigt lif, att de icke äro sjelfviska qvinnohatare, utan någon känsla för huslig lycka, för familjens band. Till flertalet unga, driftiga, oförderfvade män, skulle de vida föredraga att med hjertats band vara fästade vid maka och barn — hvad äro de nu? En hel armé af munkar, utan klosterlöftets band; det är fara värdt att mången af dem illa läser tionde budet.

Man säger till dem: »Plocka ej dessa blommor, trampa icke dessa rabatter under edra fötter, om ni vill vara så god.» Men *om* de icke vilja vara så goda? Huru kunna hindra ynglingen att fatta tycke för sin nästas hustru? Man vet hurudant Neapel, hurudant München är. Hvar och en som rest, känner litet till det sedliga tillståndet i Liverpool, Cadix, Antwerpen, Livorno, — med ett ord, hvarje stad, der ett öfvervägande stort antal män utan hus och hem uppehålla sig, och tror man kanske att någon af dessa städer i oförsynt, fräck lusta kan på något vis jemföras med Newyork?

Män, hvilka vunnit en sorgligare erfarenhet angående Newyork, än jag, försäkra mig, att hvarken Paris eller London kunna i sedefördent dermed jemföras. Väl är det möjligt att i Paris lasten har en listigare uppsyn, liksom i London en brutalare; men i den djupaste grad af förderf, i oblyghet och öppet skryt med brottet och synden, går ingen stad på hela jorden upp emot Newyork.

Kommer allt detta onda med de många skepp som kasta ankar i dess hamn? Vältra sig lasterna från dess kajer in i staden? Ingen vill påstå detta. Newyorks kajer äro lika alla dylika i stora sjöstäder. De äro ett tillhåll för tjufvar och pack, krogar och dåliga nästen florera i deras närhet; men de män, hvilka stiga i land vid dessa kajer äro icke alls sämre, än de som landa i Hamburg, Southampton, Genua. Hvad är då orsaken, att denna, Unionens största stad, i sedeförderf står lågt under Europas värst beryktade städer? Enligt min öfvertygelse ligger grunden dertill förnämligast i det anmärkta missförhållandet: brist på den menniskoslägtets ena hälft, som i främsta rummet har sedligheten och hemmets lycka under sin vård.

Newyork är en stor stad, rik och glad, samt full af lockelser till nöjen och lyx. Till Newyork komma män från alla olika delar af Unionen — en för handelsaffärer, en annan för juridiska angelägenheter, en tredje för nöjen, en fjerde för att söka äfventyr. Det är en passande ort både för lättingen och för den verksamme mannen. Stora skaror skocka sig tillsammans på dess hoteller, theatrar och spelhus; man behöfver icke vara någon trollkarl för att begripa hvilka företräden kunna locka flertalet unga, ogifta män, med klingande dollars på fickan.

Och å andra sidan sedd, har denna brist på fruntimmer, — en brist hvaröfver man klagar lika högljudt öfver hela landet — på mångahanda skadliga sätt inverkat på qvinnorna sjelfva. De hafva nämligen fallit i de vidunderligaste misstag och förvillelser rörande qvinnans makt och rättigheter, — hennes vigt i historien, hennes plats i skapelsen, hennes mission inom familjen. Och deraf hafva sedan härflutit åtskilliga fantastiska griller, t. ex. borddans och klappandar, »anti-äktenskapssällskap», »samfund för den fria kärleken», »för det naturenliga äktenskapet», »anti-barnkammar-förbund», »sekterisk polygami», och mera dylikt otyg. Till någon viss grad är denna vilda oreda i qvinnans sinne måhända en följd af den frihet, den öfverdrifna hyllning, som i Amerika, vida mer än i Europa, komma henne till del; men just denna långt drifna frihet och medgång ega äfven, åtminstone till någon del, sin grund i ofvan anmärkta missförhållande, hvilket gör hvarje ung flickas hand till ett pris af oskattbart värde.

FJERDE KAPITLET.
Fina damer.

»Amerikas älskvärda damer hafva ej förmått skapa ett amerikanskt hem,» yttrar den gamle sluge Mayo, — en sanning som jag svårligen skulle insett, såvida den ej blifvit tolkad af en amerikansk författare. Det är obestridligt att damer mycket ofta vistas och bo på hoteller; emedlertid behöfver jag endast för mitt minne återkalla vissa gator i Boston, Philadelphia, Richmond, Newyork — ja, äfven i Denver, Saltsjöstaden och S:t Louis — för att finna att Amerika eger hem, lika goda, lika lyckliga som trots något inom mitt eget fädernesland.

»Hvad tycker ni *nu* om våra fruntimmer, var god säg mig det?» yttrade i går afton till mig en klandersjuk yankee, medan vi suto på verandan utanför hotellet här i Saratoga.

»Ah, de äro förtjusande!» svarade jag naturligtvis; »bleka, fina, behagliga.»

»Brr!» ropade han och skakade med en ful grimas på hufvudet, »de äro icke värda ett enda öre. Icke kunna de gå, icke kunna de sitta till häst, och ingalunda duga de till att uppfostra barn.»

»Ack, det hörs att ni sjelf icke eger en hustru,» inföll jag halft skämtsamt.

»En hustru!» skrek han, »hade jag en sådan, så skulle jag döda henne.»

»Med edra ömhetsbetygelser?»

»Uff! med en eldgaffel!» sade han. »Se blott på de der fjollorna, vid källan der borta. Hvad göra de nu? Hvad ha de hela dagen gjort? Ätit och klädt sig. Tre gånger under dagens lopp ha de ombytt drägt, kammat och friserat sitt hår. Sådant är hela deras lif. Ha de gjort en promenad till fots, eller till häst? Ha de läst i en bok, sytt en enda söm? Nej ingenting af allt detta! Och huru tillbringa edra damer sin tid? De sätta på sig starka bottiner, fästa upp klädningen och vandra så med raska, spänstiga steg framåt vägar och stigar. Jag var en gång i Hampshire, min värd var en hertig! Före frukosten hade hans fru redan promenerat och återkommit hem med rosor på kinden och leriga skor, hon red med på jagten, hon satte ledigt öfver en graf, ja, en häck kunde icke skrämma henne att vända om hem. Och se nu bara hurudana våra qvinnor äro, bleka, klena!»

»Nej, min bästa sir, ni måste medgifva att de äro högst intagande.»

»Intagande! Bah!» svarade den näsvise karlen, de ega ingen benbygnad, inga fibrer, ingen lifskraft; de ha endast nerver, men hvad annat kan man vänta? De äta soda i stället för bröd, dricka isvatten i stället för vin, begagna trånga snörlif, tunna skor och stora krinoliner. Sådant allt gör en menniska oduglig till att lefva, och Gud ske lof, hundra år härefter skall ingen enda af deras afkomlingar finnas till.»

Då jag betraktar de intagande, unga flickor, som sväfva förbi mitt fenster, kan jag icke återhålla den öfvertygelsen, att med all denna fina kolorit, all denna poetiska fägring, förtrollande för hvarje beundrare af qvinlig skönhet, saknas hos dem lifskraft. Min oartige vän har, som jag fruktar, kommit sanningen temligen nära. Jag önskar af hjertat att dessa våra täcka anförvandter hade litet mera kött och blod! Litet högre rodnad på kinden skulle ingalunda misspryda; nu kan man knappt tala med dem, utan att frukta det de skola försvinna inför ens ögon.

Det har i alla tider varit qvinnans öde att blifva föremål för de mest heterogena liknelser. Än på prosa och än på vers har hon kallats engel, harpy, helgon, hexa, skyddsande, öde. Hon har blifvit liknad vid en ros, en palm, vid trollörten och upaträdet, hon har afmålats som en dufva, en gazell, en skata och en räf. Skalder hafva kallat henne en hind, en näktergal, en svan, medan satiren hånfullt nämnt henne papegoja, orm och katt. Ett qvickhufvud, som ansåg dessa bilder öfverdrifna, kallade qvinnan en »god idé — bortskämd!» Men så är det;

qvickhet, poesi, satir förslösa fruktlöst sina krafter, ty huru vore det möjligt att i *ett* ord uttrycka en oändlig mångfald och omvexling?

Troligen skulle det lättare lyckats att definiera en »fin dam», än det har lyckats som typ förklara qvinnan; säkert är åtminstone att betecknande exempel på den förra utan svårighet och tvekan kunna framställas. Uppmanades jag exempelvis nämna en fullkomlig qvinna, skulle jag tveka; att nämna en individ som hos sig innefattade den styrka och den svaghet, de förtjenster och de brister, hvilka sammangjutna till ett harmoniskt helt bilda den sanna qvinliga karakteren, torde vara svårt nog. Bad någon mig deremot nämna en »fullkomlig dam», skulle jag utan tvekan hänvisa till miss Stars i Washington, mrs Bars i Boston och många dessutom. Vare dermed ingalunda sagdt att fullkomliga damer äro mera vanliga än fullkomliga qvinnor, men vi fatta hastigare denna typ; vi veta på förhand hvar inom samhällets olika grader den är att finna. Förhållandet är att de sistnämnda måste räknas såsom naturens mästerstycken, då de förstnämnda blott äro konstens triumf.

Bland de högre klassernas fruntimmer i Amerika, har den traditionela, engelska fägringen icke vanslägtats? ansigtets fina oval, munnens vackra form, det genomskinliga näsbrosket, den blåndhvita hyn och de små, välbildade händerna alla dessa tecken, hvilka i vårt fädernesland tillhöra den högborna damen, återfinner man i Virginiens och Massachusetts bästa hus. Den stoltaste Londonsskönhet, den mest förtrollande Lancashires-hexa skulle i Boston och Richmond finna rivaler i skönhet och behag, som de med bästa vilja ej kunde förakta. God härkomst, tillsammans med noga tillsyn under barndomen samt förmögenhet äro de lätt förklarliga anledningarna. Inom några af våra äldsta amerikanska kolonier leder befolkningen sin härkomst från goda slägter i England och från en tid då ridderlighet och mod skattades högt. Mången ättling af adeliga mödrar kastade sig då begärligt i det äfventyrliga företaget att grundlägga ett nytt rike. De skaror, som under Raleighs och Brewsters anförande utflyttade, bestodo af krigare, prester, hofmän och adel; somliga begåfvo sig till Nya Verlden för att göra lycka, andra för att finna en tillflyktsort; och ehuru ett annat slag af emigranter, jordbrukare, handtverkare, afskedade legoknektar, till och med brottslingar kommo sedan, hade grunden icke blifvit förgäfves lagd. Familjnamnen bibehöllos. Ända in i vår tid skilja sig ättlingarne af dessa första emigranter ifrån mängden: qvinnorna bibehålla en ädlare skönhetstyp, männerna äro tappra och härdiga, såsom det höfves barn af adliga förfäder. Denna högre grad af qvinlig skönhet, som förnämligen är att se i Unionens äldsta städer och bland dess bästa familjer, är fullkomligt engelsk till sin karakter, samt leder ovilkorligt betraktarens tankar till de gallerier af familjporträtter, hvilka finnas vid våra adliga gods, målade än af Holbein och Lely, än af Gainsborough och Reynolds. Leslie har som jag tror hämtat typen till några af sina vackraste, engelska ansigten från Förenta Staterna.

Äfven i många af Unionens yngre städer finnes mycken fägring, i förening med snille och talanger, men inom dessa yngre samhällen närmar sig skönhetsidealet mindre Gainsboroughs och Reynolds porträtter, än dem af Guido och Greuse. Mycket flandriskt element ligger der i befolkningens blod; friskare hy, mera djupblå ögon, ett djerfvare uttryck karakterisera dess fruntimmer. I Newyork eger den qvinliga skönheten mera färg och eld; i Boston mera ljufhet och tjuskraft. Naturligtvis gifves män, hvilka föredraga Newyorks öppna, dristiga skönhetsform, men för en engelsk blick skall ovilkorligt den äldre typens ljufva och blygsamma uttryck ega mera behag. I Newyork är lefnadssättet mera lysande, klädseln dyrbarare, hemmens anordning mera slösande och yppig än inom Nya Englands stater, och man har funnit att denna prakt, såsom uppfostrande medel, gifver egenskaper, hvilka mera verka på sinnena än på själen. Må det tillåtas mig att med ett exempel illustrera min sats: Vid »Fifth Avenue» i Newyork finnes ett palats, hvilket kostat mera pengar att bygga än hela Bridgewater House i London och der viner samt anrättningar äro lika goda med de bästa i England, och ändå måste hvarje betraktare erkänna den positiva skilnaden mellan dessa båda hem. Det ena är en skapelse af rikedomen, det andra är fullt af poesi. Det ena prunkar med marmorkolonner och gyllne väggar, det andra eger målningar af Raphael, och skaldekonstens ädlaste alster. Huset vid »Fifth Avenue» är ett slott, det andra en helgedom.

I samma styl finner jag också skilnaden mellan fruntimmerna i Boston och Richmond, emot dem i Washington och Newyork. Naturligtvis talar jag icke nu om krämardrottningar och petroleumkejsarinnor; dessa damer utgöra en klass för sig. Bo de händelsevis vid Fifth Avenue, så ega de dock inga andra relationer dertill, än de lindar och valnötsträd ha, hvilka stå der styfva och raka. Jag menar blott Newyorks verkligt eleganta damer, dessa skönheter som utan ett ögonblicks tvekan äfven i London skulle anses »*distinguerade*», då jag påstår att de i hela sitt väsende hafva en liflighet, en öppenhjertighet, en meddelsamhet, hvartill man ej skall finna ett motstycke hvarken i Nya eller i Gamla England. »Jag var illa betagen i honom, men så tog jag mitt förnuft tillfånga och lät honom fara,» yttrade en ung och vacker dam i Newyork till en af mina vänner, hvilken hon, efter en två dagars gammal bekantskap, invigde i sina kärleksförbindelser. Med *honom* menade hon en beundrare, som hon med sexton vårars vishet hade utvalt ibland mängden och som hon, om tycket varat något längre, kanske genom lagliga band gjort till sin make. Flickan var ej någon oförsynt, ung fjolla, sådan man stundom träffar på en jernvägsresa eller en flodbåt, och som pratar högljudt samt tar sig opassande miner, utan en fin och elegant flicka, *lady* från topp till tå, med god hållning, låg, melodisk röst samt ett bildadt sinne; just ett sådant exemplar af qvinligt behag, som en man gerna skulle vilja kalla syster eller maka. Hvad som gaf skäl till en anmärkning, var först och främst meningen af de ord jag citerat, och för det andra den term hon begagnade, med ett ord: olikheten mellan en ung engelskas och en amerikanskas sätt att bedöma förhållandet mellan qvinnor och män. »Jag var illa betagen i honom, men så lät jag honom fara,» uttrycker på vårt språk en tanke som svårligen skulle fått insteg hos en engelsk flicka, och som, *ifall* den det fått, säkerligen aldrig på ett så kallt sätt blifvit uttalad.

Just i detta yttrande ligger åter samma hemlighet dold, hvilken genomgår hela Amerikas samhällslif: bristen på fruntimmer i äktenskapsmarknaden, samt rättigheten att välja eller förkasta, som till följd af denna brist tillhör hvarje täck och ung flicka.

FEMTE KAPITLET.
Nybyggare-qvinnor.

Verkan af det öfvervägande antalet män framför qvinnor i Amerika har betraktaren icke blott tillfälle att iakttaga hos de unga damer som kokettera med blickar och nycker vid Saratoga, Newport och Niagara; äfven de tarfligaste landtflickor i Omaha, S:t Joseph och trakten af Leavenworth hafva sitt goda deraf. I Vestern är nämligen, enligt hvad jag nämnt, skilnaden ännu större och således äfven möjligheten större för det täcka könet att obetingadt spela herrskarinnor.

En af de många olikheterna i Gamla och Nya Verlden, är qvinnornas af lägre klassen sätt att skicka sig, kläda sig och yttra sig. Liksom Fifth

Avenue är ett paradis för den fina damen, är ock för de tarfligare af hennes kön, nybygget, risplantagen, oljbrunnen, förpaktaregården detsamma, fast i lägre skala.

Jag är gammal nog för att nu med ett leende erinra mig den harm som grep mig, då jag som yngling första gången såg qvinnor arbeta som trälar ute på fältet; icke jemte far eller bröder och trolofvade, såsom man under den bråda höbergningen någon dag äfven kan få se dem i mitt eget fädernesland, utan *endast* qvinnor i större eller mindre partier, stackars magra, utsläpade varelser, illa klädda, illa födda och uppbrända af solen. Denna harm grep mig under ett besök i det sköna Bourgogne, dit jag hade rest, med sinnet fullt af vackra drömmar om landtlifvets ljufva nöjen och behag. Gamla, goda Josephine och stackars, lilla Fanny, huru mitt hjerta fylldes af deltagande för eder, då ni i första dagningen begåfvo eder ut på åkern, utstyrda i gamla, slokiga halmhattar, snäfva kalliko-kjolar och tjocka träskor, med räfsa och hacka i handen, på hufvudet en kruka med friskt vatten och på armen en korg med groft, brunt bröd och några lökar; medan under tiden den gamle, late Jean, hvilken kallade den ena af eder »hustru», och den andra »dotter» låg och sof godt i sin stuga. Och huru jag knöt mina händer af förbittring, då längre fram på dagen den brutale egoisten kom ut på gatan, lättjefullt vandrade nedåt den, för att under prat med grannarne upphämta dagens nyheter, spela sitt parti domino på krogen och röka sin pipa, sittande på trappstegen utanför kyrkan! Sedan denna min första ungdomstid har jag i många olika nejder af jorden haft tillfälle att se qvinnor träla ute på åker och äng: irländskor i Connaught, spanskor i Valencia, pawkee i Colorado, fellaheen i Egypten, wallachiskor ibland Karpatiska bergen, negresser i Kentucky; men aldrig har jag utan plåga kunnat skåda qvinnan tvingas till dessa ansträngande, ja, rent af förderfliga arbeten. Efter alla dessa missbruk föreföll det mig derföre nästan komiskt att i Amerikas vestra stater se Loo Sing bädda sängarna och Hop Chang tvätta kläder.

I England äro landtfolkets döttrar icke alldeles hvad poeter och artister påstå dem vara. Trots våra danser kring majstången, slotteröl och andra, landtliga nöjen — minnen från en förfluten gladare tid — nödgas jag erkänna att Englands bondflicka är något trög och klumpig i sitt väsende. I allmänhet är hon icke rätt snygg till sin person, icke rätt vårdad i sin klädsel, och lika litet händig i sina fingrar som snabb i sina fötter. Amerikas landtflicka är henne öfverlägsen i alla hänseenden — utom en enda.

Jag vet icke om orsaken får sökas i ett mera jemnt klimat, i en annan diet, eller en bättre härkomst; hvad jag med visshet vet är, att öfver hela England man ibland landtfolket finner hos qvinnorna en grad af skönhet, som ingalunda inom Förenta Staterna har sin motsvarighet. Många täcka ansigten ser man utan tvifvel och ännu flera uttrycksfulla; men ibland arbetsklassens qvinnor finner man ej till en sådan myckenhet frisk och landtlig fägring som i England, icke de klara ögonen, det lockiga håret, de rosiga kinderna, hvilkas åsyn fyller ens hjerta med fröjd, då man vandrar framåt Devonshires och Lancashires vägar. Men här kommer en balans i räkningen: med undantag af dessa naturens gåfvor står Englands bondflicka långt tillbaka för sin kloka, raska och välklädda syster i Nya Verlden.

För några veckor sedan red jag i sällskap med en bekant för att besöka Cyrus Smith, en farmer i grannskapet af Omaha, en nyanlagd stad vid Missouri. Omaha har vuxit upp inom de sista tolf åren, med en hastighet, i sanning förvånande. I går funnos der hundra nybyggare, i dag har den tusen innevånare, i morgon kanske tiotusen. För tjugu år sedan uppslogo Omaha-indianerna sina wigwams der på platsen och på stranden der bredvid blef stammens höfding, vid sin död, begrafven till häst. Nu är Omaha en stad, med en jernvägslinie, ett Capitolium, tingshus, gator, banker, omnibusar och hoteller. Hvad Chicago redan är, lofvar Omaha att snart blifva.

Vid stranden af en liten å står ett simpelt boningshus af grofva timmerstockar just vid kanten af en nyodling. I detta hus bor Cyrus Smith och nyodlingen har han genom eget arbete, genom svett och möda, tillkämpat sig af naturen. Bostaden är ej särdeles rymlig; den odlade marken icke vidsträckt. Inom en ganska begränsad omkrets måste allt odlas och få sin vård, som behöfs för en temligen talrik familjs uppehälle; korna skola hafva sitt skjul, grisarna sin skötsel, fjäderfäet sin föda. Vid Smiths gård finnas inga skatter att samla; kosten är tarflig och hvad jorden ger har full åtgång; men hvarken brist eller oordning, sådana som kunna skönjas i en irländsk koja, en bretagnisk stuga, en wallachisk jordkula, finnas der. Genom trädgården, mellan väl skötta fruktträd, trädgårdsland och blomstersängar, går vägen, bred och väl sopad, fram till porten. Intet skräp, ingen osnygghet, sådan som i Europa vid torftiga hem stöter ögat, synes här till. Allting tycks vara på sin rätta plats. Boningshuset är väl groft och simpelt, men starkt och dragfritt; en rosenbuske, en japonica, en rikt blommande, virginsk convolvolus slingra sig uppåt väggen och ofvan porten. Inne i huset råder en sådan snygghet öfverallt, att man med lika god aptit skulle kunna äta sin middag på dess bara golfplankor, som på något holländskt golf af glaseradt tegel. Kring väggarna äro hyllor, på hvilka pannor och krukor lysa som solen. Man tycker sig omgifvas af en flägt utaf goda och fina seder; det är liksom en familj af godt stånd hastigt skulle blifvit försatt i nödvändighet att nära sig genom eget arbete, eller som om den under en resa slagit upp sin bostad på prairien. I det lilla förmaket vittna ett glas med friska blommor, en tafla på väggen och en byst af Washington om att husmodern är en lycklig och en finkänslig qvinna.

Annie Smith är typen för en hustru af arbetsklassen, men en typ sådan man blott träffar den i Amerika och i somliga delar af England, men aldrig annorstädes. Till samhällsställning föga öfver en stattorpares hustru, står hon till sitt sinne föga under en ädel dam. Hon har tusen olika kall att fylla; barnen skola tvättas och klädas, golfvet skuras, grisar och höns mättas; korna skola mjölkas, grönsaker och frukter läggas in för vintern, måltiderna tillredas, pannor och grytor skuras; smöret skall tjärnas, osten pressas, familjens kläder sys och lagas, men under alla dessa dagliga göromål sjunger hon så muntert och verkställer allt med så gladt lynne, så mycken urskilning, en så hjertlig välvilja, att arbetet synes vara ett nöje, de mångahanda omsorgerna ett roligt tidsfördrif. Alltid väl klädd som hon är, skulle en engelsman till och med tycka hennes drägt vara prydligare, än hvad egentligen anstår en qvinna på hennes samhällsplats, såvida hon ej uppbure sina kläder med fullkomligt behag. Hennes händer äro mjuka och fina, som bure hon ständigt handskar. Hennes sätt är fullt af hjertlighet, ansigtet strålar af välvilja och glädje; den dialekt hon begagnar, vanlig inom hennes klass, roar främlingen genom sin omedvetna naivetet, men rösten är ljuf och låg, såsom den anstår hennes kön, då det är hvad det bör vara. Tokroliga uttryck kan man få höra af henne, aldrig lågheter. Smuts är hennes dödsfiende och det sinne hon eger för ordning och skick, föranleder henne att hålla hela sitt hem putsadt och fint. Hon stiger upp med solen, ja, ofta före den; alla bäddar äro snygga och goda; lakan och gardiner hvita som nyfallen snö. En siciliansk sofplats, med lakan otvättade sedan ett år, vore för henne en orimlighet, omöjlig att begripa. Att husets son eller dräng skulle sofva i ladugården eller stallet — så vanligt i Frankrike, Italien och Spanien — är en sak som

Annie Smith aldrig skulle tillåta i sitt hem. En loge i Kent under humleskörden, en lada i Irland under höbergningen, skulle ingifva henne den högsta afsky. Höns, grisar, boskap, alla ha de sina vaglar, stior och bås. En landtman i Münster har grisen under sängen, en mulåsnedrifvare i Navarra binder sina djur inne i stugan. Greklands herdar gifva sina getter deras föda inne i den koja de sjelfva bebo och Egyptens fellah tar in sin åsna i sitt rum. Men alla dessa osnygga seder och bruk bland fattigt folk i vår slöa och lättjefulla, gamla verld, äro icke allenast okända utan rent utaf ofattliga för Amerikas qvinnor inom Annie Smiths stånd.

Ännu en annan sak hos henne behagar fremlingen: den drägt hon begagnar. Genom vanan att hvar söndag gå i kyrkan, hafva Englands landtqvinnor fått en vana att en dag i veckan kläda sig bättre än under de sex öfriga. De hafva sin söndagsdrägt, i jemförelse med hvilken den som de om hvardagarna bära är lappig och rent af usel. I detta afseende stå de på samma punkt med sina systrar i Italien och Frankrike. *Contadina* har sitt helgdags-lifstycke, *la paysanne* sin helgdagsmössa. Hustrun till en farmer i England, som man den ena dagen får se komma ur kyrkan, med ansigtet rentvättadt och skinande af såpan, samt klädd i en hatt med brokiga band, blygs ej att nästa dag visa sig sotig och smutsig samt i en lappig och oordentlig klädning. Så är det ej i Amerika; Annie skulle anse det vara dålig smak och lika dålig hushållning att kläda sig lysande en dag och illa de följande sex. Bättre ekonomi säger hon det vara att, äfven om materialierna till klädningen äro tarfliga, sy den med omsorg och att i hela sin drägt iakttaga prydlighet och smak. Ordning i klädseln vittnar om ett lugnt och ordningsälskande sinnelag och tar kassan mindre i anspråk än man vill medgifva. Hvarje qvinna, som kan sköta sin synål, bör också utan möda kunna hålla sig en snygg drägt.

Rundtomkring Smiths hem ligger en mängd

nybyggen en hel koloni af ungkarlar, ty fyra män ibland fem äro på denna ort dömda att lefva utan hustru. Annie fattar väl det bekymmersamma i dessa förhållanden; hennes hem är en angenäm samlingsplats för ortens ungdom, och då ungkarlar vanligen äro böjda för oordentlighet inom sina hem, är det för Annie Smith ett roligt upptåg att dem ovetande städa och snygga i deras bostäder.

Huru illa, att ej hvarje man, som förtjenar en sådan skatt, kan vinna den!

SJETTE KAPITLET.
Qvinnans politiska verksamhet.

Om allt hvad jag hör yttras af de östra staternas politiserande fruntimmer är sanning, så arbetas nu på en, i moraliskt och socialt hänseende högst genomgripande reform; en reform i åsigter, ännu mera än uti samhällsfrågor, en förändring i förhållandet mellan mannen och qvinnan, som man ej saknar anledning tro skall skrifva berättelsen om sin fortgång på hvarje sida af det husliga lifvet.

Jemförd med en sådan revolution, är hvarje annan strid om rätt och orätt, vare sig att den afhandlar grunden till representationsrätt, negrernas rösträtt, rekonstruktion, Staternas lagstiftningsrätt eller Söderns proklamerande under krigslagen, endast frågor för dagen, småförhållanden, att ventileras, ändras, åter upptagas och behandlas efter som opinionens vind blåser. En reform rörande hemmet och familjen måste deremot *då den kommer* vara djupt allvarlig och genomgripande, utan hänseende till politiska gränsbestämmelser och åsigter. Den fråga, som nu, enligt dessa qvinliga förespråkare för »lika rättigheter», är å bane inom Förenta Staterna, är ingen mer och ingen mindre än denna:

Skall familjlifvet för framtiden ledas af kristendomens bud eller af hedniska lagar?

Vi ega ett gammalt ordspråk: »en klok qvinna kan få hvilken man hon behagar, att fria till sig», och denna Londonfras har, som man påstår, sin motsvarighet i Newyorks förhållanden.

Att inför vår million gamla, ogifta fruntimmer tro på sanningen af detta påstående vore en orimlighet, såsom man ock sjelf kan förvissa sig vid sammankomster för välgörande ändamål, konserter, kafferep, och flera andra tillfällen. Hvem känner ej kanske hundra kloka qvinnor, ja, bland de mest begåfvade af sitt kön, hvilka följa med lifvets ström, utan att någon gång bjudas stiga in i en kyrka på dess strand, för att inför alltarringen aflägga löftet att »älska i lust och nöd»? Om ordspråket att en klok qvinna gifter sig med hvem hon behagar, egde grund, skulle vi då alltid kunna höra det med ett leende? hvem vågade väl då möta en klok qvinna? »Kom till mig och tag med er den dam som ni tillhör,» yttrade lady Morgan till en af sina vänner, hvilken hon på sitt halft koketta sätt ville locka till en af sina musikmatinéer. Men den qvicka irländskan skref likväl att i alla tider, alla länder qvinnorna hafva uppfört sig som helgon och blifvit behandlade som slafvinnor. Det är icke ett qvinligt påfund, att ett fruntimmer kan gifta sig med hvem hon behagar.

»Qvinnan och hennes herre» gaf en röst åt den oro, som i London ledt till stiftelsen af »Föreläsningar för fruntimmer» i en lokal vid någon liten bakgata, och till en »Klubb för damer», ofvanpå en pastejbod. Samma jäsning i det qvinliga slägtets sinnen har ock i Newyork föranledt kallelser till kongresser för flickor och fruar, att öfverlägga rörande kärleken, giftermålet, äktenskapsskilnaden med thy åtföljande angelägenheter, det »fria valet», det »konstlade moderskapet», det »qvinliga medlarkallet».

Man måste medgifva att hos oss, i Gamla Verlden, hafva ännu qvinnorna, under sin politiska verksamhet för att frigöra sig från lagens band, gjort endast svaga bemödanden. Hos oss har reformen att afvakta en lämplig tid. Inom Englands samhälle har mannen ännu makten på sin sida; den modigaste qvinna kan, om hon lägger våldsam hand på våra samhällsreglor, vår kyrkolag, ej hoppas att få skrattarne på sin sida. Hon vet att de skola uppträda emot henne. Icke så hennes amerikanska syster; hände hvad som helst, har hon såsom reformatris ingenting att frukta af ett hånlöje. Mary Cragin må förneka sitt äktenskapslöfte, Anna Dickenson bestiga tribunen, Mary Walker anlägga *pantalonger*. Hvad bry de sig om männens gyckel och speord? Unga flickor hafva just nu stor efterfrågan; Amerikas qvinnor hafva ej att befara någon försummelse, någon brist på uppmärksamhet, skulle de äfven djerft stiga fram och ropa på rättvisa för sitt kön. Hvad dessa damer säga och tänka har alls intet att göra med affärsförhållanden, och då må de fritt tänka hvad de anse vara rätt och öfverensstämmande med lag, då må de offentligt uppträda, undervisa, predika, trotsa verldar, och hålla parlamentariska diskussioner. Hvarför skulle de icke detta? Om män sammanträffa för att öppet uttala sina tankar, hvarför ej äfven qvinnor? Äro Statens angelägenheter af större vigt för ett folk, än hemmets och familjens?

Ingen man med klar blick och redligt hjerta skall säga att hos oss hemmets angelägenheter hvila på en säker grund, att rättvisa och kärlek herrska gemensamt; att inom den stängda dörren, innanför fensterjalusien alla förhållanden mellan man och hustru, mellan föräldrar och barn, renas, stadfästas och förädlas af kristendomens anda. Och kan detta, ej ens med sken af sanning påstås, då är en sak viss: vi hafva misslyckats i bemödandet att grunda vårt hemlif på kärlekens religion. Men då vi gått miste i vårt sträfvande efter ett sannt kristligt lif, hvarför då ej tåla att höra skälen till våra felsteg öppet framställas och afhandlas i närvaro af dem som saken närmast angår? och i alla fall, männerna må gilla eller klandra dylika forskningar, Amerikas damer hafva börjat tänka, skrifva och votera rörande dessa frågor. Det husliga lifvet förklaras vara qvinnans verkningskrets; då tillkomma också henne nödiga reformer deruti. Några fantaster, egentligen från Vermont, hafva emellertid gått vida längre än att skrifva och votera om den husliga lyckan eller olyckan. Oneida Creek och Saltsjöstaden, samfund grundade af män ifrån Vermont, äro praktiska svar på dagens stora fråga: »Hvad bör göras, för att afhjelpa missbruken inom vårt sociala och husliga lif?»

Alla de damer, som af intresse för sitt köns välfärd dragit i härnad, hvilka börjat tala och skrifva om qvinnans plats inom familjen, om likstämmighet emellan män och qvinnor, om den fria kärleken, om äktenskapets slafveri och rättighet till skilsmessa — vare sig att de höjt sin stämma med Margaret Fuller vid Brook Farm, med Mary Cragin vid Oneida Creek, med Antoinette Doolittle vid Mount Libanon, Belinda Pratt i Saltsjöstaden, Eliza Farnham i Newyork — hafva gått tillbaka ända till den gråa forntiden. Bristen på allt ledande ljus, alla lagbud, all tillförlitlig tradition i ämnet, hafva tvingat dem att rådfråga böcker, ransaka ibland fakta och kriticera gamla urkunder; med oförtrutet mod hafva de gripit verket an. Ingen höjd har varit dem oupphinnelig, ingen afgrund varit dem för djup. De hafva sväfvat upp till Olympen, de hafva störtat ned i Hades under sitt nitiska forskande efter exempel på ett sannt verkliggörande af kärlekens lag. De hafva vändt sina blickar till Syrien och Egypten, till Rom och Athen; de hafva vädjat till natur och konst, poesi och vetenskap; de hafva tvistat om sanningen af Evas historia, förnekat Lycurgi visdom och oförsynt trängt sig in i Saras tält. Från hvart land hafva de hämtat ett bevis, en varning, en förebråelse. De hafva tröskat säd med Ruth, studerat Aspasias historia, grubblat öfver Lucretias öde och anropat Johanna Grays ande. Hvarje folk har gifvit dem ett mönster och en sens-moral, och ehuru det erhållna mönstret säges omvexla, alltefter qvinnans högre eller lägre gåfvor af naturen, hennes färg och uppfostran, påstås sens-moralen deremot vara enahanda öfverallt. Ända till våra dagar, då, enligt hvad deras allranyaste profetissa, Eliza Farnham, förkunnar, en ny tideräkning tager sin början som skall heta »Qvinnans tidehvarf» — ända tills detta nya ljus i Amerika uppgått öfver det qvinliga slägtet, hafva de funnit att qvinnan af mannen blifvit behandlad ibland som en leksak, ofta som ett offer, i allmänhet som en del af hans lösegendom, alltid som slafvinna. »Hvar,» säga de, »kan hennes blick med välbehag hvila, om hon än öfver hela verlden studerat sitt slägtes historia?» Träder hon in i ett österländskt harem, en hinduisk zenna, en kaffrersk kraal, ett Newyorks hotell, en indiansk wigwam, ett Londons-hem, hvad finner hon inom dessa qvinliga celler? Likhet mellan de båda könen? rättighet att sjelf bestämma öfver sitt hjertas böjelser? Ingenstädes. I öster och vester, i söder som i norr skall hon finna föga annat än den starkares rätt. Med afseende på grundsatser af högre ordning finner hon inom det kristna hemmet lika väl som hos hedningen samma oreda i idéer, samma skiljaktighet i lagar, och som det påstås är ingenstädes förvirringen så stor, oredan så vild som i Förenta Staterna.

I intet land på jorden, säga dessa qvinliga reformatorer af familjelifvet, åtnjuter qvinnan samma anseende som mannen. En mahomedan får taga sig fyra hustrur, en jude tackar dagligen Gud för att han är en man, en perser betviflar, trots Koran, att hans älskarinna eger en själ. Granskar man i Europa förhållandet noga, skall man finna att på olika folkslags språk har ursprungligen orden man och hustru samma betydelse som herre och trälinna. I Amerika, det land der frihet och upplysning gjort de största framsteg, skall man finna att qvinnans ställning föga förbättrats, ehuru hon begagnar kristendomens bud som gradmätare. I Onondaga, uti staten Newyork, har en petition blifvit inlemnad till lagstiftande församlingen om upphörande af alla straffbestämmelser för förförelse. Äfven i Boston, Philadelphia, Newyork, — dessa städer, der såväl den största rikedom, som den största bildning råda, — är, säga dessa politiserande damer, qvinnans ställning föga bättre än ibland perfektionister och mormoner, äfven om hon tillåtes göra ett val af make efter sitt eget tycke. Hör endast hvad hon allt har att försaka! Sitt eget namn, sina egna medborgerliga rättigheter får hon vid giftermål afsäga sig; hvad hon eger i jord och kapital, det skall hon öfverflytta på sin man; sjelf skall hon helt och hållet uppgå i honom. Hvad mera får negressen finna sig vid, då hon säljes till slafvinna? Enligt lagen blir den gifta qvinnan jemngod med ett barn, som hvarken kan göra rätt eller orätt — ett förhållande som, då det å ena sidan skyddar henne, deremot å andra sidan beröfvar henne alla naturliga rättigheter. Hvarken domaremakt, kyrkolag eller samhället gör henne rättvisa. Hvad är vigselringen om icke ett tecken af beroende — ett harem, om icke ett fängelse, — ett hem, om icke så med, ehuru i lindrigare grad? Hvarför skall mannen ega rätt till domarebordet, arméen, talarestolen, och qvinnan blott ega kärleken? Hvarför skulle ej unga flickor få eftersträfva embeten i statens tjenst, eller att fylla presterliga kall? Skulle icke Elizabeth Stanton kunna representera Newyork i kongressen eller Olympia Brown predika vår troslära i Veymouth? Skall qvinnan för alltid nöja sig med att stanna inom barnkammaren eller att vid kaffebordet sqvallra om dagens nyheter?... Detta allt är spörsmål som fruntimmer, sådana som Lucy Stone och Mary Walker ställa till verlden; frågor, på hvilka många tusental hustrur och flickor afvakta ett svar.

»Och,» tillägga de, »blotta benämningen som

genom äktenskapet tillägges makarna, syfta på herre och slafvinna. *Man*, eller »*husbonde*» som den äkta maken mångenstädes kallas, betyder herrskare; hustru betecknar detsamma som *tjenarinna*. I många delar af Amerika, liksom äfven i England norr om Trent, nämner en hustru af lägre klassen sin man aldrig annorlunda än *husbonde* och han kallar alltid henne *sin qvinna*, eller, ifall han i främmandes närvaro vill visa sig rätt nedlåtande, »*sin lilla qvinna*». »Skola dylika relationer,» frågar Eliza Farnham med harm, »för alltid utgöra grunden för äktenskapet i ett fritt, ett lugnt och gudfruktigt land?»

Intet ämne *har* någonsin väckt och intet ämne *kommer* någonsin att hos oss menniskor väcka ett så brinnande begär efter klarhet och vetande, som förhållandet mellan man och qvinna — dessa båda väsenden, så rikt begåfvade hvar för sig, så olika till gestalt, till själsgåfvor och verkningskrets och likväl af naturen förenade genom de starkaste band, ja, oundvikligt dömda att göra hvarandra i högsta måtto olyckliga, eller i högsta måtto lyckliga. Samhället är frukten af detta förhållande. Lagen är blott ett namn för den ordning det fordrar till sin existens. Poesien är dess förnimbara röst. All epik, allt sorgespel, all romantik hvila ytterst på detta förhållande, såsom grunden till alla våra ädlaste, våra högsta känslor och lidelser. Från detta förhållande uppspringer i vår själ den högsta kärlek, såväl som det djupaste hat. Underordnade drama hafva spelats till slut, enklare problemer blifvit lösta; så, t. ex. de författningar som angå förhållanden män och män emellan, vare sig mellan regenten och hans undersåter, mellan presten och lekmannen, fader och son, fordringsegaren och gäldenären, herre och slaf. Alla dessa band hafva befunnits lyda en lag för framskridande, en lag som under seklers lopp småningom har mildrat dem, tills slutligen i vår tid hedendomens hårda stadgar nästan alldeles förlorat sin kraft. Men förhåller det sig ock på samma sätt med de lagar, hvarefter det vida mera grannlaga bandet mellan man och qvinna bestämmes? Som jag tror, i ganska ringa grad.

Är det icke ett öfverraskande, ett sorgligt faktum att i nittonde seklet af evangelii lära, de lagar hvarunder gifta qvinnor i Amerika lefva, äro hårdare än dem i Asien? I Turkiet blir genom giftermål en ofri qvinna fri, i Förenta Staterna deremot, (om vi skola tro kämparne för lika rättigheter) förbyts den fria till slafvinna. Österut upphör månggiftet alltmera, i Vestern har det ånyo blifvit antaget.

Ligger någon sanning i det påståendet, att hjertats och familjens band böra stå utom, eller rättare sagdt *öfver* lagen? Män, sådana som John Noyes, och qvinnor, som t. ex. Harriet Halton, predika detta djerft, och vid Wallingford liksom vid Oneida Creek hafva män och qvinnor frigjort sig från alla lagbud samt öfverenskommit att lefva tillsammans, ledda af Nådens ljus. Dessa satser och de experiment hvartill de fört, tillhöra likväl blott en fåtalig, om också verksam och derigenom farlig sekt. Verlden tänker annorlunda, ty verlden tror på Guds lag, om den äfven börjat tvifla på menskliga lagbud.

SJUNDE KAPITLET.
Man och hustru.

Rörande de hufvudsakliga fakta, som ligga till grund för qvinnornas missnöje med nuvarande samhällsordning, kan ej gerna någon tvekan uppstå hos tänkande män. Hvar och en som har ögon att se, måste erkänna deras tillvaro. Studerar man med allvar den namnlösa vetenskap, som så ofta är för våra tankar och som skulle kunna kallas det »husliga lifvets comparativa anatomi», skall man genast i början öfverraskas af den sanningen, att den gifta qvinnans rätt knappt synes stå i något samband med det system för framåtskridande, som i hvarje kristet samhälle gör sig märkbart. Alla andra förhållanden tyckas under tidens fortgång äfven gå framåt. Undersåtarne vinna ett större mått af frihet af sina regenter, lekmannen står på lika grad med prelaten, ett grymt behandladt barn åtnjuter skydd emot sin far, gäldenären beskyddas för hård behandling af sina kreditorer, slafven försättes i frihet, men under allt detta har knappt någon förbättring blifvit tillvägabragt i en hustrus ställning. Som ogift står qvinnan under lagens vård, åtminstone såsom annan lösegendom; som gift, som husmoder har hon knappt mera något skydd att påräkna — lagen tar då högst ringa notis om hennes existens. Ännu denna dag, efter alla reformer i våra lagar, kan man säga att rättvisan är nästan blind vid hennes lidande, döf och stum vid hennes klagan.

 Vid en jemförelse af förhållanden män och män emellan samt emellan de båda könen i Asien och Amerika, blir man förvånad öfver en mängd omotiverade kontraster. Man må betrakta en man såsom medborgare, lekman, son, gäldenär, tjenare — i alla förhållanden skall man finna honom åtnjuta en högre grad af frihet i Amerika, än i Asien. Skulle en fellah i Damaskus våga yttra till en rik man: »jag är lika god som ni?» Skulle tjenaren i Luchnow djerfvas säga till sin husbonde: »gå åt sidan, min rösträtt är lika god som er och jag ämnar icke tjena er längre». Skulle icke en sådan upprorsman skyndsamligen föras till stadsporten och få sina dryga tjugu slag? Men existerar likaledes en sådan olikhet mellan Damaskus och Boston, Lucknow och Philadelphia, med afseende på relationer mellan man och qvinna? Ingalunda. Dervidlag får man söka olikheten på annat håll: i Turkiet, Persien, Egypten, i det mohamedanska Indien stå den gifta qvinnans privilegier på säkrare grund, hvad lagen beträffar, än de göra det i Massachusetts, Pennsylvanien och Newyork. Den som betviflar detta, må taga ned från sin bokhylla *Hidayah*, denna samling lagar, som Englands jurister hafva att följa vid våra hinduiska domstolar och allt tvifvel skall förbytas i öfverraskning. Slår man upp denna lagbok ser man snart att lifvet i harem, hvilket många, som endast känna till det genom berättelser, föreställa sig såsom ett drama, med giftbägare, silkessnören, slafvinnor och ennucker, i verkligheten, så vidt det rör qvinnorna, är skyddadt genom en mängd visa och ömsinta lagar, som ej ostraffadt kunna brytas af männerna? Mången här i Boston inbillar sig att ett österländskt harem är ett fängelse, att en österländsk hustru är en slafvinna; det skulle dock fordras dem blott en ringa bekantskap med mohamedanernas lagar, för att inse huruledes en engelsk, gift qvinna står vida mindre beskyddad än hennes mörka systrar i Egypten och Bengalen.

I ett kort kapitel af ett dussin sidor har Blackstone i sina kommentarier samlat allt hvad han i våra lagböcker och författningar kunnat finna rörande en engelsk mans legala förbindelser till sin hustru. I Hidayah äro de kapitel som innefatta en mohamedans juridiska band till sin maka många och digra nog, att fylla en hel bok. En af Nya Englands advokater för »lika rättigheter», skulle säga att vår lag — och således äfven Amerikas — gör en fri qvinna till träl genom det civila äktenskapskontraktet och vigseln — ja, i vissa afseenden till värre än en träl, då den genom giftermålet beröfvar henne alla de rättigheter hon möjligen genom födseln eger — hennes familjnamn, hennes gods och gårdar, samt gifver hennes person i en mans våld, hvilken måhända skall förstöra hennes förmögenhet och göra henne djupt olycklig. I hvilket hänseende är en sådan skildring osann? Hvem vet icke att dylika förhållanden ega rum i hvarje stad? Vi behöfva ingalunda forska bland mål för äktenskapsskilnad — exempel möta oss på hvarje gata, de ropa högt från månget hem. Lagen hos oss öfverlåter hustrun så fullkomligt i mannens våld, att en qvinna, som träder inför altaret ung, oskyldig, skön och rik, måhända efter ett dussin år framsläpade under en brutal behandling, för hvilken lagen icke förmått skydda henne, och ännu mindre kan gifva henne någon godtgörelse, står ensam, med skingrad förmögenhet och förstörd helsa. En utväg och blott *en enda,* kan skydda henne åtminstone för någon del af allt detta elände — ett paktum, innan hon inträder i sitt olycksbringande äktenskap.

Något så hårdt, så grymt kan icke hända en ung, älskande flicka hvarken i Turkiet, Persien eller det mohamedanska Indien. Inom ett musulmanskt samhälle säger lagen att hvilka rättigheter en qvinna till följd af sin härkomst eger — vare sig att hon är rik eller fattig — dem skall hon äfven som gift åtnjuta som sin orubbade egendom, ända till sin död. Ingen man kan taga dem ifrån henne. Har hon lemnat sin fars hem och inträdt i sin makes, så är hon ännu som förut en fri menniska, en egarinna till sin förmögenhet och i besittning af samma medborgerliga rättigheter. Hon kan kräfva sina gäldenärer och inför domstol återvinna sina pengar. Alla de privilegier som tillkomma henne i egenskap af qvinna och maka, äro henne tillförsäkrade, ej genom en makes nyckfulla ömhet, hvilken lika lätt kan gå, som den kommit, men genom särskilda lagparagrafer. Hos musulmännen är giftermålet en civil akt; ingånget inför en domare, kan det ock af en domare upplösas. I Orienten är detta kontrakt i så fall mera logiskt än i Vestern, att det icke förlänar mannen större makt öfver hustruns person, än precist hvad lagen bjuder, och alls ingen öfver hennes förmögenhet. En persisk eller turkisk brud, gift med en man af lika stånd och religion som hon, fortfar att i det nya hem, hvars själ och ljus hon skall blifva, ega en sjelfständig existens, som sin faders barn. En brud i Nya Englands stater, som gift sig med en man af samma vilkor och tro, förlorar på en gång hela sin forna tillvaro och blir en del af honom. En turkisk hustru är en sjelfständig och ansvarig personlighet, med känsla af hvad som är rätt och orätt, samt med lika frihet att emottaga och förvalta sina pengar, som under sin ogifta tid. Hvad som henne tillhör, det är derföre ingalunda hennes herres och mans. Hon kan emottaga en pension, underskrifva en revers, förstäcka någon ett lån. Man kan i sanning tycka den amerikanska hustrun vara en rätt hjelplös varelse, jemförd med sin asiatiska syster!

Den första lärdom vi således kunna hämta genom studium af »husliga lifvets comparativa anatomi», är att lagens bud och beskydd visserligen är tillämpligt äfven vid så grannlaga förhållanden som mellan äkta makar, utan att dess allvar och skydd bör förstörande ingripa i hemmets frid och helgd. Sådana lagbud finnas i Cairo, Bagdad, Delhi, i hundratals af Orientens städer. Våra egna jurister komma beständigt i erfarenhet af dem med afseende på Ostindien, der de mest invecklade frågor rörande husliga förhållanden om lifgeding, skilsmessa, underhåll, äktenskaplig trohet, etc. komma för domstolarne och måste behandlas enligt principer alldeles främmande för vår engelska lagstiftning. För att dömma öfver dessa mål, nödgas vi lägga åsido såväl vårt parlaments statuter som *Jus civile* och vår allmänna lag. Mahomeds *Suras* förse oss med grunderna, Abu Yusufs kommentarier med detaljerna för behandling af mahomedanernas lag. Hvem skulle då, med våra indiska förhållanden midt för våra ögon, kunna påstå att lagen icke *kan* stiftas för att skyddande nå äfven de mest undangömda rum inom hemmen? I Delhi, Lucknow, Madras, att ej nämna Cairo, Damascus, Jerusalem, står barnkammaren, ja brudkammaren under lagens beskydd. Det är naturligt att i Asien, liksom i Amerika, månget hemligt tyranni existerar, — den starkares despotism; och att den i Orienten uppträder i ännu våldsammare form, till följd af asiatens starkare passioner och större list, men det vissa är att en mohamedansk äkta man aldrig vid grym behandling af hustru och barn handlar under skydd af lagen, eller trygg genom dess tystnad. Gör han orätt, så *vet* han att det är orätt och bär inom sig fruktan för rättvist straff. Behandlar han någon af sina qvinnor brutalt eller opassande, så vet han att offret för hans våldsamma lynne inför en opartisk domare kan vinna beskydd.

Men hvad är då orsaken till att en gift qvinna inom asiatiska samhällen åtnjuter bättre skydd och säkerhet, än i det fria Amerika? Ingalunda kan det vara emedan Asien är mahomedanskt och Amerika kristet. Intet bud i vår troslära gör en kristen hustru till slafvinna; tvärtom: evangelii kärleksfulla vård om qvinnan står högt öfver koranen, högt öfver hvarje annan läroboks. Hvarföre är då lagen i kristna länder så hård mot hustrun, då Islams lagar synas så milda?

Detta är en fråga som går djupt, ända till roten af våra förhållanden. Ett öppet svar derpå kan tjena till förklaring af den revolution, som åtskilliga qvinliga tänkare påstå är i antågande öfver Amerikas samhällslif.

ÅTTONDE KAPITLET.

Förenta Staternas lagar.

Då Amerikas qvinnor, under sina forskningar rörande sitt slägtes historia, med tungt hjerta vända blicken ifrån förflutna tider och all orätt, allt förtryck qvinnan derunder lidit, samt tacksamt skåda framåt till de nya städer, Bethlehem, Wallingford, Libanon, Saltsjöstaden, der lockande rop höjas att nu först rättvisans gyllne ålder har tagit sin begynnelse, så må ingen man stå upp och säga att de sakna skäl till sin oro. Vi vilja ingalunda säga att de botemedel mot det onda, som ännu blifvit framstälda, äro de rätta; vi säga blott att anledningar — stora och vidt utbredda — finnas för qvinnans klagan. Man kan tryggt förklara att orätt emot henne genomgår hela samhället och blottställer henne för olika grader af blygsel, alltifrån boudoirernas finare tortyr, till gatornas brutalare förolämpningar. Äfven här i Boston, en stad med så mycken lärdom, förfining i seder och gudsfruktan, är det svagare könet utsatt för så mycken råhet och skymf, att Carolina Dall, inför sitt auditorium af fruntimmer, förklarade sig icke kunna öppet tala om alla dessa oförrätter, eller ens gifva dem deras rätta namn. Och vid allt detta lidande tiger Amerikas lag, äro dessa domare oförmögna att hjelpa. »Huru,» fråga qvinnoslägtets sakförare, »har detta förderf kommit öfver oss?»

Den fråga vi i föregående kapitel redan hafva behandlat, nämligen möjligheten af att en hustru i Turkiet, Persien och Egypten åtnjuter mera trygghet, mera skydd af lagen, än hennes ljusare syster i Boston, Richmond, NewOrleans, har för oss öppnat vägen till några förglömda sanningar; den framkallar nämligen en ytterligare fråga: Hvarifrån hafva vi, kristna, fått våra lagar rörande äktenskapet, och hvarifrån hafva mahomedanerna fått sina? Svaret ligger nära tillhands, ty dess fakta stå med djerfva drag skrifna i vår historia och noga detaljerad i våra statuter. Vi hafva fått vår äktenskapslag från *pandekterna*, den samling romerska lagar som kejsar Justinianus lät utgifva och fastställa; muselmännen ha deremot fått sina ur Koran. I detta olika ursprung ligger ock grunden till deras skiljaktighet i anda och innehåll. Våra lagar ha en borgerlig och kommerciel grund; deras, en moralisk och religiös.

Här träffar forskarens yxa roten. Vårt lif är en delad pligt: en moralisk tillvaro, grundad på evangelii lära; ett samhällslif, grundadt på den borgerliga lagen. På samma gång som vår sedelära har sin rot i kristendomen, ha våra statuter deras rot i hedendomen. Att, åtminstone i de flesta fall, det göres qvinnan orätt i äktenskapet, lika väl som under alla relationer mellan de olika könen, har liksom många andra misstag inom våra samhällen sin orsak deruti, att vi hämta moralen från en källa, religionen, och våra lagar från en annan källa, pandekterna.

Ett ibland de många bedröfliga skämt, hvarmed vi söka bemantla vår falska ställning, är det påståendet att Englands och Amerikas lagar äro grundade på vår religion. Låt oss pröfva hållbarheten af detta påstående med ett exempel. En rättsinnig och gudfruktig man, väl bekant med den Heliga Skrift, går med sin bibel i hand upp i Förenta Staternas högsta domstol och söker öfvertyga presidenten att Kristi bergspredikan är god amerikansk lag, bindande för hvarje bekännare af Kristi lära. Kan någon för ett ögonblick tvifla på hvad som skulle hända denne rättsinnige och fromme man, nämligen att domaren skulle ömka sig öfver honom, advokaterna skratta i smyg och rättstjenarne föra ut honom? Låt oss nu flytta scenen från Capitolium i Washington, till stadsporten i Damascus. I en österländsk stad kan en sådan man tryggt träda inför kadi med Koran i handen, viss att hans citater ur den heliga boken skola bli hörda och att om han med omdöme och sans åberopar den, skola dess ord inverka på domen som skall fällas. Orsaken är tydlig. Österländingen har icke två lagar, den ena för gatan, den andra för stadsporten; den ena för sitt harem, den andra för sin moské. Hans sedliga och hans borgerliga lif hafva båda samma grund och samma syftemål; han finner inga stridigheter i sin prests och sin kadis läror. I Boston och Newyork hafva vi en morallag, som blott i två eller tre mera obetydliga punkter närmar sig den allmänna lagen. Hvad veta våra rättslärde om Kristus, Moses och Abraham? Allsintet, i egenskap af jurister. Dessa namn höra icke till dem, som anföras i våra akter och kommentarier. Våra domare hafva nog hört nämnas Justinianus och känna honom väl, men om de oförvanskliga buden i vår troslära, om den gudomliga källan till vårt sedliga lif, hafva de, såsom rättskipande jurymän ingen anledning att taga notis. De måste hålla sig vid texten: en blandning af sachsiska lagen och *Jus civile*.

Första resultatet af att våra lagar förskrifva sig från hedendomen och vår sedelära från evangelium är, hvad som förefaller en österländing högst besynnerligt, att hos oss dygdens utöfvande betraktas som en enskild affär mellan menniskan och hennes Skapare, icke som hos musulmännen, mellan menniskor ömsesidigt. Ingen lag här i Boston eller Newyork tvingar en man att vara sedlig, välgörande, pligttrogen. Ett qvickhufvud, som sagt åtskilliga bittra sanningar i skämt och parabler, har yttrat att i våra civiliserade samhällen en rik och fördomsfri syndare kan bryta emot alla tio buderden, utan att riskera att ej blifva bjuden på middag i hvilket hus som helst och emottagen i hvilken dams salong som det vara må. Är han stark i list, angenäm sällskapskarl och sjelf gästfri, kan han, som sagdt, fela mot hela Guds lag, från att tillbedja falska gudar, till att begära sin nästas hustru. Det enda han behöfver, är att icke blifva sedd af polisen. Är denna parabel osann? Hvilken man, som lefver med i verlden, är nog blind för att tro menniskorna handla i öfverensstämmelse med deras yttre sätt? Man behöfver ingalunda vara en cynikus för att se, huru inom modets verld många skurkar sitta vid de rikas bord, njuta af deras goda mat och dricka vin, hvilka i en musulmansk stad skulle föras inför kadi och erhålla vissa slag under fotsulan. Måhända med blott två undantag, kan en syndare på öppen gata bryta emot buden, utan att någon skall lägga hand på honom. Så länge han icke dödar sin ovän och bestjäl sin vän, går han oantastad. Hvilken domare skulle tänka på att fråga en man, dragen inför rätta, om han tillber afgudar, afhåller sig från svordomar, helgar hvilodagen, hedrar fader och moder etc.? Ingen enda. Och hvarföre?

Jo, emedan domaren icke sitter vid rättsbordet för att tolka religionens bud och sedelära, men den borgerliga lagens stadgar.

En sanning är, att vi engelsmän och amerikanare ännu icke på långt när hafva omfattat kristendomen såsom den enda, fasta grunden för vårt lif. Vi sköta religionen i kyrkan, men då vi sjungit våra psalmer och slutat våra böner, gå vi åter ut i verlden, för att under sex dagar af veckan låta leda oss af hedniska lagbud. Våra domstolar hafva ingen makt att behandla moraliska oförrätter, såvida de icke skadat någon af statens medlemmar till lif eller egendom. Brist på heder, dygd och grannlagenhet har inför lagen intet att betyda. En usling må förbanna sina föräldrar, vanhelga sabbaten och tillbedja träd och sten, utan att träffas af lagens arm. Samme usling må krossa sin makas hjerta, förslösa sina barns arf, förstöra sin väns lycka och han skall ändå undgå välförtjent straff. Några af de svåraste förbrytelser emot Gud — den Gud hvars vilja är vår lag — behandlas af de stadgar vi lyda med så föga stränghet som vore de blott barnsliga odygder. Brott emot sjette budet bestraffas icke. Förförelse behandlas såsom en orätt, begången icke mot den unga flicka, som kanske blir ett offer derför, men emot den husbonde i hvars tjenst hon är antagen. Äktenskapsbrott är upptaget i samma klass som tjufnad och smärre förbrytelser, betraktadt snarare som förlust af egendom än af renhet och anseende. En man, hvars namn och heder för alltid äro skymfade, kan icke inför domstol anklaga förbrytaren för sin härjade lycka, sin fläckade heder, men blott för den tidsförlust, den ekonomiska skada som drabbar honom genom hans dotters eller hustrus oförmögenhet till arbete! En och annan af de Förenta Staterna har sökt att borttaga de skarpaste skiljemurarne mellan kristendomens sedelära och den borgerliga lagen. I Newyork blir den man, som förledt en ung flicka, dömd till fängelse, men man kan icke neka att lagstiftningen ännu knappt har vidrört den yttersta kanten af ett svårt och olycksbringande ondt. Då i Onandago reformatorer inlemnade en petition, att med stöd af Moses lag fängelset för förföraren skulle utbytas mot vigselringen, så hade de åtminstone intet medel att föreslå emot det ännu svårare brottet att inleda en gift qvinna på lastens väg. Ej heller kan ett sådant medel finnas, så länge vi lefva under en lag, hvilken behandlar dylika förbrytelser såsom en oförrätt emot en mans egendom, men ej emot hans moraliska existens.

Inom alla samfund för vetande och statslära, som i Amerika under senare tid hafva uppstått, har detta ämne blifvit afhandladt, förhållandet erkändt och botemedel sökta. Vid Oneida Creek hafva de sökt ett slut på äktenskapsbrotten genom att alldeles borttaga äktenskapet! Vid Mount Libanon hafva de af samma orsak afsvurit all jordisk kärlek. I Saltsjöstaden tro de sig kunna förekomma detta brott, genom att belägga det med dödsstraff. Men dessa sekteriska experimenter utöfva intet inflytande på lagarna och Unionens lagstiftande församlingar besväras oupphörligt med petitioner att stifta ett verksammare lagbud för brott emot sedligheten. Huru skulle ett sådant lagbud kunna finnas, så länge vi hänga fast vid Justiniani statuter, i stället för att stödja oss vid Guds ord?

I en musulmansk stat är Profetens ord lag, hvarenda rad af Koran en befallning, hvarje *sura* en regel att följa. Profetens syftemål var att, såvidt han förstod, bland sitt folk införa icke blott borgerlig ordning, men äfven ett heligt lefverne, hvarföre hans ord innebära en regel för de rätttroendes handlingar, vare sig inom hemmen, i moskéen eller bazaren. Hos oss deremot, inom Vesterlandets samhällen, hafva vår Frälsares bud endast erhållit bindande kraft såsom sedelära, hvilken hvar och en må följa eller förkasta, allt efter eget godtycke.

De lagar vi följa och hvilka ega hednisk härledning, synas endast afsedda för lifvet utomhus. Vi ha ett gammalt talesätt att »vårt hem är en befästad borg» och så är det ibland, i en ganska vidsträckt och ond betydelse. Ingen klagan eger rätt att bryta dess portar. Lagen stannar och besinnar sig vid tröskeln, sjelfva kronan, allmänna rättens högsta skyddsmakt, kan endast bryta dessa portar efter högtidliga förberedelser och dertill förmådd af något svårt brott. I en musulmans hem är en dylik feodal afskildhet okänd. Hvart rum derstädes är öppet för Koran; hvarje handling af hemmets herre måste stå i öfverensstämmelse med lagen; hans hustru, hans barn, hans slaf ega rätt att emot honom anföra Korans bud. Islams bekännare äro alla väl bekanta med lagarna, ty Koran är en skrift som aldrig kan glömmas, aldrig mista sin tillämplighet. Hvarje musulmansk lagkunnig måste hålla sig vid dess bud, hvilka de skola förklara, dock med en viss begränsning, och blir kadi villrådig om den dom han bör fälla, har han blott Koran att studera, för att få sina tvifvel lösta. Grunden för allmän rättvisa är densamma i alla tider och i alla länder.

I stater, sådana som England och Amerika, hafva vi ingen samling af gudomliga och ofelbara lagar, genom hvilka alla tvistefrågor kunna lösas. Då vid våra domstolar en kasus förekommer, till hvars lösande inga författningar lemna ledning, hvart vända sig då våra domare för att vinna ljus? Till evangelium? eller studera de Pauli bref? De tänka aldrig på något sådant. Nya Testamentet hör icke till våra juridiska verk. Visserligen lära vi budorden i våra småbarnsskolor och predika dem i kyrkorna, men vid domarebordet tycka vi oss icke behöfva dem. Vi synas nästan yfvas öfver vår hedniska lag, hvilken i våra handlingar framkallar en sådan strid emot våra religionsbud och blott vid högtidliga tillfällen låta vi dessa högre bud göra sig hörda.

Men nu är det ytterligare, i våra moderna samhällen, i London och Newyork, en erkänd sanning, att qvinnans ställning inom familjen är hög och eller låg, alltefter som vi troget följa den lag af kärlek som evangelium bjuder oss, men hvilken domstolarna, om de så för godt finna, kunna helt och hållet ignorera. En turk har ej kadis tillåtelse att lägga sin bergspredikan åsido för att läsas om söndagarna eller af fromma qvinnor och gamla, enfaldiga gubbar. Liksom asiaten äfven i sitt hem måste lyda sin religions och sedoläras bud, så skall visserligen också amerikanaren i sitt hem följa sin lag, men en lag som blott har en social och merkantil grund, från hvilken hvarje skymt af moral och gudsfruktan kan vara borta. Och sålunda kan verkligen det otroliga inträffa, att en hustru i Orienten, ehuru lefvande inom ett samhälle der månggifte bekännes, eger i vissa hufvudpunkter mera frihet och beskydd — nota bene inom den krets der hon lefver — än den mest bildade dam i Newyork.

Är detta slutet af vår långvariga sträfvan efter ett sannt kristligt lif? Nej; ingen gudfruktig man och qvinna kan tänka så. I denna stund kämpa många tusen verksamma hjernor och deltagande hjertan på lösningen af ett problem, huruledes vi, från vårt nuvarande stadium af längtan och strid, må kunna ingå i ett tillstånd af renare, sannare kristendom. Att många af dessa sökare efter ett bättre tillstånd famla i mörker och blicka efter ljus, der intet ljus står att få, det veta vi; men så vida de söka redligt och med innerlig trå att komma på den rätta vägen, så äro äfven de värda vårt studium och vår aktning.

Främst bland dessa sökande efter ljus, står Brödraförbundet vid Mount Libanon i staten Newyork.

NIONDE KAPITLET.
Mount Libanon.

I öfra delen af nämnde stat, invid den sköna floden Hudson, ligger en helsokälla kallad New Libanon, der sysslolösa, unga menniskor från Newyork och Massachusetts tillbringa den hetaste tiden under sommaren, boende i små trähus, koketterande och promenerande i skuggan af stora kastanier, åkande på dåliga vägar och drickande då och då ur källan, hvars vatten en neger just nu sagt mig är så oskyldigt, att en häst kan vattnas dermed utan att det bekommer honom illa! Resa vi tre mil söderut från denna helsobrunn komma vi till en solig bergssluttning, der en mängd byggnader, putsade och moderna, men ändock af ett visst pittoreskt tycke, äro uppförda. Detta ställe är hufvudpunkten för ett religiöst samfund menniskor, få till antalet, besynnerliga till sin klädsel liksom till sina idéer, samt ännu endast tillfinnandes i Förenta Staterna.

Byn heter Mount Libanon och utgör, som sagdt, förnämsta hemvist åt en sekt celibatärer. Detta lilla samhälle är grundadt af Anne Lee och verldsmenniskorna, som i hela dess institution finna något ytterligt komiskt, kalla stället Qväkarbyn. *Qväkare* är nämligen ett uttryck af hån och ogillande, och delar sekten i detta fall lika lott med andra andeliga samfund, hvilka för det mesta erhålla någon smädelig benämning af verlden. Bland de utvalda heter sekten »Samfundet af Troende på Kristi andra tillkommelse».

En gång då jag önskade något rosenvatten köpt, frågade jag en bekant hvar det bästa stod att få. »Ni bör höra efter,» sade han, »i någon af de bodar der qväkarne sälja parfymer.» En annan gång då jag frågade hvar jag skulle göra den rikaste samling frö af amerikanska örter och blommor fick jag till svar: »Ni bör rida till Mount Libanon, ty ingen i dessa delar af landet kan mäta sig med qväkarne i att odla alla slag af plantor.» Min nyfikenhet väcktes. Hvarföre skulle folket i denna by öfverträffa sina landsmän i en dylik industri? Väl visste jag att esseerna voro blomsterodlare och åkermän, liksom idkare af biskötsel; men dessa hebreiska anachoreter lefde på en tid då jordbruket hölls lågt i anseende och ovärdigt frie mäns tankar och arbetskraft, hvarföre dessa ödmjuka kristne egnade sig deråt, ingalunda för vinst, men för att öfva sig i tålamod och späka sin lekamen. I trakten af Mount Libanon deremot, ett skönt kuperadt landskap af grönskande kullar och dalar, genomkorsade af klara vattendrag, som från helsobrunnen sträcka sig öster- och söderut, der eftersträfvar ingen man att synas missakta åkerbruk, såsom ett föraktligt arbete, endast passande för qvinnor och slafvar. Tvärtom; alla mest begåfvade och talangfulla män egna sig åt landtbruket, och utmärkelser äro i beredskap för den, som lyckas producera den bästa och rikaste skörden. »Hvad är orsaken,» frågade jag min vän, »att på en ort, der en så allmän täflan eger rum i att draga ymnig vinst af jorden, dessa qväkare vid Mount Libanon äro de enda fröodlare i hela staten?» — »Som jag förmodar,» svarade han efter någon besinning, »emedan de uteslutande vinnlägga sig derom.»

Detta uttryck om qväkarne, att de uteslutande vinnlägga sig om jordens odlande, torde gifva klaven till många förhållanden, som vid Mount Libanon väcka vår undran. Då man från New Libanons vackra by vandrar uppåt den grönskande höjdsluttningen, ser man af de goda vägarna, den friska gräsmattan, de jemna häckarna, och mera än allt detta, ser man af folkets friska, fromma ansigten, af deras klara, milda ögon, huru de verkligen lagt hela sin själ, hela sitt sträfvande uti, att inom några få korta år hafva förbytt denna undangömda vrå af staten Newyork från en vild skogstrakt till ett jordiskt paradis. Några drag af den kraftfulla, gamla naturen finnas ännu qvar i taflan. På höjderna växa skogsparker af jättestora ekar och valnötsträd; klippor skjuta upp ur grunden och marken är stenbunden. En stor del af jorden har aldrig blifvit inhägnad; vägen är öppen för hvem som helst, och hvilken som går der fram med bössa på axeln har lika mycken rättighet att skjuta vildbråd, som om han befunne sig på Nebraskas prairier. Detta gäller dock endast för de skogbevuxna höjderna; i dälderna har menniskan lagt sin hand, på en gång kraftfullt och vårdande, på jorden och denna har jemte annat godt skänkt henne ett rikt mått af skönhet i utbyte mot kärleksfull vård. Hvar kan man finna en fruktträdgård, värd att jemföras med denna här till venster? Hvarest, utom i England, får man se en så frisk och fin gräsmatta? Träden äro grönare, rosorna rödare, boningshusen nättare och snyggare än öfverallt annorstädes i orten. New Libanon har nästan samma utseende som en af gamla Englands dalar, rik genom tusenårig odling och flit. Man lär sig snart fatta att de män, hvilka plöja dessa åkrar, vårda dessa trädgårdar, binda kärfvarna, putsa vinstockarna, plantera frukträden, hafva kommit derhän att nedlägga all den kärlek en mild Försyn ingifvit dem, i det dagliga arbete de föresatt sig. Utan att längre undra deröfver, hör man berättelsen om att de betrakta jordens skötsel som en del af sin gudstjenst, emedan de anse sig kallade att återlösa och till gemenskap med Gud bringa vår jord, skymfad och förbannad genom menniskornas synder.

Planen, lefnadssättet och idéen för Mount Libanons samhälle blifva fremlingen genast tydliga under en vandring på de gräsbeväxta gatorna. Denna stora byggnad till höger, ett solidt stenhus midt ibland boningshus af trä, är spannmålsmagasinet, ett vackert hus, och, som jag hör, det största af sitt slag i Amerika; dermed äro ock förenade genom ett både ändamålsenligt och för ögat fördelaktigt byggnadssätt en höskulle, ett kostall och ett förrådshus. Hela anläggningen, belägen på en hög punkt just vid inträdet i byn, utgör, så att säga, en sinnebild af hela samfundet.

Sädesmagasinet är för en qväkare hvad templet är för juden.

Bortom detta, på en skuggrik plats står North House, der Frederick och Antoinette — (i verlden kallade Frederick W. Ewans och Mary Antoinette Doolittle) bo såsom äldste och högste styresmän öfver den talrika qväkarfamiljen i byn. Litet nedan om detta hus samt gömdt inom lummiga trädgårdsanläggningar hafva vi gästernas gård, der jag varit lycklig nog att få vistas några sommardagar, mest tillsammans med Frederick och Antoinette. Rundt omkring dessa hus stå brödraförbundets boningar och visthus, och der utomkring en mängd trädgårdar, i hvilka Baltimores vinstock växer rik och hög, vid spalierer och uppför störar. Ett litet stycke längre ifrån vägen ligger kyrkan, en regelbunden, hvit träbyggnad, oprydd, slät och med kupigt tak, samt rymlig och hög. Der hålles gudstjenst hvarje söndag och hymner sjungas under sektens egendomliga dansande tempo, ett skådespel som ofta framkallar undran, ibland äfven opassande åtlöje af nyfikna brunnsgäster från New Libanon Springs. Nära till kyrkan står Church House, der Daniel och Polly (i verlden: Daniel Crossman och Polly Reed) bo; äfven de äro äldste i församlingen. Der är skolan och i förening med den ett magasin för vackra handarbeten, som säljas åt unga damer af verldens barn, hvilka komma på besök. Brodern Frederick är församlingens predikant, men hvar familj har sitt manliga och sitt qvinliga öfverhufvud. En qväkarfamilj lefver vid Canaan, sju mil derifrån, der jag äfven gjort ett besök, och på andra sidan af höjdsträckningen, i staten Massachusetts, finns ytterligare ett sådant samhälle vid en plats benämnd Hancock.

Ingen holländsk köping har ett prydligare utseende; ingen herrnhutarkoloni en innerligare prägel af stillhet och frid. Gatorna äro lugna, ty här finnas hvarken schweizerier, krogar eller ölstugor; öfver det antal större byggnader, hvilka resa sig omkring mig — kyrka, arbetsrum, magasin, skola, sofrum, kök, stall — råder en förvånande renlighet, ordning och lugn; hvartenda hus ser nästan ut som en kyrka. Målningen är ny och blank, fensterna äro klara, staketen se ut som om de nyss hade blifvit uppsatta. Ett hvitt skimmer ligger öfver hela taflan och frid herrskar rundt omkring. Äfven i hvad som kan förnimmas af våra yttre sinnen har Mount Libanon en prägel liksom af en ständig sabbat; en vällukt från de många, väl skötta blomstergårdarna hvilar öfver hela platsen; gardiner och fensterjalusier äro bländande hvita och inomhus har allting en viss parfym af lavendel och torra törnrosblad.

Innevånarne ha naturligtvis samma tycke som deras by. Dessa svärmare äro stilla i hela sitt väsende, deras röst är melodisk, deras anletsuttryck mildt; man ser att de äro ett folk som icke blott inom sitt eget samhälle lefver i frid, men som äfven har frid med Gud och med naturen. Ehuru männernas drägt är besynnerlig — en lös och vid rock, skjortkrage men ingen halsduk, en lång väst, ihopknäppt ända till halsen, vida, något korta underkläder och bredbrättad hatt, vanligen af halm — är deras sätt tillräckligt värdigt och på samma gång obesväradt, för att de ingalunda böra förefalla en fremling mera löjliga än t. ex. en engelsk domare, eller en arabisk sheikh. Qvinnorna bära en liten mössa af linong, och hvit halsduk som de lägga ikors öfver bröstet; kjorteln faller i rak linie från lifvet ned till fotknölen och hvita strumpor samt skor fullända drägten. Och trots att denna drägt hvarken är af glada färger eller vacker form, så ega systrarna ett tycke af ljufhet och lugn, som verkar på ens sinne likt klockornas ljud en stilla lördagsqväll, då det ringes till helgsmål. Sedan jag tillbringat några dagar med dem, derunder sett dem vid måltidstimmarne, vid bönen, under deras nöjen och deras arbeten; sedan jag blifvit personligt bekant med en mängd män och med flera qvinnor, har jag kommit till den öfvertygelsen, att skulle ett olyckligt öde beröfva mig de band som nu fästa mig vid lifvet, eller min helsa blifva bruten, kan jag, näst min hustru, icke tänka mig några väsenden, hvilkas åsyn bättre skulle passa vid min sjuksäng, än dessa qvinnor. Lifvet tycks här fortskrida i en jemn och lätt rythm. Ordning, måttlighet, gudsfruktan, dessa förhållanden äro hvad som hos qväkarne vid Mount Libanon först anslå fremlingen — en sann paradisisk frid och oskuld efter åsynen af Newyorks vilda, utsväfvande lif. Hvar och en är här sysselsatt, men lefver på samma gång i lugn. Inga hotelser, intet trots, inga ansträngningar öfver hvad menniskor och djurs krafter tåla komma här i fråga, och detta af en helt naturlig orsak: hvar och en är fri; allt arbete är fritt. De som hafva inträdt i förbundet, hafva kommit osökta; de, som åter vilja gå, få göra detta utan invändning. Ingen militär, ingen polis, inga domare komma i fråga; inom detta samhälle, der hvar och en lemnar allt hvad han eger till en gemensam fond, är vädjande till domstol en okänd sak; frid råder vid rådplägningarna, i kyrkan, ute på marken. Se dessa rödkindade små pojkar i sina bredbrättade halmhattar och långa förkläden, huru de springa och hoppa ute på gräsmattan och fylla luften med sina muntra skratt; man kan icke ett ögonblick tvifla på att de äro lyckliga och sorgfria, som barn böra vara det. Se dessa små blåögda flickor (dessa två med lockiga hufvuden äro barn af en dålig mor, hvilken förlidet år rymde med en fremmande man, medan hennes egen make var långt borta i kriget) se huru blyga, vackra och renliga de äro i sina nya, snygga kläder; kan man säga sig hafva sett barn, lika englar, så måste visserligen dessa vara deribland.

Men är det icke förunderligt att unga män och flickor kunna lefva inom samma hemvist, midt i frid och trefnad och aldrig tänka på kärlek? Och väcker det ej en känsla af smärta hos betraktaren, att dessa glada barn, hvilkas friska skratt ljuder tvärsöfver gräsplanen, aldrig sjelfva, om de stanna inom detta samhälle, skola komma att ega barn, som en gång i sin ordning, i sin ålders fria glädje skola leka på den gröna ängen?

Qväkaren är munk och qväkerskan är nunna. De hafva intet att skaffa med verlden. Men deras kyrka, som så ofta blifvit tecknad såsom en moralisk galenskap, en religiös komedi, en gudstjenst efter S:t Vitus snarare än efter Pauli läror, skall, då vi rätt lärt oss uppfatta dess grundtanke, befinnas ega en förunderlig dragningskraft. Dess magnetiska makt öfver en mängd menniskosinnen i Amerika skulle, äfven om jag vore en ovillig åhörare (hvilket jag icke är) förmå mig att stanna här länge nog för att rätt lära mig förstå pjesens idé.

TIONDE KAPITLET.

Ett qväkarehem.

Under de dagar jag tillbringat vid Mount Libanon som gäst hos Frederick och Antoinette, har hvarje tillfälle stått mig öppet att sjelf se och bedöma såväl förtjenster som brister hos dessa qväkare. Jag har ätit vid deras bord, bott i deras hem, åkt i deras vagnar, samtalat med deras äldste och i deras sällskap besett fruktträdgårdarna. Morgnarna har jag tillbragt med dem ute på åkern och då aftonen kommit deltagit i deras samqväm, i de gemensamma sällskapsrummen. Vid deras arbeten, som vid deras nöjen och deras bönestunder, har jag med uppmärksamhet följt dem. Med ett ord: jag har lefvat deras lif och bemödat mig att uppfatta den anda som genomgår och uppehåller hela deras samfund.

Mitt rum är med en nästan tröttande noggrannhet putsadt, ordnadt och fint. Ingen Haarlemsk »Vrouw» kan skura och feja sitt golf till en så utomordentlig renhet som golfvet i mitt rum, och ej heller torde dess snöhvita tiljor ha sin motsvarighet, om icke inuti en ännu växande fura. I ett hörn står en säng med snöhvita lakan och ypperliga sängkläder. Ett bord med en engelsk bibel, några qväkarskrifter, ett skriftyg och en pappersknif, fyra korgstolar, placerade i en viss vinkel, en mattbit nedanför sängen och i ett hörn en spottlåda, se der hela möbleringen. Ett litet toilettrum bredvid innehåller en annan bädd och en tvättställning. Hela den lilla bostaden är ljus och luftig, till och med i ovanligt hög grad, äfven för ett trähus. Qväkarne, hvilka ej hafva några läkare ibland sig och småle åt alla våra krämpor — hufvudvärk, febrar, förkylningar, etc. — lägga stor vigt på tillräcklig luftvexling. Hvart enda hus vid Mount Libanon — bostäder, magasin, qvarnar — har sina ventiler, dragluckor och fyndiga vädervexlingsapparater. Trappuppgångarne äro byggda som ventilationsrör, vindflöjeln som en stor solfjäder. Kaminer af en egen konstruktion värma rummen under vintern och äro så förträffligt afpassade för ändamålet, att temperaturen under många veckor ej varierar öfver en grad. Ren luft är qväkarnes medicin.

»Vi hafva på trettiosex år haft blott ett fall af feber,» sade Antoinette, »och äfven öfver detta ha vi skäl att blygas mycket, ty det inträffade blott och bart genom vårt eget förvållande.»

Inom North House, der Fredericks familj har sin bostad, råder i hvarje rum, hvar enda vrå samma bländande hvithet, snygghet och ordning; alla boningsrum äro möblerade precist lika. I går förde mig Antoinette öfverallt, från fruktkällarne ända upp till vinden och visade mig kök, sofrum, tvättstugor, bageri och sällskapsrum. Min vän, William Haywood, civilingeniör, var, jemte sin fru, med oss, och han var som ingeniör icke mindre öfverraskad vid åsynen af den smak och förträffliga ordning, som spåras i husets inredning och ventilation, än hans fru genom den angenäma luften, och goda anordningen i boningsrum och korridorer. Män och qvinnor hafva sina rum i olika delar af byggnaden, ehuru de äta vid samma bord.

»Huru behandla ni en man som ingår i förbundet jemte hustru och barn — ty jag förmodar att sådant stundom inträffar?»

Antoinette log.

»Åh, ja! sådant händer ganska ofta; de ingå i förbundet såsom bror och syster — de finna sig lyckliga hos oss.»

»Men de se dock hvarandra?» fortfor min väns hustru.

»Ja, det göra de,» svarade Antoinette; »de tillhöra samma familj såsom bror och syster. Icke upphöra de att hysa menskliga känslor, fastän de försakat hvarandra som man och hustru.»

Några af de fruntimmer som bo i North House, hafva sina »män», som verlden kallar dem, boende i rum helt nära deras egna, men dessa makar skulle räkna det som en stor svaghet, kanske synd, att erfara personlig sällhet af hvarandras umgänge. De lefva endast för Gud. Den kärlek, som lefver i deras hjertan, äro de, så till vida den kan uppenbara sig på jordiska föremål, förpligtade att dela lika mellan alla deras trosförvandter, utan afseende på kön eller personliga egenskaper.

Men *är* det alltid så? Efter frukosten denna morgon, sedan Frederick och några andra äldste redan en längre stund sutit inne i mitt rum och vänligt besvarat åtskilliga af mina undrande spörsmål, kom äfven Antoinette och yttrade i närvaro af fyra eller fem män, att hon för Frederick hyste en synnerlig och utmärkande kärlek, icke såsom hon hört att verldens barn plägade älska hvarandra, men emedan han var deras himmelske Faders utkorade barn och verkställare af Hans vilja.. Hon berättade sig äfven stå i ljufva och ömma kärleksförbindelser med många, som icke syntes mera för våra ögon — varelser, som verldens barn säga äro döda — och dessa andeliga förbund äro af samma art som det band, hvilket förenar henne med Frederick. Den funktion dessa två personer utöfva inom familjen såsom dess manliga och qvinliga öfverhufvuden, ger dem privilegium på detta förtroliga förhållande, som man skulle kunna kalla »själsäktenskap». Det sympatetiska bandet är icke af denna verlden, och derför saknas äfven på verldens språk ett betecknande ord derför.

Fruntimmerna bo vanligen två i hvart rum; männen ha hvar och en ett rum för sig. Bäddarne fällas ned, den ena ofvanför den andra, hvilket gör att, då dagen kommer, utrymmet är godt och rummen tyckas ha tillräcklig luft. Intet vittnar om att detta folk sträfvar efter ett strängt, ascetiskt lefnadssätt. Alla qvinnor hafva speglar i sina rum, ehuru de stundom erhålla en kärleksfull varning att bevara sitt hjerta emot fåfängan och dess förvillelser.

»Qvinnor,» säger Frederick med sin godmodiga humor, »behöfva en stödjande hand — åtminstone somliga.»

Fruntimmernas drägt måste visserligen hållas strängt vid den bestämda formen, men hvad tyg och färger beträffa, är smaken mera fri. På klädhängare i rummen syntes klädningar af blått bomullstyg, af kammarduk, af hvitt musslin, och äfven i kyrkan ser man många i violetta drägter, en färg som anstår dem väl.

»Vi lemna den individuela smaken i fred,» yttrar Frederick; »genom pröfning finna vi hvad bäst är, men då vi funnit det, vare sig i klädsel, eller i vigtigare fall, hålla vi fast dervid.»

Middagen intages under tystnad. Bröder och systrar äta i ett gemensamt rum, vid bord, ordnade i samma linie, några fot ifrån hvarandra. Klockan sex om morgonen, tolf på middagen och sex på qvällen äro måltidstimmar; i detta fall följes här en öfver hela Amerika ganska vanlig sed; synnerligen är detta förhållandet i Vestern, allt ifrån Missisippi till Stilla hafvets kuster. Då klockan ringer, samlas alla samfundets medlemmar och gå i en rad in i matsalen, qvinnorna åt rummets ena ända, männerna åt den andra, falla på knä, läsa under tystnad en kort bön, sätta sig till bords och börja äta. Ej ett ord talas högt; behöfver den ene brodern förhjelpa den andre till de födoämnen som finnas, eller en syster hjelpa den andra, så framställes en bön derom hviskande, och dermed slut. Ingen pratar med sin bordsgranne; hvar och en sköter endast om sina angelägenheter. Tacksägelse för erhållen hjelp kommer ej i fråga; sådan formell och ytlig artighet anses alldeles obehöflig inom ett samfund af heliga. Frederick har sin plats icke högst upp, utan lägst ned vid ett af borden; Antoinette vid dess motsatta ända. Maten är, ehuru god i sitt slag och väl lagad, tarflig; den består nästan endast af vegetabilier, tomatoes, stekta äpplen, persikor, potatis, gurkor, hominy, kokad majs och dylikt. Vindrufvorna äro förträffliga, nästan lika goda som Bethlehems; äggen — hårda, löskokta, stekta — äro ypperliga. Dryckerna äro vatten, mjölk och thé. Så ha vi ytterligare pastejer, tårtor, kanderad och torkad frukt samt syrup. Jag, som är ett verldens barn och syndare, serveras med koteletter, kyckling och hemgjordt vin. »God mat och frisk luft,» säger Frederick, »är vår enda medicin.» Folkets friska, rödlätta hy, något som är så ovanligt inom Förenta Staterna, synes till fullo bekräfta sanningen af hans påstående, att vid detta ställe ingen annan diet är behöflig för att skydda helsan. Inga af de tusentals nervstärkande och blodrenande medel, som Newyorks blaserade innevånare anse sig behöfva för att vinna krafter och aptit, begagnas här. Frederick har skarp antipati mot läkare. »Är det ej besynnerligt,» säger han, »att ni, kloka verldsmenniskor, aflöna ett helt stånd tjenstemän, hvilka gå och passa på att ni genom dietfel skola sjukna, för att de derigenom skola sättas i tillfälle att ytterligare förstöra er genom droger och mixturer?» Huru skall jag kunna svara annat än genom ett småleende?

Som inga samtal afbryta måltidens fortgång äro tjugu minuter dertill alldeles nog. Ännu en minut, och borden äro afdukade; tallrikar, knifvar, gafflar, glas och serveter äro tvättade, polerade, hoplagda; stillhet och ordning herrska åter.

Då en man har blott ringa lust att dröja vid körsbärsvinet och en cigarr aldrig får vanhelga North Houses fridlysta område, stiger jag upp sedan jag druckit en kopp kaffe utan grädde och följer några af bröderna ut på fälten.

Under mina besök med Frederick i skolor, verkstäder och farmgårdar, har jag inhämtat att qväkarförbundets egendom i och omkring Mount Libanon innefattar nära tiotusen acres bästa jord, skog och slättland staten Newyork eger. Under lång tid, då jordlotter stodo i lågt pris, köpte sekten sådana. Nu har den så mycket den kan sköta — ja, mera än hvad den hinner med af egna krafter och derföre har den under de sista åren varit tvungen att, till följd af sin betydliga egovidd, lega arbetare från kringliggande byar. Som qväkarne aldrig äro ondsinta, aldrig oförnöjde, aldrig orättvisa — enligt hvad jag äfven hört af personer som hata deras åsigter och håna deras gudstjenst — så komma fremmande trosbekännare villigt och stanna här så länge de få. Smederna i verkstaden der vid vägen äro verldens barn, ynglingen, som kör forvagnen der borta är son till en fattig inhysesman; dessa karlar, hvilka berga hö på ängen, äro också fremmande arbetare. Alla hafva de kommit till Mount Libanon för att vinna uppehälle och få lära sig landtbruk. De hafva kommit i en god skola och blifva väl betalda derför. Ingenstädes inom hela Amerika skötes åkerbruket med en sådan skicklighet som här, och en klok, ung man kan ej gerna tillbringa en sommar inom detta samhälle, utan att inhämta goda lärdomar och goda lefnadsvanor.

Men styresmännen vid Mount Libanon inse väl

att detta system af blandad arbetskraft, detta samhälle af heliga och syndare, sammanförda blott för vinst, står i rak strid emot andan af deras sekt. Om ett sådant sätt finge fast fot, skulle det inverka förstörande på grundsatsen att arbetet för dem är ett undfäende af himmelsk nåd. Naturligtvis skulle detta samfund efter hand urarta till en blott affärsmässig och feodal institution, i hvilken de helige skulle vara bankirer och jordegare, samt verldens barn arbetare och tjenare. Sådant är icke det mål till hvars vinnande de förnekat sig så mycket af lifvets goda. Äfven deras önskan att gagna verldens barn får icke locka dem att göra hvad som är orätt och derföre rådpläga de nu som bäst om huruvida det icke vore rättast af dem att åter göra sig af med ett parti jord.

Jag behöfver knappt tillägga att hvarje egendom, som under några år varit skött af qväkare, skulle betalas till nästan fabelaktigt högt pris.

Under en vandring uppåt höjden, från New-Libanons vackra dal, anmärkte jag den sträcka väl vårdade äppelträd, planterade inom häcken, som å ömse sidor begränsade vägen, alldeles så som i vissa trakter af England. Frederick, som sjelf är född i England, tycker om att höra mig tala om mitt fädernesland. Amerikanare af den högre klassen säga vanligen »der hemma», då de tala om England. »Ja,» sade han, »åsynen af denna trakt och de dubbla raderna fruktträd återföra ofta mina tankar till det gamla hemmet.» Träden voro planterade i regelbunden ordning längs vägen, men med en viss grad af nyfikenhet observerade jag att allt emellanåt ett träd stod litet framom de öfriga. »Hur kan ni hindra de vägfarande — ty det var allmänna landsvägen — från att taga frukt och skada träden?» frågade jag. Han log, om nämligen en ljusblixt i de milda, blå ögonen kan kallas ett leende. »Ser ni trädet som står litet framför de andra? det är vår vakt emot äppeltjufvar. Detta träd bär ett slags stora, söta äpplen, som mogna ett par veckor förr än andra och äro lätt åtkomliga. Den som önskar sig ett äpple plockar af detta och låter de öfriga stå i fred.»

Förhåller det sig alltid så, att denna verldens barn äro visare i sitt slägte än ljusets barn?

Hvar och en ibland bröderna har ett yrke, några två eller tre. Ingen får vara sysslolös, icke ens under förevändning att studera eller tänka. Hvarje man måste verksamt bidraga till familjens utkomst, vare sig genom åkerbruk, byggnader, trädgårdsodling, smidesarbeten eller målning; alla skola följa sin kallelse, hans rang inom samhället och kyrkan må vara huru hög som helst. Frederick är gartner och arkitekt. Vi hafva denna eftermiddag varit ute och betraktat en trädgårdsanläggning af honom, äfvensom det stora spannmålsmagasinet, hvilket han byggt, och har jag en god grund för min öfvertygelse att både trädgård och magasin äro bland de yppersta af sitt slag inom Förenta Staterna. Qvakarne vid Mount Libanon tro på den andeliga nyttan af omvexling i arbetet, ty vexlande sysselsättning är källan till nöje, och glädjen är en gåfva af den himmelske fadern till sina utkorade barn.

Damerna vid Mount Libanon — ty alla systrarna äro damer, både i sitt sätt att tala, att vara, och att kläda sig — ha intet arbete med den yttre hushållningen. Somliga äro upptagna i köket, andra af uppassning — pligter som de vexelvis åtaga sig för månad — andra väfva, eller lägga in frukter, distillera parfymer, tillverka solfjädrar och leksaker. Syrup, kokad af sockerlönnen, är en efterfrågad artikel; de bereda rosenvatten, körsbärssaft och persikesaft, de sy, de sjunga, de undervisa barn och göra det väl. Deras skola anses vara en af de bästa för meddelande af godt, allmänt vetande, som staten Newyork eger.

ELFTE KAPITLET.
Qväkareförbundet (Shakers *).

Man behöfver icke länge studera det verk Anne Lees efterföljare hafva tillvägabragt, för att inse det Mount Libanons samfund såsom en makt, ingripande i Amerikas samhällslif — man må tänka hvad man vill om dess uppkomst — är långt ifrån att vara blott en ytlig dårskap, den man en söndagsmorgon, i sällskap med några nyfikna damer, kan fara och se på som ett besynnerligt och löjligt skådespel, ett litet tidsfördrif att undra på och snart åter glömma, såsom af ingen betydenhet för verldens gång. Mount Libanon är utgångspunkten för ett system med bestämd karakter, fast organism och stark, inneboende lifskraft, förmedelst hvilka detta samfund, i en ej ringa grad kan komma att dana och leda det andeliga lifvet inom Förenta Staterna.

I många fall tyckas dessa qväkare öfverensstämma med esseerna och med afseende på de rörelser, hvilka ingå i deras ceremonier, synas de beherrskas af samma mäktiga inflytande som denna hebreiska sekts biodlare och jordbrukare.

Deras kyrka är grundad på dessa vigtiga idéer: — Guds rike har kommit; Kristus har åter blifvit sedd på jorden; Gud utöfvar ånyo personligen sitt välde på jorden. I spåren af dessa satser samt beroende af dem, följa många flera: — den gamla lagen är upphäfd; budet till menniskorna att förökas

---

*) Sekten uppkom i England år 1770, såsom en afart af dervarande qväkaresekt eller Vännerna, som de äfven kallas. Shakers bekände samma åsigter som dessa, men äro numera fullkomligt skilda från dem, såväl i sin troslära som till sina seder och finnas i vår tid endast inom Förenta Staterna. De tro att Gudomen är en evig fader och moder, det himmelska ursprunget till englaväsende och till menniskosläget. De tro att Kristus äfven är dual (Jesus den manliga och moder Anne Lee, sektens stifterska, den qvinliga Kristus). De predika lydaktighet, afhållande från all inblandning i verldsliga makten, lika fördelning af förmögenhet och renlefnad såsom nödvändiga vilkor för upptagande i förbundet. De lära fyra särskilda stadier af andéligt framåtskridande och i öfverensstämmelse dermed tro de på fyra himlar och fyra helveten, af hvilka de tre första blott äro pröfvotillstånd. I öfversättningen har namnet qväkare blifvit antaget, då i engelskan den hånliga benämningen *Shaker*, i grunden har samma betydelse som *Zawker*, och vårt språk icke eger något ord för förstnämnde sekt.
Öfv. anm.

har upphört; Adams synd är afplanad; bandet emellan himmelen och jorden är återknutet; förbannelsen är borttagen från arbetet; jorden och allt hvad deruppå är skall återlösas; englar och andeväsenden hafva, liksom fordom, blifvit menniskornas förtrogna vänner och budbärare.

Endast de utvalda, säga de, äro medvetande af dessa mäktiga förändringar som timat på jorden; ty många äro nu som förr blinda och döfva, samt känna icke Herren då han kallar dem inom sitt förbund. Några få äro genom Guds nåd utkorade och i dessa, sina utvaldas hjertan, regerar och verkar Han. Då menniskor blifva kallade af Honom, så dö de verlden och glömma i sin nya, andliga tillvaro dess afund, nöjen och lidelser. Enligt dessa svärmares vissa tro, innebär den kallelse som de lyda, icke blott en förändring i deras jordiska tillvaro, men ett alldeles nytt själslif, i hvilket verlden ej längre har någon del. Födelse och äktenskap finnas icke mera till för dem; sjelfva döden har endast blifvit ett ombyte af en yttre omklädnad, afläggande af en jordisk drägt, i utbyte mot en andelig, herrlig skrud.

Dessa grundidéer styra qväkarförbundet, både i inre och yttre måtto.

Ingen kan födas derinom, då giftermål ej må ega rum. Liksom i himmelen, så skola ock i deras samhälle män och qvinnor lefva åtskilda; kärleken skall vara kysk och ren både till ande och lefverne. Sektens flesta medlemmar ingå deri såsom unga män och flickor, just som i Spanien och Italien är förhållandet vid inträde i klostren. Om äkta makar önska upptagas, måste de på förhand förbinda sig att lefva skilda i renhet och lydnad. Ingen kan genom lockande och proselytmakeri komma in i deras samhälle, ty de utkorade äro strängt förbjudna att genom dylika medel draga verldens barn till sig. Gud skall nog, säga de, på den tid och den väg som honom synas bäst, draga till sig dem Han utvalt till sina egna. Då förbundet, enligt deras tanke är Guds rike, så tillkommer det icke dess medlemmar att öka antalet af bekännare, ty de af nåden utkorade kunna af ingen annan än Gud sjelf inkallas i dess heliga ro. Himmelen måste sökas af menniskan. Himmelriket går icke mera ut på vägar och stigar, att söka de borttappade; dess omvändelseverk är slutadt.

Om brödrasamfundet gifver mycket åt en nykommen medlem, så fordrar det ock mycket tillbaka. Då en man af andan drifves att söka inträde i detta fridsamma hemvist, måste han först vid Mount Libanons portar lemna ifrån sig allt hvad verldsmenniskan skattar högst, sina egodelar, sin beqvämliga ro, sina yttre utmärkelser och sitt hjertas lust och förbindelser; ty hvad är jorden emot himmelen? hvad är menniskan inför Gud? Innan en bönfallande blir emottagen, måste han lemna all sin förmögenhet till den allmänna fonden, samtycka att med sina händer arbeta för samfundets bästa, glömma bort alla verldsliga titlar och fåfängligheter, öfvergifva hus och hem, böcker och vänner, hustru och barn. Blott på dessa stränga vilkor blir han emottagen som en broder.

Och likväl ingå tusentals menniskor i förbundet. Mount Libanon är blott ett ibland aderton qväkaresamhällen, spridda inom Förenta Staterna. Trots deras stränga, försakande lif — åtminstone enligt hvad det synes för oss — tilltaga sektens anhängare i mängd; enligt 1860 års census voro de mera än sextusen.

Vid en jemförelse med de trettio millioner kristna innevånare Förenta Staterna ega, synas sex eller sjutusen qväkare vara en obetydlighet, och detta vore äfven obestridlig sanning, så vida makten af andeliga och moraliska krafter kunde beräknas i siffror. Men om också nummertal betyda mycket, så betyda de långt ifrån allt. En enda man *med idéer* kan vara värd lika mycket som ett helt parlament, en armé — ja en hel nation utan sådana. Mount Libanons qväkare äro måhända icke lärda och snillen. I sitt yttre väsende förefalla de stundom mycket enkla, men de äro dock män med idéer, de äro män mäktiga af stora uppoffringar. I motsats med den stora mängden menniskor, hvilka lefva för att samla pengar, stå qväkarne högt öfver vanliga laster och frestelser genom sin sjelfförsakande dygd. Trötta och lidande själar blicka upp till dem för att vinna frid och en hviloplats.

Ingen kan kasta en forskande blick in i Amerikas samhällslif, utan att finna, det dessa qväkares förbund utöfvar en helt annan makt öfver befolkningen än hvad siffertalet förutsätter. Påbjöds en personskatt inom de olika sekterna, skulle från separatister, adventister, schwenkfelders och judar större summor inflyta till räntkammarne, än från Mount Libanons samfund; men i vigtigare fall och med afseende på tankens välde, är dess inflytande vida betydelsefullare än ofvannämnda, mera underordnade bekännelsen. Qväkarne ega en bestämd karakter, öfvertygelse och samhällslag, icke blott främmande för våra idéer, men äfven utöfvande en förledande makt på dem. Sekten har varit pröfvad i förföljelsens eld och står nu fiendtlig emot våra sociala lagar. Ett qväkaresamfund är icke endast en ny kyrka; der är ock en ny nation. Dessa menniskor, hvilka just nu varit med mig ute på åker och äng, veta intet om Newyork, om Förenta Staterna. De äro icke amerikanare och taga ingen del i de politiska tvister, som ofta utkämpas rundt omkring dem. De rösta icke på någon president; de hålla inga möten, önska inga medgifvanden från regeringens sida. Rättigheten att tänka, votera, hålla tal och resa hit eller dit synes dem blott såsom en tom dröm; de umgås med englar och säga sig vara vida mer förtrogna med de döda än med de lefvande. Syster Mary, hvilken för knappt en timme sedan satt här inne i mitt rum, med handen hvilande på min bibel, uppslagen vid Salomos Höga Visa, sade mig att detta rum var fullt af andar — väsenden, för henne lika verkliga, lika hörbara, som min gestalt, min röst. Den svärmiska blicken, det uttryck af hänryckning som hvilade öfver hennes anlete, skulle skrämt mig för hennes helsotillstånd, om jag icke visste med hvilken sedesam värdighet hon framlefver sina dagar och huru skickligt hennes fina händer tillaga plommontårtor. Frederick har samma tro — eller om man så behagar, samma förvillelse. Hvad intresse kan ett sådant folk ha för rösträtt och tal? Gud är deras enda myndighet; lydnad för Hans vilja deras enda lust.

Att ett samfund som detta kan existera i Förenta Staterna är ett betydelsefullt tecken. Att det bemäktigar sig så många själar; att det vinner vänner bland allmänheten; att det utan proselytmakeri, utan strider går lugnt framåt och samlar under sitt hägn många renhjertade, sjelfförsakande personer från andra stater och städer, är föga bättre än en förkastelsedom öfver Unionens kristna kyrkor. Och så säga äfven qväkarne sjelfva.

Då en person ingår i de troendes samfund, måste han således, enligt hvad redan är nämndt, afsäga sig verlden; han skall på förhand hafva betalt alla sina skulder, frigjort sig från borgensförbindelser och kontrakt, omintetgjort alla testamenten och förordnanden samt upplöst bandet med vänner och slägt, lika mycket som om döden skilt dem från hvarandra. Det kan också icke vara annorlunda; kallelsen, som qväkaren anser sig fått ifrån Gud, är för honom ett tecken att hans förra, syndiga lefnad är slutad; — att köttet är dödadt och verlden besegrad.

Då han ingår i förbundet, betraktar han icke längre jorden som ett byte att vinna, men som ett anförtrodt gods att återlösa. Genom menniskan blef jorden förbannad; genom menniskan kan den ock återupptagas i nåden. Hvar och en som blifvit kallad af Fadren har rätt att bidraga till denna återlösning; icke blott igenom sina händers arbete, sin tankegåfvas makt, men äfven genom hela sin själs sympatetiska kraft har han att fylla marken med grönska, luften med vällukt och visthusen med jordens frukt.

Den känsla, hvarmed han nu sätter handen till plogen, är för honom alldeles ny. Hittills har jorden varit hans träl; nu är den en del af honom sjelf, vid hvilken han är fästad med himmelska band. Han betraktar naturens arbete med kärleksfulla ögon; de mäktiga lidelser som förr koncentrerade sig i vinstbegär och i kärlek till hans maka, yppa sig nu i omsorger för trädgård och åker. Men han förstår att det materiella arbetet är icke nog; han vet att arbetaren måste vara värdig sitt anförtrodda värf, att hans fanatiska ifver bör ledas af himmelsk visdom. Enligt qväkarnes lära är det genom menniskornas passioner som jorden blifvit förkastad och ett eländets hemvist; genom menniskornas kärleksfulla vård måste den återlösas till sin ursprungliga skönhet. Det är på menniskan det beror, om landskapet uttrycker glädje eller dysterhet; den planta jag vårdar, får ett drag af min egen personlighet; vill jag ega en skön trädgård, måste hela mitt lif ledas af renhet och godhet. Sådan är qväkarens tro.

Min broder ute i verlden, du som hånler åt dessa idéer, såsom ett fantasispel, en galenskap, bistå mig uti att enligt verldens åsigt förklara det obestridliga förhållandet, att dessa Mount Libanons qväkare genom kärlek vinna mera af jorden, än vi genom snikenhet. Detta faktum kan ej betviflas; bevis på sanningen deraf äro att finna i hundratals bodar i Newyork och London. Neka vi till att jorden gifver kärlek för kärlek, så blir det vår pligt att förklara detta fenomen på annat sätt.

Jag har denna morgon tillbringat en timme med Frederick i den stora fruktträdgården och lyssnat till hans berättelse om huru den af honom planterades, så som jag skulle åhört en arabisk sagoförtäljare.

»Ett träd har sina önskningar, sina behof som måste fyllas,» sade han; »det är mannens pligt att studera den, så som läraren bör studera det barn, hvars uppfostran blifvit honom anförtrodd. Älskar man plantan och är uppmärksam på hvad den fordrar, så får man god lön för sin möda. Jag vet väl icke rätt om ett träd kan bringas till att känna igen sin vårdare, ehuru jag är mycket böjd för den tanken; hvad jag är alldeles säker på, är att trädet känner då man ömt vårdar detsamma, alldeles som barnet och qvinnan göra det. Då vi först anlade denna trädgård skaffade vi oss de ädlaste sticklingar vi kunde få; så byggde vi ett litet hus för hvar och en af dem, det vill säga, vi gräfde en djup grop, befriade platsen väl från syra, lade en grund af tegel och småsten, fyllde god jord i gropen, satte plantan i sitt lilla bo, kupade jorden omkring den och skyddade det späda trädet med detta metallstängsel.»

»Ni göra eder ett ofantligt besvär,» inföll jag.

»Ah, broder Hepworth,» svarade han, »som du ser, älska vi vår trädgård.»

Det bör ej väcka vår undran om resultatet blir helt annorlunda af qväkarens kärleksfulla vård om den jord som blifvit honom anförtrodd att odla och förskörna, än af den mark, som förpaktaren till sin nytta och vinning sköter. Medan den sistnämnde oroligt afbidar sin vinst, fullgör qväkaren blott en del af sin gudstjenst. Den ene fikar efter största möjliga fördel, den andre afser att göra en god gerning. Bör det väcka förvåning att en ensam man, som lägger hela sin själ i jordens skötsel och egnar den hela det mått af kärleksfull vård, som under andra förhållanden skulle kommit maka och barn till del, — att han öfverträffar en blott vinstberäknande rival, i producerande af frukter och blommor, ja i alla jordens alster?

TOLFTE KAPITLET.

Moder Ann.

Under mina samtal med Frederick, hvilken på allt vis bemödat sig att för mig förklara sektens invecklade, svårfattliga dogmer, har jag inhämtat huru dessa Mount Libanons frö- och blomsterodlare hafva blifvit hvad de äro — måttliga, skickliga, saktmodiga, — genom troget åtlydande af de lärdomar, som blefvo dem gifna af Ann Lee, ett qvinligt helgon, känd och nämnd af sina efterföljare blott under det vördnadsfulla ordet: Modren. Vi vilja kalla henne moder Ann.

Såsom ett heligt och utvaldt folk — förklara qväkarne med en viss stolthet — tillhöra de med tankar, känslor och grundsatser Nya Verlden, men, fastän numera icke med några lifvets band fästade vid landet bortom det stora hafvet, uppspirade likväl deras samfund först i den gamla fädernejorden. Om de också blifvit kallade till ett amerikanskt paradis, var dock det till dem af himmelen utkorade sändebudet en i England född profetissa.

För omkring hundra år sedan uppträdde en fattig qvinna vid namn Jane i en liten, dålig stad, Bolton-on-the-Moors i södra Lancashire, och gaf tillkänna att hon emottagit en kallelse af himmelen att vandra omkring på sin fädernestads gator och vittna om sanningen. Hennes man, som var skräddare och hette James Wardlaw, samt hade ordet i sin makt, blef hennes första proselyt och apostel. De fattiga makarna hade redan förut tillhört qväkarne, inom hvilkas samfund de varit framstående medlemmar, förmedelst sina predikningar emot svordomar, krig och lysande kyrkoceremonier. Bosatt inom ett vildt och ofruktbart distrikt med en rå och dålig befolkning, hade Jane allt ifrån sin första ungdom haft tillfälle att iakttaga ett vårdslöst presterskap, papistiska egendomsherrar och en fanatisk pöbel, djupt sjunken i dryckenskapslasten. Jane plägade på torget predika för folket, förklara att änden på allt vore förhanden, att Kristus skulle börja sin regering, att hans andra tillkommelse skulle ske i en qvinnas skepnad, i öfverensstämmelse med hvad som länge sedan i Psalmerna är förutsagdt. Att Jane sjelf var den qvinliga Kristus, hade hon visserligen aldrig sagt, men hon hade handlat så som trodde hon all verldens och himmelens makt ligga i hennes händer. Hon emottog bekännare i Hans namn, hon bigtade syndare och gaf dem aflösning, hon hade uppenbarelser af osynliga andar och samtalade med dem. De som hörde henne, ansågo henne hafva den Heliga Anda och hvad hon påstod vara henne ingifvet af de himmelska väsenden, som omgåfvo henne, mottogs af hennes anhängare som Guds befallningar. Hennes regering blef emellertid ej lång.

En ibland Janes första proselyter var en ung qvinna vid namn Ann Lee, dotter till en fattig smed, af naturen utrustad med ovanliga gåfvor, men uppväxt i en sådan okunnighet, att hon hvarken fått lära sig läsa eller skrifva. Född i ett fattigt hem vid Toad Lane i Manchester, en gata af krogar och smedjor, hade Ann tillbringat sin första barndom vid en bomullsfabrik och sedan under några år i ett krogkök. Allt ifrån sin födelse af ett underligt och fanatiskt sinnelag, blef hon ett rof för hysteriska anfall och konvulsioner, våldsam till lynnet, begärlig efter att vinna uppmärksamhet och brinnande af stark herrsklystnad. Liksom många andra flickor af sin klass, blef hon gift då hon knappt var mer än barn; hennes man hette Stanley, var smed och fattigare än hon sjelf. I sitt äktenskap hade hon haft fyra barn, hvilka alla dött vid späd ålder; kanske var det dessa, den unga moderns förluster, som ingifvit henne en sjuklig motvilja för de pligter som tillhöra en gift qvinna. Ann förenade sig med Jane Wardlaws sekt och började, äfven hon, att vandra omkring på gatorna i sin födelsestad för att vittna om sanningen. Hon predikade för smeder och väfvare öfver de ting som komma skulle, ända tills en gammal prosaisk stadstjenare tog henne i förvar och magistraten skickade henne i arrest, såsom störande det allmänna lugnet. Medan hon satt i fängelse, hade, enligt hennes ord, ett klart ljus uppfyllt rummet, Herren Jesus stått framför henne och blifvit enad med henne till anda och yttre gestalt. En så hög värdighet hade aldrig Jane Wardlaw påstått och då Ann Lee kom ur fängelset, upphöjdes hon af den lilla församlingen af sex eller sju personer till värdighet af Moder, i stället för dess stiftarinna, skräddarens hustru.

En af qvinna stiftad kyrka blef nu öppet predikad i Manchester och Bolton och i spetsen för densamma stod moder Ann, såsom den drottning, hvilken af David var förkunnad; den Lammets brud som i Apocalypsen för Johannes uppenbarades. Kristus förkunnades hafva återkommit — ej i makt och herrlighet såsom verlden väntade Honom, men under gestalten af en fabriksarbeterska, som hvarken kunde läsa eller skrifva.

Då de hårdhjertade männen och qvinnorna i Anns födelsestad endast skrattade åt den föregifna nya kyrkan, fick Ann Lee en ny uppenbarelse från himmelen, en befallning att skudda stoftet från Toad Lane af sina fötter, samla sin fåtaliga hjord och såväl för dem, som åt sig sjelf, söka ett hem i det Förlofvade Landet. De andar och englar som besökte henne hade ledt hennes tankar till Amerika, såsom fria menniskors fädernesland och rätta platsen för Guds blifvande församling. Fem män, William Lee, John och Richard Hocknell, James Whittaker och James Shepherd samt två qvinnor, Mary Partington och Nancy Lee, hade beslutat dela hennes öden; kaptenen på det skepp, hvarmed de gjorde öfverresan från Liverpool, hade sedan de voro utkomna på hafvet, flera gånger hotat att för hvad han kallade deras opassande beteende, kasta dem alla öfverbord; men icke förthy landsteg Ann jemte sin man Stanley och sina sju lärjungar i Newyork.

Den ende af denna lilla skara, som icke hade rätt tro på moder Anns himmelska beskickning, var hennes man, men oaktadt han icke var upptagen i Nådens tillstånd, stod hon vid ankomsten till det Förlofvade landet, fast i sin föresats att föra ett rent och heligt lefnadssätt, samt att såsom Lammets brud skilja sig från sin make. Det synes varit hennes fixa idé, att hon och hennes anhängare skulle lefva i en ständig kamp emot sinnligheten. Genom begärelsen afföll menniskan från Gud; genom afsvärjande af onda lustar kan hon hoppas återvinna sin andeliga värdighet. Ingen form af jordisk kärlek kan tålas inom Kristi rike. De som äro kallade i Nåden, måste lefva såsom englarna, bland hvilka icke något äktenskap är. Hvarje medlem af hennes kyrka hade förmåtts afsvärja all jordisk kärlek; hustrurna ingingo på att bo i ett hus för sig, och männerna i ett annat, skilda från sina hustrur. De borde göra sig sjelfva denna fråga: Om alla menniskor som komma till denna verlden, äro födda i synd, och arfvingar till döden i en kommande verld, huru kan då den helige, som uppstått från sitt fallna tillstånd, våga utbreda detta rike af synd och död?

Det skulle varit svårt för Stanley att besvara denna fråga annorlunda än moder Ann gjorde det, såvida han såg saken från samma synpunkt; men om han ock ej kunde gifva något skäl, så ansåg han sig såsom äkta man vara illa behandlad. Stanley var ingen mystikus och då hans hustru drog sig ifrån honom, ingick han en annan förbindelse i Newyork. Moder Ann lemnade både honom och Newyork, samt begaf sig uppför floden Hudson till Albany, då en liten gränsstad, på hvars andra sida omätliga guldmarker sträckte sig åt Vestern. Men äfven der var verlden henne och hennes folk för hård att strida med. De begåfvo sig inåt skogarna, till en plats, af indianerna känd under namnet Niskenna, byggde sig der grofva hus af timmer, togo sin bostad i den grönskande ödemarken och grundlade en köping, numera väl bekant under namnet Water Vliet, qväkarnes första nybygge i staten Newyork.

Under tre och ett halft år, som dessa fremlingar varit sysselsatta att rödja skogen, plöja jorden, sköta bin och fjäderfä, hade de alltjemt väntat på ett tecken från himmelen. De hade ej gjort något försök att vinna anhängare; de hade snarare flytt än sökt umgänge med andra menniskor. De hade ej hållit predikningar, ej tryckt några böcker, ej spridt bref hvari deras troslärot förklarades. Svårligen kunde de hafva funnit en mera isolerad boningsplats än vid Niskenna, hvarest de sju anhängarne af moder Anns lära hugnades med englabesök och tillitsfullt afvaktade den utlofvade ankomsten af flera trosförvandter. Till slut kröntes deras tro på hennes löften med underbar uppfyllelse. En religiös rörelse, först väckt i Albany, spred sig derifrån till byarna Hancock och New Libanon, hvarest många välmående syndare med elektrisk kraft grepos af dess yrsel, bland andra två förmögna personer, vid namn Joseph Meacham och Lucy Wright. Joseph och Lucy, jemte några af deras grannar, hvilka hört talas om Ann Lees ankomst, begåfvo sig öfver bergshöjden till Niskenna, som deputerade från »de pånyttföddes» läger (våren 1780) och sedan de sjelfva iakttagit huru hon inrättat sitt lif, hört hennes fridshelsning och förnummit hennes uppenbarelse i Manchesters fängelse, antogo de hennes tro, erkände hennes myndighet och blefvo sektens första bekännare på Amerikas jord. Meacham adopterades af Ann som hennes äldste son, och blef på samma gång af henne förkunnad såsom af Gud utkorad att efter henne styra och bringa ordning i Guds rike på jorden. Följden af Lucys och Josephs besök hos moder Ann blef de båda qväkarsamfundens grundläggande i Hancock och New Libanon.

Oro och besvärligheter, — alla profeters och siares arfslott från urminnes tid — hemsökte nu Ann Lee. Befrielsekriget pågick i denna tid med stor ifver; folket deltog deruti med brinnande lust, och då farmers och nybyggare i staten Newyork hörde de inflyttade qväkarne höja sin röst emot krig samt påstå det vara djefvulens påfund, började de misstänka dem för att ha kommit till landet som fiender, kanske spioner, en beskyllning för hvilken de maktegande i Albany förklarade Ann och hennes anhängare nödgas rentvå sig genom att aflägga kolonialeden. Men huru skulle de kunna gå denna ed, då deras grundsatser förbjödo dem att alls svära? Först Meacham och alla män, derefter Ann och qvinnorna, blefvo kastade i fängelse, men fingo der besök af en myckenhet menniskor samt blefvo snart ett ämne för undran och samtal öfver hela staten. I stället för att stilla oron och qväfva intresset för Ann Lee, funno sig stadens myndigheter hafva genom sitt beteende utbredt den besynnerliga profetissans rykte öfver hela kolonien, inom både det amerikanska och det engelska lägret. Hvad skulle de taga sig till med en fånge, som påstod sig vara en qvinlig Kristus? De ansågo henne vara rubbad till förståndet och som hon var infödd engelska, ansågo de bäst vara att förse henne med pass och skicka henne öfver brittiska gränsen. Med afseende härpå skickades hon ned för floden, men hela planen gick om intet till följd af kriget; i stället insattes hon i Poughkeepsie fängelse, der hon höll ett litet hof omkring sig af uppvaktande själsförvandter, och då hon återfick friheten, efterlemnade hon i den lilla staden minnen och intryck som i senare tid tagit form såsom spiritualism.

Det var i december månad 1780, som Ann erhöll friheten af guvernör Clinton. Då hon kom ur fängelset var hon en ryktbar qvinna och sedan hon tillbringat tre månader vid Water-Vliet, bland sina dervarande anhängare, begaf hon sig på en vandring vidt omkring, besökte Harvard i Massachusetts samt många flera platser inom New-Englands kolonier, ökade derigenom antalet disciplar och förvärfvade materialier till de mönstersamhällen hon ämnade stifta. Hennes färd hade varit lång och mödosam, men den hade likväl skänkt henne nytta på mångahanda vis, och efter två och ett tredjedels år återkom hon i september 1783 till Water-Vliet nära floden Hudson, föråldrad och trött till kroppen, men renad och upphöjd till sitt andeliga väsende. Ännu en vinter och en sommar höll hon troget ut, men på hösten 1784 samlade hon sina disciplar omkring sig, bad dem stå fasta i hoppet, gaf dem sin välsignelse, öfverlät sitt välde åt Joseph och Lucy såsom högste ledare af Guds rikes angelägenheter på jorden, och försvann ur deras åsyn.

Enligt qväkarkyrkans dogmer, såsom de nu bekännas, dog icke moder Ann som vi andra menniskor dö; hon ombytte endast gestalt, hon blef förklarad och så genomstrålad af ljus, att hon icke längre kunde skönjas af jordiska ögon. Af hvad jag hört och läst, vill det synas mig som om några af Anns trosförvandter blefvo villrådiga och häpna vid hennes försvinnande, en sak som de aldrig hade väntat; icke heller funno de förhållandet stämma rätt öfverens med hennes berättelse om uppenbarelsen i Manchesters fängelse, då Herran återkom till jorden och tog mensklig form i en qvinnas gestalt. Deras tro synes blifvit svårt pröfvad, men Joseph Meacham och Lucy Wright — den af himmelen utkorade konungen och drottningen i Guds rike på jorden — bestodo profvet med ståndaktighet. Med Anns liflösa kropp liggande framför sig, påstodo de djerft att hon icke var död. Drottningen, som David förebådat, kunde ej dö, bruden, som Johannes skådat i sin uppenbarelse, kunde ej sänkas ned i en graf. Drottningen hade blott blifvit iklädd en skrud af ljus, bruden ingått i det allraheligaste. Blott för en liten tid hade Ann dragit sig ifrån verlden, denna verld som icke hade någon del i henne, men för evigt skulle hon dock lefva och regera bland sina trogna bekännare af uppståndelsen. Det stoft som låg framför dem var intet annat än en utnött klädnad som modren kastat bort.

Och derpå läto Joseph och Lucy det liflösa stoftet bäras bort ut på marken för att nedgräfvas — icke i helgad, invigd jord att der hvila till domens dag, utan i en vanlig ängsbacke, der det snart skulle glömmas och upplösas, det under tidernas lopp plogen kanske skulle gå fram och blanda det med den jord hvaraf det var kommet. En qväkare af Mount Libanons sekt väntar ingen yttersta dom.

Enligt hans tro uppstå de döda nu och oupphörligt. Att kallas i Nådaståndet är detsamma, som uppståndelse från döden till ett nytt lif. Frederick och Antoinette tro båda att de redan hafva öfverstått dödens mörker, att de icke mera skola dö, att, då deras stund är inne, de, liksom moder Ann, blott skola draga sig ur verlden. Redan nu lefva de, enligt sin fasta öfvertygelse, i ett tillstånd af uppståndelse ifrån de döda.

TRETTONDE KAPITLET.

Dogmen om uppståndelsen.

Då Joseph Meacham och Lucy Wright röjt Ann Lees liflösa kropp ur vägen, då de förkunnat hennes läras bekännare att hon blott ombytt klädnad och nu blifvit iförd sin himmelska skrud såsom Lammets brud, tyckes all oro blifvit stillad, och de vankelmodigas tro stärkt. Den nya läran hade otvifvelaktigt något förledande, ja, rent utaf hänförande för svärmiska sinnen. Ann lefde ännu midt ibland dem; i drömmen, i stunder af hänryckning kunde de se och höra henne. Den förändring, som öfverkommit henne, skulle en dag också hända dem. Huru herrligt syntes det ej att döden blott var ett ombyte af lifvets yttre gestalt, att den frigjorda själen endast för den köttsligt sinnade menniskan blir oskönjbar, att väl den renade gestalt de utkorade genom döden erna gör dem ofattliga för verldens barn, men deremot synliga för de ögon, hörbara för de öron, som genom Nåden blifvit öppnade för ett högre lifs uppenbarelser.

Moder Anns disciplar hålla sig troget vid dogmen om en andeverld, omärkbar för oss, men skönjbar för dem. I detta fall stämma de öfverens med spiritualisterna, ja, de göra sig heder af att hafva förebådat utbrottet af denna andeliga oro i Amerikas själslif. Frederick har — efter sina andevänners upplysningar — sagt mig att detta spiritualistiska vanvett ännu endast är i sin första början, att det skall stryka fram öfver Europa, ja, öfver hela verlden, liksom det nu med makt griper omkring sig i Amerika. Han påstår detta fenomen vara grundadt på fakta och framställer verkliga, om ock för oss oskönjbara krafter. Att några af spiritualismens offentliga förkunnare äro bedragare och skälmar, förnekar han icke, men detta ligger i sjelfva det andeliga lifvets natur, då onda englar finnas, likaväl som goda. Menniskan är icke den enda förföraren. Om hon är falsk, finns icke äfven en som heter lögnens fader? Då såväl den högre, som den lägre andeverlden skall komma i ännu närmare beröring med jorden — då begreppet om de dödas uppståndelse alltmera klarnat — då skola både goda och onda andar få större makt på jorden.

Antoinette, som nyss sutit inne i mitt rum, försäkrar sig mera öppet och förtroligt samtala med andar än med mig, men jag kan icke finna att hon i något annat fall är rubbad till sitt förstånd; — hon har tvertom en rätt vacker förmåga att hålla nätta och småförståndiga tal. Rummet, der jag nu sitter och skrifver — North Houses gästrum — hvilket förefaller mig så tomt och tyst, är för Antoinette fullt af seraphim och cherubim, de der sjunga och hålla tal hela dagen i ända. Moder Ann är här; Lucy och Joseph äro här, alla bröder och systrar som försvunnit ur menniskors åsyn äro närvarande — för henne. Det är af ett egendomligt intresse att, — då ej samtal med någon närvarande person upptar henne, — af den rodnande kinden, den hänryckta blicken, det frånvarande i hennes väsende, observera huru hon tror sig vara tillsammans med väsenden, vida högre, vida mera vördnadsbjudande än några jordens barn. Så är det; personer som vi klentrogna kalla *döde*, äro med henne; genom denna mystiska troslära anse sig

Mount Libanons bröder hafva segrat öfver döden och grafven.

Då Antoinette denna förmiddag först kom in i mitt rum, var hennes min mer än vanligt allvarlig och mild. Hon höll i handen ett papper, liksom hade hon tagit det med sig för att visa mig detsamma; vid min fråga, lade hon papperet på bordet och förklarade det innehålla en sång som hon under natten hört sjungas af englachörer. Jag genomögnade hastigt skriften, som jag af hennes sätt kunde finna var ämnad till gåfva åt mig före min afresa.

»Teckna ditt namn på detta blad, syster Antoinette,» sade jag, »och låt mig få behålla det.»

Hon skref sitt namn i marginalen. Om läsaren täcks genomögna sången, torde han tycka som jag, att antingen kopisten misskrifvit några af de seraphiska orden, eller ock att englarna ej äro synnerligen noga hvarken med syntax eller rim:

    Låt oss på himlastegen upp
    Allt mer i renhet stiga;
    I fromhet och i kärleksverk
    Må vi oss troget öfva.

    Uppå odödlighetens berg
    Der växa blomster klara;
    Der får min stämma gladelig
    Med englars lofsång blanda sig;
    Der är så godt att vara.

Jag vill ej påstå att Antoinette förklarade denna hymn vara diktad af serapher enkom för min skull. Hon är för okonstlad att kunna skämta, och ej heller skulle jag tillåtit mig att fälla ett yttrande, som kunnat såra henne genom sin verldsliga tendens. Jag bör nämna att alla sånger och marscher, hvilka af qväkarne begagnas vid deras gudstjenst, äro upptecknade efter drömmar och uppenbarelser. Inga af deras andeliga sånger äro, enligt våra verldsliga åsigter, af synnerligt poetiskt värde; ehuru somliga ega en verve, en eld, som, ifall skaldekonstens reglor och fordringar voro litet bättre tillgodosedda, skulle göra dem rätt läsvärda. Jag har sällan hört en sång, som i sitt slag varit bättre än den marsch, hvarefter, i Mount Libanons kyrka, fyra eller femhundra qvinnor och män rörde sig vid gudstjensten. Orden voro af följande lydelse:

  Till de ljusa himlafält,
  Till de andars land jag går!
  Hvad är jordens hela fröjd,
  Mot den sällhet der jag får.

  Upp min ande! Stig med fröjd
  Till det sköna himlaland
  Der de fromma seger få
  Genom tros- och kärleksband.

  Icke bruset af den våg,
  Som mot tidens kuster slår,
  Hinna kan den lugna strand,
  Der blott ljus och sällhet rår;
Och i englahänder svajar fridsbaneret Herran gaf,
Och de heliga segra öfver död, öfver graf.

Taga vi denna lägre verlds smak till rättesnöre, så nödgas vi bekänna att englarne komponera bättre musik än de skrifva vers. Qväkarnes marscher äro ofta mycket vackra.

Till Joseph Meacham, moder Anns först adopterade son efter ankomsten till Amerika, och till Lucy, hennes dotter och efterträderska inom den qvinliga sferen, öfverläts kyrkans styrelse genom gudomlig befallning, och för dem blef herraväldet lättadt igenom den hädangångna stifterskans löfte. »Den tid skall komma,» hade moder Ann förklarat, »då kyrkan skall bringas i ordning, men detta skall icke ske förrän efter min död. Joseph Meacham, min förstfödde son i Amerika, är den som skall gifva församlingen stadgar och ordning, men icke skall jag lefva länge nog för att se det.» Med dessa ord hade hon skilts ur deras åsyn.

Till den tiden hade bekännarne af att moder Ann var Kristi andra uppenbarelse i köttet varit kringspridda i verlden, derinom de lekamligen vistats, om ock dess anda varit dem fremmande. Joseph och Lucy drogo dem nu tillsammans i särskilda förbund, inalles tio: Water Vliet och Mount Libanon i Newyork; Harvard och Shirley i Massachusetts; Enfield i Conneeticut; Canterbury i Newhampshire; Union Village och White Water i Ohio, samt Pleasant Hill och South Union i Kentucky. Under dessa bådas styrelse, blefvo förbundsreglor skrifna och af brödrasamfunden antagna. Kyrkobruk antogos och bekräftades; äldste diakoner och diakonissor utnämndes; celibatet antogs såsom bindande för de heliga, äfvensom ock gemensam egendom. Då Joseph 1796 försvann ur de lefvandes åsyn hade han på Lucy öfverlåtit en odelad makt och derigenom blef hon sektens öfverhufvud samt styrde under tjugufem år dessa qväkaresamhällen enväldigt såsom en qvinlig påfve. Då äfven hennes tid var ute, nämnde hon sin efterträdare, ty hvilken annan än den som sjelf blifvit vald skulle ega rätt att välja? Hon utnämnde emellertid icke en moder, men en åldtmästarinna, och sedan hennes tid har benämningen moder blifvit öfvergifven, emedan ingen qvinna inom sekten anses värdig ett så heligt namn. Josephs efterträdare som åldtmästare är Daniel Boler, hvilken kan betraktas som sektens biskop. Enligt min öfvertygelse ligger den verkande makten inom samfundet hos Frederick, kyrkans äldste och lärans offentliga predikant och förklarare. Om i vår tid vigtiga förändringar skulle bana sig väg i qväkareförbundet, så är det min öfvertygelse att han är den, som tillvägabringar dem. Frederick är en man med idéer och sådana män äro farliga personer inom ett samfund, som påstår sig redan vunnit fulländad form. Boler representerar den gudomliga principen; Frederick konstfärdigheten och det praktiska styrelsesättet.

Familjen i North House innefattar två klasser af medlemmar: noviser och covenanter. De förra äro män och qvinnor, som kommit in i samfundet på obestämd tid för att pröfva huruvida det passar för dem och de passa för det. Personer i detta första stadium af andeligt pröfvotillstånd behålla sin personliga förmögenhet och stå fortfarande i en och annan förbindelse till verlden. Vid inträdet i den andra klassen kunna de sägas hafva aflagt kyskhetslöftet och förenat sitt öde med bröraförbundet. Styresmännen hafva föga besvär med noviserna, ty hvar och en af dessa må gå om de så finna för godt, och taga med sig allt hvad de fört in i förbundet. En fattig man som kommit utan någonting, och åter önskat gå tillbaka till verlden, skickas vanligen af med hundra dollars i fickan. Rika män förorsaka mindre bryderi, än de fattiga, emedan de vanligen äro i besittning af mera odling och genomträngda af ett oegennyttigt intresse för den nya läran. En af mina qvinliga vänner inom samfundet, syster Jane, inträdde deruti redan som barn, jemte sin far Abel Knight, en af Philadelphias mest ansedda innevånare. Ung, vacker, väl uppfostrad och rik, har likväl Jane vändt ryggen till verlden och dess nöjen och aldrig har jag sett en ung flicka, hvars utseende uttryckt mera lycka och belåtenhet än hennes.

Rörande qväkarnes åsigt att celibatet är en ovilkorlig pligt, råder, enligt hvad Frederick sagt mig, en stor förvillelse i verlden. De påstå ingalunda att celibat är rätt öfverallt, inom hvarje samhälle och vid hvarje tid; naturligtvis måste de inse att om satsen absolut följdes, skulle jorden inom hundra år icke ega en enda menniska. De säga blott att äktenskapet för många är en frestelse till synd (liksom vindrickandet är det) och att för ett presterligt samfund, som de anse sig vara, bör denna frestelse bortläggas. Anspråket att utgöra en hierarki af heliga, pligtiga att tjena Gud och återlösa verlden från synd, genomgår hela deras samhällsbyggnad. Till detta ändamål är det som de igenom död och uppståndelse ingå i ett nådastånd. Till detta ändamål underordna de sin egen vilja Guds vilja.

»Vi erkänna,» säger Frederick, »två tillstånd i verlden: den naturliga födelsen och uppståndelsen till ett högre lif.»

De förmena sig vara i det senare tillståndet; för dem är således den kärlek, som leder till äktenskap, icke tillåten. Vi otrogna stå ännu qvar i första stadiet, hvarföre äktenskapet är oss medgifvet.

»Det naturliga tillståndet,» säger Frederick, »är fiendtligt emot pånyttfödelsen och vi offra alla våra jordiska lidelser för verlden.»

»Ni menen då att I offren eder sjelfva till en försoning?»

Han teg ett par ögonblick, satt med slutna ögon, och då han åter långsamt öppnade dem, liksom vaknande från en dvala, log han.

»Pånyttfödelsens tillstånd,» tillade han, »är rent andeligt; derinom finnes intet äktenskap, blott kärlek och frid.»

Både i sin samhälls-ekonomi ooh i sin sedelära följa Mount Libanons qväkare de gamla esseerna. De dricka ej vin, de äta icke fläsk. De lefva på landsbygden och sky stadslifvet. De sätta högst bland dygder måttlighet, försigtighet och ödmjukhet. De gå icke ed, de undvika beröring med lagen och all tvist; de afsky krig. De påstå sig fortfarande stå i gemenskap med de aflidna och tro på englar och andar, ej som en theologisk dogm, men såsom ett verkligt, skönjbart faktum.

En sak, som ger Mount Libanons qväkare ett inflytande inom Unionen, vida större än andra sekters (tunkers, herrnhutare, memnoniter och schwenkfelders) är att de synnerligen lägga sig vinn om uppfostringsverket. Hvart qväkaresamfund är en skola, en medelpunkt, hvarifrån idéer utgå till alla delar af landet. Män, som skulle le åt moder Anns påståenden, såvida de stodo ensamma, kunna svårligen undgå att känna sitt intresse väckas, om också ej att lockas till öfvergång, vid åhörande af förklaringar som följande:

Den kyrka, som nu uppstår, är Amerikas kyrka.

Den gamla lagen är upphäfd; en ny dispens har tagit sin begynnelse.

Gemenskap mellan himmel och jord är återställd.

Gud är konung och styresman.

Adams synd är afplanad och menniskan ansvarig blott för de förvillelser hon sjelf begår.

Alla menniskor skola frälsas.

Jorden är himmelriket. Nu fallen och fläckad, skall den genom kärlek och arbete åter upphöjas till ursprunglig renhet och skönhet.

Dessa satser, hvilka innefatta qväkaresamfundets anda med afseende på dess sociala och politiska betydelse, samt ådagalägga dess motsatta åsigter med det republikanska styrelsesättets grunder och praxis, ega synnerlig kraft att intaga sinnen, hvilka icke skulle lockas af celibatet, af idéen om ett qvinligt öfverhufvud, af gemensam egendom. Och uttalade med mer eller mindre klarhet skall man kunna spåra alla dessa satser i hvarenda ny-amerikansk kyrkas dogmer.

FJORTONDE KAPITLET.

Andeliga cykler.

Sedan jag nu lemnat Mount Libanon och dess ande-uppenbarelser, samt börjat betrakta saken med oförvillade, verldsliga blickar, frågar jag mig sjelf huru de aderton qväkaresamfunden kunna förstärkas med nya medlemmar? I Rom, i Sevilla erhålla klostren nya adepter derigenom att hela det omgifvande samhället bekänner samma tro; men omkring dessa amerikanska qväkarbyar dväljas inga trosförvandter, från hvilka samfunden kunna rekryteras då döden framkallat förluster. Då celibat är lag och intet år förflyter utan några dödsfall, skulle kanske inom trettio år ett helt samfund vara upplöst af brist på medlemmar. Kallelser, ständigt nya kallelser måste ske; men huru kunna locka menniskor från ett verksamt verldslif, från ett ungt, framåtskridande samhälle, till ett lif af arbete, sjelfförsakelse, afskildhet och ödmjukhet? Såväl i Italien som i Spanien är det svårt nog att öfvertala unga män att slita alla jordiska band, ehuru de derstädes häfva att vänta sig ett lättjefullt klosterlif. Naturens band äro starka och för många af oss är en tillvaro utan kärlek värre än en graf. En mäktig gren af kristna kyrkan, den romerska, har antagit celibatet som princip; för alla grader af dess presterskap är det lag och äfven för dess lekmän predikas det såsom önskvärdt. Framgången har likväl icke svarat emot kyrkans bemödande i detta fall och intet land i Europa, ej ens Sicilien och Andalusien, har villigt lemnat nya medlemmar till presterskapet, med undantag af dem kyrkan tagit ifrån verlden redan i deras barndom och uppfostrat för sin räkning, med tillhjelp af de mäktiga inflytanden den eger till sitt förfogande. De grekiska, armeniska, lutherska och anglikanska kyrkorna hafva längesedan upphört att kämpa emot naturens bud, om de ock, måhända, äro allesammans något böjda för att prisa ett jungfruligt lifs förtjenster och önska att åtminstone en afdelning utaf deras presterskap voro celibatärer. Och inom alla dessa kyrkor stå fördelarna i temlig jemn proportion till försakelserna. En prests embete försäkrar honom om aktning och anseende bland menniskor. Den tjenst han bekläder är ädel och aktad, tillförsäkrar honom rang och inflytande samt rättighet att räknas bland de främste, att fritagas från hårdt arbete, och skyddas mot öfvervåld; den öppnar för honom dörren till de högas hem och ger honom en plats vid deras bord. För qväkaren existerar inga af dessa fördelar; han får ej några af dessa behagligheter i ersättning emot hvad han afsvärjer. I deras ställe har han strängt arbete, tarflig kost och en ful drägt att finna sig vid.

Under ett missionsverk, sådant som Khaleds, kunna vi tänka oss proselyter vunna för Mount Libanons brödraförbund. En man som han skulle lemna menniskor ett val mellan att dö eller att blifva qväkare; men dessa fromma svärmare hafva inga Khaleds ibland sig; de gripa icke till svärdet; de locka hvarken med skrift eller med tal. Huru är det då möjligt att de vinna nya anhängare? Är måntro den kloke nyengländaren ifrig att afsäga sig sin egen vilja, frihet och förståndskraft för en blind tro, dagliga späkningar och strängt arbete? Är den rike Newyorksbon villig att försaka sitt praktfulla hem, sitt lysande ekipage för en torftig drägt, några tunnland jord och ett trångt sofrum? Är den sluge kentuckyern färdig att afsvärja sin rang, ärelystnad och samhällsställning, mot en tillvaro af ständigt arbete, återhållsamhet och omsorger?

»Nej,» svarade Frederick under ett samtal härom innan min afresa, »icke under vanliga tider. Men på den tid Gud sjelf bestämmer, vill och måste han komma; rörd af en gudomlig hand skall han hänryckas af den undfådda kallelsen och handla i öfverensstämmelse med en visdom högre än denna verldens. Det är förnämligast vid våra andeliga cykler som de utvalda blifva kallade.»

Då årets tider komma och gå i sitt afmätta lopp; då allt omkring råder lugn, och lugn äfven i menniskors sinnen, skulle den rike Newyorksmannen, den verldslige kentuckyern icke mera drömma om att begifva sig i brödraförbundet, än att lefva tillsammans med en indianhord, eller i en negerkoja. Men i dagar af andelig väckelse, då vredenes skålar äro öppnade öfver folken, då syndare bäfvande vackla hit och dit, då lärdomsskolorna äro stumma och verldens kyrkor icke hafva något svar att gifva, då talar himmelen till jorden, då verkar den genom osynliga krafter och drager till sig den rike, den trotsige, den verldsligt kloke, så lätt som vore han ett litet barn. I Herrans hand äro vi endast såsom ett mjukt vax. De starka böja sig, de stolta hjertan brytas, då han hotar. Det är under sådana moraliska och andeliga oroligheter, som alla Amerikas nya trosläror och samfund hafva antingen väckts till lif eller vunnit i styrka, ej blott de fattiga tunkers, de omkring sig gripande mormonerna, de verldsförsakande qväkarne, men ock de mäktiga methodisterna, de lyckosamma baptisterna, de stränga presbyterianerna, de ifriga universalisterna. Den episkopala och den katholska kyrkan stå lugna för sig sjelfva midt under stormen. Dessa båda högt bildade och förfinade grenar af kristna samhället hålla före att Kristi och apostlarnes läror voro tillfyllestgörande, att underverkens tider äro förbi och vår troslära kompletterad. Medlemmar af dessa stora konservativa kyrkor tala icke om dagar af synnerlig nåd och väckelse; de betvifla såväl grunden, som bemödandet och frukterna af dylika periodiska, religiösa rörelser. De vandra helst på redan banade vägar, undvika nyhetskram och öfverdrift, hvilket enligt deras tro endast leder till svärmeri och förvillelser. Deras yngre medtäflare, deremot, hafva, som de kalla det, under sin »verksamhet för den apostoliska missionen», ifrigt omfattat hvarje tillfälle att draga själar till sin kyrka. Alla Amerikas nya sekter och samhällen hafva ej utan framgång kämpat på detta vidsträckta fält för omvändelse; Mount Libanons qväkare likväl med mera lugn och med större tillförsigt än de öfriga. De möten för andelig väckelse, som tid efter annan hållas inom Unionen, anses af de öfriga sekterna såsom själsrörelser, inbjudande dem att arbeta för menniskornas frälsning; qväkarne, deremot, betrakta ett sådant möte som en andelig cykel — slutpunkt af en epok — begynnelsen af ett nytt samhälle. »Blott under ett väckelsemöte,» säger Frederick, »blott under dess brinnande hänförelse kan den utkorade dragas till Gud;» — d. v. s., på verldens språk, dragas in i ett qväkareförbund. Mount Libanon uppkom till följd af ett väckelsemöte, Enfield äfvensä. Sekten påstår att hvart enda betydligare väckelsemöte, såsom varande fullbordandet af en andlig cykel, måste leda till grundläggandet af ett nytt qväkaresamfund.

Det vill således synas som om väckelsemötet, detta vilda och nästan förfärande fenomen på religionens område, hvilket några af våra presterskap anse som en meningslös företeelse, en förvillelse, icke svarande emot några af lifvets lagar, af qväkarne räknas såsom Försynens synnerliga vilja och skickelse. Englar verka, enligt deras tro, den exaltation som derunder uppträder i sin högsta potens. För Mount Libanons brödraförbund eger således väckelsemötet ett bestämdt kall, en makt, att utöfva. Det är qväkarnes skördetid, då de vinstockar de ej planterat gifva dem drufvor, de pressar de icke fyllt skänka dem olja. Qväkarne räkna på väckelsemöten, som åkermannen räknar på våren och hösten; de vänta sin skörd af andeliga cykler, likasom farmern sin af ändtiden.

Då de sista väckelsemötena i Ulster som en andelig orkan bröto fram alltifrån Derry till Belfast, var jag af en händelse i Derry. Genom de iakttagelser jag således blef i tillfälle att anställa, kan jag nämna, att, med undantag af den omgifvande naturens karakter och de deltagandes olika plägseder, stämmer ett väckelsemöte i Ulster ganska mycket öfverens med en andelig cykel i Ohio eller Indiana.

I detta land bryter religionsfanatismen ut liksom en feber på de oroligaste och vildaste punkterna, vanligtvis på gränsen af ett civiliseradt samhälle, alltid inom excentriska sekter — vanligtvis bland ranters, tunkers, baptister och methodister.

Methodismen, Amerikas största kyrka, såvida man skall bedömma en troslära efter antalet bekännare, gaf själf första väckelsen till dessa för Unionen egendomliga religionsmöten. John Wesley gjorde först ett försök att sprida läran, men misslyckades; Whitefield kom efter honom och lyckades, ty tiden var gynsammare för hans arbete. De första methodistpredikanterna bröto sig väg just så som väckelsepredikanten nu för tiden vinner själar: under mödosamt lif och knapp kost; vandrande på en ländig mark, sofvande på torra löf eller rådjursskinn, uppslående sitt tält der vargen har sitt bo, eller bäfvern sitt hide; utsatt för faror af de röda männen, af den hvita stammens afskum, af halfgalna negrer; letande sig väg in i fängelser, krogar och lastens nästen, öfverallt sättande sig i beröring med fattigdom, elände och brott. Väckelsepredikanten är, om man så vill, en fantast; hvad han säger, kommer ifrån ett brinnande hjerta, ej från ett lugnt förstånd; hans predikan är en spasm; hans vältalighet skrik. Men filosofer må småle, myndigheterna vredgas åt hans vanvett; — den svartmuskige grufarbetaren, den råe nybyggaren, den kraftfulle jordbrukaren och formannen, — alla dessa erkänna makten af hans ord. Det är han som utför det första omvändelseverket på otämda eller förderfvade sinnen; han gör hvad ingen annan skulle förmå. Ute på prairierna skulle Trench förstummas och Stanley icke höras; Wilberforce skulle förlora modet och Noel dö efter ett år tillbringadt i en af Vesterns vildmarker.

Ett väckelsemöte, sådant jag två särskilda gånger sett det i Ohios och Indianas skogstrakter, är en tilldragelse, full af intresse, och med detaljer nog rika på både humor och allvar, att ömsom framkalla betraktarens leenden och hans tårar. Må läsaren tänka sig klockan fem en lugn oktobereftermiddag. Myriader gula blommor och granna röda mossor lysa upp marken. Ekarnes och platanernas löf ha en dunkelbrun färg; lönnarne lysa som purpur, och valnötsträdens blad såsom guld; luften är full af foglar och granna insekter; bland de väldiga stammarna resa sig en mängd tält och träskjul, som gifva platsen ett eget och på samma gång hemlikt tycke; ty detta läger af religiösa svärmare är ytterligt olik, såväl en arabhords lägerplats som en indianstams by; ja, det har ej sin motsvarighet hos något enda af jordens herdefolk, men deremot flera drag, som för mitt öga och öra återkalla en engelsk marknad, en irländsk midsommarsvaka. Epsom, en kappridningsdag, är ej så olik ett väckelsemöte i Amerikas skogar, som mången torde förmoda. Kärror och vagnar stå frånspända, hästarna äro tjudrade på marken, eller lössläppta att leta sig betesplats. Inne i ett dussin stora träskjul ser man åtande, drickande, rökande och bedjande menniskor. Några karlar brottas och leka ute på marken, andra göra upp eldar; många hålla på att tillreda föda. Pojkar samla bränsle; flickor hämta vatten nedifrån floden. Vid lägerplatsens medelpunkt, på en trästubbe som blifvit upphöjd till värdighet af predikstol, står en blek *marabut* och håller — ibland skrikande, ibland vrålande — tal för en halfvild, tätt packad hop åhörare, till flertalet nybyggare, och deras qvinnor från närgränsande orter, åtskilliga negrer och negresser — de senare i sitt trasgranna bjefs af florshattar, schalar och brokiga kjortlar, samt några indianer, målade och med fjädrar i håret — alla lika hänförda som talaren sjelf; alla brinnande af hans nit, alla uppmuntrande hans fanatism. Midt i perioderna af hans tal utbryter en storm af tårar och klagan; hans häftiga gester framkalla suckan och jemmer. Utan att af något låta störa sig, fortsätter han likväl sin predikan, — om denna ström af ord och skrik kan förtjena detta namn — och rundt omkring honom sitta männerna dödsbleka och stilla med färglösa, sammanpressade läppar, knutna händer, och qvalfullt vridande sig, gripna af en panisk fasa för sina svåra synder, medan qvinnorna vildt rasa af och an, sträcka armarna uppåt, bekänna högljudt svåra förbrytelser, kasta sig till jorden, förlora sansen, få konvulsioner, vända ut och in på ögonen och fradgas kring munnen. Den värdige indianen åskådar med ömkan detta ursinniga beteende af de hvita männens squaws, och negrerna utbrista i snyftningar, skrik och spasmodiska jubelrop af »Lof och pris! Lof och pris! Halleluja!»

Många sjukna, några dö af dem som besöka ett väckelsemöte. Under den ångestfulla kampen emot synd och död, som med vansinnets kraft griper dessa menniskor, tyckas alla passioner vara lösläppta.

»Jag tycker om dessa väckelsemöten,» yttrade till mig en lagkarl i Indianopolis; jag får efter ett dylikt alltid en rik skörd af brottmål att handlägga.»

Vid sådana sammankomster höra slagsmål, knifshugg och brott mot sedligheten till ordningen. En methodistpredikant, som under tjugufemårig verksamhet, dels inom Nya Englands stater, dels på gränsen och nu slutligen under kriget, på Virginiens slagtfält samlat erfarenhet, yttrade till mig:

»Religiös fanatism innefattar alla andra lidelser; den kan icke framkallas utan att äfven öfriga passioner väckas. Inom vår kyrka är detta onda välbekant och vi bjuda till att akta oss derför så godt vi förmå. Unga män, som mana till ett väckelsemöte, äro alltid föremål för de äldres misstroende inom kyrkan; många gå förlorade, minst en af tjugu; vida flera bringa skam öfver sina embetsbröder genom sitt tanklösa beteende under dessa sammankomster.»

Efter en vecka, kanske till och med en månad, börjar fanatismens låga brinna mattare och slutligen slockna. Gräl begynna; bowieknifvar dragas. Den cyniske betraktaren skrattar; den liknöjde far sin väg. Hästarna tagas upp från betet; vagnarna packas och qvinnorna taga plats på dem; mathållaren tar ned sitt tält och packet stryker vägen framåt, till någon annan mötesplats. En eller annan af slagskämparne får sätta lifvet till och den fanatiske predikanten upphör slutligen, led vid sina brutala åhörare, att hålla sina nästan lika brutala föredrag. Den sista hästen sadlas, sista vagnen är på vägen och intet återstår af det besynnerliga lägret mera än några halfbrända träklumpar, en sköflad skogspark, och två eller tre friska grafkullar.

Är det allt? Nej, säger qväkaren. Under ett väckelsemötes ursinne tycker han sig skönja en moralisk ordning, en andelig skönhet, osynbar för verldsliga ögon. För honom är detta möte Guds eget medel att kalla till sig sina barn. Utan en sådan väckelse kan ingen uppståndelse till ett andeligt lif i en högre, en vidsträcktare grad ega rum — intet väckelsemöte, säger han, är gagnlöst för menniskoslägtet. Alltid är det någon själ som derigenom drages till himmelen.

Frederick sade mig att hvarje betydligare religionsmöte, som, sedan hans kyrka blef grundlagd, blifvit hållet inom Förenta Staterna, har gifvit upphof till något nytt samhälle efter moder Anns principer. Sektens aderton unioner representera aderton möten. Enligt Frederick, hvilken med uppmärksamma och ömkande blickar följer alla oförnuftiga tilltag af spiritualisterna i Amerika, är ett nittonde väckelsemöte nu för handen, af hvilket han väntar en betydlig utvidgning af sin församling.

FEMTONDE KAPITLET.

Spiritualism.

Under augusti månad denna sommar har ett stort antal spiritualister haft en sammankomst i den vackra, välbelägna staden Providence i staten Rhode Island.

Bekännare kommo i stora skaror från östan och vestan, somliga såsom ombud från samfund och städer, representerande många tusen, hvilka stannat hemma. Ännu flera voro väl anhängare af läran, men ville ej veta af några band eller uttala någon annans åsigter än sina egna. Aderton stater och territorier voro, enligt programmet, representerade genom värdiga medlemmar, mer än hälften af fruntimmer. Första konventet, i en skala stor nog att kallas nationelt, hölls för två år sedan i Chicago, och följande året det andra i Philadelphia; men till båda dessa möten, som endast ansågos vara experimentala, kommo de för saken nitiska mindre såsom deputerade, än af en tillfällighet. Gynnsam belägenhet, med afseende på vistelseorter och resa, hade till att börja med vida mer inflytande på val af mötesplats, än någon moralisk anledning. Då emellertid ett program högtidligen blifvit uppsatt i Chicago och ett storartadt vädjande till allmänheten genom votering beslutats i Philadelphia, började moraliska konsiderationer på allvar göra sig gällande. Scenen för spiritualisternas tredje nationalkonvent blef Providence, och detta förnämligast emedan denna stad förvärfvat ett visst slags ryktbarhet, såsom hufvudqvarter för kättare och reformatorer, tillflyktsort för Roger Williams och hemvist för obegränsad tolerans i religionsfrågor.

Sansade betraktare öfverraskades genom det vilda och på samma gång intellektuela uttrycket hos dessa »vittnen». Deras ögon lyste af en öfvernaturlig glans; deras kinder voro onaturligt bleka. Många voro magnetisörer. Nästan alla män buro långt hår; nästan alla qvinnor hade sitt kortklippt.

Pratts salong vid Broad Street var platsen för deras öfverläggningar. Rummet är ganska försvarligt stort, dock ej för mycket rymligt för den massa menniskor och andar som trängde sig in. Ja, *andar!* Åldtmästarinnan Antoinette är ej mera säker på att hon ser och hör aflidna personer, än alla dessa långhåriga män äro det. I Pratts salong stodo englar i dörren; spöken fladdrade omkring i rummet. Deras närvaro var erkänd, deras medverkan anropad, deras råd sökta. Mångfaldiga gånger tilldrog det sig att talarne ställde sina ord icke blott till de i kroppslig gestalt närvarande deputerade, utan äfven till himmelens ombud, hvilka i andelig skepnad infunnit sig vid mötet.

Joslin, ledare af staden Providences spiritualister, välkomnade med ett helsningstal de delegerade till denna fristad, i deras egenskap af kättare oeh irrläriga.

»Nu är den dag inne,» sade han, vänd till sina synbara åhörare, »då Unionens spiritualister stolt kunna yfvas åt att kallas verldens största kättare. *Såsom sådana* helsar eder Providences spiritualister välkomna; de göra det i den vissa tro att I ären kätterskt sinnade emot de gamla villomeningar, hvilka varit ett förderf, men icke en välsignelse för hela menskligheten.»

Dessa ord synas hafva varit officiela, och äfvenså följande helsning till de närvarande deputerade från andeverlden:

»Men icke till eder allenast,» fortfor talaren med högtidlig röst och stor emphasis, »blicka vi efter råd, efter ingifvelser, efter himmelska harmonier. Församlingen är talrikare än hvad som synes. Der borta i dörrarna stå många flera. Väsenden ifrån flydda tider, verldens morgonstjernor, som utan fruktan, utan tvekan under sitt jordlif blefvo martyrer för sanningen — forntidens af oss vördade vise, och de af nutiden som vi älska — alla dessa skola kungöra sitt intresse för denna talrikt besökta sammankomst, hvilken de med sin närvaro hedra; en sammankomst, som har till hufvudsyfte att realisera deras verklighet, närvaro och makt.»

Stormande bifall, ingalunda dämpadt af vördnaden för dessa höga andeväsen, belönade den vältaliga invocationen till himmelrikets delegerade.

John Pierpoint, från Washington, en gammal orator, höll ett tal då han lemnade ifrån sig presidentskapet, som han vid mötet i Philadelphia innehaft. Han afgaf en förklaring rörande uttrycket tviflare, användt på honom och på hans bröder i andanom.

»Jag är en tviflare,» utropade han, »med afseende på många antagna religionsbruk, och detta emedan jag förkastar en mängd trospunkter, som bekännas af flertalet kristne, ja, äfven af den protestantiska kyrkans anhängare.» Under talets fortgång yttrade han sig, i stället för att sätta sin tro på religionsläror och dogmer, blott sätta förtroende till framåtskridande, frihet och andeverldens makter.

Tio dagar sedan Pierpoint hållit sitt tal, dog han, och inom mindre än tio dagar efter hans begrafning hände det sig att mrs Conant, — ett »medium» från Boston, som skrifver helsningar från andeverlden för halfva Amerikas läsande allmänhet — hände det sig, säger jag, att denna dam förkunnade sig hafva bekommit hans själ tillbaka, till sin salong, ett väsende, synbart för henne, kännbart för många, hörbart för ännu flera. Charles Crowell och I. M. Peebles förklarade sig hafva varit närvarande, då mrs Conant föll i magnetisk dvala och John Pierpoints själ ingick i henne (i öfverensstämmelse med Ann Lees lära) samt talade till dem genom hennes läppar om den högre verld, hvartill han just nu uppstigit. »Det var synbart,» sade de, »att en ande tog henne i besittning, ty hela hennes utseende vittnade om ett upprepande af den sista striden mellan själ och kropp. Hans död måste varit ganska lätt, ty intet hos henne talade om en svår kamp; hon andades blott hastigt och kort några få gånger, såg upp med en allvarlig och fast blick, och allt var förbi. Ett bemödande gjordes af henne att tala och följande odödliga tänkespråk ljöd från hennes läppar:

»Välsignade, trefaldt välsignade vare de som dö i sanningens kunskap!»

Efter en kort stund återtog anden:

»*Bröder och systrar*, gåtan är för mig löst. Och emedan jag lefver skolen I ock lefva, ty densamma *gudomliga Fader och Moder* som skänker *en* själ odödlighet, gifver den ock åt alla.»

Pierpoint tycks ej gjort betydliga framsteg i kännedomen af himmelska ting, genom att förflyttas från köttet till andan; ty medan han ännu dvaldes på jorden inskränkte han sina bevis för sanningen af klappandar och psychografi egentligen till dessa ord:

»Jag har sett, och derföre vet jag, jag har kännt, och derföre tror jag.»

Emellertid tycks det som om Pierpoints ande sjelf erfor en liten oro för att dess meddelanden skulle anses otillfredsställande, då den nog kom ihåg hvilken brinnande nyfikenhet rörande en högre verlds mysterier fanns hos de flesta spiritualister. Liksom ursäktande yttrade den derföre till herrar Crowell och Peebles genom mrs Conants mun:

»Det smärtar mig att för eder icke kunna skildra den öfver allting sköna syn jag hade då jag uppsteg till andeverlden. Det nya lifvets herrlighet är öfver all beskrifning. Ord skulle fattas mig om jag bjöd till att tolka densamma.»

Personer finnas som hört dylika yttranden redan innan John Pierpoints död.

Då Pierpoint lemnade talmansklubben, valdes Newman Weeks från Vermont till president för året. Bland vicepresidenter voro flera fruntimmer, mrs Sarah Horton från Vermont, mrs Deborah Butler från New Jersey, doktorinnan Juliette Stillman från Wisconsin.

Warren Chace från Illinois, en af vicepresidenterna, förkunnade att mer än tre millioner amerikanska män och qvinnor redan förklarat sig som anhängare af denna rörelse. Tre millioner är ett högt siffertal. Ingen kyrka inom Förenta Staterna, ej ens methodisternas, kan framställa en sådan mängd bekännare. Spiritualisterna räkna inom sina led en och annan framstående man, skarpsinniga lagkarlar, tappra officerare, angenäma skriftställare, men äfven ej så få personer, hvilka svårligen kunna rentvå sig från beskyllningen att vara af det simplaste slaget skälmar och bedragare. För en betraktare af vår tids Amerika utgör det påstådda, stora antalet ett vigtigt faktum. Ett samfund af tre millioner menniskor skulle i hvilket land som helst vara en makt; inom en republik, styrd genom folkval, måste det utöfva ett enormt inflytande i godt eller i ondt. Då man vet ofvanstående kan det icke längre förvåna att höra spiritualisternas ledare skrytsamt påstå sin makt att kontrollera den allmänna opinionen inom Amerika, icke endast med afseende på fred och krig, dogmer och religionsbruk, men ock rörande det sociala och sedliga lifvets mest grannlaga frågor. Ärlig och öppen strid torde icke kunna förvägras, då så väldiga skaror framslunga utmaningar och satser, som *de* anse vara sanna, huru vidunderliga de ock förefalla oss.

Dessa millioner — en mer eller mindre — af spiritualister förkunna sin personliga öfvertygelse, att de gamla troslärorna hafva förlorat sin kraft, att de kyrkor som på dem blifvit grundade äro döda, och att menniskoslägtet behöfver en ny, uppenbarad religion. De proklamera alla dessa fenomen, hvilka nu förekomma i hundratals amerikanska städer, såsom borddans, klappandar, etc., och som vanligen uppenbara sig i mörka rum, samt under divansbord omgifna af damer, såsom rätta grunden för en ny, sann och i alla tider fortvarande tro på en för oss oskönjbar verld. Spiritualisterna ha redan sina läroanstalter, sin kateches, sina periodiska skrifter. De ega manliga och qvinliga profeter, medier, clairvoyanter, söndagshögtider, fester, picnicker, väckelsemöten; de ha såväl sina lokala samhällen som sin statsorganisation, sina generalkonferenser; med ett ord: de ega redan våra mest verksamma, mest tillväxande samhällens konstmessiga sammansättning. Deras styrka i siffertalet är måhända för högt uppskattad af Warren Chace; vi, som stå utom deras samfund, kunna icke räkna dem, då de icke i Unionens census äro upptagna som en corps för sig; men deras betydliga antal undervisningsanstalter, de ofta förekommande picnickerna, deras vidt spridda tidningar äro emellertid fakta, som göra en beräkning möjlig. Jag tror ej man skulle begå ett misstag om man antog tiondedelen af befolkningen i Nya Englands stater och åtminstone femtondedelen inom Newyork, Ohio och Pennsylvanien vara i mer

»Jag har sett, och derföre vet jag, jag har känt, och derföre tror jag.»

Några af dessa fantaster påstå att deras lära har en urgammal grund, medan deremot andra förmena dem vara ett nytt folk, som blifvit välsignadt med en splitterny uppenbarelse, en planta, uppväxt på Amerikas jord och dess kyrkas uteslutande tillhörighet. Blott sällan finner man dem nämna Mount Libanons qväkare, från hvilka de likväl hämtat nästan alla sina lärosatser och icke så få af sina seder. Spiritualisterna föredraga att anse sin lära uppkommen genom Andrew Jackson Davis' visioner och Kate samt Caroline Fox' lyckade och djerfva påståenden. Majoriteten af de olika staternas ombud skulle måhända upptagit som en förnärmelse emot deras gemensamma fädernesland, om någon sökt härleda spiritualismen från en äldre källa, än deras siares i Poughkeepsie uppenbarelse.

Poughkeepsie, den nya kyrkans Mecca, Benares eller Jerusalem, är en ännu helt ny, men liflig och tillväxande stad vid foten af en romantisk, vacker bergshöjd, och invid floden Hudson, halfvägs mellan Albany och Newyork. Sedd från floden har platsen ett visst tycke af en schweizisk stad med sin gamla kaj, sina af menniskor hvimlande hoteller och sin fullständiga börsbyggnad. Genom en tvär krökning af floden bildar den två täcka sjöar, den öfra begränsad af Catskillsbergen, den nedra af Hudsonshöjderna. Närmaste strand är kal och dyster, med klippor högre upp, och längre ned låga buskväxter, men vestra stranden består af en sträcka skönt rundade höjder, rikt bevuxta af sykomorer, bok och ek. Staden är rik på skolor, kyrkor och kollegier; och personer, som icke kommit under beröring af osynliga andehänder, räkna bössor, mattor, öl och bomullstyg som dess förnämsta produkter. För de utvalda är emellertid Poughkeepsies hufvudsakliga betydelse att vara födelseort åt deras profet.

Då moder Ann blifvit satt i fängelse derstädes

man vet ..., hvilka hon meddelade kan det icke längre förvåna att höra ..., erfarenheter angående den osynliga verlden. En fattig skoflickare, Andrew Davis, blef derigenom andlig son af Ann Lee, som sjelf varit en fattig fabriksarbeterska. Davis ser syner och drömmer drömmar, men hans uppenbarelser gå föga längre än moder Anns. Under sitt inspirerade tillstånd förkunnar han att döden är för menniskan blott ett ombyte af klädnad; att de aflidnas andar äro omkring oss beständigt och att känsliga personer kunna meddela sig till dem. All medicin förklaras af honom vara gagnlös, ja skadlig; hvarje sjukdom bör botas genom händernas påläggande. Davis föreskrifver ett nytt slag af uppfostran, deri en dansande rörelse under svängande med armar och händer ingår som hufvudsak. Han påstår vidare att kristna kyrkan är en instiftelse, hvars makt på jorden är förbi, samt predikar i dess ställe ett nytt och evigtvarande andeförbund.

Dessa äro i korthet de grunder, hvarpå Newman Weeks, Sarah Horton, Deborah Butler och öfriga närvarande i Pratts salong proklamerade det nya förbund, hvarigenom menniskan skall höjas från det lägsta jordelif, till den renaste andeliga tillvaro. Liksom Frederick, påstodo de en dual natur i Gudomen — en moder, såväl som en fader — och liksom syster Mary och åldtmästarinnan Antoinette, dömde de ock af denna Guds dualism till befogenheten af de båda könens lika rättigheter och privilegier. Från det första till det sista tyckas fruntimmerna utöfvat den öfvervägande makten i Providence, både vid uttolkningen och vid ordkrig, och af båda sorter fanns stort förråd så länge mötet varade. Miss Lucie Johnson förklarade sig vara trött vid prat och fordrade verksamhet. »Jag är villig,» ropade denna unga reformatris, »att arbeta tillsammans med hvilken man, eller qvinna eller kommun, som vill undervisa mig i de första grunderna af nyttig verksamhet, en verksamhet, som

»Jag har sett, o~~~~~~~~~~~~~~~
och derföre tror~~~~~~~ätt och, till följd af allt detta, till en högre bestämmelse för menskligheten. Jag vill göra nytta och jag vill äfven se andra arbeta. Jag vet väl att det är vida lättare att bedja för menniskoslägtets frälsning, än arbeta derför och ofta vinner man större pris för bönen än för arbetet, men det är icke detta, hvarefter jag fikar. Blifvande generationers intressen ligga mig ömt på hjertat.»

Mrs Lucie Hutchinson gick ännu strängare tillväga mot sina bröder i andanom. Denna dam, som representerade Charlestons Independent spiritualistsällskap, sade sig i åtta år hafva arbetat för den goda saken, men under denna tid alltid fått blygas för sina medhjelpare. Enligt officiella källor föllo hennes ord sålunda: »Jag har ännu aldrig sammanträffat med en behjertad, en högsinnad spiritualist, men jag hade hoppats att åtminstone här komma i beröring med menniskor, hvilka skulle bevisa sig värdiga att nämnas män och qvinnor. Jag hade hoppats beslut skulle fattas, som voro af lefvande kraft — icke en död bokstaf, med hänvisning på hvad som nu måste vara både dödt och begrafvet; jag hade trott att här skulle finnas utkorade med mannamod och qvinnomod, för att verka hvad som kunde ske. Finns i hela universum en själ som måste utestängas från fördraget, så är jag redo att utestängas med den. Finns en enda person som måste till helvetet, så vill jag gå med den; finns något verk att utföra i afgrunden, så vill jag gå och hjelpa Gud Fader att göra det!»

Ej få af de deputerade påstodo sig vara i besittning af underbara krafter: att tala med andra tungomål, att bota sjukdomar. Nästan alla spiritualismens adepter påstå sig kunna hela de sjuka genom händernas påläggande. Ögnar man blott igenom ett nummer i tidningen »Ljusets banér», räknar man hela tjugutal manliga och qvinliga medier — mest qvinliga, — hvilka för publiken annonsera sig (notabene mot vissa dollars) kunna bota sjuk-

dernas pågående, lärer det icke längre förvåna de, utgår en helande kraft från landsmännens sjukten. Dessa annonser äro ofta rätt egendomliga och måste för många svaga hjernor vara lockande. Ett af de mindre klart skinande ljusen inom detta samfund, mrs Eliza Williams, syster till Andrew Davis, annonserar sig vilja »pröfva sjukdomens art och föreskrifva derför», samt ytterligare »kurera den sjuke genom sin helande makt, hvilken till fullo blifvit pröfvad». Mrs Young ger sig tillkänna såsom läkare och clairvoyante; mrs Spafford som magnetisör och medium. Somliga annonser äro fullkomligt mystiska för oss verldsmenniskor. Mrs Spenser tillkännager sig kunna bota frossa och febrar genom sitt »positiva och negativa pulver» och tillägger, »som preservativ och kur för kolera bör hvar och en ega denna underbara, andeliga medicin till hands». Doktor Main anmodar personer, som önska hans råd, att i brefvet »innesluta en dollar, ett postmärke och en hårlock». Madame Gale, clairvoyante och medium, »ser andar och kan beskrifva frånvarande vänner». Mrs Gillette, elektromagnetiskt läkande och upplysande medium, »botar både kropp och själ för allt ondt». Men detta fruntimmer står likväl långt tillbaka för en doktor Emerson, hvilken annonserar »en ny utveckling af de andeliga krafterna». Detta medium har fortskridit så långt i spiritualism att »han kurerar sjukdomar genom att draga till sig och öfverflytta på sig patientens onda», och ger sig ytterligare tillkänna såsom villig att utföra detta underverk förmedelst korrespondens, på huru långt afstånd som helst, mot ett arvode af tio dollars. I vissa afseenden stiga likväl damerna fram med ojemförligt större mod än det sämre könet. Mrs Gilbert, som ger sig tillkänna att vara en Dermapatist, erbjuder sig icke blott att kurera alla sjukdomar, men ock att lära andra konsten — inom så och så många lektioner, för så och så mycket hvar lektion!

»Jag har sett, och derföre tror jag har känt, och derföre tror jag, till följd af allt detta, till en högre bestämmelse för menskligheten. Jag vill göra nytta och jag vill äfven se andra arbeta. Jag i de officiela berättelserna lättare att bedja för...»

Miss Lucie Johnson yttrade att hon för sin del ville åtminstone icke bygga några flera kyrkor, »ty de hade redan alltför länge hållit menskligheten i förtryck och i andeligt mörker».

Mr Andrew Foss »tackade Gud att denna tid icke var tillbedjandets tidehvarf, utan forskningens».

Doktor Child yttrade att »spiritualismen har slagit en bro öfver svalget mellan Abrahams sköte och den rike mannens helvete. Må vi alltid vara tacksamma för hvarje kraftigt angrepp, som förmår lossa fogningarna af lagens försåtliga byggnad — den lag, hvilken genom menniskans hand straffar menskligheten för de brott som den begått.»

Mr Perry sade: »I egenskap af spiritualist hade jag ännu att lära, att vi hålla någonting heligt, och får jag härmed opponera mig mot hvar och en resolution, i hvilken ordet *helig* förekommer.

Mr Finney sade: »Den gamla religionen är på väg att utdö. Vi äro här samlade, såsom representanter af den nya troslära, barn af vår stora Union och af menniskoslägtets typer i en kosmopolitisk geografi, hvilkas prägel blifvit gjuten i den Eviges härd!»

Detta var hufvudsakligen innehållet af hvad som talades inför de vid det tredje nationalkonventet församlade, jordiska och himmelska ombuden.

Tre resolutioner, hvilka spiritualisterna ansågo af stor vigt, antogos. Den första var: att motarbeta söndagsskolor och i stället verka för deras lyceer; den andra: att gå i författning om utgifvande af skrifter rörande spiritualism; den tredje: att hindra bruket af tobak och spritdrycker. Ett förslag att stifta ett National-spiritualist-universitet bordlades till nästa års möte. En resolution, hvilken emellertid ej omedelbart skulle träda i verksamhet, men

dernas påäggande, likasom det icke längre förvåna de, utgår en helande kraft från läkaren till patienten. Dessa annonser äro ofta rätt egendomliga och måste för många svaga hjernor va~~~

»Beslöts att endast den hand, som utför ärligt ...ete, är värdig hålla civilisationens spira; att dess ...ttigheter äro jemngoda med dess värdighet och ...nflytande. Vidare: att den tillfullo bör vedergällas dermedelst att de arbetande millionerna menniskor förses med medel, tid och tillfälle till uppfostran, bildning och nöjen, samt att arbete, vare sig utfördt af män eller qvinnor, bör förvärfva lika hög godtgörelse.»

Dessa reformatorer hysa ingen särdeles aktning för vår gamla verlds idéer i samhällsläran.

Då vi försöka att bedömma ett system, så motbjudande för vår känsla, så fiendtligt mot våra institutioner som denna spiritualismens skola, måste vi, för att kunna fälla en opartisk dom, icke glömma att denna lära — så oförklarligt det än synes oss — har blifvit erkänd af hundratals lärde män och fromma qvinnor. Detta torde för många synas mest underligt af alltsammans, men ingen torde vilja påstå att den theori är blott en dårskap, ovärdig att tagas i betraktande, hvilken antagits af män sådana som domaren Edmonds, doktor Hare, Fredericks och professor Bush.

SEXTONDE KAPITLET.

Sierskor.

I den lärda, prydliga, vackra staden Boston, — Agassiz', Longfellows, Holmes och Lowells hemvist, — har äfven en afdelning af Amerikas qvinliga prestadöme uppstått, som förkunnar sig mäktig att reglera vetenskapen och underkänner alla läromethoder, utom den alldeles nya, den framlägger. De qvinliga medlemmarna äro sierskor.

Dessa prestinnor, hvilka böra kallas Elizabethianer efter sin första hierophant, Elizabeth Denton, utgöra icke, rättsligen taladt, en kyrka, knappast en sekt och bestämdt icke ett lärdt samfund. Kanske böra de nämnas en skola, då de förklara sig hafva att lära allt och att undervisa i allt. I likhet med de flesta andra grenar af den talrika spiritualistfamiljen lefva de med i verlden, hvars nöjen de njuta och hvars utmärkelser de eftersträfva med aldrig tröttadt begär. Inom Bostons samhälle kunna de icke genom några yttre egenskaper skiljas från vanligt folk (ifall nämligen man kan säga att *några* vanliga menniskor lefva i denna stad). Deras utmärkande tecken är en inre, intellektuel gåfva att läsa tvärs igenom stockar och stenar.

Lydande den vanliga lagen för de nya amerikanska samfunden, är Elizabethskolan förnämligast afsedd för qvinnor. Dess profeter och tolkare äro uteslutande fruntimmer. Män må visserligen blifva medlemmar af skolan, ega del af dess goda och vara behjelpliga att utbreda dess läror, men aldrig har ännu en manlig varelse egt förmätenhet nog, att påstå sig vara i besittning af dess öfvernaturliga krafter.

Enligt den nya filosofi, som i Amerika börjat utbredas, beror högre, andeliga gåfvor på en mer eller mindre ädel organism. Mannen, med sin gröfre natur, sina fastare fibrer, sitt torrare förnuft, kan aldrig ernå det ädlare könets högre lyftning. Enligt talesättet i Newyork har mannen slutat sitt parti och qvinnan sitter nu med alla trumf på hand.

Anne Cridge började. Anne Cridge är syster till William Denton i Boston, en person som derstädes åtnjuter ett, för en *man*, icke så obetydligt anseende, såsom beläst, geolog och kompilatör, åtminstone nog för att portionera ut små partier logik och citera lärda auktorer till försvar för sin skola. Sierskornas nya troslära kom till Anne

Cridges och hennes bror Williams vetskap på följande, mera burleska än precist sublima sätt. Buchanan, en läkare i Cincinnati, hade under sin praktik observerat att somliga personer kunna purgeras utan piller och mixturer, blott genom att hålla den dertill afsedda medicinen i sin hand. Denna verkan af inbillningskraften var ej att vänta hos alla, men tänkbar hos en och annan, synnerligen hos fruntimmer med ömtålig helsa och stor nervretlighet. Hvarför då icke äfven hos Anne Cridge? Ömtålig helsa och nervsvaghet voro henne gifna af naturen. Ett försök gjordes. En inbillningskraft, stark nog att ersätta nyttan af ett piller, borde väl vara mäktig äfven af en högre förmåga; och med naiv, qvinlig list pröfvade Anne först, huruvida hon icke skulle kunna läsa förseglade bref, tillhöriga åtskilliga af hennes vänner. Förmågan vaknade och växte efter hand. Då hon tryckte ett försegladt bref till tinningen, upptäckte hon på detsamma, ej med sina ögon, men förmedelst sin hjerna, en skuggbild af den man som skrifvit brefvet, så att hon kunde säga hans längd, hans form och färgen af hans ögon. En ny idé fattade hennes bror. Denna bild af den skrifvande måste vara en solmålning som fallit på papperet, liksom på en lins. Sjelf förmådde han icke se den, såsom hans syster Anne, men denna brist hos honom var en följd af hans gröfre materialism. Denton saknade fantasi. Hvad han emellertid klart tyckte sig förstå, var att naturen stundeligen måste ha för vana att mångfaldiga bilden af sig sjelf; att hvarje yta emottar och fasthåller sådana målningar, och att allt hvad man behöfver, för att intränga i naturens djupaste hemligheter, är en siare, i stånd att tolka den underbara skriften. En skön idé! Denton ansåg den såsom begynnelsepunkt för en ny tideräkning; ty om Anne, genom att hålla ett pappersblad emot tinningen, på detsamma kunde skönja gestalten af dess skribent, jemte en konturteckning af det rum der brefvet blifvit hoplagdt och försegladt, hvarför skulle hon då icke äfven vara i stånd till att läsa de bilder, som stå intryckta på alla andra ytor, på stenar, ben, musslor, metaller? Ja, hvarför icke? Om de bilder, som genom ljusets medverkan återspeglas på alla föremål, icke, som vi inbilla oss det, äro flyktiga, utan förena sig med dem och qvarstanna, så är det helt simpelt endast fråga om att finna en agent, tillräckligt finkänslig att upptäcka och tolka detta chifferspråk. En sådan agent hade Denton funnit i sin syster Anne.

Sedan han sålunda funnit en tolkare af naturen, skulle jordens hela förflutna tillvaro ligga lika öppen för honom, som ett stort fragment af tiden för den Vandrande Juden, ja, vida mera, ty Denton skulle kunna gå ännu längre tillbaka, samt lösa gåtan om de ting, som funnos innan ännu ett menskligt öga existerat. T. ex. om denna theori var sann, så skulle man blott behöfva lösbryta en sten från Matterhorn, linda in den i en bit papper och hålla den intill sierskans tinning, för att såsom ur en bok få höra berättelsen om glaciererna, alltifrån den tidrymd då Schweiz och Schwaben blott voro isfält, vidare genom de perioder då dessa ismassor efter hand begynte smälta och så ända till den dag då skogar, sjöar, städer, vingårdar återspeglade sina leende bilder. Eller om man bröt en flinta ur Hvita Bergens kalkstensformation, skulle man på densamma finna intryckta målningar af urskogen, indianläger, män af den röda rasen, målade med ockra, prydda med fjädrar och skakande sina spjut i krigsdanser. Med en bit lava från ett hvalf i Pompeji skulle man erhålla en karta öfver denna stad, dess hus och trädgårdar, bad och amphiteatrar, dess offentliga spel, festligheter, samhällslif och religionsbruk. Förmedelst ett enda fjäll, brutet från Sevillas torn, kunde man skaffa sig en lefvande föreställning af morernas lif i denna stolta stad, deras processioner och fladdrande fanor; man skulle se den mörkskinande befolkningen, den glimmande halfmånen och den stolta, krigiska ståten, eller tog man upp ett hvitnadt ben från en hög af ballast, som blifvit liggande på kajen, hvem vet om man icke på denna fossil kunde läsa berättelsen om huru England såg ut tusen år innan Cesar landsteg? Kanske skulle man erhålla porträtt af vildar, som i den tiden fiskade, slogos, vallade getter och får vid våra kuster och i dalarna? Hade denna theori varit sann skulle ett nytt ljus uppgått öfver verlden, historien fått en rik belysning, vetenskapen en ny grund, konsten ovärderliga illustrationer.

Men Anne, som var den första sierskan, fick snart en medtäflerska i konsten att läsa i stenar. Elizabeth Denton, hennes brors hustru, uppträdde med anspråk på detsamma. Det är möjligt att Elizabeth var svartsjuk för att Anne tillbringade dag efter dag i hennes mans bibliothek, omgifven af böcker, fossiler, torkade skinn och metaller, samt forskade jemte honom i lifvets mysterier, medan hon skickades ut i barnkammaren och köket. Troligen ville det synas henne att, under sådant arbete för vetenskapens båtnad, den ena qvinnan är så god som den andra — i hennes kasus tyckte hon sig troligen just vara den rätta. Det säkra är att hon en dag sade till sin man, att också hon var en sierska, skicklig och villig att på hans vägnar forska efter tingens väsende. Denton satte henne på prof med en kiselsten, hvars historia hon genast läste med en säkerhet, för hvilken syster Annes mera blygsamma anspråk alldeles bleknade. I den berättelse om gjorda försök, som blifvit utgifven, få vi veta att ett stycke kalksten från Kansas, fullt af små fossila snäckor, hölls af Anne Cridge intill hennes panna, och att hon läste:

»En djup håla. Snäckor, små snäckor; sådan mängd! Jag ser vatten, det förekommer mig som en rinnande flod.»

Dernäst gjordes ett experiment med Elizabeth. En bit qvartz från Panama hölls framför hennes ögon:

»Jag ser något som synes likt en ofantlig insekt; dess kropp är täckt af skalvingar, hufvudet försedt med antenner, nära en fot långa. Den står med hufvudet emot en klippa... Jag ser en gräsligt stor orm liggande i ring i ett högt snärjgräs. Vegetationen är tropisk.»

»Väl tolkadt!» utropade Denton.

Stolt öfver den siaregåfva, som så oförmodadt blifvit ådagalagd af hans hustru, gaf han tillkänna att en ny vetenskap uppstått, genom hvilken det förflutnas hemlighet kunde afslöjas. Han uppslog en ny sida i naturens stora bok och skref ordet Psychometri, dermed menande »vetenskapen om tingens själ». Såsom varande endast en man, kan Denton naturligtvis icke uppenbara denna själ för andra, ej heller hafva anspråk på att sjelf förnimma den. Blott förmedelst sin syster och sin hustru såsom medium, är han priviligierad. Men såsom en person med beläsenhet och med egna idéer, har han förklarat denna, verldsalltets nyupptäckta mystèr i följande förvånande ordalag:

»I hela den verld som omger oss, sprida sig krafter i radier från alla föremål till alla föremål i deras närhet och verkställa under hvarje stund af dygnet daguerrotypbilder på hvarandra. Dessa bilder dröja icke flygtigt på ytan, men intränga i tingen, stanna der med en förunderlig kraft och afvakta blott en rätt behandling för att ånyo uppenbara sig för forskningen. Ingen kan således, dag som natt, inkomma i ett rum, utan att vid utgåendet lemna sin bild qvar. Man kan ej lyfta sin hand, blicka med sina ögon, vinden kan ej lyfta en lock på ens hufvud, utan att hvar och en af dessa rörelser ofelbart blifver upptecknad och bevarad för kommande åldrar. Fensterrutan, stenen i husväggen, de huggna gatstenarne förvara bilden af alla som gått der fram. Ej ett löf röres, icke en insekt krälar, en våg krusas, utan att hvarenda liten rörelse inregistreras genom tusende trogna och oförgängliga drag.»

Hvilken skada att vi män icke förunnas skåda bilderna i denna, vår jords historia! Men den manliga synkraften är slö, det manliga sinnet idel prosa. Endast qvinnans själ kan nedtränga i dessa äkta, flärdfria djup. Det är ett hårdt öde för oss! Men hvems är felet, om mannens gröfre natur utgör ett oöfverstigligt hinder för honom att hinna så långt som qvinnan?

Alltjemt tillväxande, förmedelst den erhållna näringen, har Elizabeth Dentons siaregåfva i en omätligt hög grad öfverträffat Anne Cridges. Den förstnämnda har förvärfvat makt att med sina blickar tränga igenom flintor, fossilier, att hinna ned till hafsbottnen, ja, ända in till jordens medelpunkt. Och ej nog dermed: hon kan höra folkslag från förflutna tider tala, hon kan smaka den föda som saurier och crustaceer slukade i den prediluvianska verlden.

Af dessa sierskor få vi lära att männerna fordom liknade apor, att äfven *då* qvinnorna voro de förra öfverlägsna såsom mindre ruggiga och af mera upprät ställning än det maskulina slägtet. Sådant skall alltid resultatet bli, då menniskoslägtets historia tolkas af en behörigen qvalificerad, qvinlig svärmare och profet.

SJUTTONDE KAPITLET.

Lika rättigheter.

»Är ni medlem af sällskapet för de båda könens lika rättigheter?» frågade jag ett ungt, gift fruntimmer af mina bekanta i Newyork. — »För ingen del,» svarade hon med en axelryckning. — »Hvarför icke?» vågade jag vidare yttra. — »Jo, ser ni,» sade hon med ett skalkaktigt leende, »jag tycker så mycket om att ha någon som tar vård om mig.» Vore det icke för denna lyckliga svaghet hos många fruntimmer, så tror jag säkert att sällskapet för lika rättigheter snart skulle räkna hela den qvinliga befolkningen inom dessa stater bland sina medlemmar!

Den reform, som åtskilliga damer, t. ex. Betsey Cowles, Lucy Stone och Lucretia Mott predika, rörande de båda könens lika rättigheter, skulle, om den gick i verkställighet, tillförsäkra qvinnan allt hvad samhället hittills medgifvit mannen som odelad egendom, från pantalonger och berloquer ända till platser i rådkammaren och embeten inom kyrkan. Till försvar af striden för »qvinnans rättigheter», hafva Harriet Noyes och Mary Walker anlagt »pantaletter», Elisabeth Stanton anmält sig som kandidat för att vid kongressen representera Newyork och Olympia Brown i laga ordning blifvit prestvigd. Då första fruntimmerskongressen, under Betsey Cowles' presidium, sammanträdde i Ohio, antogo de närvarande damerna, efter mycket läsande och talande, följande tjugutvå resolutioner, jemte ett förord, hvilket egentligen förefaller som ett eko af Unionens sjelfständighetsförklaring:

»Alldenstund alla menniskor äro af skapelsen lika, samt i besittning af bestämda, utaf Gud förlänade rättigheter; och då all rättvis styrelse är grundad på de styrdas eget medgifvande; och alldenstund den läran, att menniskan skall söka vinna verklig lycka, är af de säkraste auktorer bekräftad såsom naturens eget bud; och alldenstund denna lära ej är lokal, utan gällande för hela menskligheten, samt varande föreskrifven af Gud sjelf, så hafva vi ...»

Derefter följa resolutionerna, eller, med andra ord, en öppen förklaring att fruntimmerna i Ohio för framtiden skola betrakta de lagar, hvilka enligt deras tanke obilligt förnärma deras kön, såsom af noll och intet värde.

»1. Beslöts: Att alla lagar, i strid emot dessa grundsanningar eller emot denna naturens mäktiga föreskrift, äro af ingen bindande kraft.

»2. Beslöts: Att alla lagar, som utestänga qvinnor från rösträtt, äro ogiltiga.

»3. Beslöts: Att all skiljaktighet mellan man och qvinna, vare sig med afseende på hvad som rör samhällsfrågor, litterär verksamhet, affärer eller religiösa angelägenheter, är stridande emot naturen.

»9. Beslöts: Att det är orättvist samt onaturligt att en annan sedlighetslag skall göra sig gällande för män, än för qvinnor.»

Lydia Peerson anförde hvad hon ansåg vara rätta anledningen till qvinnornas underlägsenhet: vanan att flickor gifta sig alltför unga. Lydia sade sina åhörarinnor, att, såvida de ville blifva verkliga menniskor, skulle de stanna i skolan ända till tjuguett år.

Staten Massachusetts, som alltid går främst vid vigtiga rörelser, upptog nu frågan. Det första nationalkonventet för qvinnans rättigheter hölls i Worcester, med Paulina Davis som president och Hannah Darlington som sekreterare.

Paulina skildrade detta qvinnornas parlament såsom en epoksgörande tilldragelse, ett helt slägtes emancipation, en half mensklighets återlösning, en ombildning af *alla* sociala, politiska och industriela intressen och institutioner. Hon yttrade:

»Vi lefva i fredens tidehvarf och qvinnan är denna tids tecken och under.»

Mötet voterade följande resolutioner:

»Att hvar menniska, hunnen till myndig ålder, hvilken är pligtig lyda lagen och är skattskrifven, eger rösträtt.

»Att politiska rättigheter hafva allsintet att skaffa med olika kön och att ordet »manlig» bör utstrykas ur alla staters konstitutioner och förordningar.

»All lag rörande egendom bör, med afseende på gifta personer, revideras, på det likstämmighet må tillvägabringas, hustru under lifstiden ega lika kontroll som mannen öfver all förmögenhet, som genom makarnas gemensamma arbete och försakelser vinnes, samt ega lika arfsrätt efter mannen, som han efter henne, äfvensä ega rätt att vid sin död genom testamente bestämma öfver ett lika stort belopp af den gemensamma egendomen, som mannen.»

Andra beslut förklarade qvinnans rätt till en vida omsorgsfullare uppfostran, än den hon nu åtnjuter; till lika deltagande med mannen i yrken och industriela företag, samt befordran på embetsmannabanan. En närvarande åhörare förklarade sig gilla andan inom detta qvinliga parlament, emedan han fann att de med »qvinnans rättigheter» menade skyldigheten för hvarje qvinna att duga till något i lifvet!

Ett ämne för debatter under denna kongress var klädseln. Det ligger ingen öfverdrift i det påståendet, att en ej så obetydlig del af hvarje fråga, som nu med stort intresse i Amerika ventileras, rörande förhållandet mellan de båda könen, hör till klädsömmerskans och skräddarens gebiet. I hvilken drägt bör en fri qvinna hölja sin gestalt? Är roben den form, hvarifrån hon icke bör afvika i sin klädsel? Är kjorteln ett plagg att blygas för? Har mannen måhända att tacka sin rock, hatt, pantalonger och stöflor för något af det välde han tillskansat sig? Kan qvinnan hoppas att anses som mannens jemlike, innan hon förvärfvat rättighet att bära lika drägt som han? Frågor som dessa ega sin allvarsamma sida, likaväl som sin löjliga. Den qvinliga frågan har inom dessa länder vunnit en sådan betydelse, att mycket, som i London skulle bli mål för gyckel och smädelser, i Amerika behandlas som en affär.

Reflekterar man öfver klädseln, med åsidosättande af hvad modet bjuder och befaller, skall man finna att den har äfven en annan betydelse än att tolka sin bärares individuela smak. Drägten är mannen och ändå något mera. Drägten säger icke blott hvad mannen sysselsätter sig med, men ock hvad han *är*. Betrakta denna ström af menniskor, som böljar fram på Broadway, genom parken, batteriet och längs kajerna, och ni skall se att presten har sin drägt, brefbäraren en annan, sjömannen en tredje; att en man med smak för beqvämlighet begagnar klädesplagg som en verksam och rörlig person icke skulle kunna lida. En vid och fladdrande drägt hindrar sin egare från att röra sig fort; en person i lång klädning kan ej springa så raskt som den, hvilken bär pantalonger.

Helene Marie Weber var en af de första som började nyttja rock och underkläder; att hon anlade manlig drägt framkallade en verklig storm af anmärkningar. Helene inskränkte sig ej till att som skriftställare vilja reformera uppfostran och klädedrägt för fruntimmer; hon var derjemte en rask landtbrukare, plöjde och odlade, sådde och skördade, uppfödde grisar och for till torgs, klädd som karl, i stöflor, underkläder och rock med stora knappar. Med afräkning af denna egenhet beskrifves hon som en strängt gudfruktig qvinna med ett värdigt, blygsamt och stilla väsende. I sitt bref till fruntimmerskongressen, skrifver hon sig hafva blifvit smädad i Amerikas och Englands tidningar för att hon nyttjar karldrägt, förklarar sig icke hafva eftersträfvat att vara en Iphis, eller att anses för annat än en qvinna, och säger att aldrig någon annan än möjligtvis en främling tagit henne för att vara en man. Sin vanliga drägt beskrifver hon bestå af rock och underkläder utaf svart kläde; hennes sällskapsdrägt, en mörkblå rock med förgylda knappar, rikt broderad, blekröd kasimirsväst med guldknappar samt stålgrå underkläder. Med intagande qvinlig hänförelse tillägger hon att alla hennes kläder sys i Paris!

Många punkter, som af de vid kongressen närvarande damerna behandlades, voro rätt allvarsamma, andra deremot endast anmärkningsvärda för de tokroliga infall, hvartill de gåfvo anledning. En deputation af damer i någon småstad här i närheten begaf sig till församlingens pastor för att protestera mot ordalydelsen i det formulär som följdes vid de dagliga bönestunderna och hvilket började med orden: — »Mina älskade bröder,» etc. hvarigenom man kunde tro att församlingens qvinnor räknades för alls intet eller ansågos icke vara närvarande. Nu vore det deras önskan att få höra sin själasörjares åsigt rörande behöflig ändring af ifrågavarande bönbok. »Jag har nog tänkt på saken,» yttrade sig den tillfrågade, »men, enligt min öfvertygelse, kunna vi låta texten stå oförändrad, ty, som ni veta, mina damer, omfatta bröderna alltid villigt systrarna.»

En fråga af mera allvar, som ifrigt blifvit behandlad af »föreningen för lika rättigheter», är qvinnans ställning genom äktenskapet. Hela den borgerliga lagen,» säga de, »är, i hvad som angår den gifta qvinnan, orättvis och nedsättande. »Hvilka,» fråga de vidare, »äro naturens band mellan man och qvinna? Är äktenskapet högsta och renaste formen af dessa band? Hvilka äro de sedliga verkningarne af äktenskapet på man och hustru? Är giftermålet ett heligt stånd?»

Att vädja till vår lagbok för att erhålla ledning rörande dessa frågor vore fruktlöst; ty den borgerliga ordning, hvarunder vi lefva, har intet svar att gifva oss med afseende på moralens och religionens sanningar. Våra lagar, hedniska både till sin grund och sin anda, ställa qvinnan föga öfver annan lösegendom och förhållandet mellan man och hustru blott ringa framför det mellan herre och slafvinna. Lagen erkänner ingen moralisk skönhet i äktenskapets band; den ser deruti endast ett kompaniskap inom familjen, jemförligt med de firmor, som inom handelsverlden ingås. Ingen i det gamla Rom drömde ens om att kärleken var af gudomligt ursprung, att äktenskapet afsåg två själars förbund; denna renare, för den götiska folkstammen egendomliga idé, som öfverallt i vår skaldekonst, våra traditioner och inom våra hem uppträder, finner intet stöd i den borgerliga lagen. Deraf har det kommit, att hvarenda sekt, som i Amerika bildat sig för att reformera samhället — herrnhutare, tunkers, qväkare, perfektionister, mormoner och spiritualister — börjat sin verksamhet till vinnande af ett förbättradt lif, med att förkasta och afsvärja våra verldsliga stadgar.

Att äktenskapet är det högsta, det skönaste och med religionen mest öfverensstämmande af alla samhällsband, förnekas af *få*, äfven i Amerika. Af några samfund är det likväl förnekadt. Herrnhutare och tunkers betrakta denna institution med en viss afvoghet, förneka icke att giftermålet för den sinnliga menniskan kan vara rätt och lämpligt, men påstå sig tro det ej vara heligt, ej kunna leda till ett tillstånd af rätt hög dygd. Mount Libanons qväkare ha, som vi sett, alldeles förkastat giftermålet, såsom en af de verldsliga institutioner, hvilken redan utfört sitt förelagda värf på jorden och numera, åtminstone för de af Nåden kallade och utvalda, icke bör komma i fråga.

ADERTONDE KAPITLET.
Det beskedliga folket.

Tunkers, hvilka säga sig vara komna till Amerika från en liten tysk by vid floden Oder — alla från samma lilla »Dorf», hafva att tacka ett gyckel för det namn, hvarunder de äro kända, icke blott här i Pennsylvanien, hvarest de äro vidt spridda, men äfven i Boston och Newyork. De bekänna baptismens läror och ordet »tunker» betyder att doppa limpa i flott eller hvetebröd i vin; meningen är således, genom ett enfaldigt skämt, att kalla dem »doppare». Ett annat namn de fått, är »tumlare», till följd af deras hastiga rörelser under döpelseakten. Sjelfva nämna de sig »bröderna», emedan andan i deras förbund är syskonkärlek. Bland befolkningen i Ohio, Pennsylvanien och Indiana äro de kända som »det beskedliga folket».

Men de må kallas huru som helst, så äro de alltid måttliga, fromma, hederliga menniskor, hvilkas enkla dygder icke kunna utöfva annat än en god verkan på den våldsamma jäsning, som nu pågår inom Amerikas själslif.

Tunkers lefva i små byar och nybyggen, flera hushåll tillsammans för gemensam nytta och till hvarandras bistånd. De skilja sig dock ej från andra menniskor, såsom Mount Libanons qväkare och perfektionisterna, utan lefva fortfarande i verlden och lyda dess lagar. I visst afseende skulle man tro dem börja tillstädja förändringar, eller, om man så vill — försämringar inom sitt förbund, ty just i dessa senare tider hafva de tagit sig till att låna ut pengar emot ränta, något som förr varit dem strängt förbjudet, och börjat bygga kyrkor och kapell, i stället för att, som de gamla judarne, hålla gudstjenst i vanliga boningshus och salar. Till min ledsnad nödgas jag tillägga, att i några af dessa kapell äfven en liten skymt af dekorering gör sig märkbar; men, med undantag af dessa små afsteg, vidhålla tunkers fromt sin troslära, rörande hvilken några upplysningar här bifogas.

De sägas tro att alla menniskor skola blifva saliga, en dogm som är vanlig inom nästan hvarenda sekt i Förenta Staterna, ehuru åtskilliga af dem förneka att allmännelig frälsning utgör en af deras religions bindande artiklar. Tunkers kläda sig mycket enkelt och begagna aldrig titlar, utan blott namnet vid tilltal. De svära aldrig, säga inga artigheter, komma aldrig i kif och strid, bruka långt skägg och synas aldrig till vid en domstol. De hafva icke aflönade prester. Män och qvinnor äro jemngoda och lika valbara till diakonatet. Hvarje man inom församlingen eger rätt — liksom i judarnes synagoga — att stå upp och förklara texten; den som då bevisar sig ega största skicklighet och predikogåfvor, blir församlingens prest, men lönen blir hans åhörares vördnad, ej deras pengar. Liksom Petrus och Paulus, då de voro på resa stadda, så blifva äfven tunkers' apostlar af bröderna herbergerade, samt äfven vid afresan begåfvade med resekost, men penninglön taga de aldrig, äfven om de äro fattiga och blott med personlig förlust under en vecka eller kanske månad kunna vara borta från sin egen lilla jordtorfva. Dessa olönade prester besöka de sjuka, trösta de döende, begrafva de döda. Någon enda gång hafva de ock att viga unga män och flickor — några få som äro mera köttsligt sinnade — och denna pligt är en af deras tyngsta mödor och bekymmer.

Ty liksom esseerna, hvilka tunkers i många fall likna, hafva de ock en hög föreställning om det ogifta ståndets helgd; hålla celibatet i ära och förklara att endast få menniskor äro rätt begåfvade eller beredda till det äkta ståndet. Önska en broder och syster att förenas, så förnekas det dem ej, men presten anser det för en pligt att under långa och allvarsamma förmaningar göra dem uppmärksamma på ett ensamt lifs öfverlägsna värde. Han säger dem icke att äktenskapet är ett brott; han lägger blott i dagen en djup ovilja deremot och beskrifver det såsom ett ondt, för hvilket han gerna vill bevara sin församling.

Då två unga menniskor komma till presten och förklara sin önskan att ingå ett äkta förbund, betraktar han dem som ett par syndare, hvilkas hemligaste tankar det är hans pligt att utforska och pröfva, på det han, om ännu möjligt är, genom nåden må rädda dem från en fruktansvärd snara. Han förvirrar dem med sina spörsmål, han skrämmer dem med sina profetior. Med ord och blickar söker han bibringa dem den idéen att de, genom att gifta sig, gå raka vägen till fördömelsen. Det torde icke vara så lätt att förklara grunden till »det beskedliga folkets» bemödande att hindra de ungas kärlek och äktenskap, ty tunkers äro skygga för att meddela sig åt dem, som ej äro deras trosförvandter; men det ligger öppet för vår gissning att motivet torde vara halft fysiologiskt, halft religiöst. Om en vis man egde makt att befalla öfver alla städer på jorden, skulle han förbjuda giftermål för ofärdiga och förnuftslösa menniskor. Samma skäl torde ock en tunker vilja anföra för sitt nit att hindra äktenskap mellan två unga personer, som han anser icke genom sitt förbund kunna höja slägtet, hvarken i fysiskt eller moraliskt afseende. Likväl torde en mystisk föreställning om kyskhetens helgd och att den är behaglig för Gud samt berömlig inför menniskor, ännu kraftigare drifva honom till detta nit, än ifrande för en förbättrad tunkersstam.

Att tunkers ej äro de enda, kristendomens bekännare, som anse det vara en pligt att mana till ett ensamt lif, veta vi. Allt sådant predikande och förmanande måste emellertid hafva en mening i ett land, der hvarje barn är en rikedom — en mening, som ej har sin motsvarighet i Europa och Asien, hvarest munkars och anachoreters frånskilda och ensamma lif kan förklaras och försvaras på ekonomiska, om ock ej på moraliska grunder.

Inom Jerusalems, Antiochias och Roms kyrkor disputerades länge och öppet om frågan huruvida celibatet var ett heligt stånd, eller icke. Apostlars vitsord kunde nämligen anföras, både för och emot; talarne hade att citera — hvar och en till stöd för sin åsigt — på ena sidan Petri exempel, på den andra Pauli lärdomar. Tanken att celibatet är förtjenstfullt kom ej från Paulus, ännu mindre från Kristus sjelf. Denna idé hade uppstått inom esseernas byar och samhällen i Indien, derifrån spridt sig till staden och dess skolor, hade blifvit gynnsamt bemött af fariseerna, såsom protest mot köttet och djefvulen, och i denna mening synes den ock af den ascetiske Saulus blifvit hyllad. Efter sin öfvergång till en ny tro, var det icke att vänta att Paulus, den till mogen ålder komne mannen, som vandrade af och an i verlden för att utföra sin Mästares verk, skulle ändra lefnadsvanor. Esseernas anda var mäktig i Paulus, men då han förordar kyskhet såsom täckelig för Gud, bör man icke derutaf taga sig anledning tro att apostelen höjer sin stämma — för att, icke ens i förtäckta ord, predika emot Guds eget bud om äktenskapet. Endast den, som har studerat samhällslifvet i Corinth under Janius Gallio, — en pöl af laster, vämjelig äfven för forskare, som gjort sig väl bekanta med den tidens vanslägtade greker — kan lätt fatta apostelns motiv, då han förmanar sina disciplar i denna stad att följa en strängare sedelag, än de sågo bekännas rundt omkring sig; men hvarje tänkande man skall af den heliga boken inse, att ehuru det sedliga lifvet i denna stad stod på en — till och med för Grekland — så ovanligt låg ståndpunkt, att Paulus fann sig befogad mana kristna kyrkan i Corinth till största vaksamhet, det ingalunda är hans mening att för den nybildade kristna församlingen predika en ascetisk klosterlefnad. Då han säger till dem att han önskar till Gud de voro såsom han, så talar han (om jag läser honom rätt) som en ren och sedlig man, men ej i egenskap af celibatär. Hur kunde en apostel af så klart och öfverlägset förstånd som Paulus hyllat en sådan idé som att förkasta äktenskapet för det nybildade samfundet? Detta förbjudes af tre skäl, hvart och ett för sig starkt nog. Först: emedan Elohim, hans fäders Gud, instiftat äktenskapet för Adam och hans efterkommande. För det andra: emedan Paulus visste att om äktenskapet afsvors, så föll menniskan i svårare synder, och för det tredje: emedan lagen om renlefnad, såvida den af honom blifvit församlingen påtvingad, inom en generation skulle omintetgjort hela samfundet och dymedelst skadat Kristi kyrkas stadfästande på jorden.

Kunna vi således med fog anse oss af Pauli bref till corinthierna sluta till att han hyllade de åsigter som Ann Lee och äfven Alexander Mack upptagit? Grekland var icke hvad Amerika nu är; den syriska Aphrodite tillbedes ej i Newyork. De nyomvände kristna hade förut anropat Astarte och då aposteln vredgades öfver dessa styggelser, framställde han såsom en motsats den fria verksamheten hos en man, hvilken för ett oförvitligt och fläckfritt lif. Men han vägde sina ord, ehuru vredgad han var och försummade icke att midt under straffpredikandet göra en skilnad på när han talade endast i sitt *eget* namn och då han varnade i Herran Guds namn. Grekerna förstodo honom väl. Sjelf född i en grekisk stad och uppfostrad i en grekisk skola, skref han på deras språk, yttrade sig om deras seder — båda honom välbekanta — och säkert var hans mening alltid klarare för dem än hvad den stundom är för främmande folk. En naturlig följd är, att grekiska kyrkan säkrare tolkat mången dunkel och invecklad ordalydelse, än andra kyrkor förmått det, och att Amerikas tunkers misstogo sig om apostelns mening, derom är intet tvifvel. Den grekiska kyrkan har aldrig tvekat i sin öfvertygelse. Både genom många kyrkobeslut och från början antagen sed har denna kyrka bekräftat sanningen af att Paulus gillade äktenskapet, icke blott för lekmännen, men äfven för presterskapet.

Till skada för de kristnas endrägt, tolkade Vestra kyrkan texten annorlunda. De Paulinska och Platoniska fäderna skrefvo i mystiska fraser öfver det ogifta ståndets öfverlägsna helgd, och långt innan någon kyrkolag blifvit stiftad, som förbjöd prester och biskopar att gifta sig, hade det blifvit ett bruk bland det högre kleresiet att lefva allena och — som det hette — »för kyrkan ensamt». Besynnerligt var, att denna sed tog fast rot i Rom, just ibland ett folk som gjorde sig en ära af att till stiftare och biskop för sin församling ega S:t Petrus, apostlarnas ypperste, och sjelf en gift man.

Då läran om celibatet antogs af Rom, grundlades derigenom de två stora schismerna inom det kristna samhället. Först, brytningen mellan Östern och Vestern, sedermera, inom den senare, brytningen mellan Norden och Södern. Strider om dogmer kunna läggas åsido; strider rörande samhällsordning kunna det *icke*. En prest kan förmås att lyssna till skäl rörande ämnen, som nådavalet och den profetiska andan, men han skall icke medgifva att äktenskapet är en synd. Under sjette och sjunde seklen kämpades häftigt angående celibatet mellan Petri och Pauli anhängare, och på denna klippa af oenighet hade det första stora, kristna samfundet stött på grund och splittrats. Vid kyrkomötet i Tours suspenderades för ett år alla prester och diaconi, som lefde med sin hustru, och sådana funnos många tusen i Italien, Frankrike och Spanien. Konstantinopels concilium hade deremot förkunnat att prester och diaconi borde, likaväl som lekmän, lefva med en hustru, i öfverensstämmelse med apostlarnas bud och föredöme, en lag som ännu följes. Icke blott den grekiska kyrkan skilde sig från Roms med anledning af denna hufvudfråga, men äfven nordens och vesterns presterskap såväl som lekmän — Englands, Tysklands och Frankrikes — stodo upp emot densamma, och under fem sekler upptog denna sats Roms hufvudsakliga sträfvanden. Århundraden förgingo, innan Rom lyckades undertrycka oppositionen häremot, inom England, Tyskland och Frankrike, i hvilka länder gifta prester funnos ända intill Svarta Prinsens dagar. Till slut segrade papismen, men denna seger blef ett förebud till reformationen.

Ingen kan läsa ballader och krönikor från den tiden, utan att inse till hvilken grad det öfversteg ett ogift presterskaps krafter att lefva i fred med en församling af den götiska folkstammen. Rop på äktenskap för presterna höjdes på alla håll i vester och i norr; då reformatorerna först med allvar uppträdde emot Rom, var det första bevis af redligt nit som fordrades och gafs, att de ingingo äktenskap. Alla de stora män, hvilka, hvar och en inom sitt fädernesland, ledde reformationen — Luther, Calvin och Cranmer — hade att gifva detta prof på sanningen af sin troslära. Sålunda se vi att de i norden och vestern nybildade, kristna samhällen, från hvilka Amerikas härstamma, blefvo grundade på naturens obestridliga, rena sanningar, men icke på en trångbröstad tolkning af texten.

Men äfven efter dessa allvarsamma söndringar håller Rom troget fast vid sin gamla ordning. Katholicismen betraktar qvinnan som en snara. I Peterskyrkans krypta tillåtes ingen qvinna komma, med undantag af en enda dag på året. Endast i sorgdrägt kan ett fruntimmer erhålla audiens hos påfven. I romerska messan får ej en qvinna sjunga. Men häruti handlar Italiens kyrka konseqvent, dess grundsats må vara huru oriktig som helst. Huru förekomma att qvinnan missaktas inom ett samhälle, der äktenskap för presterna räknas som en synd?

Se der en fråga att ställa till de af Amerikas sekter som hylla celibatet: Chios, Tunkers, Mount Libanons qväkare.

NITTONDE KAPITLET.

Qvinnornas uppror.

Elizabeth Denton är, ehuru hon grundlagt sierskornas skola, ingalunda den mest högtsträfvande och djerfva bland Amerikas qvinliga reformatorer. En skola af skriftställerskor—en skola, som redan blifvit en kyrka med dogmer och lagar, profetissor och sekter, — sträcker sig högt ofvan dylika små företeelser, till hvad som påstås vara den rena sanningens region.

»Qvinnans rättigheter!» utbrister detta sällskap; »hvad är rättighet, jemförd med makt? hvad är sed, jemförd med naturen? samhällslag jemförd med himmelens vilja? En qvinnas rättighet att sjelf bestämma öfver sitt hjerta,» säga dessa damer, »är endast en detalj, hennes rättighet till arbete ett löjligt misstag. Hvarken den första, eller den andra af dessa frågor förtjena synnerlig uppmärksamhet. Den ena är en gifven sak, den andra duger allsintet. Qvinnans rätt att älska är inbegripen i ännu mäktigare fordringar och förmedelst den nya theori som uppstått skall det blifva klart för hvar och en, att hennes enda förhållande till arbetet är att fullkomligt vara detsamma qvitt!

Dessa reformatriser nöja sig icke med halfva mesyrer; de gå grundligt tillväga. Enligt deras påstående är det endast vekliga och karakterslösa reformatorer, som prata om likstämmighet och lika rättigheter inför lagen. Qvinnan, säga de, är icke lika god som mannen; hon är honom öfverlägsen.

De begära icke af mannen hvarken artighet eller eftergifter; deras påstående är att rycka spiran ur hans hand. Vid förkunnande af dylika utmaningar, veta de väl till hvilken grad de måste öfverraska och förolämpa manliga åhörare, men de förklara sig endast tala till qvinnor och vänta ej att männen skola lyssna till deras ord. De hafva ett evangelium att förkunna, en pligt att uppfylla, ett krig att föra, krig emot det bestående samhället, intet mer eller mindre! Ända till denna tid har, enligt deras förmenande, qvinnorna hållits i träldom, men nu är deras dag kommen, nu skola deras bojor slitas; deras befrierska har uppstått. Bort med fagra ord, hyckleri och eftergifter på alla sidor! Stunden är inne, då qvinnans uppror mot mannen har tagit sin början!

Den första grundsanning denna skola förkunnar, är den att, af menniskoslägtets båda kön, qvinnan är den fullkomligaste varelsen, långsammare i tillväxt, finare till sammansättning, skönare till gestalt, ljusare till färg. Skillnaden mellan dem båda är ofantligt stor; lika mycket *hon* närmar sig cherubim och seraphim, lika nära står *han* hästen och hunden. Så mycket mannen öfverträffar gorillan, öfverträffar qvinnan mannen. Och denna qvinnans öfverlägsenhet ligger icke några grader mer eller mindre; den är radikal, organisk; den ligger i en ädlare bildad hjerna, i fina elementer, i ett företräde i hela hennes organism; om, som det vill synas, naturen verkar genom ett gradvis stigande, står qvinnan ett steg närmare än mannen till formen af engel. Och detta är lagen, ej blott för menniskoslägtet, men för alla lefvande varelser, från mollusken till Amerikas ädla qvinna. Mannen är djurens jemlike, då qvinnan, genom sin rikare begåfvade själ, tillhör de himmelska väsendena. Han är jordens herre, *hon* ett budskap från en högre verld.

Enligt denna, af Amerikas damer förkunnade lära, är de båda könens verksamhet lika skiljaktig, som deras gåfvor af naturen. Mannen har blifvit satt på jorden för att odla densamma, då hans syster, närd vid samma modersbröst, är ämnad till profet och sierska. Han är grof och kraftfull för att kunna strida mot den yttre verlden; hon är öm och ljuf, på det hon må kunna sätta sig i rapport med andeverldens sferer. Hvartdera könet har således sin verkningskrets, hvarinom hela dess mått af lefnadspligter gömmer sig. Mannen har arbetet, qvinnan kärleken. Han utför arbete med den fysiska styrkan, hon verkar inom andens område. Mannens pligt är att odla och skörda, hustruns att dela ut och bortslösa, men detta är icke hos henne en tanklös nyck; det är en verkan af naturens eviga lag. Mannen skall samla och spara, på det att qvinnan må fröjda sig och depensera; notabene, hennes högre intelligens skall vända hans jordiska gods i hvad som är gagneligt och skönt, såsom solvärmen drager vinet och oljan, färgerna och vällukten ur den plöjda och vattnade jorden. Det ena könet är odlare, det andra försonare. Han har att sköta naturens lägre serier, hon de högre. Mannen befaller öfver materien; qvinnan medlar mellan den och Gud.

Den nya sektens stifterska är Eliza Farnham i staten Island. Dess tempel är ännu obyggdt, men denna tro och en mängd bekännare deraf påstås finnas i hvarenda folkrik stad inom Unionen.

Tjugufem år hafva förflutit sedan Eliza först fattades af sanningen om qvinnans höga kall. Hon var då en fattig flicka, utan uppfostran och erfarenhet af verlden, liksom nästan alla qvinliga religionsstiftare. Hon hade läst föga och kunde intet annat språk än sitt modersmål, men hon var skarpsinnig och slug, med tankar i sin hjerna och lätthet att tala. Hon fick först denna ingifvelse år 1842, samma år som det påstås att Joseph Smith sade sig emottagit Guds befallning att åter införa månggiftet. Eliza fick denna idé ej genom undervisning och yttre lärdomar, men af ingifvelse, eller, med tydligare ord, hon hämtade sin dogm om qvinnans öfvermakt, liksom Smith sin om månggifte, ej från några naturens fakta, men ur sin individuela känsla. Liksom Smith, behöll hon antingen sin idé i hemlighet för sig sjelf, eller meddelade den till blott några få utvalda vänner. Men, säger hon, qvinnor lära sig fort fatta hvarandras mening, och hennes satser spredos med en otrolig hast. Då ingifvelsen först fattade henne, var hon ännu en ung flicka; för att pröfva dess sanning gifte hon sig, blef efter hand hustru, mor och enka; arbetade träget för att vinna dagligt bröd, följde sina barn till grafven, såsom hon följt sin make; vandrade från stad till stad, från land till land; uppehöll sitt lif genom andra menniskors barmhertighet; åldrades, blef gråhårig och skrynklig. Då först, när aftonens skuggor började falla långa öfver hennes lif, sedan hon sjelf erfarit all qvinnans lycka och sorg under lifvets olika skiftningar, var hon redo att börja kriget, icke i hemlighet och under andras namn, men med öppet bekännande af sin mening och trotsande såväl hån som klander.

Qvinnornas uppror började, som sig borde, med ett anfall mot det rena förnuftet, en makt som verlden i sin dårskap och orättvisa sätter högre än det qvinliga sinnets känslighet och inspiration. Förnuftet är mannens fäste; det har han byggt åt sig sjelf och derinom förskansar han sig ensam. Ja, förnuftet är den grund, hvarpå han stöder lagar, systemer, poesi, vetenskap, gudalära, med ett ord, allt vetande som han med hatfull list riktar emot sin följeslagerska igenom lifvet. Men då Eliza kastade en forskande blick i detta beprisade rena förnuft, hvad såg hon? Var det en upphöjd makt, en gudomlig förmåga, en kraft att pröfva naturen och tränga till sanningens innersta väsende? Nej; intet af allt detta. Hon fann förståndet icke vara någonting annat än en dålig fuskare, som på ett senfärdigt och materielt sätt studerar naturen, samlar data och fakta, spårar orsaker och följder, samt tror sig kunna inse några lagar. Hvad är denna mannens kraft i jemförelse mot qvinnans yttre och inre gåfvor? Hvad är forskning, emot makt? Qvinnan behöfver icke method. Hon *känner* förhållandet, då hon ser det; hon *vet* sanningen, äfven då den är osynbar. Hvad som mannen förmedelst logik, iakttagelser och formaliteter långsamt, kanske under loppet af en hel menniskoålder, bringar till bevis, det fattar hon i ett ögonblick. För honom är förnuftet en tröttsam och opålitlig ledsagare; för henne är ingifvelsen en ögonblicklig och säker talisman. Har ej mannen, frågar Eliza, arbetat med sitt förnuft i många sekler, utan att lifvets stora grundsanning ett ögonblick fallit honom in — qvinnans af naturen bestämda öfvervälde? Förståndet har sin nytta, sin användbarhet i simplare fall, ty det gör mannen skicklig att hugga skog, bygga fartyg, fånga villebråd, skörda säd och odla potatis, inhägna sin mark och betrygga sig emot fiender. För detta gagn bör det ännu en tid åtnjuta ett visst anseende, men likväl alltid hållas på sin behöriga plats, såsom underordnad tjenare åt qvinnans vida högre makt.

Vetenskapens välde förklaras af Eliza vara brutet och spiritualismens hafva tagit sin början. Vetenskapen är mannens tillhörighet, spiritualismen qvinnans. Den förra är låg och sinnlig, samt har uppstått under den förflutna tiden; den senare, ren och helig, hör framtiden till. Vetenskapen tviflar; spiritualismen tror; den ena är af jorden, den andra af himmelen. Numera, sedan qvinnans evangelium blifvit förkunnadt, har vetenskapen upphört att spela en vigtig rol vid sanningens uppdagande.

Den objektiva verlden är på väg att öfvergå till subjektiv; det öfverlägsna qvinliga slägtet har för afsigt att vid skenet af sitt inre ljus för oss tolka himmelens och helvetets mysterier.

Eliza har ingen speciel theologi att lära, men hon förkastar Petrus och Paulus, Luther och Cranmer; Svedenborg hyser hon deremot förtroende till. Petrus och Paulus sätta qvinnan lägre än mannen.

Eliza påstår med stolt tillförsigt, att ehuru ny och öfverraskande hennes lära är, eger den likväl bevis, öfvertygande för ett qvinligt sinne. Hvad det maskulina slägtets mening angår, är den, såsom underordnad, henne ganska likgiltig. En virginier tänkte aldrig på att resonnera med sin slaf. Den sanning hon predikar behöfver ej bekräftas af mannen, för att vinna framgång; hon vänder således sitt tal till den ädlare delen af menniskoslägtet.

Hennes bevis för sanningen af qvinnans öfverlägsenhet ligger i följande syllogism:

Lifvet är upphöjdt i förhållande till sin organiska och på flertalet af funktioner beräknade sammansättning; qvinnans organism är rikare sammansatt och hennes funktioner i sin helhet af större mångfald än några andra af jordens innevånares; derföre måste hon utgöra en af de högsta länkarna i lifvets kedja — den förnämsta på vår jord.

Detta är Elizas hemlighet. Den konstrikaste organism är också den högsta; qvinnans organism är konstrikast bildad; ergo, står qvinnan högst. Om premisserna äro sunda, så måste slutsatsen också vara det. Eliza känner sig så säker på sin sats, att hon stöder hela sin theori derpå. Hvad hon fordrar för qvinnan är endast det som af naturen tillkommer henne — första rummet.

Det förhåller sig på samma vis, säger Eliza, inom alla grader af det animala lifvet. Det feminina slägtet eger flera organer än det maskulina, och organer representera makt. Jemte alla de gemensamma organerna eger det qvinliga könet ensamt för sig de underbara bildningar, hvilka afse att skänka det ännu späda menniskolifvet näring. Hon medger att det maskulina slägtet är mera storväxt och står främst, så vida en jemförelse göres med afseende på kroppens längd, bredden öfver axlarna och armarnas sträckning; men detta företräde, säger Eliza, är endast skenbart och länder mannen till ingen utmärkelse, då det blott är med afseende på kroppens gröfre beståndsdelar — benbyggnad och senor — han har främsta rummet, men ingalunda i nervsystemet och hjernan. Så snart högre funktioner komma med i beräkningen, står qvinnan främst. Hennes byst har ädlare bildning, hennes bröst skönare hvälfning, den öfre delen af hennes hufvudskål är rymligare bildad. Alla elementer i hennes kropp äro böjligare och finare. Hennes röst är mildare, hörseln skarpare. Ådrorna hafva en renare blå färg, hennes skinn är hvitare, läpparna rödare. Men hvad som, enligt Elizas påstående, mer än allt detta ställer qvinnan högre än mannen, är hennes hjernas ädlare beskaffenhet och hastigare utbildning.

Hvart man kastar blicken, säger Eliza, skall man finna att det feminina slägtet vinner priset. Hon känner väl det gamla påståendet — grundadt på iakttagelser i skogen och ute på betesmarkerna, — att hannarne bland djuren äro icke blott större, men äfven skönare. Men detta förnekar hon bestämdt. Det må vara, säger hon, att de hafva en större kropp, att bland foglarna de äro utrustade med praktfullare fjädrar än honorna; att bland somliga species hannarne ega utmärkande prydnader, t. ex. lejonets man och påfogelns stjert, men detta, fortfar hon, är endast en ytlig fägring som dårar ögat; sann skönhet finnes alltid i den qvinliga formen. Lejoninnan är ädlare till sin skapnad än lejonet; påfogelhonan ståtligare än hennes make. Hönstuppens utmärkelser ligga i de granna fjädrarna och den starka rösten; plocka honom skall ni finna att han saknar sina feminina anförvandters fägring och finhet. Men Eliza vill icke hämta bevis för sin sats ur fogelverlden; mycket rörande dess naturalhistoria är för henne ett mysterium. Af många skäl (förnämligast emedan unga flickor liknas vid näktergalar, dufvor och svanor!) yttrar hon sig vara böjd för den åsigten, att det feminina slägtet inom skapelsens högre ordningar svarar emot det maskulina hos foglarna.

Allt hvad som är bäst och mest intagande hos skapade väsenden, i yttre, som inre hänseende, skönhet för ögat, finhet för vidrörandet, välljud för örat, hjerta att älska, tanke att leda, allt är i rikare skala utveckladt hos qvinnan. Mannen deremot har föga att yfvas öfver utom den råa styrkan. Med ett ord, den teckning som Eliza gör af man och qvinna liknar ganska mycket Caliban och Miranda på deras ensliga ö.

Till stöd för dessa idéer af naturen, vädjar hon till historien, poesien, vetenskapen och de sköna konsterna. Hon citerar Cornelia och Gracchernas moder (enligt hennes beskrifning *två* ryktbara romarinnor) lexar upp Shakespeare för hans låga åsigter om qvinnan och hans sätt att framställa henne som ett slafviskt och underordnadt väsende; hon hånar Baco för brist på rätt läromethod och grundlighet; hon slår Michael Angelo på fingrarna för hans totala brist på qvinligt behag. Det ligger någonting nytt och pikant i hennes förklaringar; så, t. ex. då hon säger att Cornelia *och* Gracchernas mor voro »förebudsmödrar af hvad som komma skulle»; och att Shakespeare »yttrar allsintet om qvinnan, som länder hvarken henne eller honom till heder.» Det må vara, att *Portia* är klok, modig, lysande och ändå utan fåfänga, men Eliza känner hundratals amerikanskor, som äro bättre än hon. *Imogen* är oskyldig och kärleksfull, men beklagansvärd den man, som ej känner ett eller annat tjugutal älskvärdare flickor än hon. *Rosalind, Bendita, Ophelia, Beatrice* äro vackra fjollor, hos hvilka Eliza ej kan se »något annat godt än frånvaro af det onda». Fromma *Cordelia,* älskande *Constance,* ädla *Isabella,* huru ären I fallna, I höga morgonstjernor! Och Darwin sedan! Ehuru Eliza medger honom vara en djupsinnig tänkare, finner hon honom begå de underligaste misstag, så fort hans spekulationer närma sig området för qvinnans öfverlägsna betydelse. Huru besynnerligt, menar hon, att en så skicklig naturforskare som Darwin skall betrakta outvecklade organer inom det animala lifvet som lemningar af en förgången tidrymd! Eliza ser deremot i dem en gryende början till en ny sakernas ordning, som under tidernas lopp alltmera skall utveckla sig, tills slutligen den maskulina hälften af menniskoslägtet blir mäktig att fylla de funktioner, hvilka hittills uteslutande kommit på mödrarnas lott! Vetenskapen har orätt, den likaväl som historien, poesien och skön konst. Men hvad *är* vetenskapen? Just hvad mannen vet: mannen, som vet 'allsintet; *han*, som står blott en grad högre i skapelsens kedja än chimpanzeen! Den sanna vetenskapen skulle kunna visa att qvinnan, detta väsende, hos hvilket inga organer äro outvecklade, inga krafter förslösade, står högst bland skapade varelser.

Miltons Eva, den skönaste, visaste, bästa af qvinnor, är ändock icke Eliza till lags. Eva blef ej först skapad af de två i Paradiset; *först*, som hon bordt, med stöd af sitt klarare omdöme, sin modigare själ, sina djerfvare önskningar. Nej, den amerikanska sierskan tar humör öfver bibelns grymma och hjertlösa sätt att tolka tilldragelsen med fallet; men, säger hon, det var naturligt att saken skulle framställas till mannens fördel och till nackdel för qvinnan. Hon griper nu sjelf pennan och låter oss se tilldragelsen i ett annat ljus.

Enligt denna nya version af syndafallet, är Eva icke svag; hon är stark. Hon finner Adam i träldom och försätter honom i frihet. Han är bunden af en förderfvad lag att lefva i mörker och tvång — ett blott animaliskt lif — utan förmåga att skilja godt och ondt. Hon sliter hans bojor och visar honom vägen till himmelen. Verkningarne af hennes handling äro stora, och, tack vare hennes mod, föll icke mannen; han stod upp. Hon gjorde »menskligheten en stor tjenst», då hon bröt den förbjudna frukten.

Rörande detaljerna vid fallet finner sig Eliza synnerligen uppbyggd af dem, n. b. då hon läser om dem, ledd af sitt inre ljus. Det var visdomen, (under en orms gestalt) som talade till qvinnan, icke till mannen, hvilken blott ringa skulle vårdat sig om kunskapens träd. Den frukt, som erbjöds henne, var andelig. Hon tog den, i hopp att blifva visare och att närma sig gudomen. Mannen följde henne. Ja, qvinnans öfverlägsenhet började redan i paradiset!

TJUGONDE KAPITLET.
Oneida Creek.

På den motsatta sidan af moder Anns, Elizabeth Dentons och Eliza Farnhams systemer, står ett sällskap reformatörer, som med afseende på sina dogmer kalla sig perfektionister, men i socialistiskt hänseende bibel-kommunister. Dessa menniskor påstå sig hafva funnit den enda vägen, och att de i verkligheten utfört hvad som hos deras medtäflare blott stannat vid ord. De förkunna sig grunda sin lära om familjelifvet på Nya Testamentet och förnämligast på Pauli epistlar.

Hvad detta bibelfolk, som de kalla sig, hafva företagit sig inom lifvets och tankens område, är inga småsaker. De hafva, enligt sitt eget påstående, återupprättat Guds styrelse öfver verlden; de hafva ställt män och qvinnor på lika ståndpunkt med hvarandra; de hafva förklarat äktenskapet som ett bedrägeri och eganderätten som en stöld; de hafva afsvurit alla menskliga lagbud och formligen frigjort sig från all förbindelse till Förenta Staterna. Grundläggaren af detta reformsällskap — hvilket redan skryter öfver att ega sina profeter, seminarier, tidskrifter och samfund, sina schismer, väckelser, förföljelser och martyrer — heter John Humphrey Noyes, en lång, blek man med rödt hår och skägg, grå drömmande ögon, ett godt drag kring munnen, höga tinningar och välbildad panna. Han påminner något i sitt utseende om Carlyle, och hans anhängare påstå med ett visst välbehag att han fullkomligt liknar vår Chelsea-filosof, en förvillelse som synbart fägnar mannen. Noyes har efter hand studerat vid Dartmouths skola i New Hampshire, varit skrifvare åt en lagkarl i Vermont, theologiestudiosus vid Andover i Massachusetts, predikant vid Yales collegium i New Haven, affälling från congregationisternas kyrka, förskjuten från samhällslifvet, kättare, uppviglare, fantast och experimentör. Nu, slutligen, är han af åtskilliga personer högt uppburen som stiftare af en ny religionssekt, bibeltolkare och profet, den der genom en synnerlig nåd åtnjuter ljus från himmelen och står i en personlig rapport till Gud.

Jag har tillbringat några dagar vid Oneida Creek, det största af de fyra samhällen Noyes bildat, — Oneida, Wallingford, New Haven och Newyork. I egenskap af gäst hos fader Noyes, har jag vistats inom hans familj, talat mycket med honom; enligt hans medgifvande studerat böcker och anteckningar — öfven dem af privat natur — haft åtskilliga samtal med de bröder och systrar han samlat omkring sig, dels i hans närvaro, dels då han icke varit med, och har haft tillstånd att afskrifva alla familjepapper som jag önskat. Nedanstående berättelse om detta förunderliga samhälle har blifvit skrifven efter mundtliga meddelanden och mina egna iakttagelser på stället.

»Ni skall finna,» sade en af mina vänner, då vi skildes i Newyork, »att Oneida Creeks kommunistiska samhälle är en lysande affär i hvad som rör det materiela välståndet; angående det öfriga får ni sjelf se och dömma.»

Från Oneida, en ny och raskt framåtskridande stad vid Newyorks centraljernväg, färdas man till Oneida Creek på en bred och dammig landsväg med en rad trähus på ömse sidor, omgifna af små trädgårdar och, bortom dessa, skogen ännu frisk och grön. Ofvannämnde ställe utgör en del af den jord som af staten medlidsamt skänktes till Oneidas, en af de sex nationerna, ryktbara sedan Newyorks första kolonisationshistoria för sin heder, sin godtrogenhet och sin osvikliga vänskap för de hvita. För tjugu år sedan flöt Oneidaströmmen genom en ännu nästan ouppodlad nejd. Här och der syntes mellan träden en af grofva stockar uppsatt stuga, der någon öfverblifven medlem af en fordom högt ansedd, nu nästan förgången jägarstam fann sig nästan som i fångenskap. Strömmen var rik på fisk, skogen på vildt. De enda rödjningar som blifvit gjorda, hade skett genom eld, antingen af våda, eller till vedbrand under vintern. En och annan teg, besådd med majs, syntes på någon åt solsidan belägen höjdsluttning, men Oneida-indianen är dålig landtbrukare, äfven då han är som bäst, och det distrikt, inom hvilket han bodde med squaws och papooses, bestående af törnsnår, träsk och stenbunden mark, förblef ouppodladt och värdelöst för menniskor. Indianen sålde sin jord till en hvit man, rikare än han och för en summa icke stor nog att betala de lönnar och valnötsträd som växte derstädes. Det var af denna egare i andra hand som perfektionisterna köpte vattendraget, jemte omgifvande skog och slättmark och på tjugu år har denna nejd blifvit alldeles förvandlad. Vägar äro anlagda genom skogen, broar byggda, strömmen är begränsad af åmurar och dammar samt sågverk och qvarnar byggda. Småskogen är bortröjd och en park med gräsplaner, buskväxter och sandade gångstigar ordnad; fruktträdgårdar och vinstockar planterade och inhägnade. En stor byggnad för kontor och verkstäder för finsmide, sadelmakeri, fruktinläggning, silkesspånad har blifvit uppsatt, och hela den vilda skogstrakten genom odling och ändamålsenlig behandling kommit till samma bördighet som en af de bästa trakterna i Kent. Få nejder af Amerika torde kunna mäta sig i frisk grönska och behag med Oneidafamiljens gräsplaner och trädgårdsanläggningar, så som de presentera sig för främlingen, kommande från mindre omsorgsfullt putsade hemvist, äfven inom den väl odlade staten Newyork.

Boningshuset, hvilket är beläget på en kulle och derigenom dominerar några vackra vyer, är anmärkningsvärdt både för sitt yttre och inre, ty bland öfriga lagar som kommunisterna afsvurit äro också de sju ordningarna för byggnadskonsten. Mannen som byggt detta hus heter Erastus Hamilton och har förut varit landthushållare och snickare, och duger för öfrigt till hvad som helst, såsom det höfves en Newyorksman. Karlen har skarpt naturligt förstånd och omdöme, är föga beläst och ingen lycklig talare, men i besittning af just de egenskaper som göra honom lämplig att styra och leda underordnade personer. Han är Oneidafamiljens fader, liksom Noyes är det för alla perfektionistfamiljerna och detta s. k. *hem*, hvars öfverhufvud han är, har han också byggt; ehuru han påstår att allt derstädes, från platsen för eldstäder, till inredningen af bibliotheket, har tillvägabragts genom ett specielt bud från himmelen. Jag hoppas det ej må anses förnärmande, om jag säger att fader Hamilton var tillgänglig för ett nytt ljus, äfven då det utgick från en »otrogens» hjerna och allramest från min reskamrat William Hagwoods, som är arkitekt och ingeniör.

I midten af byggnaden ligger en ofantligt stor sal, som gör tjenst såsom bönerum, theater, konsertsal, casino och arbetsrum; salen är försedd med bänkar, länstolar, arbetsbord, en katheder, en upphöjd plats för sceniska föreställningar, ett galleri och ett piano. I detta rum spela systrarna, eller sitta de och sy; der hålla de äldste predikningar, der läser bibliothekarien högt tidningar, der yppa unga män och flickor sin kärlek till hvarandra, så pass en så »hednisk» känsla tillåtes på detta besynnerliga ställe. Nära till salen är salongen, eller, rättare sagdt, damernas rum, samt rundt omkring detta familjens och gästernas sofrum. Detta utgör öfra våningen, till hvilken en bred trappa leder, men i bottenvåningen och på ömse sidor om en stor förstuga ligga kontor, mottagningsrum, bibliothek etc. Kök, matsal, fruktkällare och visthus äro i andra byggnader, skilda från boningshuset genom en gräsplan, och ännu längre bort, behagligt framskymtande mellan träden, ligga såg och qvarn, logar, stall och diverse verkstäder. Hela gården innefattar omkring sexhundra acres; familjen som lefver derstädes är trehundra personer till antalet. Allt bär en viss prägel af hvila och välstånd. Räkenskaperna visa att under de sista sex eller sju åren familjen förtjenat icke så obetydligt med penningar, som på nyttigt vis blifvit nedlagda i byggandet af nya sågverk eller i arbeten för jordens drainering och förbättring.

Männen hafva ingen utmärkande drägt, ehuru den vida rocken och bredbrättade hatten, antagna öfverallt på landsbygden i Amerika, äfven höra till deras vanliga klädsel. De ega ingen särskild drägt för söndagar, och detta emedan de afskaffat söndagar och högtidsdagar, jemte alla andra menskliga institutioner, men deras sinne är öppet för nytt ljus angående klädseln. De förklara att ännu återstår för menskligheten mycket att inhämta rörande hattar och stöflor. Vid en af deras aftonstunder hörde jag ett vältaligt föredrag till fördel för spetsiga skodon. Fruntimmernas drägt är egen och, som jag tycker, rätt sedesam. Tyg och färg bestämmes efter egen smak, men brunt och blått är mest antaget för klädsel då man är ute, och hvitt för soiréerna i salongen. Musslin, bomullstyg och väfnader af rått silke äro de vanliga materialierna. Fruntimmerna nyttja håret kortklippt och benadt midtför pannan; krinoliner komma icke ifråga. En tunik som slutar vid knäet, vida underkläder af samma färg, en väst, hopknäppt ända till halsen, halflånga, öppna ärmar och halmhatt, — dessa enkla artiklar bilda tillsammans en drägt, i hvilken en ful qvinna undgår uppmärksamhet, och en vacker flicka blir intagande. Man har emellertid sagt mig att det ingalunda är fader Noyes' afsigt att de unga damerna inom hans familj skola vara förtjusande, ty sådant öfverensstämmer ingalunda med hans idéer om en blygsam och sedlig qvinnas uppförande; men jag, som endast var en stackars hedning och en syndig menniska, kunde ej hindra mig från att se att många af familjens unga medlemmar voro i besittning af en ovanlig skönhet. Två unga sångerskor, Alice Ackley och Harriet Worden, hade fägring och behag nog, för att väcka en målares förtjusning.

Så mycket kan man inhämta om kommunistsamfundet vid Oneida under ett några timmars besök och under det man beser stället tillsammans med broder Bolles, en herre, som har på sitt ansvar att följa alla resande omkring derstädes. Mannen har förut i tjugufem år varit methodistprest i Massachusetts, men är nu perfektionist. Man ser ett ståtligt hus, en storartad parkanläggning med gräsplaner och buskväxter, man ser fruktträdgårdar med äpple-, päron-, plommon- och körsbärsträd, rika vingårdar, välbrukad åker, verkstäder der arbetet raskt bedrifves, betande hjordar, surrande qvarnar och sågar, man ser lugn, ordning, skönhet och materielt välstånd, — detta är hvad de lustresande, som komma till tusental för att titta och undra, höra god musik, äta »squash» och tårtor, alltid äro i tillfälle att observera. Och det är väl *något*, — lifvets tecken, men icke sjelfva lifvet. Berättelsen om detta besynnerliga samhälle, om den grund hvarpå det hvilar, de förhållanden som göra att det ännu kan hållas uppe, är af djupare intresse än hvad man ser och hör, ty dessa samhällsmysterier blifva aldrig för de lustresande förklarade af ställets *cicerone*.

Det är alla väl bekant att de försök till kommunistiska samhällen som blifvit gjorda i England, Tyskland och Amerika, hafva misslyckats — från Rapps Harmony och Owens New Harmony, ända till Cabets Icarien. Män med oroliga hufvuden, qvinnor med oroliga hjertan hafva ofta vändt sig bort från hvad de kalla »olyckorna af täflingsandan» inom våra samhällen, till (hvad de hoppats) associationens räddande grundsatser, men intet sådant sällskap reformatörer, med undantag af Ann Lees efterföljare, har förmått bilda ett förbund, inom hvilket gemensam egendom herrskat. Hvarje sådant experiment kunde förtjena sin egen historia, sin egen förklaring af huru *nära* det varit att lyckas. Att slutet likväl blef ett misslyckande, kan ej förnekas; socialisterna måste lemna New Lanark; rappisterna tvungos att sälja Harmony, icarierna försvunno spårlöst från Nauvoo. Frihet, jemlikhet, broderlighet hafva hittilldags aldrig förmått betala sina räkningar hos slagtaren och kryddkrämaren, och ett samhälle, som icke sjelf kan förvärfva medel till sin utkomst, måste ovilkorligt, förr eller senare, gå om intet, skulle det ock i andra hänseenden lyckas gifva en föreställning om paradisets lycksalighet. Menniskan kan icke dag ut och dag in få sitta under ett palmträd, tugga dadlar och känna sig lefva i frid med himmel och jord. Näringsomsorgerna drifva henne framåt och hon har endast två onda ting att välja emellan: — arbete eller döden. Hvarje nytt, misslyckadt försök till association sätter hela idéen i allt större misskredit. »Se nu sjelf hvarthän det leder,» säger sadduceen skrattande och belåten med sina jordagods, slott och parker, »så går det då man griper in i tidens, naturens och Försynens ordning! Följderna blifva förstörelse, armod och död. Konkurrensen är handelns och näringarnas lifskraft, lefve den! Hvar och en måste inse att en skyddande hand hvilar öfver de stora kapitalisterna.»

Om theorien att ömsesidig hjelp, i motsats till nu rådande sjelfviskhet, är den sanna grunden till samhällslif, *om*, enligt hvad många män förklara och många qvinnor tänka, detta är rätt, hvarföre hafva då nästan alla försök att realisera denna idé misslyckats, eller slutat i elände?

»Jag säger er,» yttrade fader Noyes till mig denna morgon, »att de hafva alla misslyckats, emedan de icke stödde sig på bibelns sanningar. Religionen är lifvets grundval; skall en samhällslära lyckas i utförande, måste den uttrycka en religiös idé. För familjelifvets bildande fordras fyra särskilda stadier: 1. Försoning med Gud; 2. Återlösning från synden; 3. Brödraskap mellan män och qvinnor; 4. Gemensamt arbete och gemensam vinst deraf. Owen, Ripley, Fourier och Cabet började vid tredje och fjerde stadiet; de togo icke Gud med i räkningen och derföre gick hela företaget om intet.»

Noyes gör ingen hemlighet af att han, enligt sin öfvertygelse, har, synnerligen benådad af Gud, uppställt ett nytt och ofelbart samhällssystem, att han redan efter deras behöriga pröfning fastställt hufvudgrunderna för den nya ordningen och att endast utarbetande af några detaljer återstår inom mönstersamfunden vid Oneida, Wallingford och Brooklyn, innan hans idé blir allmänt antagen inom Förenta Staterna. Om det intresserar läsaren att höra huru denne man — som anser sig uttöfva ett så mäktigt inflytande i Amerika — kom till sina nuvarande åsigter och tolkningar af bibeln med afseende på familjelifvet, vill jag, så öppet som en lekman dristar det, uttala hvad jag inhämtat genom mina forskningar vid Oneida Creek.

TJUGUFÖRSTA KAPITLET.

Helighet.

Det var medan Noyes vistades i Putney i Vermont, såsom skrifvare hos en lagkarl, som 1831 års våldsamma, andliga väckelser inträffade och ryckte upp så många sinnen inom New Englands stater ur deras försoffning. Noyes säges på en gång häfva blifvit allvarsam och dyster; all hans dittillsvarande säkerhet var försvunnen; han tyckte sig stå midt uti nattens mörker, omgifven af vilda stormar, mot hvilkas raseri hans bräckliga förnuft icke gaf honom något skydd. Då han riktade blicken in i sin egen själ säger han sig blifvit medveten af hvad synd och död ville säga. Huru skulle han kunna frigöra sig från detta förderf? Som han kände verldens och det ondas makter vara starka inom honom, slog han juridiken ur hågen och började åter studera theologi. Under sin studietid i Andover föll han i många frestelser, frossade i mat och dryck, samt gaf vika för andra lockelser till synd. De unga theologerna, hans universitetskamrater, voro ett förderfvadt sällskap, skrattade åt andlig väckelse och missaktade religionen i allmänhet. Noyes började anse det vara rätt att han lemnade Andover; sökande Herren och hans råd, slog han upp bibeln och de första ord på hvilka hans blickar föllo voro: »Han är icke här.» Lydande denna varning från himmelen begaf han sig ifrån Andover till Yales skola och blef der en ifrig forskare efter sanningen — icke den sanning blott, som rör förhållandet mellan menniskan och Gud, men äfven mellan menniska och menniska. Äfven under drömmar, lika fantastiska, som några hvilka grasserat i en arabs hjerna, fanns alltid hos Noyes amerikanarens praktiska åsigt af tingen. Han kände att den gudomliga planen måste vara fullkomlig; han tänkte att om han skulle kunna tolka denna plan, så skulle han deraf klart fatta en ordning för jorden, likaväl som en ordning för himmelen. Hvad är då denna ordning för jorden? Ingalunda den, som de menskliga lagstadgar, hvarunder vi lefva, frambringa. Han sökte ljus af det skrifna ordet. Det var af bibeln han sade sig hafva sökt den lefnadsordning, som icke skolorna kunde gifva honom. Grubblande öfver evangelii mening och på eget bevåg tydande Pauli bref, fann han i dessa, kristendomens ursprungliga skrifter, en tröst som New Havens predikanter aldrig förmått skänka honom. Paulus talade till hans hjerta, men, som han påstår, i en helt annan mening än den, hvarpå aposteln blifvit förstådd i Antiochia och i Rom.

Mycket läsande af Pauli epistlar förde Noyes

till den tro att kristna läran, sådan den predikas i Europas och Amerikas kyrkor, äfven de som kalla sig reformerade, är ett stort, historiskt misstag. Kristi kyrka finnes icke i synlig måtto på jorden, påstod Noyes. Pauli och Petri församling var den enda sanna: ett samfund af bröder, af likar och helige. Men den upphörde åter snart, sedan Herren, såsom han lofvat, i andanom återkommit, att för alltid dväljas bland sitt folk. Vid denna andra tillkommelse, säger Noyes att Herren upphäfde den gamla lagen, afslöt Adams välde, renade sina bekännare från deras synd och grundade sitt rike i alla deras hjertan, hvilka ville tjena honom. Noyes bestämmer denna andeliga tillkommelse, till anno 70, strax efter Jerusalems förstöring, sedan hvilken tid, säger han, det har funnits endast *en* sann, och många falska kyrkor, hvilka bära hans namn. Den sanna kyrkan är hans heliga menniskor, fria från synd såväl i andlig som lekamlig måtto, hvilka bekänna honom såsom sin konung, ikläda sig helighet, förkasta lagar och samhällsbruk, samt underordna sina lidelser Hans vilja. De falska deremot äro de som i verlden finnas, uppbyggda för att prisa mensklig konstfärdighet och menniskors högmod; kyrkor med throner och kongregationer, prelater, kardinaler och påfvar; kyrkor med tortyr och bål, formfrågor, eder, hat och söndringar, bannlysning och celibat. Noyes påstår att satan började sin regering på samma gång som Kristi rike tog sin begynnelse och att de romerska och grekiska kyrkorna, äfvensom de halft reformerade i England och Amerika, äro hufvudfästen för den ondes makt. Jordens herravälde äro satans riken, men det fullkomliga samfund Paulus stiftade och i hvilket Kristus nedsteg som en lefvande ande, har aldrig fullt utdött, men genom Guds nåd fortfarit att lefva i menniskors hjertan och vittna om sig sjelf, tills tiden var inne för återupplifvandet af den apostoliska tron, och dess utöfvande, ej i det förderfvade Europa, det utlefvade Asien, men i Förenta Staternas nya kraftfulla samhällen. Några höga, vestaliska själar hafva hållit den rena elden vid lif. Dagen för den nya kyrkans bildande var kommen. Tron, förjagad ur den stojande verlden, kom till de unga forskarne efter sanning i Yale, och det kristna samfundet har, efter att hafva blifvit förderfvadt i Antiochia, förföljdt i Rom och karrikeradt i London, ändtligen i ursprunglig renhet ånyo uppstått vid Wallingford, Brocklyn och Oneida Creek.

Inom denna nya amerikanska sekt — på en gång kyrka och skola — äro lagarna för tron och för lefnaden lika enkla och enfaldiga. Perfektionisten har rättighet att göra *allt hvad han behagar*. Naturligtvis säger han, såsom min värd vid Oneida yttrar till mig, att han till följd af sitt benådade tillstånd icke *kan* göra annat än hvad som är rätt. Den Heliga Anda uppehåller och beskyddar honom. En och annan kan väl komma på afvägar, emedan den gamle Adam ännu har väldet inom honom; några undantag förmå dock icke kullkasta en evig regel. Vi påstå att en regent icke kan göra hvad som är orätt, ehuru en icke så obetydlig portion skandal, med tillbehör af dolkar och aktriser, torde besvära de kejserliga och kungliga hofvens historia. Perfektionisten erkänner inga lagar; hvarken de som förkunnades på Sinai och upprepades från Gerizim, eller de som skipas i Washington och Newyork. Han lefver icke under lagen, men under Gud, d. v. s. under hvad hans eget sinne manar honom att göra såsom rätt. Herren har gjort honom fri. För honom är ordet alls intet; dess kraft upphäfdes fullkomligt för honom vid den andra tillkommelsen. Intet af de tio budorden, ingen af de skrifna statuterna i den borgerliga lagen äro för honom bindande — han, den benådade, frigjord från lagens välde och syndens band. Lagar äro till för syndare — *han* är helig; andra menniskor kunna falla i frestelse — *han* är säker, han är återkallad af den Heliga Anda.

Denna sinnesförfattning som af oss, verldens

barn, lätt kunde få heta upprorsanda, kallas af bibelkommunisterna lydaktighet. I denna verld, säga de, kan man välja hvilken herre man vill tjena. Ingen kan hafva två herrar, Gud och Mammon. Jorden är icke fullkomlig; Kristus är det. Bekänner man Kristus, så afstår man från verlden till kropp och själ och för alltid. Inga halfmesyrer äro nog för frälsningen. — Före inbördes kriget var i Amerika allmänna åsigten skarpt prononcerad *för* den individuela makten och *emot* institutionerna, och derföre väckte det ingen synnerlig uppmärksamhet, då Noyes och hans anhängare formligen uppsade lydnad och beroende af Förenta Staterna. Andra hade före honom gjort på samma vis; Mount Libanons qväkare, tunkers, mormoner, socialister och icarier, samt ännu många flera. Det hade gått så långt, att icke få amerikanare af högre klasser kommit derhän, att de betraktade staten såsom en politisk klubb, från hvilken de efter behag kunde utträda. Perfektionisterna gingo emellertid ännu mycket längre än både socialister och mormoner, ty de afsvuro såväl Guds lag som menskliga stadgar; den borgerliga lagen, alla våra statuter, kyrkolag och dekreter, de tio budorden, Herrans bön och bergspredikan, — alla gamla lagar och bud, som de med och mot sin vilja dittills följt, sedlighetens bud och äktenskapet. Ingenting af den gamla menniskan, den forna samhällsmedlemmen fick vara i behåll. Kommunisten förnekade alla kyrkans och verldens band; han trotsade myndigheter och polismakt. I sin lydnad för Gud (som han trodde) kastade han öfver bord alla skyddsvärn, som af menniskor blifvit stiftade. Noyes hade tillhört ett strängt måttlighetsförbund; då han gjorde påstående på helighet, började han förtära rusgifvande drycker; han hade nöjt sig med den tarfligaste föda, nu njöt han läckra och starkt kryddade anrättningar. Förut återhållsam och strängt regelbunden i sina lefnadsvanor, började han vara ute under nätterna, gå och drifva på kajerna, sofva i portgångar och sällskapa med tjufvar och dåliga qvinnor. Under sina försök till försvar, då man förklarar sig ej kunna förena ett dylikt lefnadssätt med påstående om helighet, anför Noyes att han väl öfverlemnat sig åt frestelser, men att den makt, på hvars beskydd han förtröstade, alltid varit stark nog att rädda honom. Han hade druckit och frossat, han hade hängifvit sig åt sinnliga böjelser blott för att slita systemets bojor. Enligt hans egna förklaringar hade han sagt till sig sjelf: »Kan jag sätta all min lit till Gud, för att föra ett sedligt lif? Kan jag underkasta alla mina lidelser, önskningar och anlag, med ett ord, allt inom mig, som hittills styrts af verldslig lag och min egen vilja, Guds omedelbara, oinskränkta beskydd?» Han svarade sig att han ville och kunde ställa sin tro, sina handlingar, sin frälsning under den heliga Andas beskydd; och i förlitande härpå var det, säger han, som han oskadad gick igenom syndens hemvist, liksom Israels barn stodo oskadade midt i lågorna.

Men, torde mången fråga, på hvad sätt kommer en menniska i detta nådastånd? Ingenting är lättare, såvida jag rätt förstått kommunismens lära. Man behöfver endast önska det, och saken är afgjord. Goda gerningar äro ej nödvändiga, böner icke önskvärda; ingenting gagnar utom tron. Man står upp, vid sidan af någon broder i Herranom, och bekänner sig vara kristen. Man säger sig vara befriad från syndens välde och i samma stund är dess skam borttvagen från ens själ. I denna rent amerikanska troslära tyckas i sanning fakta vara hufvudsaken och blott vänta på ett ord för att i samma stund gå i verkställighet. »Han stod upp och bekände helighet» är det antagna uttrycket vid tillkännagifvandet att ett nytt lam blifvit insläppt i fader Noyes' fårahus.

Då Noyes för några år sedan började förkunna sin lära hade idéen om söndring fått en stark och lefvande utbredning inom Nya Englands stater, och många personer trodde enda möjligheten att rädda samhället från en kaotisk sammanstörtning låg i de nyväckta samhällsprinciper, hvilkas hållbarhet pröfvades vid Mount Libanon, New Harmony och Brook Farm. Under en tid af så allmän förvirring är ej att undra på att Noyes förbisåg att hans theori om individuel bestämmelserätt icke var utförbar. En man kan vara lag för sig sjelf, men huru kan han vara det för en annan man, som äfven är pligtig att vara sig sjelf en lag? Noyes kunde af sitt eget samvete emottaga ett ledande ljus; Hamilton kunde af sitt samvete emottaga ett ledande ljus; hvart och ett kunde vara tillfyllestgörande, men huru åstadkomma att Noyes' ljus godkännes af Hamiltons, och Hamiltons af Noyes, utan en öfverenskommelse mellan dem båda? Ville de icke ingå en dylik öfverenskommelse, måste de lefva åtskilda; ingingo de en förlikning så stodo de i och med detsamma under lag. Inga alternativ funnos utom dessa två: på ena sidan upplösning och oreda, på andra sidan lag.

Samma stund Noyes började lefva med sina manliga och qvinliga disciplar, enligt deras påstående om Guds bud — ej under lagen men under nåden — fann han sig i stort bryderi, och innan samfundet kunde anses ega bestånd, måste ännu en annan grundsats erkännas.

Denna andra princip kallas sympati och den makt, som af densamma utöfvas inom familjen, är ganska lik hvad som i verlden heter allmän opinion. Sympatien har till uppgift att rätta den individuela viljan och att försona naturen med lydnaden, friheten med det högre ljuset.

Således må en broder göra allt hvad han behagar; men han ledes och undervisas att handla i öfverensstämmelse med den allmänna önskan. Har han omdömet emot sig, så har han orätt, d. v. s. han har afvikit från nådens stig och enda möjligheten för honom att vara lycklig är om han återvänder till hvad samfundet anser såsom angenämast. Familjen förmodas alltid vara visare än den enskilda menniskan.

Då en man önskar sig någonting — vare sig

en ny hatt, en fridag eller en vänlig blick af en ung dam — måste han rådfråga en af de äldste för att få veta huru brödraskapet anser hans begäran. Öfverensstämmer ej deras sympatiförklaring med hans åsigt, så måste han frångå densamma. Är frågan af vigt söker han råd af en komité utaf äldste, hvilka, om de så finna lämpligt, föredraga den inför hela familjen vid nästa aftonsammankomst.

Det dröjde länge innan denna senare, vigtiga princip antogs som en del af styrelsesättet, och förrän detta inträffade hade de »fullkomligt heligas» samfund föga af hvad verlden kallar framgång.

TJUGUANDRA KAPITLET.

En familj, enligt bibeln.

Medan ännu Noyes vandrade omkring ibland verldens församlingar och predikade helighet, gjorde han två proselyter, James Boyle och Abigail Merwin, ty han måste äfven försäkra sig om qvinliga bekännare och Abigail var en discipel, af hvilken han kunde känna sig stolt. Men dessa båda af hans tidigare följeslagare blefvo de första affällingarne från hans tro. Abigail synes väntat ett giftermålsanbud och Boyle haft förhoppningar om att blifva påfve, men intetdera af dessa anspråk anslog fader Noyes, som icke ville ingå giftermål och sjelf ämnade sätta sig i besittning af påfvemakten. Dessa två voro blott de första som afveko; alltsom med tiden den rätta principen för helighet insågs af folket, afföllo enskilda från samfundet. Hvarje man var sin egen lag; andan verkade inom hvar och en för sig; af en mängd oberoende medlemmar var omöjligt att bilda en församling. Ingen ville gifva efter, ingen ville lyda eller sammanfoga stridiga sinnen. Efter fyra års arbete stod Noyes ensam; alla hans kära disciplar hade gått sin väg, somliga tillbaka ut i verlden, andra hade fallit i rent kätterska villomeningar, många återvändt till forna sekter, från hvilka han lockat dem till sig. Tidningspressen hade häftigt börjat angripa dem. Noyes blef öppet förklarad såsom rubbad till förståndet, en beskyllning hvartill hans predikningar och uppförande ibland gåfvo anledning. Perfektionister fortforo att finnas, men Noyes var icke längre deras påfve.

Sedan han genom svåra pröfningar inhämtat den lärdom att ingen spinner rep af sand, började han, i likhet med så många andra under denna tid, vända tankarna på associationsidéen, som för honom måste blifva bibelassociation. Förskjuten af sina forna vänner i New Hawen, återvände han till sin fars hus i Putney, hvarest han först blifvit väckt till andeligt lif, började der på ny räkning omvända syndare, inrättade en bibelklass och lärde några olärda personer af den jordbrukande klassen vägen till nåd. Åtskillige lyssnade till hans ord, ty kanske aldrig, alltsedan Herodes den stores dagar, och med säkerhet icke sedan de år som föregingo Englands inbördes krig, har något folk befunnit sig i ett så underligt tillstånd af moraliskt kaos, som det hvilket herrskade inom Förenta Staterna dessa år. Abigail Merwin hade utgått ur sekten under förklaring att dess påstådda på evangelium grundade frihet urartade till osedlighet. Detsamma hade ock vid ofvan anförda epoker blifvit yttradt i Jerusalem och London; men medan verldsmenniskorna i Newyork skrattade åt dessa historier växte de nyomvändes nit. Hvad brydde de sig om verlden och dess vägar? Den nybildade klassen i Putney tillväxte i tro, om ock ej i antal, ty Noyes, som rätt väl insåg att proselyternas egenskaper voro af större vigt än deras mängd, använde hela den fintlighet naturen skänkt honom i rikt mått, för att imponera på det dussin åhörare hans stämma hade lockat tillsammans i hans födelsestad, tills han slutligen var i stånd att förändra namnet bibelklass till bibelfamilj, med andra ord; tills han i andeligt och lekamligt hänseende gjort dem redo att alla dväljas inom samma hem, fria från hån och klander som öfverallt annorstädes voro att vänta, så länge de nödgades lefva under lagen.

Men det fordrades ett stort hus, för att familjmessigt herbergera proselyterna under ett tak. Äfven i Vermont, der man bygger af trä, äro stora hus dyra och fader Noyes var fattig. Han hade ända hittills fört ett kringirrande lif, utan någon egentlig hvilostad; herden, liksom hjorden, egde intet skydd emot ovädret. Bland Noyes' disciplar i Vermont var äfven en ung flicka af god familj, Harriet Halton, som redan egde förmögenhet och väntade ännu mera. Kunde han lyckas få en sådan ung dam till sin hustru, så skulle detta i alla hänseenden vara en fördel, men hans principer voro ett hinder. Då äktenskap alldeles stred emot hans åsigt af det sanna, på bibeln grundade lifvet, huru skulle han lyckas sätta sig i besittning af hennes person och pengar? Naturligtvis kunde han — som hon sjelf så ofta hört förkasta giftermålet såsom ett tecken af mensklighetens förfall — ej på vanligt sätt erbjuda henne hand och hjerta. Om han framställde sitt anbud — någonting hvartill hans begär efter hennes pengar dref honom — skulle han finna sig tvungen till den förklaringen — att han icke gjorde räkning på trohet af henne och att hon ingalunda skulle vänta trohet af honom. Men Harriets lefnadsställning var i många fall olika andra unga flickors. Hon egde hvarken föräldrar eller syskon. Hennes enda nära anförvandt var en gammal till öfverdrift svag farfar, hos hvilken hon vistades. Förut en gång hade hon fattat kärlek till en ung man, som önskade få henne till hustru, men den gamle farfadern hade hindrat giftermålet, hvilket gick flickan så till sinnes att hon sjuknade. I ett anfall af sjelfförebråelser hade då den gamle mannen svurit, att han aldrig mera skulle lägga hinder i vägen för henne att sjelf följa sitt val. Härigenom hade liksom en väg blifvit banad för Noyes att göra sitt anbud, hvilket var styliseradt på följande vis, enligt en egenhändig kopia som jag fått af honom sjelf:

Ett friarebref.
Fader Noyes till Harriet A. Halton.

Putney, den 11 Juni 1838.

Älskade syster! — Efter ett helt års betänkande och tålig väntan att förnimma Herrans vilja, är det mig nu tillåtet — ja, känner jag mig till min lycka af många gynnsamma förhållanden tvingad och drifven att föreslå er ett förbund, som jag ej vill kalla äktenskap, förrän jag förklarat hvad jag menar dermed.

Såsom troende äro vi redan ett med hvarandra och med alla heliga. Detta förutgående och allmänneliga förbund är mera radikalt, mera vigtigt än något enskildt kompaniskap och det är med afseende derpå som det heter: der finns hvarken män eller qvinnor, i himmelen tager icke man sig hustru, ej heller gifves hustru åt man. Med detta ord för ögonen, kunna vi icke med hvarandra ingå någon förbindelse, som skall begränsa vår ömhet blott för hvarandra, såsom efter verldens sed genom äktenskapslöftet sker. Jag önskar och väntar att min bundsförvandt må älska alla som älska Gud, vare sig män eller qvinnor, med en värma, en styrka, obekant för verldens älskande samt lika fritt som funnes icke vårt förbund. Jag upprepar ännu en gång: syftemålet med det förbund jag nu bjuder är icke att monopolisera och fängsla hvarken edert eller mitt hjerta, men att i dem stadfästa och utvidga begreppet af den fria gemenskapen inom Guds allmänneliga familj. Står ett giftermålsförbund mellan man och qvinna i öfverensstämmelse med dessa grundsatser, så hyser jag inga betänkligheter vid att, så snart Gud tillåter det, låta viga mig i laga form vid den qvinna jag skänkt mitt hjerta.

Jag hade till att börja med ämnat framlägga *många* vigtiga skäl till det förslag jag härmed gör, men vid närmare eftertanke föredrar jag att framställa mig i egenskap af vittne, framför det af advokat, och skall derföre blott i största korthet söka bibringa några starka anledningar, lemnande åt Gud att föra min talan, åt er egen fantasi allt romantiskt förespråkande och åt ett personligt samtal utförligare förklaringar.

1. Med ett vittnes enkla, oförfalskade ord, men ingalunda såsom smickrare, förklarar jag mig således vörda och älska er för många vackra egenskaper, såväl andeliga, intellektuela, sedliga och personliga företräden, men framför allt, för er brinnande tro, er vänlighet, enkelhet och blygsamhet.

2. Jag litar tryggt på att den förbindelse jag härmed föreslår skall storligen bidraga till vår ömsesidiga sällhet och förbättring.

3. Den skall blifva ett medel, åtminstone för mig, att undgå mycket klander och många elaka uttydningar, som framkallas af celibatet under nuvarande förhållanden.

4. Den skall förbättra vår ställning och öka våra medel att kunna gagna Guds folk.

5. Jag är villig att genom mitt exempel visa mig vara en trogen bekännare af Paulus, hvilken förklarar äktenskapet vara ett hederligt stånd.

6. Jag är äfvenså villig att med mina gerningar vittna emot detta »frihetens tvång», hvilket tillfullo föraktar menskliga bud och vägrar att lyda dem, äfven för Herrans skull. Jag vet att ett odödligt förbund mellan hjertan, det enda som är värdigt att heta äktenskap, icke kan befästas förmedelst en ceremoni och jag vet äfven så väl, att ett sådant äktenskap icke kan tvingas af en ceremoni. Ni vet att jag ej har något annat lefnadsyrke än att tjena Gud — ett yrke, som åtminstone hittills gifvit mig många bekymmer, men föga af denna verldens goda. Bedömmer ni mig efter det yttre skenet, eller dömmer ni till framtiden af det förflutna, torde ni af mitt oregelbundna lefnadssätt och af den skenbara ostadigheten i min karakter finna många invändningar mot en förening. Med afseende härpå vill jag blott säga att

jag vet mig genom Guds nåd vara i besittning af en fasthet, ihärdighet och trohet i utöfningen af hvarje god gerning, som gjort det kringströfvande, ovissa lif jag fört nästan outhärdligt. Jag skall helsa himmelens bud om min befrielse derifrån, efter sjuåra pilgrimsfärd, såsom den landsflyktige helsar sitt hem. Jag ser nu intet skäl hvarföre jag icke skulle ega en »varaktig stad» och börja en lefnadsordning, öfverensstämmande med det husliga lifvets pligter. Måhända skall ni svara mig såsom det står i den sköna sången:

»Väktare, din vandring slutet når;
Skynda till ditt hem att der få hvila.»

Eder, i Herranom trogne,
J. H. Noyes.

Harriet, som nu sjelfrådigt fick besluta, svarade såsom han önskade och några dagar derefter blefvo de gifta. De sjutusen dollars hon egde använde Noyes till att bygga ett hus och ett tryckeri, samt för anskaffande af allt som behöfdes till utgifvande af en tidning. Så länge hennes farfar lefde, försträckte han dem med lefnadstillgångar, och vid hans död kom fader Noyes i besittning af niotusen dollars. Han gör ingen hemlighet af att det var för pengarna som han gifte sig med Harriet, eller, för att nyttja hans egna ord, blef hon honom gifven såsom lön för att han predikade den rena läran.

Den första familj, som i Putney samlades enligt bibelns lära, innefattade Noyes' hustru, mor, syster och bror, hvilka alla förblifvit trogna hans theori om familjelifvet. Modren dog vid hög ålder några dagar innan jag kom till Oneida Creek och som man sagt mig insomnade den gamla frun lugnt i en fast förtröstan, att det system hennes son åvägabragt är det enda och fullkomliga för ett samhälle af kristna män och qvinnor.

Dessa personer, jemte några prester, landtbrukare, doktorer samt deras hustrur och döttrar, allesammans personer med förmögenhet, anseende och stadgad samhällsställning, flyttade in i samma hem, afsvuro formligen det republikanska styrelsesättet och all förbindelse med Unionen, samt, — såsom de både löjligt och opassande uttryckte sig — organiserade en afdelning af det »Himmelska regementet» i Putney.

Och dermed började för dem ett nytt lif, ännu mera hänsynslöst och originelt än det som Ripley, Dana och Hawthorn sökte följa vid Brook Farm. De upphäfde bedjande och gudstjenster, söndagar, familjebanden och — som de uttryckte sig — det sjelfviska bandet mellan makar, utan att likväl skilja makarne från hvarandra. All egendom förenades i en gemensam fond; alla skulder, alla pligter voro samhällets, hvars medlemmar åto vid samma bord, sofvo under samma tak och lefde af samma förråd. Till att börja med rådde ibland dem ett kärft förhållande och mycken punktlighet, ty då hvarje skrifven lag, såsom uppkommen af den gamla verlden, fullkomligt förkastades, hade de intet annat medel att leda de svaga, att bestraffa de onda bröderna, än genom en öppen kritik af deras uppförande — ett styrelsesätt, som ännu länge behöfde tillämpas, innan det kunde anses tillfyllestgörande. Lefnadssättet var strängt. Tre timmar tillbringades hvar morgon i lärosalen, en med att studera sådana historiska verk, som kunde förhjelpa dem till en bättre kännedom af skrifter, den andra under tystnad eller med bibelläsning, den tredje med att tala öfver hvad de läst och begrundat. Längre fram på dagen användes timmarna till utarbete på åker och i trädgård; aftonen anslogs till studier, läsning, musik och sällskapslif. En person gaf de öfriga lektioner i grekiska och hebreiska, en annan läste högt några engelska och tyska auktorer om exegetik; en tredje stod upp och kritiserade någon af sina brödrahelgon. Men trots alla arbeten och försakelser lät sig den gamle Adam förnimmas midt ibland dem och förderfvade deras frid. En broder åt för mycket, en annan drack för mycket, en tredje började föra ett tygellöst lefnadssätt. Stridigheter uppkommo mellan samfundets medlemmar, som ledde till berättelser bland grannarne, till artiklar i tidningar, till anfall på dem, på krogar och schweizerier, och slutligen till anklagelser inför domstolar. Hvad som mest framkallade oreda i deras lilla paradis var gemensamhet med afseende på egendom och hustrur.

Noyes nödgades medgifva att djefvulen hittade vägen in i detta Eden, likaväl som i det första och att i Putney, som i paradiset, det var genom qvinnan, som den onda makten utförde sitt förderfliga uppsåt. Då den sedliga oordningen ej längre af honom kunde förnekas eller döljas, blef han ganska vred och bedröfvad. Huru skulle han besegra denna motgång? Hastigt ombyte från lagens tvång till full frihet skulle naturligtvis vara en betänklig pröfning. Men huru kunna binda och åvägabringa distinktioner i hvad Gud skapat? Gud har gifvit menniskan passioner och böjelser. Dessa äro af naturen fria och hafva sin nytta, sitt kall att fylla i verldsordningen. Men då menniskan kommer i åtnjutande af fullkomlig frihet, förutsätter allt användande af kraft också fara för missbruk. Måste då de heliga åter komma under lagens band? Han kunde ej inse detta. Ehuru han nödgades erkänna att många af hans anhängare skymfat sin bekännelse af helighet, upprepade han ännu med afseende på sig sjelf Pauli ord: »måste jag återvända emedan förargelser komma?» Att gå tillbaka var för honom enahanda med att slå ihop sin bibel och nedlägga det verk han en gång börjat. Detta var emellertid ingalunda hans önskan och stod ej heller i hans makt; således fortfor han att arbeta med de sina, ödmjuka de trotsiga, leda de tanklösa, utdrifva de obotfärdiga. Se här hur han sjelf för sig framstälde saken: — Om en man skulle göra en vandring från en stad till en annan, kunde han ej verkställa denna korta färd, utan att under vägen bestänkas med lera och dam; — huru vore det honom då möjligt att göra ett ombyte från jordisk nöd till himmelsk glädje, utan att lida plåga och motgång under vägen? Ingen förändring kan göras utan att svårigheter blifva en följd deraf. Hans anhängare voro oförberedda på en så stor pröfning, och de häftiga strider, som inom samfundet uppstått, som ådragit dem hela ortens spott och hån, samt förjagat många heliga, tillskrefvos af Noyes endast det förhållandet, att de ännu voro ovana att lefva under nåden.

En liten hugsvalelse kom emellertid Noyes till del under dessa tider af felslagna beräkningar. I Oberlin i Ohio hade ett rivaliserande sällskap perfektionister äfven stiftat ett Eden åt sig, der Mahan var påfve och Taylor premierminister. Mahan påstod sig hafva visioner, tala med englar och emottaga befallningar direkte af Gud. Taylor, en skicklig tidningsredaktör och talare, gjorde äfven anspråk på att vara i besittning af högre gåfvor. Men mellan Noyes och Mahan, Putney och Oberlin hade hela tiden herrskat en brödrafejd, lik den emellan Evas båda söner. Enligt alla perfektionismens profeter äro helighet och frihet de båda grundelementerna i himmelens atmosfer, — d. v. s. i det fullkomliga samhället, men med afseende på hvar menniskas rätt att handla efter ledning af sitt eget, inre ljus, hade dessa båda profeter kommit derhän, att betrakta dessa elementer af olika värde; strider uppstodo, frågor afhandlades med stor häftighet och skolor bildades. Det ena partiet, som satte friheten främst, var kändt under namnet »frihetsmän»; de hvilka höllo helgelsen förmer än friheten hette »helighetsmän». Putney förfäktade helighet; Oberlin frihet; båda påstodo sig hafva afsvurit verlden och endast erkänna Guds förmynderskap. Noyes anföll Oberlin i »Vittnet»; Taylor gaf svar på tal i »Evangelisten»; detta ordkrig rasade under några år, tills Putney icke mera hade något att svara sin skickligare antagonist. Taylor begagnade sig af friheten så grundligt att han blef dragen inför domstol.

TJUGUTREDJE KAPITLET.
En ny grund.

Då Putney blef Noyes och hans bibelfamilj för hett att der längre uthärda, icke — som han sagt mig — med anledning af förföljelser från det gudfruktiga Vermonts kyrkor, utan till följd af anfall utaf en drucken och laglös pöbel, hyrde han ut sitt hus och sin jord till ett af verldens barn och flyttade från sin födelsestad till Oneida Creek, ett ställe, som för sin skönhet, sin afskildhet och bördighet tycktes honom gynnsamt, att genom ihärdig flit blifva hufvudpunkt för ett nytt samhälls- och familjlif. Mary Cragin, som medförde sin man Georg och åtskilliga andra, redan pröfvade trosförvandter, deltog af hjertat i företaget och blef för detta nya försök allt hvad Margaret Fuller velat, men ej kunde blifva i det mindre djerfva experimentet vid Brook Farm.

Omkring femtio män, lika många qvinnor och nästan lika många barn, slogo sin förmögenhet tillsammans, byggde ett trähus och verkstäder, samt köpte ett stycke jord, som de började odla. Ännu en gång uppgaf familjen alla förbindelser med verldens seder och rättigheter, samt förklarade sig lika skild från Förenta Staterna och dess samhällslif, som Abraham och hans afkomlingar voro det ifrån befolkningen i Haran. Den nya bibelfamiljen förkunnade sig sjelf såsom en del af det synliga himmelriket på jorden. Som många af de heliga förut varit med i Putney, hade de redan någon erfarenhet af att vandra på nådens vägar, och efter ankomsten till det nya hemmet förkunnade Noyes dem en lefnadsregel, som vi, verldens barn, skulle ansett temligen obehöflig vid ett ställe som Oneida Creek — pligten att fröjda sig af lifvet. I Putney, sade han, hade de varit alltför nogräknade; der hade de studerat för strängt och för hårdt dömt öfver hvarandras ofullkomligheter. I det nya hemmet fordrade icke himmelen af dem så stränga försakelser. Om Gud, sade han till dem, hade menat att Adam skulle fasta och bedja, skulle han väl då hafva satt honom i en lustgård full af de ljufligaste frukter? Nej, Skaparen hade begåfvat menniskan med god aptit och fört henne in på ett herrligt klöfverfält. (!) Och hvad voro de heliga vid Oneida Creek? De voro såsom Adam före syndafallet; de voro män, fria för synd och för hvilka allt var laggildt, emedan allt var rent. *Hvarför*, frågade han, skulle de då icke äta och dricka, och njuta af lifvet efter sitt hjertas lust, samt under ledning af den Heliga Anda?

De hade hvarken lagar eller styresmän. Hvarje man var sig sjelf lag, hvarje qvinna äfvenså. Och hvad styrelse beträffar, förklarade de att anlag och uppfostran göra somliga menniskor till herrskare öfver sina likar, samt ställa dem på den plats de äro födda och uppfostrade för, ett nytt sätt för att betyga att Gud personligen var deras öfverhufvud, med fader Noyes till påfve och ställföreträdare. All egendom gafs åt Kristus och bruket deraf var endast dem förbehållet, hvilka hade förenat sig med honom. Familjens hustrur och barn skulle vara lika gemensamma som bröden och fiskarna. Den innersta andan af det nya samhället är ett mysterium, för hvilken vårt språk svårligen eger ord.

Under ett dussintal år af hårda pröfningar höll samfundet likväl tillsammans. Krig utom och brist inom utsatte bröderna för svårigheter, som inga andra religionssvärmare än Nya Englands jordbrukare, handtverkare och konstnärer skulle uthärdat. Mary Cragin drunknade i Hudson och det dröjde länge innan en efterträderska kunde fås, som någorlunda fyllde hennes plats. Noyes framställde en begäran derom till sin första discipel, Abigail Merwin, hvilken han ännu förklarade sig älska i andanom. Men Abigail ville icke lyssna derpå. Jag vill tillägga att hon ännu lefver och att Noyes ännu hoppas att kunna locka henne in i sin hjord. Syster Skinner blef nämnd till qvinligt öfverhufvud — familjemoder — men hon lefver nu vid Wallingford och syster Dunn är till namnet Oneida Creeks föreståndarinna. Det husmoderliga kallet synes mig dock af henne vara svagt vårdadt och, som jag tror, är det antingen skaldinnan Joslyn eller syster Helen Noyes som bör anses vara den representerande gudinnan. Men då makten endast genom sympati innehafves, torde den i en ej ringa grad delas af de båda sångerskorna, systrarna Alice och Harriet. Jag säger detta, såsom den der har lefvat under förtrollningen af deras sång.

Trots samfundets försakelser och tarfliga lefnadssätt, förenade sig åtskilliga personer med detsamma: en prest från Massachusetts, en bäfverjägare från Canada, en tidningsskrifvare för Londons press. Den ibland alla dessa himmelrikets proselyter, som kunde förmodas blifva af minsta gagn för en sådan koloni: den canadiske bäfverjägaren, bevisade sig vara den verklige grundläggaren af dess framgång. Ända dittills hade de heliga uteslutande egnat sig åt odlingen af sin jord, liksom Mount Libanons qväkare, af hvilka, som Frederick sagt mig, Noyes inhämtat sina första kunskaper i socialekonomi; men konsten att odla äpplen, sylta päron och bereda syrup är för allmänt spridd i Amerika, att någon numera kan hoppas vinna förmögenhet derpå. Familjen gjorde sitt bästa dermed, och dess bästa var godt nog. Af deras räkenskaper har jag sett att förlidet år torkad och inlagd frukt såldes för tjugufemtusen dollars. Men parker och trädgårdar, det ståtliga boningshuset och qvarnverken hafva ej tillkommit genom skördar af äppel- och päronträden. För dem har familjen till största delen att tacka bäfverjägaren Sewell Newhouse.

En af Amerikas största handelsvaror är giller. Sådana behöfvas af många olika slag, ty landet är fullt af skadedjur, från Klippbergens björn, till den vanliga åkerråttan; besynnerligt nog hade emellertid yankee-handtverkaren, hvilken är så duglig att tillverka korkskrufvar, symaskiner och nötknäppare, fortfarande lemnat åt Solingen och Elberfeld att göra giller för hela norra och vestra Amerika. Då nu broder Newhouse, i finsmedjan vid Oneida Creek, satt och betraktade ett dylikt nyttigt redskap, fann han som en gammal slug bäfverjägare att det tyska arbetet, ehuru godt och billigt i sin väg, ändock skulle kunna ännu vidare förbättras. Derpå grep han verket an, gjorde gillret lättare, enklare, och dess fjeder säkrare dödande. Oneidas giller kommo i ropet i staten Newyork. Reqvisitioner kommo in i stor mängd, handtverkare hade händerna fulla af arbete, smedjor byggdes och inom några månader var den tyska varan ett värdelöst skräp i Newyorks handelsbodar. På ett enda år gaf giller-fabrikationen en behållning af åttiotusen dollars och ehuru till följd af konkurrensen vinsten sedermera har aftagit, inbringar försäljningen af denna handelsvara ännu omkring tretusen pund sterling på året.

Vid första påseendet tyckes det ligga något löjligt uti att himmelriket på jorden skall hafva giller och råttfällor att tacka för sin förkofran. Då jag tillsammans med fader Noyes gick igenom smedjorna, tog jag mig friheten yttra, att sådant arbete föreföll högst eget inom en koloni af heliga män. Han svarade mycket allvarsamt, att jorden ligger under förbannelse, att skadedjur äro en följd härutaf och att det utgör en af de heligas pligter att hålla utrotningskrig mot dem, hvaraf synes att de heliga äro fullt berättigade till gillerfabrikationen! Det torde ej vara lätt att inom staten Newyork, der hvar man är advokat och kasuist, träffa någon som saknar argumenter för hvad som är honom till fördel.

Vare härmed huru som helst: de gjorde giller och gillren gjorde deras fortyn.

Hvad man skulle kunna kalla familjens inre affärer tyckes hafva hållit jemna steg med dess yttre och kommerciela förkofran. Idéen att genom sympati styra de mest obändiga sinnena, hvilken först blott var en theori, öfvergick snart till ett antaget bruk;

och vid aftonsammankomsterna har det blifvit en hufvudsaklig sysselsättning att pröfva nyttan af en dylik fri kritik. Jag var närvarande vid ett tillfälle, då Sydney Joslyn, son till Oneida Creeks skaldinna, underkastades en skarp, offentlig granskning af familjens äldste, hvilka, hvar efter annan, beskrefvo den unge mannens själsegenskaper och sedlighetsförhållanden. Med skenbar välvilja, men en i sanning öfverraskande uppriktighet uppräknade de alla dåliga sidor hos deliqventen: hans lättja, hans sinnlighet, hans smak för klädsel och prål, hans näsvishet och bristande vördnad för de äldre; derpå kom Sydneys mor, syster Joslyn, som för ingen del heller sparade sin käre son, och efter henne uppstod moder Dunn, samt en hel mängd vittnen. De flesta bland dessa talade om hans goda handlingar och två eller tre yttrade till och med, att trots alla sina fel var Sydney en man med geni, med stora gåfvor att blifva en värdig helig och en heder för Oneida Creek; men de aflagda vittnesmålen voro ofelbart till förbrytarens nackdel. Ingen tillåtes svara personligen och genast. En vän må lägga in ett godt ord för att mildra hårda och ensidiga omdömen, men den person, som kommit under censur, måste efter slutad pröfning gå in i sitt eget rum, lägga sig att sofva på den långa katalogen öfver sina dygder, hvilken hans bröder och systrar varit så nitiska att fylla, och har han något att andraga, vare sig till godkännande eller förnekande af de stränga beskyllningar han lidit, måste han svara skriftligen och adressera sitt svar till hela samfundet vid nästa aftonmöte, utan att yttra ett enda ord särskildt till någon af sina belackare.

Aftonen sedan den, då så stränga omdömen blifvit fällda emot Sydney Joslyn, upplästes följande svar inför de församlade:

Till Samfundet.

Jag begagnar mig af detta tillfälle för att uttala min tacksamhet för den kritik och de råd som i går afton kommo mig till del, äfvensom för den uppriktighet jag åtnjöt.

Jag önskar få tacka mr Noyes för hans uppriktighet och synnerligen för forna tider. Väl kommer jag ännu ihåg de dagar då jag kände mig stå honom nära och fritt kunde meddela mig till honom; den tiden anser jag som min lyckligaste. Jag har alltid sörjt öfver att jag lemnade honom, på det sätt som skedde. Jag *älskade* honom, och är förvissad om, att hade jag fortfarande varit der han är, skulle jag blifvit en bättre menniska och mera till nytta för honom och samfundet. Jag är förvissad om att min kärlek till honom *då* har varit mig en hjelp *sedan*, och att den stadigt tillväxt, trots vidriga förhållanden, samt att under mina mörkaste stunder hans ande har lyst mig och styrkt mig att förjaga de onda andarna. Jag önskar förklara min kärlek till mr Hamilton och mitt förtroende till honom som samfundsledare. Jag tackar honom hjertligt för hans långvariga tålamod med mig och för hans outtröttliga bemödande att föra mig i närmare samband med Kristo och förbundet.

Jag bekänner Kristus såsom tuktomästare öfver min tunga, och mitt behof af en ödmjuk anda.

Sydney.

Hvad som, näst dessa kritikers nytta att styra menniskor, hvilka slitit alla lagens band, mest förvånar mig, var ej så mycket deras uppriktighet, som icke mera deras skarpsinnighet. Många observationer voro till ytterlighet spetsfundiga och djupa, vittnande om stor analytisk förmåga, naturligtvis skärpt genom daglig öfning.

Jag bör ej försumma nämna, att ehuru många unga män buro vittnesmål emot Sydney, hade ingen af de unga qvinnorna någon anklagelse att göra. De äldre damerna voro stränga nog och en gammal fru for ut emot honom med en oförsynt uppriktighet, som en ung man af vanliga menniskor skulle haft svårt att med tystnad fördraga. Skälet var icke att alla de unga flickorna tyckte väl om honom och derföre tego, men att de, såsom flickor och unga qvinnor, ej stodo i något förhållande till honom och således icke kände hans fel. Men här vidröra vi en af samfundets djupaste mysterier.

Familjen har hvarken praktiserande läkare eller jurist ibland sig; den njuter tvertom, enligt sitt påstående, ostördt god helsa och vill synas aldrig råka i några stridigheter. I öfverensstämmelse med seden öfver hela Amerika, äter familjen frukost klockan sex om morgnarna, middag klockan tolf och afton vid sextiden. Så göra ock araberna samt nästan alla naturbarn; då solen går upp, då den står högst och då den går ned, intaga de sina måltider. Några af kommunisterna, hvilka behöfva stärkande föda, äta fogel och kött; de som hunnit längre in på nådens väg nöja sig med grönsaker och frukt. Fader Noyes äter kött, emedan han vant sig dervid, men dock helt litet, då han genom försök utrönt att det icke för honom är nödvändigt. Ett parti af familjen begaf sig förliden höst upp till Canada, för att fånga bäfver, under ledning af Newhouse. De voro borta fem veckor, hade under den tiden fört ett ansträngande lif och återkommo från skogarna, friska och starka. Ingen af familjen dricker vin eller öl, om icke ibland en dosis körsbärs- eller krusbärsvin tages som helsomedel. Jag har smakat tre eller fyra slag af detta hemgjorda vin och är af alldeles samma mening som fader Noyes, att den gör klokast som icke dricker deraf.

TJUGUFJERDE KAPITLET.

Pantagami.

Huru skall jag i ord kunna beskrifva det innersta samhällslif, som dessa religionssvärmare vid Oneida Creek så oförbehållsamt lade till mitt skärskådande? För en arabfamilj kunde jag lätt förklara mig, och på ett sätt, så att intet af vigt behöfde utelemnas, ty araberna hafva af sina förfäder ärft seden att kalla förhållanden vid deras rätta namn. Vi europeer hafva ett annat sätt: att tiga och vända oss bort ifrån de sanningar, som röra vårt slägtes innersta lif och natur, medan vi nyfiket forska i alla förhållanden angående träd, foglar, fiskar och insekter.

Georg Cragin, en af Mary Cragins söner, en ung man med rika anlag och uppfostran, framför allt med starka sedlighetsbegrepp, och nyss återkommen från universitetet, der han tagit den medicinska graden, berättade för mig, under en af våra morgonpromenader, så som han skulle talat med en älskad broder, hela sitt hjertas historia, — dess första vaknande känsla, det sätt hvarpå hans kärlek behandlades, den djupa skymf han tyckte sig lida, hans passionerade längtan, hans framsteg i konsten af sjelfbeherrskning (hvilken innefattar hans lefnadsreglor i egenskap af en religiös man) alltifrån första ungdomen till den dag, då vi talade med hvarandra vid Oneida Creek. Denna korta historia om en mensklig själ och dess för verlden gömda strider är en ibland de besynnerligaste som jag någonsin hört eller läst. Jag nedskref den, ord för ord, under det vi suto i skuggan af fruktträden — historien om allt hvad han känt och lärt och lidit i kärlekens skola, förtäljd med djupt allvar, blygsamhet och såsom hade den rört en fråga af vetenskapligt intresse; jag har likväl ej rättighet att offentliggöra en enda rad af denna sjelfbekännelse, som nu ligger framför mina ögon. Jag såg vid Oneida Creek väl hundra dylika anteckningar, ehuru de flesta bland dem voro mindre fullständiga både till plan och detaljer. En gång under kommande år torde de blifva vetenskapens egendom och (hvem vet!) grunder för nya läror i fysiologi. Men nu äro de, och nu *måste* de vara gömda. »De skola ligga i förvar,» sade man mig, »dessa kungörelser om våra inre strider och rörelser, till dess samhället är färdigt att behjerta dem och draga fördel af dem. Då filosoferna börja studera menniskans lif, såsom de nu studera biets, skola vi, bibelkommunister, blifva i tillfälle att förse dem med en myckenhet samvetsgrannt gjorda iakttagelser.»

Den innersta grunden till deras samhällssystem är ett förhållande som de kalla »kompliceradt äktenskap». Gemensam egendom förutsätter, som de påstå, gemensamma hustrur. Fader Noyes förfäktar orimligheten af den åsigten, att menniskan kan älska endast en gång i sitt lif eller ett föremål omsender. »Såväl män som qvinnor,» säger han, »finna vanligen att deras hjerta icke brunnit ut genom en kärlek, eller för ett föremål. Tvertom skall en historia om hjertats innersta lif lära oss att det kan älska huru ofta som helst och huru många som helst, med allt större styrka. Detta är naturens lag.»(!) Se der grundidéen till det för våra sedlighetsbegrepp så upprörande förhållande att familjen vid Oneida Creek hyllar ett kompliceradt äktenskap inom sig. Vid hvarje ny proselyts ingående i förbundet, eger en ceremoni rum, hvarigenom den nykomne viges vid hela kommunen, så att, enligt hvad man sagt mig, hela sällskapet utgöres af en äktenskaplig krets; hvar man blir make och broder till hvar qvinna; hvarje qvinna hustru och syster åt hvarje man. Det rena äktenskapet, såsom Gud stiftat det, hafva de för alltid upphäft *i den sanna religionens namn*, uttalande sin öfvertygelse att en så sjelfvisk och för den egna lyckan beräknad institution, af alla rättsinniga troslåror skola förkastas samma stund verlden lärt sig inse att kärleken ej är en synd.

På det jag ej må misstänkas för att i alltför bjerta färger framställa verkliga förhållandet inom detta vidunderliga syskonförbund, bifogar jag härmed en uppsats rörande dess samhällslära, som Noyes för min räkning skrifvit:

Fader Noyes' idéer om kärleken.

Kommunisten tror, tvertemot sentimentala romanskrifvares och deras likars theorier, att känslorna kunna beherrskas och ledas, samt att de, rätt ledda, skola lemna vida lyckligare resultater, än om de tilllåtas utan band och ledning taga vård om sig sjelfva. Den förkastar alldeles åsigten att kärleken är ett oundvikligt öde, som man måste underkasta sig. Den påstår att allt hvad som tillhör denna makt bör vara föremål för ett upplyst sjelfstudium och ledas till goda ändamål. Inom kommunismens samhällen står den under speciel tillsyn af fäder och mödrar; med andra ord: under de bästa och klokaste medlemmarnas granskning och är ofta under diskussion vid aftonsammankomsterna, liksom ock ett mål för kritik, då så fordras. Fäder och mödrar äro, vid behandling af denna fråga, ledda af vissa allmänna principer, hvilka af samhället blifvit utarbetade och af detsammas medlemmar äro rätt förstådda. En af dessa nämnes principen för den höjande förbindelsen. Det anses vara bäst för unga personer att ingå förbindelse med dem, som äro äldre än de sjelfva, och om möjligt med individer, hvilka äro andligt sinnade, samt redan hunnit ett stycke i sjelfbeherrskningens skola. Detta är blott en annan form af det redan erkända värdet af kontraster; fysiologien säger nämligen att förbindelse mellan personer af lika karakter och temperament icke är önskvärd. Kommunismen har funnit det icke leda till gagn att två oerfarna och i andeligt hänseende ouppfostrade personer ingå förbindelse, varande det mycket bättre för dem, på ömse håll, att sluta sig till menniskor med stadgad karakter och sundt omdöme.

En annan allmän princip, väl insedd af alla kommunister, är att det icke är önskvärdt att två personer uteslutande älska och tillbedja hvarandra, ehuru herrskande en dylik åsigt än må hafva blifvit hos känslosamma menniskor. Kommunismen betraktar en exklusiv, afgudande ömhet såsom skadlig och ohelsosam, af hvad art den vara må. Kommunismen vidhåller den åsigten att menniskan skall ega rätt att älska allt som är sannt och värdigt; att hjertat aldrig bör fängslas af den uteslutande, afgudande, rent sjelfviska kärlekens bojor.

En annan, väl insedd och af kommunismen tilllämpad princip är att ingen må mot sin vilja tvingas till förbindelse med en person, som är densamma misshaglig. Samhällets pligt är att skydda sina medlemmar för allt obehag. Hvarje qvinna eger rätt att neka ingå förbindelse med hvilken man det vara må.

Ännu en annan princip är att då en man önskar ingå förbindelse med en qvinna, bör han framställa fråga derom genom tredje person och detta af två vigtiga anledningar; först: emedan frågan derigenom på visst sätt kommer under samhällets tillsyn och för det andra: emedan qvinnan, om hon så finner för godt, derigenom utan förlägenhet eller hinder kan afböja förslaget.

Under medverkan af dessa allmänna grunder uppstår endast föga svårighet vid att praktiskt tillämpa kommunismens idé. Så snart samfundets medlemmar blifvit upplysta, styra de sig sjelfva med tillhjelp af dessa principer. Det vigtigaste är att lära alla menniskor sjelfkontroll; den leder till lycka i kärlek och till allt lifvets högsta goda.» — — — — — —

Lefnadssättet vid Oneida Creek förlänar qvinnorna rätt mycken makt, vida mera, än hvad de under lagen åtnjuta; men denna tillökning af qvinnans välde är en hufvudsak i hvarje nytt experiment till samhällssystem inom Förenta Staterna. Jag har sjelf varit i tillfälle att observera detta förhållande och fader Hamilton försäkrar mig att qvinnorna bland dem ega mycket inflytande, hvilket jag såsom fremling icke kunnat iakttaga. De förefalla verkligen nöjda och man ser dem ständigt sysselsatta, ständigt muntra och skrattande; de med hvilka jag talat påstå sig vara lyckliga. Likvisst skulle jag kunna nämna ett undantag: ett fruntimmer, hvars namn jag ej vill uppgifva, framkastade några vinkar om att hon snart nog torde återvända till sina anhöriga.

Till att börja med förklarade hela det kringliggande samhället krig mot Oneida Creek, liksom fordom emot Putney, dref spe med idéen om den fria kärleken och var färdig att nyttja dolk och pistol emot gemensam egendom. Noyes fordrar under sina konflikter såväl med baptister och kongregationister, som under de ännu farligare med landtbrukare och idkare af boskapsskötsel, att himmelriket, grundlagdt vid Oneida Creek, skall bedömas efter sina resultat. Vid alla klagomål från den yttre verlden är hans svar: »Se bara huru nöjda vi äro; vi arbeta, hvila, studera och njuta af lifvet. Fred råder i vårt hem; våra ynglingar äro friska, våra unga qvinnor muntra och glada. Vi lefva godt; vi förökas icke utöfver hvad vi sjelfva önska!»

Under årens lopp har verldens fiendskap saktat sig; och detta ju mera man börjat finna att, om också kommunisterna illa tolkat bibelns mening, så hafva de åtminstone en ärlig mening med att lefva i öfverensstämmelse med sin tro. Fader Noyes börjar vinna en viss popularitet på orten.

Men en profet bör icke öda bort sina dagar på en liten landtgård, under det han genom sitt exempel lär sina disciplar huru man bör lefva, tänker Noyes. Han tror sig böra verka i större skala och på ett vidsträcktare fält; han anser sig vara kallad att utbreda den nya läran, att vinna en stor intellektuel seger. Och för detta mål, såsom apostel för sin tro, anser han sig böra dväljas en stor del af året i Newyork, denna medelpunkt för all moralisk, kommerciel och andlig verksamhet; der har bibelfamiljen sin egen försäljningsbod, der cirkulerar dess tidning raskast. Det kan vara nog numera, menar han, att emellanåt besöka kolonierna vid Wallingford och Oneida, för att derstädes emottagas som en profet och — liksom profeterna i gamla tider — af sina anhängare anropas att medla mellan dem och Gud!

Familjen vid Oneida Creek består nu af omkring trehundra personer, ett antal som kommunisterna påstå är befunnet lagom stort att fostra och utveckla de dygder och vackra egenskaper, som tillhöra perfektionismen. Ansökningar om tillträde afslås dagligen. Tre eller fyra anbud hafva blifvit tillbakavisade medan jag varit på stället. Hela denna anläggning är, efter hvad Noyes sagt mig, blott ett experiment. Men, säger han, nu är grunden lagd; då alla detaljer blifvit noggrannare utarbetade, menar han att andra familjer skola bildas inom Newyork och de öfriga af Nya Englands stater.

Innan jag lemnade Mount Libanon hade jag ett allvarsamt samtal med Frederick om dessa menniskor. »Ni kan vänta att kommunismen skall gripa omkring sig med en förfärande hastighet,» yttrade Frederick, hvilken ser saken med ingalunda vänliga blickar; »den går många af detta lands innevånares önskningar till mötes: män, som äro mätta på lifvets vanliga njutningar, qvinnor, som äro fantastiska. Den ger, under skenet af gudsfruktan, fria tyglar åt passionerna, jemte en känsla af djupt lugn. Synnerligen finna qvinnor i kommunismen ett rikt fält för sina känslor. Bibelkommunisterna förläna, genom en falsk tolkning af den Heliga Skrift, öppet privilegium åt den fria kärleken, och denna har redan slagit starka rötter i Newyork.»

TJUGUFEMTE KAPITLET.

Det unga Amerika.

»Vi förökas ej utöfver hvad vi sjelfva önska,» yttrade Noyes, såsom slutpunkt af det loftal han höll angående sitt samhälles många påstådda behag och företräden. — »Småbarnsfrågan har blifvit en lifsfråga,» utropar en talare bland spiritualisterna i Providence. Hvad *mena* dessa reformatörer med sådana ord? På ett dussin olika platser har årlig exposition af små barn blifvit anordnad, der pris utdelas till de bästa exemplar af feta och vackra barn, samt så och så många dollars (eller dollars värde) för friska tänder, klara ögon, runda kinder, knubbiga armar och små händer, jemte tusentals andra, namnlösa meriter som en jury, sammansatt af damer, eger det säkraste omdöme att värdera hos de små rosenkindade cheruberna. Hvad bevisa dessa fakta? Har barnslig skönhet blifvit sällsynt? Har allmänheten blifvit väckt på dess förfall? Detta torde svårligen vara händelsen, då Unga Amerika jollrar och skrattar, lika fett och frodigt, lika rosenrödt och muntert, som både Unga England och Unga Frankrike. Är det möjligt att små barn blifva allt mera sällsynta på Amerikas jord? Om detta vore möjligt, då skulle visserligen något hvar ropa »Amen» till spiritualistens förklaring, det »småbarnsfrågan har blifvit en lifsfråga under den senare tiden!»

Det har blifvit mig sagdt att de många qvinliga villomeningar, som så hastigt gripa omkring sig i samhället och inom hemmen, medföra ett förhållande, hvilket tänkande män och värdiga qvinnor — den stora majoriteten af förståndigt och gudfruktigt folk — ofta med bekymmer betrakta, ehuru de blott sällan öppet yttra sig derom.

Hvad jag sjelf sett och hört under mitt vistande i detta land, leder mig till en förmodan åt samma håll: att nämligen en sammansvärjning, lika besynnerlig som vidt kringspridd, existerar bland fruntimmer af samhällets högre klasser — en sammansvärjning utan anstiftare och chefer, utan sekreterare och hufvudqvarter, den der ej håller några sammankomster, ej framlägger något program, eller ifrågasätter noteringar, och likväl är en verklig konspiration bland många drottningar inom modets verld, — en konspiration, hvars slut, såvida afsigten kunde ernås, skulle blifva det i sanning häpnadsväckande resultatet, att inga flera småbarnsexpositioner i detta land behöfde komma ifråga, emedan amerikanare ej längre skulle finnas i Amerika.

Under den tid jag uppehöll mig i Providence, hufvudstaden i Rhode Island och i många hänseenden ett mönster för städer — vacker och snygg, samt en medelpunkt för mångfaldig ädel verksamhet — hade jag ett samtal rörande detta ämne med en dam, hvilken helt enkelt anförde förhållanden, såsom de blifvit henne bekanta i Worcester, i Springfield, i New Haven, i hundratals af Amerikas mest civiliserade städer, och hennes egen öfvertygelse lyste äfvenledes bjert fram i den färg hon gaf sin berättelse: — »En qvinnas första skyldighet är att vara behaglig i männernas ögon, så att hon kan draga dem till sig och utöfva ett godt inflytande på dem, men ingalunda att blifva utsläpad i hushållsbestyr, i barnkammaren, köket och skolrummet. Allt i den vägen, som skadar hennes skönhet och som naturligtvis således är stridande mot hennes sanna intresse, har hon rättighet att undandraga sig, lika väl som en man protesterar emot en olaglig beskattning på sin egendom. En hustrus första omsorg bör vara hennes mans trefnad och samtidigt dermed hennes egen, såsom hans följeslagerska igenom lifvet. Ingenting bör tillåtas, som kan aflägsna makar från hvarandra.» Jag var nog förmäten att fråga den unga frun, hvars man satt bredvid oss, huruvida barn kunna anses aflägsna föräldrarne från hvarandra, och tillade att jag sjelf egde två gossar och tre flickor, men att aldrig något sådant ens hade fallit mig in. »Jo, de göra detta,» inföll hon oförskräckt; »barn upptaga sin mors tid, skada hennes skönhet och göra henne i förtid gammal. Ni behöfver blott gå framåt dessa gator» (i Providence) »och ni skall se hundratals unga, vackra flickor, nyss komna ur barnåldern. Inom ett år äro de troligen gifta; om tio år hafva de redan blifvit gamla och vissnade. Ingen man bryr sig då om dem mera, för deras fägrings skull. Deras männer skola ej längre finna någon glans i deras ögon, någon friskhet på deras kinder. De hafva då redan uppoffrat lifvet för sina barn.»

Hon talade med värma och med en fix idé att hvad hon sade kunde af hvilket fruntimmer som helst öppet yttras. Som det ville synas mig, hade hon ingen aning om att, medan hon stolt förfäktade qvinnans rättigheter, hon och alla de, hvilkas talan hon förde, voro färdiga att förneka qvinnans högsta pligter. Hon tycktes ej hafva begrepp om att, då hon påstod förlusten af skönhet vara en följd af hemmets omsorger, hon förfäktade en sats, som nästan hvarje far, nästan hvarje äkta man torde förneka. Men emellertid förhåller det sig så; ej mindre i det fromma Boston och Philadelphia, än i det förderfvade Neworleans och Newyork har denna ovilja för att vara en moder i Israel blifvit en oförneklig sanning. Det hastiga aftagande af *födda* emot *döda* är redan ett ämne till anmärkningar i många offentliga akter. Hvad min vän i Saratoga yttrade om att hans landsmaninnor hundra år härefter ej torde ega några afkomlingar, var endast ett uttryck af hvad som gör många tänkande män bekymmer.

Påståendet om en tilltagande minskning af infödda barn inom Förenta Staterna skall troligen synas många öfverraskande, ja knappt trovärdt, då vi i Europa ständigt höra talas om befolkningens starka tillväxt i Amerika, jemförelsevis med i Gamla Verlden, och för det andra, då vi veta hvilket högt värde hvarje barn i det nya landet eger. Visserligen bör jag också tillägga, att det förhållande jag anför från Nya Englands stater och bland de högre klasserna inom Pennsylvanien och Newyork icke är rådande i andra delar af landet. I Ohio och Indiana, samt i allmänhet öfver hela Vestern, känner en mor en berättigad stolthet öfver att ega talrik familj och missouriern, om han också ej kan yfvas äfven att ega en fin dam till hustru, fröjdar sig hjertligen åt sin skara raska, kraftfulla söner. Men här, i Nya England, i Newyork, är förhållandet helt olika, än i den unga, kraftfulla Vestern. Är det blott ett mod, eller är det en öfvergående förrycktbet? jag vet det ej, jag har mig blott bekant att Amerika för det närvarande lider brist på mödrar. I de stora städerna, bland de lysande drottningar inom modets verld hvilka lefva på hoteller, likaväl som bland de ädlare damer som bebo sina egna hus, är det högst sällsynt att träffa en enda, omgifven af en skara yra gossar och flickor, sådana en engelsk mor känner sig stolt af att skänka sitt fädernesland. Antalet barn öfverensstämmer mera med den regel, som följs i Paris, än i London.

Med afseende på en så grannlaga fråga, är det naturligtvis min önskan att yttra mig med tillbörlig varsamhet, och förklarar jag mig tacksam ifall någon vill rätta de ofrivilliga misstag jag möjligen lägger i dagen. En främling kan svårligen skåda in i det husliga lifvets förhållanden, så klart som landets egen befolkning. Det kan synas helt naturligt att ett fruntimmer icke gerna yttrar sig rörande dessa ämnen, och då hon samtalar med andra än sin läkare, gör hon rätt uti att hellre afhålla sig från några förklaringar alls, än att framkalla dunkla vinkar. Men det obestridliga förhållandet att många fina, af skönhet strålande, unga fruar ej tycka om att få sitt hem fullt af friska, glada barn, är ett betänkligt tecken. Hänsyftningar på barnkammaren, sådana som en fru i Tyskland och England skulle taga för artighet, mötas här af ett förnämt leende och en axelryckning, hvars mening ej kan missförstås. Det vore icke rådligt att önska en amerikansk dam, hvars bevågenhet man ej ville förlora, många återkommande kristningsdagar; hon skulle lätt taga ett sådant yttrande som en förolämpning; jag har en gång sett en ung och vacker qvinna stiga upp från middagsbordet och lemna rummet, vid en dylik hänsyftning, framställd af en engelsk gäst.

Om förhållandet är sådant, som hvad ofvanför blifvit antydt, hvad skall slutet blifva, annat än en snar ombildning af samhällets högre klasser och ett utdöende af den gamla amerikanska stammen? Statsmän, patrioter, sedelärare, se här en ny fråga för eder att begrunda! Irländare och tyskar tränga sig fram till hvarje ledig plats. Kan det vara angenämt att tänka, det tre eller fyra generationer härefter inga amerikanare mer skola existera på Amerikas jord? Hafva med en sådan möjlighet för ögonen, Nya Englands många, fromma kyrkor och konservativa skolor ingen mission att fylla?

Det förhållande som sjelf förtäljer sin sanning i de på barnaglädje tomma hemmen, kan ock med lätthet skönjas af de förflutna årens *census*. Hvilka äro de stater af Unionen, der de föddas antal är störst i förhållande till folknummern? Månne i det gudfruktiga New Hampshire, det moraliska Vermont, det förståndiga Maine? Alla förut fattade meningar, alla analogiska förhållanden skulle bringa oss på denna öfvertygelse; men verkligheten står här i fullkomlig strid emot allt hvad man förmodat. Inom dessa tre gudfruktiga, moraliska och förståndiga stater är de föddas antal lägst. De enda delar af landet, der folkmängden ökas på ett naturligt och tillfredsställande sätt, äro de vilda sträckor, nyligen upptagna af nybyggare — Oregon, Jowa, Minnesota och Mississippi — stater der, enligt påstående, inga förfinade damer och inga skadliga moder finnas. Besynnerligast af allt besynnerligt är förhållandet inom Massachusetts, brännpunkten för Nya Englands religiösa rörelser och för all intellektuel upplysning inom Förenta Staterna. I Massachusetts gifta sig unga fruntimmer, men blott sällan blifva de mödrar; de afse hustrurna att vara sällskap åt sina män — lysande, kloka, pålitliga vänner. Men under denna deras falska uppfattning af sina pligter faller den makt, som förut tillhört Nya Englands stater i händerna på den redan befolkade Vestern och Bostons blifvande befolkning är af irländsk eller tysk härkomst.

Dessa bekymmersamma utsigter för det *Unga*

Amerika hafva ej sin grund deruti att *nu* tyskar och irländare, sammanräknade, öfverstiga de infödda till antal. Dessa nationer hafva tvifvelsutan med en hög procent bidragit till emigrationen, men *ännu* har icke vågskålen sänkt sig på deras sida. De ingångna giftermålen äro flera bland amerikanarne och blott nativitetskolumnen visar ett ofördelaktigare resultat.

Under Förenta Staternas konstitution är *antal* styrka. Antal stiftar lagar, betalar taxor, voterar bort hela landssträckor. Makten ligger hos majoriteten och majoriteten är på väg att falla i händerna på de fattiga irländarne — på fenier och Molly Maguires. *Ännu* räkna främlingarne endast *en ibland fem*, men då årligen flera barn födas inom den främmande minoriteten än bland amerikanarne sjelfva, så skall det ej dröja länge innan saken får ett helt annat utseende. Om tjugu år torde barnen af dessa lågbördiga, fattiga främlingar utgöra majoriteten inom Massachusetts.

Huru skola Bostons damer, som ega anspråk på att vara drottningar i intelligensens verld, kunna lida sådana menniskors öfvermakt?

TJUGUSJETTE KAPITLET.
Belefvenhet.

»Hvad är *er* tanke om detta land?» frågade mig en engelska, hvilken hade tillbringat två år af sitt lif i staterna Ohio och Kentucky.

Ehuru jag då hade varit i Newyork fem hela dagar, ansåg jag mig ännu icke vara fullt befogad att dömma öfver trettio millioner menniskors goda och dåliga egenskaper, och svarade derföre undvikande att Amerika syntes mig vara ett *fritt land*.

»Fritt!» inföll min landsmaninna med en axelryckning; »det hörs att ni nyss är kommen. Då ni vistats här tre eller fyra månader, skall det blifva roligt att höra berättas hvad ni sett och erfarit. Fritt! Åh ja; männerna äro fria nog, men hvad de behaga kalla sin frihet, skulle *jag* vilja gifva namn af oförskämdhet.»

Dessa ord hafva ofta kommit för mina tankar, och synnerligen i dag, medan jag vandrat af och an på Philadelphias gator, efter fullbordade resor af tiotusen mil genom detta ofantliga land. Ett fruntimmer, vandt vid »May Fairs» bildade umgänge, vid belefvade mäns fina sätt och vid europeiska domestikers tysta, uppmärksamma tjenst, skulle naturligtvis falla i den förvillelsen att — såsom min landsmaninna — anse Amerikas enda frihet bestå i de friheter amerikanarne taga sig emot hvarandra.

Alla af den teutoniska folkstammen äro böjda för att kasta bistra blickar på främlingar, som de händelsevis möta; den ovanan hafva vi fått i arf.

De gamla nordmännen hade den; och vi, deras ättlingar, kunna knappt se ett obekant ansigte, en främmande drägt, utan att i våra hjertan erfara en innerlig lust att hojta och antasta mannen. En gentleman ikläder sig vid främlingens åsyn det kalla föraktets pansar; den ohyfsade tölpen ser sig om efter en lämplig sten att kasta på honom.

Denna impuls föra vi med oss på våra resor kring jorden; engelsmannen under formen af högdragenhet, amerikanaren under skepnaden af skryt. Naturligtvis gäller icke detta som en regel för alla. Män med större hjerta, rikare erfarenhet, mera vårdad uppfostran skola hvarken gömma sitt högmod inom en sårande köld eller påtruga någon sin bekantskap under obehagligt skryt. Men många menniskor, hvilka hvarken äro i besittning af synnerligt stort hjerta, erfarenhet eller uppfostran, göra så alltid; många nog för att ingifva utlänningen den öfvertygelsen att engelsmannens stelhet och yankeens skrytsamhet äro utmärkande karaktersdrag hos det anglosachsiska folket. Det är svårt att säga hvilkendera af dessa båda methoder att annonsera vår rikedom, våra förträffliga naturgåfvor, våra titlar, egodelar och vår makt, vår ära och öfverlägsenhet, är mest retsam för andra nationer; italienare och fransmän häfva sagt mig att de gifva priset, hvad retsamhet angår, åt vårt lugna och oböjliga högmod. En yankee säger dem rent ut, i blickar om icke i ord: »jag är lika god som ni — ja, bättre!» de veta således strax hvad han menar. En engelsman säger ingenting; de ega ingen utsigt till försvar emot honom, och hans tystnad är både retsam och förnärmande. Vi engelsmän äro mycket fallna för att bedömma amerikanarnes brister, så som fransmän och italienare dömma våra, med tilllägg af ett gammalt slägtgroll; så att våra kusiner på andra sidan hafvet komma temligen till korta vid en dylik mönstring med deras fel och svagheter.

I ett gammalt samhälle som England, der societetslifvet har vida större fordringar än i Nya Verlden och der den enskilda smaken hålles bunden af samhällsandan, äfven då den uppträder under modets gestalt, räkna alldagliga menniskor en leende min, en mild röst, ett stilla, afmätt sätt, såsom förhållanden af vida högre vigt, än hvad de måste synas för den reela, praktiska affärsmannen. Det är helt naturligt att ingen man som lefvat med i verlden — vore han ock en filosof — kan förakta ett godt sätt att vara. Om en dam, som vid middagsbordet sitter bredvid mig, är väl klädd, talar med låg röst, äter med behag och småler mildt då det så passar sig, skänker hon mig genom sin närvaro ett bestämdt nöje. Sitter en herre midt emot mig, hvilken beständigt i miner och ord säger sällskapet att han är lika god som det — bättre än hvad det är — så beröfvar han genom sin närvaro rätterna deras smaklighet, vinerna all *bouquet*. Umgängessättet är måhända ingenting annat än samhällets småmynt; men då dessa så små silfverstycken ega sin äkta prägel, gå de öfverallt och vid alla stunder på dagen för hvad de äro värda. Tillfällen kunna gifvas, då några cents i börsen äro af större nytta än en hel påse dollars, deponerade hos en bankir. Hvad som gifvit belefvenheten nog högt anseende för att få räknas bland de sköna konsterna, är det förhållande, att under umgängeslifvet endast de lättast inlösta samhällsförbindelser komma i fråga att vexlas gästerna emellan. Ute på gatan, på hotellet, i jernvägskupéen kommer en mans karakter föga med i räkningen; hvad han är bryr reskamraten sig obetydligt om; huru han uppför sig måste deremot antingen skänka samma medvandrare stor trefnad eller plåga honom nästan till döds.

Yankeen, sådan han finns i våra böcker och komedier — mannen som jemt satt och täljde på sin käpp, stack klackarna ut genom fenstret, rullade sin tuggbuss och sprutade tobaksspott i ansigtet på sin granne, allt medan han med en brådska och ordrikedom, så att han kunde mista andan, gick igenom en hel räcka af gissningar, beräkningar och öfverslag angående hvad man var, hvarifrån man kom, hvad man sysselsatte sig med, huru mycket i dollars man var värd, dessutom huruvida man var gift, huru många barn man hade, hvad man tänkte om allting, om ens farmor ännu lefde — denna förkroppsligade idé af den personliga friheten är icke så allmän och så lifaktig på långt när numera, som den för tjugu år sedan synes varit det. Jag har sökt honom öfverallt, men blott funnit hans skuggbild och äfven den ganska sällan. Detta har för mig varit en verklig saknad. En reskamrat, som hos sig förenat så mycken öfverdrift och humor, skulle verkligen varit hjertligt välkommen under långa, allvarsamma färder, hvilka ofta ville säga detsamma som tusen mil under tystnad. I forvagnen från Saltsjöstaden till Kearney, på ångbåten från Omaha till S:t Louis, i jernvägskupéen från Indianopolis till Newyork har jag ofta längtat, ja, verkligen af hjertat längtat efter en af dessa lifliga pratmakare, som plägade stöta sin käpp i ens sida, lägga sig i hvad man talade med en annan person och berätta om allt möjligt, som de icke visste; men han kom ej mera vid min önskan, än den qvicke hyrkusken kommer i Dublin, den löjlige paschan i Damaskus eller den pedantiske Don i Madrid — dessa vår tids vänner, hvilka vi älska så hjertligt i boken, men som vi aldrig lyckas få skåda i verkligheten!

I stället för den försvunne humoristen, finner man nu sin granne i kupéen, på ångbåten, vid middagsbordet vara en lika skarpsinnig och klok man, som fåordig och allvarsam; en man som gör få frågor och ger korta svar, är upptagen af hvad som rör honom sjelf och ganska förbehållsam, med ett ord: snarare lik engelsmannen genom sin tystlåtenhet och sitt stela sätt, än yankeen (efter profbilden i våra böcker). Kanske täljer han på sin käpp, kanske tuggar han tobak; säkert är att han spottar. Hvad är som drifver en man att sitta och tälja då han är lifligt intresserad af ett ämne? medan han uppgör planen för ett fälttåg, diktar ett episkt poem eller lägger ut grunden till en ny stad? Kan det vara en engelsk vana, glömd af oss derhemma, den, likaväl som begäret att nyttja gungstolar och sättet att tala i näsan? Jag tror icke det. Är det måhända en qvarlefva från indianernas seder? Algonquinerna plägade föra sina räkenskaper genom att göra märken med knifven i en qvist; då Pocohontas kom till England, medförde hennes följeslagare en knippa käppar, på hvilka de skulle anteckna allt hvad de sågo och erforo bland de hvita. Detta täljande kan ju vara ett bruk alltsedan indianernas dagar och den herrn på bänken strax bredvid mig sitter kanske nu — utan den minsta tanke på Pocohontas och hennes folk — och täljer sitt tal för att väljas till kongressledamot. Jag undrar just om han lärde tugga i skolan? Jag undrar hur han tyckte det smakade, då han stack sin första bit rulltobak i munnen?

I en jernvägskupé, i en balsalong, ute på allmänna promenader har man mycket att göra med en persons lefnadsvanor och sätt att vara, men föga med hans förtjenster och talanger. Under min resa från Columbus till Pittsburg befann jag mig omkring tjugu timmar tillsammans med en Missouri-boss. »Boss» är ursprungligen ett holländskt ord och betyder husbonde eller herre, samt har spridt sig vesterut från Newyork. I London skulle denne missourier varit kapitalist, i Kairo en effendi; hade han uppvext i förstnämnda stad skulle han varit en gentleman; om Kairo varit hans födelsestad, skulle han till later och utseende varit en prins. Nu var han en god och rättfram kamrat, men hvarken i sin klädsel, sitt tal eller sätt kom han nära till den finhet och belefvenhet, som i Europa utmärker den bildade mannen. En elegant dam skulle på inga vilkor velat röra honom med sin solfjäder.

Hvaraf kommer detta onämnbara behag, detta förbindliga, chevalereska väsende, som jemnar alla skarpa kanter, löser alla hårda knutar och gör en man angenäm och välkommen för hans likar, af hvad klass de vara må? Ligger detta företräde i racen? Vi engelsmän ega det blott till en viss grad, något mera än holländaren, hvilket ej heller är att undra på. Belefvenhet är en egenskap som icke är så lätt att vinna och ej kommer med ens; vi få länge arbeta för dess erhållande och då vi mest bemöda oss kunna vi sällan rätt komma i besittning af densamma. Enligt ett gammalt påstående eger ingen man ett vackert uttal, ett lätt umgängessätt, en fulländad verldsvana, hvilkens farmor icke var en dam af god börd, ty i societeten, liksom i heraldiken, fordras tre generationer, innan en gentleman födes. Allmänna talesättet betygar således, att vi genom godt umgängessätt förkunna god härkomst och att uttrycket ädel börd innefattar en fordran af personlig belefvenhet.

Men dessa allmänna talesätt kunna ej lemna förklaring på yttringar af en djupare rotad lag i detta afseende. Hos nationen af den germaniska stammen, der anlag för individuelt egensinne och nycker äro starkt utpräglade, kommer denna yttre, förbindliga mjukhet i sättet att skicka sig, endast långsamt och går lika fort igen; man skulle kunna påstå att den endast tillhör män, hvilka föra ett angenämt och ledigt lefnadssätt, förädladt genom moralisk bildning och intellektuelt arbete. Hos de latinska, grekiska och arabiska folken synes den deremot vara nästan sjelfskrifven. En italiensk landtman har ofta ett finare sätt än en engelsk lord. Hvaraf detta? Ingalunda emedan landtlifvet i sig sjelft innefattar sinnets förädling och uppfostran, såsom poeterna behaga förkunna; en engelsk bonddräng har ej sin like i hela Europa, med afseende på ohyfsad slöhet och klumpigt skick, om icke möjligen i den holländske bonden, hvars namn, »boor» ingått i vårt språk som ett uttryck af den högsta grad bondaktig grofhet. Men italienaren kan, trots sitt vackra sätt att föra sig an, ändå ej på långt när mäta sig med den ännu smidigare greken. En infödling på Rhodos, i Athen och i Smyrna, lurar den resande med ett så utsökt behag, att man nästan känner sig böjd att förlåta honom hans skälmstycken. Men också greken måste i sin ordning vika för arabens obesväradt vackra och ädla skick, ty hos honom är i sanning hvarenda rörelse full af värdighet och plastisk skönhet. Då man befinner sig i en af Orientens städer, ja, till och med i en af dess öknar, kan man icke åthålla sig från att inom sig sjelf fråga: »Hvem har lärt denne mulåsnedrifvare att buga sig, att le? Hvad har kunnat förläna denne gulbrune sheikh ett så vackert och ledigt språk?» Om ett fruntimmer — som ej på förhand blifvit varnadt — på natten kom till ett arabläger, skulle hon icke tycka sig hafva anledning till någon fruktan, ty den sheikh, i hvars tält hon möjligen befann sig, skulle ej blott i sitt tal, men i hela sin personlighet förena allt det bästa och förbindligaste yttre väsende, som man i Norra Europa endast söker — men ej alltid finner — hos personer af den högsta rang i samhället. Huru har beduinen kommit i besittning af konsten att föra sig an som en furste? Ej ligger orsaken i makt

och rikedom; en flock getter, en fårahjord är hans
enda förmögenhet; ej heller är orsaken ett bildadt
sinne — han kan oftast hvarken läsa eller skrifva.
Den sheikh, som inger ett sådant förtroende, är hvar-
ken en prins eller prest och således genom anlag
och samhällsställning förbunden att handla rätt.
Tvärtom; troligtvis är han en tjuf, en fogelfri mör-
dare, såsom plägseden är bland detta folk; troligt-
vis har denna hand, som han rör med ett så impo-
nerande behag, mången gång gripit om brandfack-
lan, mången gång varit fläckad af oskyldigt blod.
Men som en prins ser han ut. Alla österländin-
gar ega detta onämnbara behag. En syrisk landt-
man ber den resande vara välkommen till sin koja,
gör korstecknet och uttalar sitt »Frid vare med
eder» på ett sätt som en kalif ej kunde göra
bättre. Otvungen ledighet är det element hvari
han lefver; behaget synes hafva för honom blifvit
den andra naturen och han rör sig med lika myc-
ken värdighet som hans högättade favorithäst.

Då man lemnar Östern, förlorar man ock efter
hand alltmera åsynen af detta fina, förbindliga um-
gängessätt. Det träffas mindre i Alexandria, än i
Kairo; mindre i Smyrna än i Damaskus. Allt som
man färdas vesterut, minskas det, och så skönjbart,
att man på kartan skulle kunna utmärka dess afta-
gande. Rent ut sagdt, aftager den mjukhet och
behaglighet i det yttre sättet, som vi kalla belefven-
het, i regelbunden ordning från öster till vester. I
Europa finner man den mest i Konstantinopel, minst
i London. I hela verlden — åtminstone så mycket
jag sett deraf — står den högst i Kairo, lägst i
Denver och Saltsjöstaden. Och den lag, som her-
skar för slutpunkterna af dessa båda sträckor, håller
profvet äfven för mellanliggande platser. Mera
grannlaga uppmärksamhet gör sig gällande i S:t
Louis än i Saltsjöstaden, mer i Newyork än i S:t
Louis, mer i London än i Newyork, mer i Paris
än i London, mer i Rom än i Paris, mer i Athen
än i Rom, mer i Konstantinopel än i Athen, mer i

Kairo och Damaskus än i Konstantinopel. Kommer jag någon gång att utsträcka mina resor till Kalifornien, väntar jag att i San Francisko finna ännu större brist på belefvenhet, än i S:t Louis och Saltsjöstaden.

TJUGUSJUNDE KAPITLET.
Frihet.

Vill någon person, som studerat naturens vägar, upplysa mig om orsaken till att minskad förbindlighet i sätt att vara ganska tydligt kan skönjas vid hvarje vigtigare station under en resa från Usbeyah till Pennsylvaniagatan i Boston? Och hvaruti ligger hemligheten af den angenäma gåfva, som heter *umgängeskonst?* Hvarifrån härleder sig denna skicklighet, hvaraf anglosachsaren fått ett så ringa mått, persern så stor andel? Bedömer man folkslagen efter djupare grunder, så är persern mindre ädel än araben, denne mindre än syd-européen, denne mindre än britten; hvarför skall då den lägre rasen öfverträffa den högre utrustade i ett angenämt, yttre skick? Är belefvenhet ingenting annat än ett ord som utmärker brist på frihet? Är denna uppmärksamhet, denna dämpade röst allsintet annat än ett undertryckande af individuel sjelfständighet, till fördel för samhällsordningen? Äro vi artiga endast emedan vi icke äro oss sjelfva? Med ett ord: är umgängeskonsten en vacker egenskap för ett fritt folk, eller blott ett slafviskt smicker?

Två fakta kunna vi antaga såsom bevisade. 1. Belefvenheten åtnjuter ej synnerligt anseende inom verksamma, framåtskridande samhällen. Intet fritt folk har särdeles stor portion deraf; ingen servil nation saknar densamma. Inom Amerika kan man säga att negern har mycket af denna intagande uppmärksamhet, cheyennen deremot icke; i Europa greken mera än fransmannen; i Asien persern och hinduern mera än armeniern och turken. 2. Den är sällan att finna bland män af stort snille och stort kunskapsmått; vare sig inom konstens eller vetenskapens område, förutsätter *manér* i stylen en medelmåtta — brist på individualitet, uppfinning, originalitet. Menniskor, hvilka lägga i dagen en ovanlig karakterstyrka kunna svårligen ega ett vackert umgängessätt, ty detta förutsätter alltid en viss polityr, undfallenhet och likstämmighet med andras åsigter. Häraf kommer att personer som äro rikt begåfvade med snille, anses excentriska och kallas originaler.

Skulle vi ej komma sanningen temligen nära, om vi på följande sätt sökte uttrycka förhållandet: en nation eger detta utsökta behag i sitt yttre väsende i jemnt förhållande till utsträckningen och styrkan af den despotism hvarunder den lefver?

Jag vill ej dermed säga att detta blir den slutliga formen för att uttrycka denna regel. Vi äro ännu fattiga på materialier, och hafva inga bestämda grunder för vetenskapen om menniskans lif. Men om i kommande tider vidgad erfarenhet och ändamålsenlig läromethod skulle visa att hvad jag sagt är sanning, så torde derigenom åtskilliga förhållanden vinna förklaring, hvilka under vårt nuvarande kunskapsmått ej äro oss synnerligen till nöjes. Män af poetiskt sinne, som höra folken förlora sin frihet i seder, alltsom de vinna mera frihet och makt, äro böjda för att sörja, ja, snart sagdt misströsta deröfver. Att nationerna gå miste om belefvenhet, ju mera de komma till välstånd och oberoende, är ett synligt, öfverallt förekommande faktum, det der betygar sin sanning snart sagdt hos hvarje individ. Man må resa hvart man vill, från Jerusalem till Florens, från Paris till Newyork, öfverallt skall man finna detsamma. Effendi-familjerna i Jerusalem äro kända såsom vida mindre artiga mot främlingar numera, sedan de, efter arabisk måttstock, blifvit rika och fria, än då den heliga staden var ett arabiskt läger, styrdt af en pascha af två hästsvansar, hvilken skipade en barbarisk orättvisa vid Jaffas stadsport. En grek är mindre tjenstaktig, mindre angenäm att umgås med, numera, sedan han upphört att vara slaf. Roms jude, så häftig och foglig i forna dagar, tar sig nu en myndig och oförskämd ton. Det fria Florens har förlorat sitt anseende för intagande förbindlighet, sedan det upphört att knäböjande tolka sina lagar i Österrikes blickar. Frankrike har förspillt sitt anseende för artighet och fin takt, alltsedan det vredgadt stod upp, slog sina tyranner och slet sina fjettrar. Ja, så är det; alltsom friheten tillväxer, upphör man att som sig bör vårda det yttre skicket. En schwabare är mindre höflig i Omaha, än han var det i Augsburg, en irländare mindre i Baltimore än i Cork. Fritz vill alldeles icke helsa »god dag» då han möter någon vid sjön Erie; Pat rör på inga vilkor sin mössa, då han möter mig i Newyork. Äro icke dessa förändringar följden af allmänna lagar? Och om så är, hvilka äro dessa lagar?

Om det skulle bevisa sig att denna lifvets fria krydda, som vi kalla belefvenhet, endast är ett tecken af långvarig underdånighet för en herrskares vilja, får man häruti söka sin tröst, äfven då en förbigående, ohyfsad karl spottar på ens stöflor. Negern vid gathörnet skall snart åter borsta dem rena och han gör det med en höflighet, tjenstaktighet och glädtighet, som vinner ens hjerta. För blott några få veckor sedan var han en slaf, utsatt för knuffar och slag af piskan, samt tvingad att krypa och ställa sig in. Hans son skall gå den väg han sjelf finner bäst och hans sonson, som får rösträtt såväl som någon annan och sitt saldo hos bankiren, torde ej blifva så villig att ligga i stoftet och borsta min sonsons stöflor. Liksom hvarje fri man på Amerikas jord torde han i skick och ton säga: — »Begär icke att jag skall tjena er; är inte *jag* lika god som ni?»

Det är godt att veta, att den ocivliserade frihet våra fränder i Nya Verlden tillbytt sig emot sina förfäders uppmärksamma och kruserliga sätt, är af en solid och i framtiden fruktbärande art. Hafva de sålt sin förstfödslorätt af belefvenhet, är det åtminstone för något bättre än en grynvälling. De kunna i sanning sägas hafva gjort en god marknad, då de i utbyte vunnit hus och hem, rösträtt, skolor och inkomster, en god nutid för sig sjelfva, en lysande framtid för sina barn. De hafva stigit inom samhället, de hafva upphört att vara tjenande.

Förhållandet mellan en fransysk kock, en engelsk hofmästare, en schweizisk betjent och deras herrar är någonting, som inom dessa stater ej har sin motsvarighet, man må söka derefter från Ohio ända till kustlandet. Här är ingen herre, och ingen tjenare. Aldrig skulle en infödd hvit vilja taga tjenst hos en annan. Fråga edra bekanta i Richmond, i Newyork, hvar deras domestiker äro födda; ni skall få höra att de alla, både manliga och qvinliga tjenare äro antingen irländare eller negrer. En fru kan icke erhålla en infödd kammarjungfru, hennes man icke en infödd kusk. Sök att fresta den fattigaste karl ni möter på gatan, med löfte om en lön så hög att ni derför kunde få ett dussin skrifvare, och han skall troligen svara er: »Jag är lika god som ni; jag har lika rösträtt som ni; jag kan komma in i kongressen så väl som ni; jag kan bli president såväl som ni;» och han har rätt i sina påståenden. En f. d. skräddare innehar nu Hvita Huset. Alltsedan Washingtons tid har knappt någon president varit så populär som en f. d. vedhuggare. I detta fria land ligga för dess innebyggare alla vägar öppna. Det har alltid så varit i de norra staterna och efter krigets slut vinner denna lag en allt större utsträckning. Äfven i Virginien skall snart intet sämre, hvitt folk finnas. I Ohio är härkomsten af ingen betydelse och i Cincinnati har man sagt mig att en farmor icke är behöflig. Hvar och en måste vara en man för sig. Ej heller gör det mycket till saken, hvad en man har varit för några år tillbaka; ett år är en lång tid i ett land der allt går så raskt. Detta liberala sätt att se saken går till en sådan höjd, att om en sådan karl har en flytande tunga och är någorlunda väl klädd, torde det ej särdeles skada hans utsigter om han passerat någon tid i Auburns fängelse. Morrisey, en i Newyork beryktad spelare, fordom boxare och för ett eller annat brott kastad i fängelse, samt derefter faraobankör, torde, som det nu vill synas, komma att gifda sitt votum på Kapitolium. För en man med skarpsinnighet, beslutsamhet och mod är hvilken plats som helst möjlig att erhålla.

Detta gör att ingen hvit, infödd amerikanare anser sig behöfva sjunka nog djupt för att blifva tjenstehjon, — en samhällsställning, som han tycker passar endast för emigranter och slafvar. Skulle han förnedra sig ända derhän, blef han för alltid utstött från sina forna vänners umgänge, liksom braminen, hvilken felat emot sin kasts föreskrifter.

Icke heller finner man bland de fria medborgarne inom den stora republiken mycket af den underdånighet med afseende på klingande skäl, som i Frankrike och England är så vanlig. Ingen infödd amerikanare tar drickspengar. En hyrkusk torde visserligen fordra högre betalning än hvad han har rättighet till, men han tar icke ett enda öre mera än hvad han begärt. Ingen bärare tar öfverbetalning; intet bud litet extra för sin skyndsamhet. Ej sällan händer att en tidningskolportör nekar att behålla de få öre, som man rätteligen bör ha tillbaka på pappersmyntet hvarmed man liqviderat; flera än en gång hafva de två cents blifvit inkastade till mig. Detta gör ock att aldrig någon erbjuder sig att hjelpa den som befinner sig i en ögonblicklig förlägenhet; emedan ingen afser att erhålla drickspengar, får hvar och en sköta sig sjelf. Då man nyss kommit till landet och ännu är ovan vid dess seder, torde man mången gång sjelf få hämta upp vatten till sitt rum, lyfta upp sin kappsäck i vagnen, bära bref på posten, med ett ord, sjelf verkställa små ärenden, som man i London skulle få uträttade af en annan för en shilling, i Paris för en franc. Der, hvarest ingen gör räkning på betalning, tänker också ingen på att hjelpa. *Hjelp dig sjelf!* blir snart främlingens valspråk och tvång i dessa fria stater.

Den yttring af frihetsandan, som kanske mer än något annat roar främlingen i detta land, är det fria sätt hvarpå man förhjelper sig till hvad man behöfver. I jernvägskupéen sätter sig hvem som behagar på min plats, makar undan min resportfölj och tar min bok. Att anhålla om mitt tillstånd faller honom icke in, förrän flera timmar efteråt. Vid afresan från S:t Louis lemnade jag en bok till en reskamrat för att göra honom uppmärksam på några yttranden deruti; han behöll den i två dygn och frågade mig derefter om jag sjelf höll på att läsa den. Vid ett jakande svar af mig, yttrade han endast helt lugnt: »Den är verkligen ganska rolig; ni får mycket nöje deraf.» Vid min resa längs Pennsylvaniens centrallinie, kom ett fruntimmer in och tog min plats (för hvilken jag betalt extra afgift) i besittning, under förevändning att hon derifrån hade så god utsigt öfver floden, samt behöll den ända till slutet af sin resa. Begär ni vid middagen en rätt, som en bordsgranne tycker se aptitlig ut, så torde han utan krus tillegna sig en del deraf. Vid min afresa från Saltsjöstaden hade Brigham Youngs dotter, syster Alice, lagt in några särdeles goda äpplen i en låda åt mig, att ätas på vägen. Vid en station ute på prairierna märkte jag att ett fruntimmer, en af passagerarne i vagnen, hade öppnat lådan och lät sig frukten väl smaka; då hon såg att jag betraktade hennes företag med en viss förvåning, yttrade hon helt lugnt: »Jag vill bara försöka om edra äpplen äro bättre än mina.» I Vestern tog en man obesväradt mina pistoler och sköt af dem, eller profvade han mina handskar. Hvar och en tyckte sig ega frihet att damma sina kläder med min borste släta sitt hår med min kam och värma sig i min öfverrock.

Men intet af allt detta sker med afsigt att förolämpa. Den, som sjelfrådigt tog hvad som tillhörde mig, lemnade också villigt hvad jag kunde behöfva; jag insvepte mig under natten i en reskamrats buffelhud och han tog om morgonen utan lof min bägare ned till källan för att dricka. Belefvenhet är detta icke, men det ligger en viss hjertlighet i sättet, som behagar, och ingen skulle i alla fall begripa hvad man menade, om man beklagade sig. Hvar och en, som man träffar, är hvad som i Europa skulle kallas ett original.

TJUGUÅTTONDE KAPITLET.
Lagskipning och rättvisa.

Då statssekreteraren Seward till mig ställde den fråga, som hvar amerikanare gör en engelsman, hvilken reser i Förenta Staterna: — »Nå väl, sir, hvad tycker ni om vårt land?» svarade jag, likväl till en del på skämt: »Jag finner ert land till den grad fritt, att ingen menniska tyckes ega några rättigheter.» Att detta yttrande, liksom allt dylikt tal, innebar en viss öfverdrift, behöfver jag knappt tilllägga, men det uttrycker icke förty en tanke som slagit fast rot hos mig.

Intet folk i verlden, ej ens vi engelsmän, skryter så ständigt och med så mycket skäl öfver att vara en lagälskande och laglydig nation, som dessa amerikanare. Utan statsreligion, utan någon autentisk kyrka, synas de kanske just derföre så mycket ifrigare hålla fast vid den skrifna lagen, såväl den som genom konstitutionen befästades, som de lagar, hvilka af kongressen äro noterade, eller slutligen de som af högsta domstolen afgöras. Detta allt tillsammans är för dem en fast klippa under stormen.

Få äro de förhållanden här i landet som ej nås af spetsfundigt klander.. Den belysning, som i vårt Europa säges göra sina anlopp emot throner, angriper här hvarje föremål, — högt som lågt. Ingenting kan göras i hemlighet, ingen tillåtes föra ett privat lif. Hvar man kan sägas färdas genom lifvet i glasvagn och hvar man eger rättighet att kasta en sten på honom vid förbifarten. Censur är verldens första pligt; inom somliga samhällen, t. ex. bibelkommunisternas, är kritik antagen såsom enda styrande makt. Hela lifvet är för amerikanarne likt hvimlet och rörelsen på Broadway. Från de eleganta dårskaperna i en dams boudoir vid Madison Square, ända till de nattliga, vanvettiga lustbarheterna i Louvrens källarhvalf, är allt hvad som tilldrar sig i staden Newyork kändt och sedt och bedömdt af allmänna opinionen. Predikstolen kan komma under anklagelse, pressen blifva ett mål för misstankar, regeringen fördömmas. Kapitalisten kan råka ut för angrepp och spekulationen följas med vaksamt misstroende. Hvar och en tänker och dömer sjelfrådigt öfver de mest grannlaga, mest heliga förhållanden — kärlek, giftermål, egendom, moral och religion, förhållanden som menniskan i andra länder fordrar att få ega fridlysta för sin nästas granskningslust. Lag och rättvisa undslippa icke heller alltid detta begär att bringa allt under offentliga debatter, men genom ett tyst medgifvande äro de likväl betraktade som de sista föremål att mästras, och om det sker, så vidröras de med en viss grannlagenhet.

Lagen är alltid respekterad af den införde amerikanaren, ett förhållande som länder denne till heder. Öfverdomaren vid högsta rätten i Washington bemötes derstädes med en aktning och utmärkelse, som ingen jurist i Europa torde hafva att fägna sig åt, och som är jemförlig med den vördnad, som i Madrid visas dervarande erkebiskop, eller i Rom en af kardinalerna. De af staten tillsatta domarne taga inom sällskapslifvet den plats, som biskoparne hos oss. Äfven bydomaren blir, ehuru vald af och ibland det lägre folket, kallad »Squire».

Denna uppmärksamhet för lagen och för hvar och en, som innehar äfven den mest underordnade lagliga befattning, är så genomgående för hela Amerika, att mången gång en resande måste känna sig både förvånad och retad. Hvarenda tjensteman lydes med en sådan underdånighet, att han ofta i otid tar en stursk och myndig ton. Det är i sanning sällsynt att finna en person, anställd för allmänhetens betjenande, höflig och uppmärksam. Möjligen är han någonting ännu bättre än detta, jag vill ingalunda bestrida något sådant; det vissa är att han hvarken är hjelpsam eller aktningsfull. En polisman nedlåter sig knappt att visa främlingen rätta vägen, en jernvägskonduktör tvingar honom godtyckligt in i hvilken vagn han behagar — bland fruntimmer, pöbel eller tobaksrökare — man må protestera aldrig så mycket. Och strax bredvid kan en mängd fria amerikanare stå som vittnen till denna oförskämda behandling, höja på axlarna och förklara att saken, så obehaglig den är, icke kan hjelpas. Under resan från Richmond med natt-tåget, anlände vi klockan ett till Acquia Creek; fyra timmar behöfvas för passagen derifrån till Washington och som vi voro trötta, samt endast hade dessa fyra timmar att disponera till vår hvila, anhöllo vi att strax få nycklarna till våra hytter. »Jag skall hjelpa eder då jag får tillfälle,» var det enda svar som beskärdes oss och derpå nödgades vi vänta mer än en timme — en mängd fruntimmer, barn och herrar — tills mannen fått arrangera sina angelägenheter och röka sin pipa, men icke ett ord af missnöje yttrades, utom af oss, engelsmän. Mannen skötte en tjenstbefattning — tillräcklig ursäkt i amerikanares ögon för honom att göra hvad han behagade. De resonera alltid på följande sätt: — »Tag bort hans syssla, och han är lika god som vi; alla män äro fria och jemlikar; lägg ett embete till jemlikheten och han står högre än vi.» Jag har mer än en gång tagit mig friheten säga mina vänner, att denna undergifvenhet för lag och lagens handhafvare, ehuru i sig sjelf god, har för dem gått till ytterlighet och att den *kan* föra ända derhän, ifall de låta den ännu mera tillväxa, att de en gång torde underkasta sig en djerf usurpator, om han, liksom Cesar, angriper deras frihet i lagens och den borgerliga ordningens namn!

Stundom gifver denna djupa vördnad för lagen anledning till högst egna tilldragelser. Jag vill anföra två, af hvilka den ena blef mig berättad vid Clear Creek, nära Denver, den andra i köpingen Cass i Pennsylvanien.

En af cheyennernas krigare, Svarta Björnen, hvilken hade skalperat en hvit, togs tillfånga af folket i Denver. Hade brottet blifvit begånget inom det engelska området, skulle ransakning och dom genast skett och karlen blifvit hängd, ty att han begått brottet var otvifvelaktigt, men amerikanarne hysa en sådan vördnad för juridikens yttre former, att de ej skulle tillåta en mördare dömas från lifvet annorlunda, än med iakttagande af alla en civiliserad domstols vilkor och möjligheter af försvar. Svarta Björnen blef således förd från Colorado till Washington, två tusen mil från scenen för sitt brott; ditkommen erhöll han en skicklig sakförare, de förnämsta vittnena voro långt borta och juryn lät sina tvifvelsmål lända honom till fördel. Frikänd af domstolen, blef han ett lejon i staden, i synnerhet för alla romaneska fruntimmer, erhöll företräde hos presidenten, som med välbevågenhet tog honom i hand, begåfvades med ett bälte och dyrbara pistoler samt återkom till cheyennelägret såsom en ärad och prisad chef. Att hans eget folk skulle anse honom hafva blifvit hedrad och begåfvad af de hvita, just derföre att han tagit deras broders skalp, var helt naturligt.

William Dunn i Cass, i Pennsylvanien, var förvaltare vid Newyorks & Schuylkillskompaniets grufvor. Dunn var en vetenskapligt bildad man och i besittning af ganska vidsträckt makt öfver kolgrufvorna i denna romantiska och välmående del af staten. Jag har tillbringat några dagar derstädes och hört följande tilldragelse berättas af hans efterträdare.

Förvaltaren var en dag ute i tjensteärenden, då på öppen gata en irländsk arbetare kom emot honom och med oförskämd min begärde en fridag. »Det kan ni ej få,» svarade Dunn; »gå tillbaka till ert arbete.» Utan ett ord vidare drog irländaren en pistol ur bältet och sköt ihjäl honom. Mördaren, som greps på stället stående vid sitt offers liflösa kropp, fördes inför domstolen i Pottsville och — frikändes. Detta stora koldistrikt, inom hvilket köpingar och städer vuxit upp i skogen på de sista tolf åren, har en irländsk befolkning af sextiotusen personer. Dessa menniskor äro mycket fattiga samt råa och okunniga, men hvarje man har rösträtt och de sextiotusen votera tillsammans som *en* man. Detta gör att de bestämma öfver alla val inom distriktet; de välja domare, tillsätta jury och hålla kontroll öfver rättegångarnas utagerande. Bland dessa menniskor är det, som ett hemligt samfund vid namn *Molly Maguires*, hvilket de medfört från Irland, existerar. Domaren, som frikände Dunns mördare, var vald af Molly Maguires; jurymännen voro sjelfva medlemmar af det hemliga sällskapet. En skara Molly Maguirer stego fram och svuro att mördaren befunnit sig sextio mil ifrån den plats der man hade sett honom skjuta William Dunn. Sakföraren förklarade detta fall vara ett af de många, dervid brottslingens identitet blifvit orätt uppgifven; domaren upptog saken i öfverensstämmelse med denna, naturligtvis falska framställning och juryn afkunnade genast domslutet: *Icke skyldig*. Bofven lefver ännu. Det mäktiga kompaniet, hvars förvaltare blifvit dödad, kunde icke göra något annat än antaga en efterträdare i tjensten. En person, som den erbjöds, svarade att han ej ville antaga platsen, såvida han ej kunde begagna harnesk.

Talar man om denna affär med de i sanning utmärkta jurister, Pennsylvanien eger, så svara de, att dessa menniskor icke kunna bestraffas och att man måste med tålamod arbeta för en bättre sakernas ordning. »Dessa förbrytare,» säga de, »äro icke amerikanare; de komma till oss från Europa, smutsiga, trasiga, okunniga, brutala. De dricka och gräla; de bilda hemliga sällskaper; i sitt fädernesland betalade de sin skatt med ett muskedunder; sedan de kommit till detta land pocka de sig till en fridag med lyftad pistol och fordra högre aflöning med brandfacklan i hand. Hvad vill ni att vi skola göra? Kunna vi stänga våra hamnar för emigranter? Skola vi förändra vårt juridiska system, trettiosex millioner årliga, pålitliga menniskors stolthet, för att allvarsamt kunna bestraffa ett uselt pack irländare?» På detta sätt och med ett högsinnadt förtroende till samhällets moraliska styrka, förklara de att det onda skall bota sig sjelf inom tjugufem år. »Barnen af dessa Molly Maguirer,» yttrade Philadelphias *Mayor*, Morton M'Michael, en skarpsinnig och qvick man, »skola blifva godt och hederligt folk; vi sätta dem i våra skolor och uppfostra dem efter landets sed. Och deras barn skola blifva rika, fosterländskt sinnade amerikanare, som knappast hört talas om ett sällskap, hvilket hetat Molly Maguires.»

TJUGUNIONDE KAPITLET.

Politik.

Samhället är bildadt och sammanhållet förmedelst jemvigten mellan två rakt motsatta krafter hos menniskan, — befryndade med de centrifugala och centripetala krafter, hvilka tvinga planeterna att vända sig kring solen — den åtskiljande frihetsandan och den sammanförande evighetsandan.

Alltid verksamma och åt motsatta håll, måste dessa krafter hålla hvarandra bundna; den ena söndra det hela i enskildheter; den andra sammandraga enskildheter till ett helt. Det är blott genom ett noga afvägdt och jemnt förhållande mellan dessa båda krafter, som en nation eger politiskt lif, midt under samhällsordning och lugn.

Hos alla menniskor äro dessa krafter af åtskiljande och förenande nästan jemnstarka, liksom de dermed beslägtade lagarna för all rörelse, men somliga racer ega litet mera af den ena kraften, andra litet mera af den motsatta. Den latinska folkstammen har en snabbare uppfattning af enighet än den germaniska; denna sistnämnda har en starkare kärlek till frihet än den förra. Hvardera kan vara i stånd till att förena allmän ordning med personligt oberoende; men de vägar hvarpå de, hvar för sig, nå detta mål afvika betydligt från den gemensamma, rätta stigen, och de skola hinna den afsedda punkten genom smygvägar eller djerfva ginvägar, ofattliga för den motsatta åsigtens målsmän. Ett folk af den latinska racen skall alltid frukta för den frihet hvarefter det längtar; en germanisk nation misstror den regering som nationen frivilligt valt. Jemför sammansättningen af en germanisk kyrka med den romerska; jemför Amerikas politiska lif med Frankrikes! Rom eger en fasthet i sin organisation, som hvarken London, Augsburg eller Genève kunna uppnå, medan London, Augsburg och Genève ega en frihetsanda, på hvilken Rom för ingen del kan göra anspråk.

I Frankrike åter märkes en tendens, ej inom ett visst parti, men hos det redliga, sanna folket att understödja regeringen emot ropet på personliga rättigheter; i Amerika deremot går all verksamhet hos politiska samhällen, inom alla skolor och korporationer, hos alla privata lärare, sakförare och filosofer, derpå ut, än med full afsigt, än omedvetet, att försvaga samhällets makt, till fördel för individuela rättigheter. Frankrike har icke förlorat sin kärlek till friheten, ej heller glömmer Amerika sin aktning för lagen, ty dessa känslor äro båda det menskliga hjertats djupaste instinkter, hvarförutan, som vi tro, ett samhälle icke kan ega bestånd. Men om vi betrakta dessa två nationer efter idéernas och det politiska lifvets resultat, skola vi finna att den ena alltjemt har en viss dragning åt militärvälde, den andra åt folkvälde; Frankrike söker sin trygghet i exercis, disciplin, fältöfningar; Amerika sin i agiterande tal från tribunen, i utfall från en tidningspress, inom hvilken hvar menniska eger obegränsad rätt att yttra och tänka hvad som helst.

Hvar och en af dessa tendenser innefattar en fara för dess eget partis bestånd. Om de latinska folken äro böjda att uppoffra oberoendet för den offentliga makten, så äro de germaniska ej mindre böjda för att offra den offentliga makten för oberoendet. I Frankrike ligger faran i för stark sammantryckning; i Amerika i för stor splittring af de politiska enskildheterna.

Under de tjugu år som föregingo krigets utbrott var tendensen inom Förenta Staterna ytterligt stark för söndring; ej inom ett samhälle, men inom alla, ej inom ett samfund, men inom alla; ej blott mellan de olika racerna, men mellan menniskor af samma race, ej endast inom staterna, men ock inom kyrkorna; ej blott i politik och religion, men i vetenskaper, litteratur och det sociala lifvet. Ända tills kriget kom öfver nationen som en straffdom och ryckte upp den ur sin förtrollning, hade Amerikas moraliska atmosfer varit mättad af splittringens åskeld; nästan hvarje man landet egde, som var begåfvad med snille och intellektuel makt, syntes af en inre, knappt sjelfständig impuls lockas ifrån sin lydnad för naturens och Unionens lagar. Samhällsrätt, klassrätt, egendomsrätt, statsrätt, kommunalrätt, borgarrätt, landträtt, grufrätt, flod- och sjörätt, kyrkorätt, kapellrätt, tempelrätt, personlig rätt och de båda könens lika rätt, rätt till arbete, till äktenskapsskillnad och yrken, rätt till polygami, celibat och pantagami, negrernas, indianernas, qvinnornas, barnens rätt, lika rättigheter; alla dessa namn äro endast anförda som exempel på det allmänna begär efter söndring, som tagit form och växt till en verklig makt. Höjde väl en enda utmärkt personlighet då sin röst för samdrägt? Visade någon man intresse för centralstyrelsen, såvida intresset ej kunde vändas i klingande mynt, i patronage och äreställen? Hvem lärde de fattiga att vörda lagarna? När sågos den tiden några rika, lärda, snillen inom Hvita Husets dörrar? Uppstod någon skald, filosof eller andans man och gjorde till sitt lifs uppgift att lära folket vörda *den* frihet, som stod under värn och skydd af allmänna rösträtten? En och annan snillrik man antog visserligen något embete, men då helst i främmande land och stad, långt bort ifrån fäderneslandet, der han kunde glömma detsamma bäst, och sysselsatte sig med diktande af ett poem, en roman, eller med forskningar rörande ett främmande folkslags historia från äldsta tider. Irving for till Alhambra, Bancroft till London. Rich roade sig i Paris; Hawthorne drömde i Liverpool; Motley studerade i Haags arkiv; Power vallfärdade till Florens; Mozier och Story till Rom. Sysselsatt med diktandet af »The Golden Legend», tycktes Longfellow hafva glömt sitt fäderneslands kritiska ställning. Ingen syntes haft en blick för Amerikas rika fägring, ingen värderat dess lagar. För en liten tid hvilade ett mörker, en förtrollning öfver allt hvad landet egde mest utmärkt.

Ej så få af de unga, de snillrikaste män af Nya Englands skolor, afsade sig sina medborgerliga rättigheter, och ehuru de fortforo att lefva inom Massachusetts, Connecticuts och Rhode Islands gränsor, afsvuro de genom en offentlig akt all lydnad och gemenskap till Unionen. Det har blifvit mig sagdt att Ripley, Dana, Hawthorne, Channing, Curtis och Parker inför domstol afsade sig sin medborgarerätt, då de företogo sig att vid Brook Farm bilda ett nytt samhälle. Boyle, Smith och Noyes voro blott tre ibland tusen skarpsinniga män, födda i Nya Englands stater, uppväxta inom dess samhällen, uppfostrade i dess skolor, med frihet att predika dess troslåror, hvilka afföllo från den stora republiken, hånade dess försvarare och fördömde dess institutioner.

»Hvad,» skrek Noyes i sin fanatiska ifver att bryta ned alla afgudar, »inbillen I eder att himmelriket är en republik? att majoriteten innehar väldet deruppe, att englaembeten äro valbara, att Gud är en president med ministrar, ansvariga inför en pöbel?»

Och den församlade menigheten ropade: »Nej, nej!»

Inom kyrkan var det på samma sätt som på politikens stridsfält. Den gamla, majestätiska kyrkan, hvars djupa rötter äro fästade i moderlandet, hade för länge sedan upphört att vara populär inom Förenta Staterna, såvida siffror böra tagas till måttstock för makt; men äfven denna, — aristokratiens, rikedomens, bildningens, de högre klassernas och de fina sedernas kyrka — hade ej lyckats alldeles undgå den lust för söndring och strid, som beherrskade alla öfriga sekter. Predikanterna afsågo framför allt högre lönevilkor, en snikenhet som ensam var tillräcklig att förmå många lekmän till affall och att blifva bibelkommunister, qväkare eller universalister. Wesleyanska församlingen, till nummertal störst inom dessa stater, sönderföll i två sekter, norra Methodist-episkopalkyrkan och den södra, af samma namn; en söndring, som var befordrad, men icke föranledd af den vigt negerfrågan hade vunnit. Inom norra afdelningen af methodistkyrkan uppstodo ytterligare oro och inre jäsning, med anledning af samvetsskrupler, angående biskopars makt och lekmäns rättigheter, hvilket senare oväsen uppkom igenom frågan huruvida methodister borde få sälja *rhum*, eller icke. En ny sekt, hvilken nu vunnit mycken styrka, Wesleyanska methodistkyrkan, uppkom till följd af denna splittring. Noga räknadt hafva åtta eller nio sekter bildats af den ursprungliga lära, som predikades af Wesley och Whitfield, oberäknadt alla separatister, de der, utan att sluta sig till någon viss kyrka, skiljt sig från de öfriga.

Näst dessa i antal af bekännare komma baptisterna, ett samfund, liksom methodisternas, genomträngdt af brinnande nit, och hvilket, ehuru befunnet starkt under striden emot verlden, köttet och djefvulen, icke förmådde emotstå den anda af söndring som i alla förhållanden grep omkring sig. Det dröjde icke länge innan denna kyrka sönderföll i följande sekter: gamla lärans baptister, sabbatarier, campbelliter, sjunde dagens tyska baptister, tunkers, friviljebaptister med deras underafdelning fribaptister, förutan ännu flera, mindre partier.

Inom den kongregationela kyrkan, som gör sig en ära af att bland sina anhängare räkna Unionens högt bildade män, ministrar och professorer, uppstodo oräkneliga sekter, t. ex. millennialister, tayloriter och den vidunderliga kättaresekten perfektionister, stiftad af en utaf ofvannämnda kyrkas unga lärde, bildad i Yales skola. Från millennialisterna, hvilka trodde verldens slut och yttersta domen nära förhanden, uppkommo milleriterna, som förutsade dagen för verldens undergång. Perfektionisterna, hvilka förklarade verldens slut redan skedt och yttersta domen kommen öfver oss, söndrades i putneyiter och oberliniter, sekter hvilka skoningslöst skymfade hvarandra och högljudt fröjdade sig då några af motsatta sidans bröder gjorde sig skyldiga till synder och förbrytelser.

Stor, inre oro angrep till och med herrnhutarne i deras fridlysta by, Bethlehem, belägen i den romantiskt vackra Lehigh bergstrakten. Unga män togo sig till att forska i böcker rörande lagen och följden blef att Pennsylvaniens herrnhutare bortlade några seder och bruk, hvilka hittills gifvit dem en viss prägel af egendomlighet.

Ingen sekt undgick, med ett ord, detta begär efter söndring, oberoende, individualitet, hvarken unitarier, omisher, flodbröder, vinebrennarier, swedenborgare eller schwenkfelders. Måhända är sekten »kyrkoförnekarne», den slutliga frukten af denna separatistiska anda, då de skilde sig ifrån de gamla kyrkorna — »de döda och döende» som de kallade dem, och blott för separatismens egen skull, endast i hopp att nedbryta den religion deras fäder vördat och de sjelfva bekännt. Kyrkoförnekarne hafva två trosartiklar, den ena social, den andra dogmatisk; de tro att män och qvinnor ega lika anlag och lika rättigheter, samt att alla kyrkor äro döda och förkastade.

Dessa pröfningar har samhället haft att genomgå och man kan icke påstå att det öfverstått sådana sjukdomar, utan att de naturligtvis efterlemnat många sår och djupa ärr då, under, lossandet af alla band, menniskor började handskas med de heligaste sanningar! Eganderätten angreps. Inom pressen, ja, från predikstolen förklarades all enskild egendom såsom en stöld ifrån den gemensamma fonden, förklarades att ingen man egde rättighet att behålla och förkofra rikedomar för egen räkning och att ingen man borde påstå uteslutande rätt till hvarken hustru eller barn. Lärde män inbillade menniskorna fabler, afsedda att förkasta äktenskapets helgd; qvinnor började tvifla att de handlade rätt emot sig sjelfva om de älskade sina män och vårdade sig om sina barn. Åtskilliga damer införde ett mod att missakta moderskallet; i Boston, Richmond och Newyork hörde det till elegansen och högt stånd att vara barnlös i sitt äktenskap. Uslingar funnos i hvarenda stad ibland män — oftare qvinnor — hvilka hade till yrke att lära unga hustrur medel, länge kända inom åtskilliga, gamla samhällen, t. ex. Frankrike, genom hvilka naturens heliga lagar förolämpades. Många hus visas i Newyork, i hvilka dylika hexor hade sitt tillhåll och utbredde inom Amerika dessa vederstyggliga kunskaper.

Religion, vetenskap, historia, sedlighet, allt trampades af reformatorerna under fötterna, såsom hämmande för den personliga friheten. Hvad betydde en kyrkolag, hvad betydde Guds bud för en man, som beslutat att sjelf pröfva allt? Öfverdrift af frihet förde några till kommunism, några till den fria kärleken. Hvad är i verkligheten dogmen om obegränsad frihet annat än hvar mans rätt att göra hvad honom lyster, skulle ock hans vilja gå derpå ut att begära sin nästas hus och hustru? Några af dessa hänsynslösa reformatorer, t. ex. Noyes och Mahan, togo en religiös känsla till grund för sin lära; andra, t. ex. Owen och Fourier, nöjde sig med ett vetenskapligt axiom, medan en tredje, mera poetisk klass, enthusiasterna vid Brooks Farm, gingo mysticismens medelväg och gjorde sig afgudar af naturen och rättvisan. Alla dessa socialistiska skolor söndrade sig ifrån verlden och, i mer eller mindre öppna ordalag, från Unionen.

Ty, hvilken ädel själ, sade de, kunde låta sig förslafvas af kyrkolag, dogmer, formaliteter och lagar? Nu skulle hvar menniska blifva en lag för sig sjelf. Frihetens timme hade slagit. Men — frihetens slutliga stadium, innan den öfvergår till fullkomlig upplösning, är ett tillstånd hvarunder ingen menniska längre eger några rättigheter att njuta af; och i många delar af Amerika var denna punkt, strax före krigets utbrott, i det närmaste hunnen.

Hemmets frid stördes knappt mindre, äfven den, af denna söndringsanda. Tvister, uppkomna vid den husliga härden och derifrån förda till publika sammankomster och fruntimmerskongresser, förfäktade de mest vidunderliga påståenden, rörande förhållandet mellan man och qvinna, mellan äkta makar, mellan föräldrar och barn. Qvinnor höjde sin stämma emot barnavård, emot äktenskapets helgd, emot äktenskapslöftets varaktighet. Rättigheter påyrkades, hvilka skulle väckt både häpnad och bestörtning hos sådana mönster för sitt kön, som t. ex. lady Rachel Russel och lady Jane Grey. Caroline Dall fordrade för qvinnan rättighet att vinna utkomst på den väg hon sjelf fann för godt. Margaret Fuller lärde sina qvinliga åhörare att de skulle fordra lika rätt med mannen i äktenskapet. Mary Cragin predikade den fria kärleken för qvinnan och handlade sjelf i öfverensstämmelse med sin lära. Eliza Farnham yrkade på uppror af qvinnorna emot männerna, på grund af att qvinnan till sitt innersta väsende står vida högre än mannen.

Hvilken utomordentlig styrka måste icke finnas i detta unga samhälles konstitution, för att med en jemförelsevis så ringa skada förmå uthärda anfall af så många krafter! Hvilken energi, fasthet och spänstighet inom den unga, anglosachsiska republiken!

TRETTIONDE KAPITLET.
Norden och Södern.

Om äfven slaffrågan gaf en förevändning till den ursinniga kampen mellan Norden och Södern, så bör emellertid anledningen till konflikten i Charlestons hamn, hvilken blef början till inbördes kriget, sökas vida djupare än i en önskan hos sydstaternas plantageegare att få behålla sina slafvar. Negern var en skenbar anledning, knappt något vidare. Äfven den ifrigt påstådda rättigheten af en stat att lefva sitt eget lif, att stifta och ändra sina lagar, att utvidga eller inskränka sina industriela företag, att sjelf bedömma hvad som borde ske och tiden derför, att handla ensam eller gemensamt med de öfriga staterna — allt detta var blott en förevändning. Orsakerna, som kommit så många bröders ben att hvitna på Virginiens slagfält (midtibland hvilka jag skrifver detta) låg ännu djupare. Ett plantageegarekrig skulle ej räckt en månad; ett krig, utan annan grund än önskan att skiljas från Norden, hade väl knappast räckt året ut. Leden fylldes snabbt med soldater, men af en annan orsak; vreden och hatet vällde från en mäktigare källa. Icke skulle ett så ringa mål, som ett af de båda anförda, kunnat locka en million bröder af engelskt blod att angripa hvarandra i en dödlig fejd.

Men när har under ett krig stridens *verkliga* anledning öppet varit förkunnad? Nationerna hafva för sed att under småsinnade förevändningar utföra stora värf; att stärka Rysslands makt för en silfvernyckels skull; att göra Italien till ett konungarike blott för ett förhastadt ord. Menniskorna äro sig lika i hvarje klimat. Det mål för hvilket Södern stred mot Norden var ingenting mindre än hvad som borde vara *grunden till samhällsbyggnaden.*

Hvilken idé skulle ligga till grund för den stora republikens alla särskildta samhällsskick och politiska trosbekännelser? Konstitutionen, sjelf blott en kompromiss, en dags hastverk, ger allsintet svar på denna vigtiga fråga. För hvart år som förgått har svaret blifvit svårare att finna, och de visaste af landets män hafva mera än en gång yttrat, att frågans lösning ej skulle kunna tillvägabringas utan stora och smärtsamma uppoffringar.

På den ena sidan om en temligen obestämd gränslinie lågo de södra staterna, hvars befolkning för det mesta utgjordes af ättlingar till engelska ädlingar och *cavalierer*, tappra, högdragna män, representerande ståndsprivilegier, fin uppfostran och ridderlighet — med ett ord: en samhällsklass, hos hvilken bördens, bildningens och maktens företräden voro starkt utpräglade. På andra sidan af gränsen lågo de norra staterna, till största delen befolkade af puritanernas afkomlingar, kloka köpmän, skickliga handtverkare, representanter för tankekraften, företagsamheten, jemlikheten, — en menniskoklass, hos hvilken de egenskaper, som härflyta från tillförsigt, ärelystnad och förkofran, voro allmänna.

Å ena sidan »lotusätaren» med sina stolta later, sin smak för sysslolöshet, förfining och sina dyrbara traditioner; å den andra den driftige arbetaren, med hufvudet fullt af idéer, hjertat fullt af tillförsigt och armen full af kraft. Hvem af de två skulle gifva lagar åt denna stora republik?

I Södern fanns en ädelboren klass och en klass af trälar. Den ena stred och herrskade; den andra arbetade och lydde. Mellan dessa två sektioner af Söderns befolkning låg ett oöfverstigligt svalg af härkomst, form och färg; den högre klassen var af rent engelskt blod, ättlingar af män som varit en prydnad vid drottning Elisabeths hof; den lägre var deremot af afrikansk härkomst; från mangofälten och från träsken, der febrarna ha sin hemvist voro de komna, ättlingar af män, hvilka hetat lågbördiga äfven bland vildar och slafvar. Ingen brygga kunde läggas öfver denna afgrund; aldrig skulle naturen tillstädja ett närmare, aldrig kunde en frändskap ega rum mellan den svarta och den hvita stammen. I sina herrars och herrskarinnors ögon — mest för de sistnämnda — voro de färgade arbetarne på risfälten och bomullsplantagerna icke menniskor, de voro endast lefvande varelser med lika rätt som mulåsnor och boskap att erhålla föda och tak öfver hufvudet till lön för sitt arbete, samt att behandlas väl — efter sin art. I många stater vågade icke den kulörta befolkningen lära sig läsa och skrifva; de kunde ej få ingå äktenskap och troget åtföljas, man och hustru; de hade icke rätt till sina egna barn; de fingo ej ega kor, grisar och fjäderfä eller annan egendom, icke köpa och sälja, icke hyra ut sig sjelfva till arbete, icke ega ett slägtnamn. För oförrätter sinsemellan kunde de erhålla upprättelse; emot den orätt som tillfogades dem af de hvita fanns för dem intet jäf. För att upprepa den bedröfligt ryktbara frasen af öfverdomaren Taney, hade negern inga rättigheter, som den hvite mannen var förbunden att respektera; med andra ord: han egde *inga* rättigheter alls.

Det är redan mycket att ibland ett folk, så frestadt till missbrukandet af sin makt, den tjenande klassens belägenhet var vida bättre än inom något annat slafsamhälle, öfverallt annorstädes på Amerikas jord.

Jemfördt med Cuba och Brasilien var Virginien ett paradis. Ett drag af undseende hos herrarne, en skymt af medlidande hos herrskarinnorna, hade från början gjort till en lag äfven för de hårdaste plantageegarne af engelsk härkomst, att undvika de brutala grymheter, som dagligen utöfvas inom de spanska och portugisiska länderna längre söderut. Charleston var visserligen icke en god plats för en negerslaf; lagen gaf honom ingen hjelp i nödens stund; ofta nog fick han lida af en tyranns utbrott af vrede; han visste ganska väl hvad piskan, kedjorna, blodhunden och fängelset ville säga; men ändå, vid jemförelse med slafvarnas belägenhet i Havanna, i Rio och på San Domingo, var han som ett bortskämdt barn. Ett kännetecken på ett folks välbefinnande är dess reproduktion. Blir det förtryckt och illa behandladt öfver en viss grad, protesterar naturen på sitt egendomligt kraftfulla sätt emot den tillfogade orättvisan. Folkets antal minskas. Nu är emellertid förhållandet, att inom alla amerikanska länder, der slafvar finnas, hafva dessa till sitt antal aftagit, utom i de stater, hvilkas fria befolkning är af den anglosachsiska stammen. Huru dåliga våra och våra afkomlingars lagar i Virginien och de båda Carolinorna än må varit, så är det ett obestridligt faktum, skönjbart i hvarje del och på hvar enda ö af denna kontinent, att sydstaternas engelska befolkning är den enda, under hvars hägn den afrikanska racen vunnit trefnad. Från först till sist förde vi femhundratusen negrer till våra tretton kolonier; vi tvungo dem att arbeta och svettas för vår nytta, men under denna tid hafva de jemförelsevis åtnjutit så mensklig behandling, att de nu äro nio gånger så många som deras först importerade förfäder. I spanska Amerika deremot, i stället för att slafvarne der nu skulle vara nio gånger så många till antalet som då de först kommo in, utgöra de knappt hälften af den ursprungliga summan — ett obetydligt förhållande, ett lappri, torde mången tänka. Men — hvilka sorgespel af plågor, jemmer och död det innefattar! Då den stora räkenskapsdagen en gång kommer, då vi skola kallas att svara för allt hvad vi gjort, allt hvad vi uraktlåtit, månne vi då ej skola våga anföra negerstammens tillväxt under vårt välde såsom en liten försoning för våra många svåra synder?

En turist från Gamla Verlden, sjelf tillhörande den sysslolösa klassen menniskor, fann sig alltid mycket väl inom sydstaternas landtliga hem. Boningshusen voro välbyggda och rikt möblerade; bordet och vinerna goda; böcker, gravyrer, musik, allt sådant som han i Europa blifvit van vid, fanns att tillgå; derjemte en myckenhet af hästar och tjenare, vackra parker och trädgårdar, samt sköna skogar, fulla af villebråd. På den ena plantagen hade han nöjet af jagt, på den andra af fiske. Nästan alla unga fruntimmer sutto väl till häst, dansade och sjöngo väl. Männen voro högsinnade, oförskräckta och gästfria. Hvad som var motbjudande för européens känslor hölls antingen så åt sidan att han icke såg det, eller framstod det i en komisk och halft romantisk dager. Han hörde yttranden, halft på skämt, angående slafveriet, han bjöds ned på plantagen för att åskåda en lustbarhet. Sam ropades fram för att göra grimaser och låta höra några negervisor. Dansen började och punschkruset gick rundt om, medan de svarta hoppade och sjöngo; — var det att undra på om han återvände hem, gladt öfverraskad, och i den fulla öfvertygelse att slafven älskade sina bojor? Jag har sett tillräckligt i Missouri och Virginien för att öfvertygas om huru lätt turister kunna vilseledas af det stoj, den munterhet, hvilka råda der en hop negrer äro samlade. Det ligger i naturen hos negern att följa ögonblickets impuls, att vara tacksam och lydig; för ett vänligt ord, för en klunk whisky, för stundens glädje sjunger och dansar han genast. Han är derjemte tålig och trög till vrede. Vid mitt besök i Omaha såg jag en karl på gatan slå en negeryngling; vid min fråga om anledningen, fick jag till svar: — »Jag säger neger ha rätt att rösta; den gentleman säga neger inte vara folk.» Ynglingen beklagade sig ej öfver att han blifvit slagen; tvärtom, han skrattade, liksom han funnit det alldeles i sin ordning. Hade den hvite varit hans herre, skulle också han lett och jag möjligen funnit hela saken vara ett lyckadt skämt.

Ett besök i Södern måste alltid blifva angenämt för engelsmän, ty innevånarne kände sig vara närmare befryndade med dem än med yankees. En herrlig himmel, angenäm värdinna, sysslolöst lif och yppigt lefnadssätt, allt lockade honom att glömma den falska grund, hvarpå denna tjusande samhällsbyggnad hvilade.

I norra staterna kunde en dylik lotusätare blott finna föga näring för sin smak. Landthemmen — med undantag af dem i närheten af Philadelphia, hvarest den fina, engelska stylen ännu gör sig gällande — voro icke så rymliga, så praktfulla som i Södern; klimatet var derjemte kyligare och derigenom sysslolöshetens njutning vida mindre. Der hade turisten ingenting att göra och ingen hade tid att hjelpa honom fördrifva dagens timmar. Som männen måste egna sig åt sina affärer, hade de hvarken tid att jaga, fiska eller dansa; de talade knappt om annat än sina sågverk, grufvor, vägar och fiskerier; de hade alltid brådtom, de voro alltid ifriga, alltid upptagna af ansträngande göromål, alldeles som om hela verldens välfärd hvilat på deras armar och de fruktade att låta den falla. Också husets damer voro upptagna af omsorger för mycket både inom och utom hemmet. Inga sysslolösa förmiddagar i bibliotheket, i drifhuset, eller på gräsplanen under de skuggrika träden kunde främlingen tilllocka sig af dessa trägna varelser, hvilka, innan han ens hunnit till slut på sitt förråd af artigheter och annat konversationskram, skyndade från frukostbordet till skolrummet, skrifbordet eller symaskinen. Det är en obestridlig sanning, att *då* de kunde förmås yttra sig i ämnen af högre intresse, såsom vetenskaper, politik och litteratur, fann han dem högst belästa — väl bekanta med sista händelse af vigt, sista vetenskapliga upptäckt, sista bok af intresse. Han fann sitt värdfolk både läsgirigt och upplyst;

kloka menniskor, som icke låto något obemärkt halka förbi deras uppmärksamhet och som alltid förstodo att låta det lända sig till nytta. Härigenom blefvo de honom till gagn, ehuru på ett sätt som han aldrig väntat; men något egentligt *nöje* kunde han — den sysslolöse främlingen — ej vinna af deras brådskande meddelanden. På honom tänkte de föga, men så mycket mera på sig sjelfva och sina egna angelägenheter. Då han önskade konversera i lugn och trefnad, var hans värd positivt tvungen att träffa en affärsman i staden, hans värdinna att undervisa en klass i en byskola. Alltid fick han han höra att han måste roa sig sjelf tills middagen, — der fanns kolgrufvan att se, eller den nya brobyggnaden, eller ångharfven. Hvad brydde han sig om kol, om broar och ångharfvar! Han rökte en cigarrette och tog en biljett för nästa bantåg till Richmond.

I Söderns solbelysta hem med sina långa verandor, sina vackra gräsplaner, fjeskade ingen man med affärer, inga fruntimmer med husliga angelägenheter. Der hade hvar och en tid för skämt, för artighet och småprat. Dagen förgick under trefligt umgängeslif. Ingen menniska tänkte der på att arbeta, ty arbetet var slafvarnes pligt. I dessa orter ansågs arbetet oädelt. Samhället hade sagt:—»Du skall icke arbeta, så slipper du förbannelsen;» och de hvita männen ville icke sätta sin hand till plogen. »*Jag* arbeta!» yttrade en frisk, ung man i Tennessee till en person af hvilken han begärt en almosa. »Nej, Gud ske lof, aldrig har jag ännu vändt min hand till arbete och inte tänker jag göra det hädanefter; ni må hänga mig om ni så finner för godt, men att träla som en slaf, dertill skall ni aldrig tvinga mig.» I denna förklaring uttalar sig andan inom sydstaterna. »I ett förhållande hade vi orätt,» yttrade till mig en georgier; »vi voro för högmodiga att sjelfva vilja egna oss åt undervisning. I hela Södern funnos knappt några infödda skicklige lärare. Vår nation var i allmänhet väl uppfostrad; vi hade åtskilliga lärde män och ännu flera goda talare, men vi nödgades alltid vända oss till våra fienders skolor för att få lärare och lärarinnor, och de bildade nästan våra barn till yankees.» Undervisning var arbete och en georgier kunde sjelf hvarken arbeta, eller uppfatta arbetets ära. Under en sådan häftig oro, som emellanåt bröt fram öfver dessa försoffade, Söderns samhällen och då hvarje tänkande menniska klart insåg att mycket ondt skulle blifva följden af att sålunda låna det unga slägtets kunskapsmått från andra folk, väcktes förslag om att stifta ett stort universitet i Södern och att, med löfte om liberala vilkor, till dess lärostolar kalla de största män i vetenskaper och bildande litteratur, som Europa och Norden egde, deribland ock professor Agassiz såsom chef. »Men hurudan blir vår samhällsställning?» frågade den lärde professorn af hvilken jag hört dessa detaljer. Ja, der fanns hindret! En lärare i Södern komma och göra anspråk på anseende! En skollärare kunde icke alls göra räkning på en aktad samhällsställning inom en slafstat och derpå gick det omintet med hela förslaget att inbjuda snillen från Oxford och Berlin, från Boston och New Haven.

I norra staterna fanns hvarken en klass af börd eller en klass af trälar. I dessas ställe hade man män af lärdom, duglighet, företagsamhet; män af lika god härkomst som Söderns ridderliga plantageegare, och dertill med ett friskare lefnadsmod, mera härdade vanor, större tillförsigt. Medeltiden och nutiden kunde ej sämjas som grannar och lefva i fred; hvar och en af de två ville vara herrskare i den stora republiken — å ena sidan chevaleriet med sina lysande egenskaper och sina stora fel; å den andra jemlikheten med sin sjelftillit, sina djerfva förhoppningar.

Hvilkendera af dessa två principer — ståndsprivilegier eller jemlikhet — skulle styra denna stora republik?

TRETTIOFÖRSTA KAPITLET.
Färgen.

En möjlighet hade och har kanske ännu den hvite mannen att här i Virginien liksom ock i Alabama, Mississippi och de båda Carolinorna kunna lefva ett politiskt och socialt lif, olikt det som hans engelske broder för i Pennsylvanien, Massachusetts och Ohio; men den utväg, som står honom åter, är en sak för hvilken, enligt allas öfvertygelse, hans stolthet måste uppresa sig, hans sinne känna afsky — ett familjband med den svarta racen.

Långt förrän det fula ordet raceblandning kom i bruk, långt innan unga damer i lockar och chignon stodo upp och höllo offentliga tal om fördelen af de olika folkstammarnas blandning, hade många uppriktiga och några allvarliga män predikat åsigten om de räddande krafterna i negerns blod. Channing hade banat vägen för Anna Dickenson. Nya Englands reformatorer hade på sin blomsterrika prosa bestått sin svarte klient i Södern en natur, som i känslornas rikedom stod vida högre än hvad hans fattiga hvite broder i Norden kunde skryta med. Väl medgåfvo de att den hvite mannen i intellektuelt hänseende, och detta ofta till sitt eget förderf, blifvit begåfvad med mera skarpsinnighet och större sjelfviskhet; ondt och godt kunde således dervidlag komma på ett ut. Men i allt hvad som rörde de moraliska egenskaperna — känsla för religionen, för familjebanden, för samhällslifvets vackraste förhållanden — förklarades negern vida öfverlägsen. Han var mera känslig för uppenbarelser och drömmar, för foglarnas sång, för barns klagan, för dagens hetta och qvällens frid. Han hade finare öra för musik, snabbare uppfattning af dansens idé. Han älskade färgerna med sannare uppfattning. Han egde djupare längtan till vissa orter, en liffigare hänförelse af gudstjensten, en varmare uppfattning af Guds faderliga godhet. Dessa fantasimålningar af negern — utförda i Nya Englands studerkammare, tusen mil ifrån risfält och bomullsplantager — nådde sin kulminationspunkt i *Onkel Tom*.

Många välmenande menniskor i Norden hade börjat tänka, att det skulle vara till nytta för Söderns bleka, indolenta plantage-egare, att gifta bort sina söner och döttrar med dessa rikt begåfvade, känsliga Afrikas barn, för att ett starkare, ett bättre slägte skulle uppstå. Då kriget utbröt, spred sig denna åsigt ännu vidare; då striden rasade som bittrast tilltog denna åsigt i styrka. Och nu, då kriget är slutadt och Södern ligger slagen och förblödd, finnes i Nya Englands stater ett parti, hvilket räknar *qvinnor* i sina led, som med glädje skulle emotse den dag de kunde finna en utväg att genom giftermål förena hela den hvita befolkningen söder om Richmond med den svarta. Fler än en gång har jag hört män med allvarsam min och städadt skick offentligt och för intresserade åhörare förklara, att genom dessa äktenskap den blekare stammen skulle förbättras. Kanske gör det sitt till, att dessa ifrågasatta giftermål skulle ske så långt bort. Jag har talat med mer än ett fruntimmer, som ej bäfvat för att säga, att, enligt hennes åsigt, det skulle vara mycket rätt och nyttigt, om de sköna, unga damerna i Charleston och Savannah blefvo gifta med svarta män. Jag har ej talat med en enda, som skulle funnit det rätt och passande för hennes egna döttrar.

Kriget har åvägabragt en gynnsam förändring för negern äfven i Norden, der han nu är smickrad och fjäsad, samt kallas »den färgade gentlemannen», i stället för forna tiders »fördömda, svarta skälm». Han åker i omnibus, han har *rätt* att åka jemte sin hvite broder i jernvägskupéerna, att inträda i samma kyrka, att bedja Gud i nästa bänkrum. Herrar och damer hålla offentliga tal om honom och hans goda egenskaper. Jag har hört en af Nya Englands vältalare, kapten Antony, förklara, att om han önskade finna ett godt hjerta i sydstaterna, skulle han söka det under en svart hud, och ville han finna ett godt hufvud skulle han söka det under ett ulligt hår. Dessa besynnerliga yttranden fälldes i Kansas och i ett af de briljantaste tal jag någonsin hört.

Det vissa är att negern har blifvit en framtidsman. Sedan partierna åter kommit i rätt jemvigt och de färgade erhållit rösträtt, skola de blifva af betydenhet för samhället och med anledning häraf äro de redan nu smickrade och smekta. Under kriget bevisade sig negern vara en man: de svarta och bruna gossar, som stormade detta fäste (der Harry Pierman och hans familj nu slagit sig ned) hafva åt alla sina stamförvandter förvärfvat anseende för mannamod.

Man har sagt mig, att för sex år sedan ingen fru i Boston, Newyork och Philadelphia kunde fördraga att ha en negerbetjent; en svart man drack och luktade obehagligt, han var en skälm, en ljugare, en tok och en tjuf. Jag finner väl ej denna mening alldeles borta; på sina ställen torde den ännu skönjas i många år, men den är likväl storligen förändrad och jag har hört mycket fina damer i Boston och Newyork yttra beröm öfver negern såsom hustjenare. Han är snygg och villig, rask med hvad han har för händer, godsint och tacksam. Några af hans stam äro vackra, samt ega den grace och ädla styl, som anses tillhöra god härkomst. Här i Richmond och på hvarje hotell alltifrån Newyork till Denver är det negrer som passa upp vid bordet, som göra tjenst såsom barberare och bistå den resande med hans klädsel, borsta hans stöflor och uträtta hans ärenden. Af många hundra, med hvilka jag under min resa kommit i beröring, har jag ingen enda gång hört ett missnöjdt ord eller sett en trumpen min.

En af de negrer jag såg i Leavenworth, och hvilken jag visste hade samlat rätt mycket pengar, svarade vid min fråga, om han ej snart ämnade gifta sig och skaffa sig ett eget hem: »Nej, sar, jag inte gifta mig; hvit flicka inte vilja ha mig och jag inte vilja ha hvit flicka, som gifta sig för pengar.» Då jag frågade hvarför han ej valde sig en hustru af sin egen stam, utbrast han: »Ah, sar! ni aldrig kunna tänka jag gifta mig med svart negerpiga!» Och karlen var likväl sjelf en äkta neger, svart som kol.

Att negern genom sitt goda sinnelag, sin läraktighet, sin smak för umgänge, passar för en ganska hög form af samhällslif, kan man tryggt påstå. Åtskilliga negrer äro rika och kunniga, äro advokater, prester eller försöka de sin lycka på scenen. Många hafva stort begär att få uppfostran och göra sig en framtid. Här på hotellet i Richmond der jag bor vistas Eli Brown, som är förste kypare, en man med säker blick, lätthet att tala och rask hand. För några få månader sedan var han slaf. I hemlighet och under daglig fruktan för piskan lärde han sig läsa; sedan han blifvit fri har han lärt sig att skrifva. Hos denne svarte yngling har jag funnit ett klarare begrepp om rätt och orätt, om politisk ansvarighet, än hos ett halft dussin boklärda, politiska pratmakare.

»Säg mig, Eli, önskar ni att få rösträtt?» frågade jag en dag efter middagen, medan han stod bakom min stol.

»Icke ännu, sir,» svarade han; »jag har ej läst tillräckligt ännu och förstår inte rätt hvad jag bör. I en framtid skulle jag tycka om att få votera, jag som alla andra — om tjugu, eller tjugufem år härefter.»

Är ej en sådan man mera värd rösträtt än en dagdrifvare, som sjelf icke begriper hur mycket han ännu har att lära?

I går afton följde jag Eli på en promenad igenom staden; ej för att se dess bodar och schweizerier, dess musikrum och spelhus, men för att kasta en blick i negerskolorna. De finnas vanligen uppe i vindskammare eller nere i källarhvalf, torftigt försedda med bänkar, skrifbord och böcker. I somliga skolor är läraren hvit; i de flesta är han svart eller mulatt. Gamla män och unga gossar voro lika ifriga att få inhämta litet vetande; sextioårs gubbar klottrade sitt abc och plattnästa små skalkar stafvade som bäst. Alla arbetade af hjertans lust med att besegra de första svårigheterna på vägen till kunskaper. Dessa menniskor hafva icke väntat på att verlden skall komma dem tillmötes med sina sköna gåfvor — sina folkskolor; de hafva sjelfva efter bästa begrepp börjat sitt befrielseverk från okunnighetens och lasternas träldom. Endast här i Richmond finnas fyratio sådana negerskolor.

Inför menniskor, lifvade af en sådan anda, kan det ej i längden lyckas plantageegarne, att overksamma och, såsom förr, i högmod öda bort sitt lif. *Kunskaper äro makt* och den svagare skall alltid, förr eller senare, nödgas ödmjuka sig. Men ehuru den forne herrskaren torde och *måste* bereda sig på att dela med sig af sin jord åt en ny klass, skall det derföre nödvändigt följa, att han måste ingå slägtförbindelse med sin förre slaf?

Den känsla af afsky den hvite amerikanaren känner för att, om också blott för en stund, befinna sig i sällskap med negern, vare sig inne i rum, i kyrkan eller i jernvägskupéen, är om ock mildrad, alltsom den senare tilltar i hyfsning, välstånd och frihet, ännu ganska stark och icke endast här i Richmond, hvarest negern var räknad som öfrig lösegendom, att köpas och säljas, ett mål för sin herres och hvite broders godtyckligt milda eller grymma behandling. Samma förhållande är ock rådande både i Norden och Vestern, i Indianopolis, Cincinnati och Chicago, långt bort ifrån der slafveri har funnits. Efter krigets slut har negern laglig rätt att åka i hyrvagnar och omnibus, men i många fall vågar han icke begagna sig af denna rättighet. En hyrkusk skulle ej vilja köra för honom, en konduktör ej tillåta honom stiga upp i en kupé der damer åkte. Vid min resa igenom Ohio, en stat hvarest den färgade befolkningen är ganska talrik, öfverraskades jag af att icke se några mörka ansigten i kupéerna. Jag gick vid en station fram till första vagnarna i bantåget och der, mellan tendern och lastvagnarna, observerade jag ett särskildt åkdon, snarlikt en fårkätte, smutsigt och ruskigt mer än ord kunna beskrifva; der åkte ett dussin fria negrer, hvilka färdades samma väg och betalade samma pris som jag. »Hvarför åka dessa negrer för sig sjelfva — hvarför ej i samma vagn som vi andra?» frågade jag en konduktör. — »De?» svarade han med en retad min; »ja, jag vet nog att de ha rättighet dertill, men låt dem försöka, låt dem bara försöka om de våga!» Mannens bistra blick och åtbörd påminde mig om ett olycksbådande uttryck hos en af mina indianvänner på prairierna, Stora Elgen. Här i Virginien hafva alla jernvägskompanier utfärdat ordres, att så fort en neger betalt sin biljett, han må taga plats i hvilken kupé han behagar, samt åtnjuta lika rättighet med öfriga resande. Men, himmel! en neger våga sätta sin fot på samma vagnssteg som en hvit! Sam tycker om sin erhållna frihet och jag vill ej svara för att han icke ibland stoltserar deröfver midtför sin forne herres ögon, blott för att retas, men Sam är också rädd om sitt skinn och i ett land der hvar man för med sig en revolver, med hvilken han handskas lika lediget som vi i England med ett cigarrfodral, vet negern rätt väl huru långt han törs gå och der han gör klokast uti att stanna. Seder och bruk ändras icke lika fort som en tryckt lag; den dag är ännu långt borta, då ett vänligt och fritt umgänge mellan svarta och hvita kommer i fråga.

I Massachusetts och Rhode Island får man till försvar för raceblandning höra yttras att den saken ingalunda är ny, men att den länge varit rådande inom Virginien, Carolina och Alabama. Reformatorer hålla långa tal om att saken är en verklighet, icke blott en teori; att den varit en sed i Södern innan den blef en tanke i Norden. De bedja mig kasta en blick omkring mig på gator, i hoteller, på rakstugorna; de uppmana mig att betrakta dessa gula negrer, somliga ljusbruna som mohrer, andra hvita som spaniorer; de fråga mig hvarifrån de erhållit dessa regelbundna drag, dessa mörkgrå ögon och välbildade händer; de visa mig en negress med gullgult hår. Talar icke detta för en blandning af de två folkstammarna? fråga de. Far till Newport, till Saratoga. Båda dessa badorter hvimla af färgade tjenare, hvilka alla vittna om samma sak. Och samma förhållande gäller äfven vid Niagara, vid Libanon Springs, samt andra mera besökta helsobrunnar i landet. Norr om Potomac är det sällsynt att finna en fullkomligt svart neger. Många hustjenare äro dels mulatter, dels qvadroner och octoroner. Engelsk eller spansk skyldskap kan tydligt skönjas i färg, i ställning, lineamenter och hela karakteren af deras utseende. Den der gulbleke negern, Pete, har minen af en spansk Grand. Min vän Eli, här på hotellet, ser ut som en respektabel domare. Hvem vet hvarifrån Pete och Eli fått sitt förnämliga utseende? I Virginien, i Carolina ses öfverallt det svarta, platta ansigtet med sina tjocka läppar, sin låga panna, sina vida näsborrar. Det är ingen angenäm syn, ehuru de menniskor som ega denna form och färg ingalunda äro sådana låga varelser, som de stundom påstås vara. Många af dem äro både kloka och praktiskt dugliga; Harry Pierman är af ren negerrace. Men äfven här, i Richmond, finner man mycken blandning. Eli Brown är mulatt, så äfven Pete; de flesta af uppassarne här — raska, kloka ynglingar — äro qvadroner. Det ligger således sanning till grund för Nya Englands påstående att raceblandning alldeles icke är någonting nytt i Södern, utan der redan under många år egt rum.

Detta likväl blott å ena, å männernas sida. Den nya planen med afseende härpå synes således blott vara ett uttryck af den mäktiga reform, hvilken nu bringar oro och förvirring inom alla Amerikas samhållen — läran om de båda könens lika rättigheter. Hittills är det blott hvita män, som inlåtit sig i förbindelse med den färgade racen, och den skarpsinnige iakttagaren, kapten Anthony, hvilken sade sig vilja söka ett godt hjerta under ett svart skinn och ett godt hufvud under ett ulligt hår, gaf det besynnerliga skäl till sin tro på negrernas mod och snillegåfvor, att Virginiens och Carolinas ädlaste blod flöt i den färgade stammens ådror. Under tio generationer, sade han, hade de engelska familjernas unga män tillåtit sig dylika, olagliga förbindelser och under nästan lika lång tid hade uppfödande af slafvar för marknaden varit en industri inom åtskilliga af Söderns samhällen. Ingen känsla af blygsel, yttrade Anthony, afhöll en far från att gifva sin son en vacker qvadronflicka till lekkamrat och att sedermera sälja barnen af denna olofliga förbindelse. Då arftagarens ungdom var förspilld, hans känslor döda, hans tankekraft förslöad, fortfor kapten Anthony, giftes han bort med en hvit dam, som skänkte honom ättlingar och bevarade hans namn från att utdö. Är det då icke tydligt, fortfor talaren, att familjens ädlaste blod öfvergått till den färgade racen?

Och derpå komma nordens reformatörer eller reformatricer och fråga: Då sådant har varit tillåtet på ena sidan, hvarför icke äfven på den andra? Hvarför, då mannen ansetts ega rätt att ha en färgad älskarinna, skulle icke en qvinna få ingå lagligt gifte med en neger? Granskar man uppmärksamt förhållanden och meningar, skall man finna att theorien om raceblandning, hvilken väcker en sådan förfäran och afsky, ej i grunden är någonting annat än ett sträfvande till frihet för *alla*, i de fall der nu endast finnes frihet för *några*, ett bemödande att gifva laglig och sedlig sanktion åt hvad som den ena hälften af menniskoslägtet redan godtyckligt tillegnat sig.

Men ibland den manliga hälften af den hvita stammen, — med undantag af en eller annan poet och filosof — uppväcker blotta tanken på kärlek och giftermål mellan hvita qvinnor och färgade män det vildaste raseri. Herrar, sittande till bords och nyss förut helt lugnt ätande sin soppa, knyta händerna och bita sig i läppen så blodet springer fram vid minsta hänsyftning på något sådant. Amerikanarne tåla gerna skämt, men ingen bör i deras sällskap tillåta sig något gyckel i ofvannämnda fall. Om blott en neger skulle djerfvas yttra en artighet eller tilllåta sig någon frihet mot ett hvitt fruntimmer, torde han blifva piskad, doppad i tjära och hängd. Ingen bestraffning skulle anses nog hård för en sådan syndare. En vän till mig, som kunde svara för hvad han sade, berättade att han en gång i en stad i Vestern hade varit närvarande då pöbeln grep en neger som förolämpat en hvit flicka; hans brott bestod deruti att han kysst flickan och tycktes haft mera friheter i tankarna. Då den unga qvinnan ropade på hjelp, blef han tagen af en soldat, född i Ohio, släpad till Fort Halleck, slagen och sparkad, doppad i tjära och fjäder, hvarpå eld blef tänd, och efter ännu ytterligare grym misshandling kastades han halfdöd i ett stort fastage samt placerades ute på fältet, der slutligen vargar och roffoglar åto upp honom.

Mannen, som berättade denna historia för mig, en missourier till sin börd och som sjelf tagit del i kriget, hade ingen tanke på att jag möjligen kunde anse bestraffningen alltför grym emot den begångna förbrytelsen, och att jag måste betrakta Ohiosoldaten skyldig till ett grufligt brott. I Vestern hålles ett menniskolif icke synnerligen i helgd. Ingen sätter der så högt värde på litet blod, som vi i Gamla Verlden. En hvit mans lif skattas ringa, mindre än en hästs; en svart mans skattas såsom allsintet, mindre än en hunds. Men allt detta visste jag redan förut; derföre kunde jag alldeles förstå min vän.

Möjligtvis skall den tid, på hvilken poeterna hoppas och som predikanterna förutspå, en gång komma, den tid, då negern och den anglosachsiska qvinnan blifva man och hustru. Men den dag, då de tillsammans kunna gå till kyrkan för att der aflägga sitt löfte, utan att derigenom framkalla ursinnig vrede och hämnd öfver sig af de hvita qvinnornas manliga beskyddare, är obestridligt ännu långt aflägsen.

TRETTIOANDRA KAPITLET.
Rekonstruktion.

Under de tvister som nu inom hvarje del af republiken pågå, rörande säkraste idéen för en rekonstruktion — d. v. s. bästa plan och grund för uppbyggande af ett nytt Amerika — synes alla partier derom vara öfverens, att hålla fast vid Unionen. Vid de tal som hållits på Kapitolium, af män såväl från Norden som från Södern, hafva alla med värma och vältalighet yttrat sig i denna anda, och alla skriftställare äfvenså. Enighet tyckes ej blott vara den politiska trosbekännelsen för hvar och en, anställd i statens tjenst, men för alla menniskor, höga och låga, som vilja sitt fäderneslands väl. Intet annat fältrop får höras. Att icke förena sig deruti är detsamma som att göra sig skyldig till en svår förbrytelse. »Vi äro alla för Unionen,» yttrade till mig en virginisk dam, för knappt en timme sedan; »Unionen, sådan den varit; vår enda önskan är att komma på samma ståndpunkt som år 1861.» Efter allt hvad jag kan höra här i Richmond, tyckes detta yttrande innefatta de allmänna önskningarna. Äfven norr om Potomac råder hos alla en önskan att de förflutna fem årens strider och söndringar må glömmas och försonas.

Vid de nyss skedda valen, har hvarje kandidat, af allmänna rösten ehuru ofta emot sin egen vilja, blifvit tvungen att för sig och sina vänner instämma i det nationela ropet, medan han på samma gång funnit såsom sin fördel att förkunna sina motståndare och deras parti som »dis-unionister», en anklagelse som under amerikanarnes nuvarande sinnesstämning innefattar all bedräglighet, allt skadebegär, tänkbart för denna och kommande tid, med ett ord: en beskyllning för samma låghet och besmittelighet, som betecknas med det bibliska uttrycket »hvitmenade grifter». Union, deremot, är ett skönt, ett ljufligt, ett hänförande ord. Hvar och en gör anspråk derpå för sig och sina vänner. »*Disunion*», detta ord, som för icke två och ett halft år sedan ljöd så herrligt i Richmond, Raleigh och New Orleans, är nu en skymf, en förebråelse. Dess dag är förbi, republikaner kalla nu demokrater *disunionister;* demokrater nämna de förstnämnda på samma vis. Hvart parti skrifver ordet Union på sin sköld och då den frie och oberoende medborgaren stiger fram för att votera, känner han sig lätt bringad i förvirring vid att höra detta, hans eget fältrop, skrålas från hans motståndares läger.

Äfven här, i Richmond, hufvudstaden för en stolt men fallen idé, här, der husen ännu äro svärtade af eld, der de kringliggande fälten äro fuktade af blod, höres knappt något annat tal bland de tänkande, de moderata, de förtröstansfulla. Det är visserligen onekligt att många med lidelsefull värma hålla fast vid det förflutna, men för hvarje dag som går, glesnar dessa känsliga martyrers led. De unga, hvilka känna att lifvet ligger framför dem, uppfatta alla ställningen från en mera omfattande och praktisk synpunkt. De inse att striden blifvit utkämpad och att priset, hvarför de vågat lif och blod, halkat dem ur händerna. Slafveriet är icke mera. Staternas egen lagstiftningsrätt är icke mera. Hoppet om oberoende är icke mera. Män, hvilka ohjelpligt komprometterat sig genom hvad som händt, och som känna att de segrande staterna aldrig åter kunna anförtro dem någon politisk makt, skola naturligtvis för sina likar påyrka tröstlösheten som en dygd och förtjenst; men de unga af detta Söderns folk känna lifligt att tungsinthet och tyst missnöje icke kunna tillintetgöra verkningarna af Shermans, Sheridans och Grants segrar. Med undantag af fruntimmerna — en ädel och högsinnad, men på samma gång ologisk och förblindad klass målsmän — har man försäkrat mig att icke många personer i Södern med andra känslor än stolthet och belåtenhet emotse en återförening med den fria och mäktiga republik, hvars storhet kanske nu först rätt klart af dem inses.

Richmond är ej nu just böjdt för att synnerligen lägga sina tankar i dagen; sedan det föll i nordarméens händer, har det iakttagit en kall och stolt förbehållsamhet; men så fort den började valagitationen i någon mån ryckte upp befolkningens intresse, yttrade detta sig helt och hållet för den forna Unionen. Vid en middag, som helt nyligen gafs härstädes, föreslog en af de närvarande en skål för »den fallna fanan!» — »Nej, mina herrar,»inföll en son af general Lee, »detta är nu förbi. Vi ega numera ingen annan fana än det ärorika stjernbaneret, och för något annat vill jag hvarken strida eller tömma ett glas.»

Att dömma af de politiska yttranden jag här i Richmond hör fällas och upprepas, har jag intet skäl att (som några Newyorkstidningar påstå) anse den nyväckta fosterlandsandan i Virginien vara en följd hvarken af fruktan eller slug beräkning. Enligt min fulla öfvertygelse skulle inga olyckor, huru bittra som helst, inga försakelser, huru hårda de vara må, kunnat drifva dessa stolta virginier till att af beräkning ånyo ingå det forna vänskapsbandet. Att dessa tappre, men besegrade män vaknat till sundare begrepp tyckes blott vara en ovilkorlig följd af händelserna, såsom de utvecklat sig. Ett helt och hållet nytt lif ligger framför dem. På samma gång som slafveriet upplöstes, äro äfven många af de hatfulla känslor det framkallade på väg att för alltid upphöra. Detta folk är tvunget att se sitt öde rätt i ögonen och väl är det om icke dervid dess omdöme förblindas af de bittra känslor, som vanligen göra sig gällande på den förlorande sidan. Frågan är: huru skola dessa plantageegare lyckas bibehålla sitt anseende, ej blott inom hela republiken, men inom Carolinorna och Virginien? I närvarande stund äro de en aristokrati utan underlydande. De ega visserligen stora gods, men intet kapital, ingen industri, inga skepp, inga arbetare. De äro tryckta af oerhördt stor skuld. De stå knappt i någon direkt och sjelfständig beröring med främmande nationer och, värst af allt: de befinna sig såväl vid hemmen, som ute på sin egendom omhvärfda af en talrik, dem underordnad folkstam. Hvem som helst bör med lätthet inse, att för sydstaternas herreklass den enda utvägen torde vara ett vänligt förbund med dess stamförvandter i Norden, skulle äfven dessa pålägga de besegrade något stränga vilkor.

De svarta äro starka till antal, och sammanhållande sins emellan; de ega smak för penningen och förstå sig godt på att förvärfva och spara. Ingen kan numera hindra negrerna från att samla rikedomar, från att gifva sina barn uppfostran i goda skolor, från att söka vigtiga platser inom samhället. De skola stiga, såväl individuelt som i klasser. Den dag är kanske icke långt borta, då i stater sådana som Alabama och Sydcarolina en stark täflan om företräde skall ega rum mellan den svarte och den hvite egendomsherrn. Och då den tiden kommer torde det vara godt och rätt att den hvite mannen vunnit ett stöd i sin nordiske broders makt och företagsamhet.

I dessa halfttropiska delar af republiken försmäktar den hvita racen, men den svarta finner sig förträffligt i den brännande solhettan. Sjelfva naturen har således lagt ett hinder för de hvita, att vid den täflan, som nu förestår, segra. Under de närmaste tolf åren — kanske flera — skola utan tvifvel negrerna, som just nu blifvit lösta från sina bojor, få mycket att strida med, ty de äro med hela sitt intresse fästade vid den jord som de skött; de hafva ingen vana vid handtverk och handel, äro okunniga i läsning och det allraenklaste vetande, besitta högst obetydlig egendom och knappt några vänner. Framför dem ligger verlden öppen — en verld, der de ega frihet att arbeta, frihet att svälta. Till en början måste de blifva tjenare i hemmen, lejda arbetare på de egendomar der de förut varit slafvar. Jag vet några fall af att negrer redan blifvit fria jordbrukare och, genom flit och ihärdighet, på några månader förvärfvat sig åkerbruksredskap, samt blifvit i stånd till att ordentligt betala sitt arrende för jorden.

Till exempel min vän Henry Pierman, en neger som slagit sig ned på Harrison Fort i en koja, byggd af grofva timmerstockar, omgifven af de stora slagfälten, ännu rykande af de många tusendes blod. Som ingen hvit hade velat arrendera en sådan jord lemnade dess egarinna — mindre stolt och mera fattig än i forna dagar — gerna en stor skogslott till Henry. Stockhuset har blott ett enda rum och der bor han med sin svarta, rätt behagliga hustru, sina fyra odygdiga pojkar och en hel skara höns. Harry var en slaf, ända tills Grant bröt sig väg igenom de, i sanning fruktansvärda fiendtliga linierna, då han genom krigets maktspråk, emot hvilket intet vädjande fanns, blef fri tillika med hela sin stam. Till lycka för honom hade han varit hustjenare i ett af de rika virginiska hem, der ingen brydde sig om lagens bud. En af familjens unga döttrar hade, mera för sitt nöje än med allvarlig tanke på hans bästa, till trots för myndigheternas förordnande, lärt honom läsa. Såsom dotter till Virginiens guvernör smålog hon tryggt vid domarens invändningar. Harry läste bibeln och blef medlem af baptistkyrkan. Liksom hos alla af hans stam, är hans sinne öppet för religiös exaltation; han har drömmar och uppenbarelser och, medan han ännu var slaf, påstår han sig hafva fått en uppenbarelse om att han en gång skulle blifva fri, gifta sig, få barn och arrendera en egen gård. Många år gingo utan att hans dröm gick i fullbordan, men han bad och väntade och slutligen blef det löfte, han i ungdomen fått, uppfyldt. Så snart befriarens arméer tagit Richmond, lemnade han sin forna plats, ehuru hans herre, som alltid varit god emot honom, nu erbjöd honom plats att stanna emot lön. Begäret efter frihet var honom dock för starkt; det drog honom ut ifrån staden, till skog och mark; utan pengar, åkerredskap, hästar, spannmål till utsäde eller lösegendom af något slag, blott med sin hustru till hjelp och med tre barn att skaffa uppehälle åt, tog han det nya stockhuset i besittning. Förledet år var honom och dem alla en svår pröfning, men Henry hade lagt hela sin själ i hvad han företagit sig, och det gick. Uppe och i arbete bittida och sent, såg han sig snart i stånd till att föra ett litet parti lök och tomatoes, majs och ved till torget. Denna försäljning gaf honom medel att köpa redskap och betala sitt arrende. Genom tålamod och försakelser kom han öfver vintermånaderna. Nu på andra året sträcker sig hans verksamhet öfver hundrafyrtio acres jord och två andra negrer, hvilka tagit en annan soldatbarack i besittning, äro hans medhjelpare. En fjerdedel af inkomsten betalar arrendet; det öfriga delar han midt itu, ger ena portionen åt sina båda arbetare och behåller den återstående för sig och sin familj. Henry är klok, företagsam, gudfruktig och, om ej för egen räkning så för sina barns skull — äregirig. En af hans gossar skall snart börja gå i skolan; nu måste han efter sina krafter vara behjelplig på åkern. »Jag hörde engeln säga i dröm,» berättade Henry mig med enfaldens tro, »att jag föda upp mina barn i gudsfruktan; huru kan någon man lära barn gudsfruktan, om de icke få lära läsa och skrifva?»

Arbetsamma menniskor, liksom Henry Pierman, ega ett stort fält för sin verksamhet härstädes. Två tredjedelar af Virginien äro ännu ouppodlade; denna gamla, sköna stat är rik på malmtillgång, på vattendrag, skog och stenkol, källor till välstånd som dessa praktälskande, sorglösa egendomsherrar låtit ligga obegagnade. Hvart kommande år skall se antalet af negerfarmers tilltaga i de hittills obebodda nejderna och då det färgade folket vunnit rikedom och uppfostran, huru skall det kunna hållas tillbaka från politisk och social makt? Inom några af sydstaterna äro negrerna talrika: i södra Carolina utgöra de mera än hälften af hela befolkningen, så att denna stat, för sig sjelf betraktad och styrd genom allmänna val, skulle votera sig till en negerkongress, kanske en negerguvernör. Negrerna tilltaga i mängd hastigare än de hvita; den tid skall komma då de ega fartyg och grufvor, banker och magasiner; och då denna främmande folkstam kommit derhän, huru vill den anglosachsiska racen lyckas bibehålla sin, hittills trygga och obestridda öfverlägsenhet inom de halft tropiska länderna, om den icke ingår förbund med sina anförvandter i Förenta Staterna?

Det är naturligt, att då både hopp och fruktan drifva Norden och Södern till ny, fast förening med hvarandra, skall hvartdera partiet önska det nya Amerika bygdt på den grundval, som anstår *det* partiet bäst. Genom kriget beröfvade sina slafvar och tyngda af skuld, — såväl enskild som statens — skulle Söderns plantageegare vilja återknyta det gamla bandet som jemlikar, eller kanske något *mera* än jemlikar. Under den forna konstitutionen voro de mera än så, ty då voterade de både för sig sjelfva och för sina slafvar; nu skulle de vilja blifva, hvad de voro då.

Men upphetsade af sin vunna ära torde Nordens statsmän ej hafva lust att åter sticka svärdet i slidan, förrän de till fullo vunnit de mål, för hvilka de stridit, och ett af dessa mål är att förekomma, att en Charlestons plantageegare i framtiden utöfvar större inflytande som ombud för nationen, än hvad som fallit på en Bostonfabrikants, en Newyorkköpmans lott; konstitutionen hade nämligen tilldelat plantageegaren denna öfvervigt, med anledning af att hans egendom till stor del låg i slafvar. Representationen på Kapitolium är grundad på folknummern: fem negrer räknades för tre fria män och deras herrar voterade icke blott för sig sjelfva, utan ock för sina slafvar. Den politiska striden vänder sig för det närvarande uteslutande kring denna punkt. De två moderata partier, mellan hvilka täflan om väldet under kommande år egentligen är att vänta, äro republikaner och demokrater. Republikanerna, starka i Norden, äro svaga i Södern; demokraterna, starka i Södern, äro svaga i Norden; men hvartdera partiet har sin organisation och sina anhängare inom hvarenda af republikens stater. De skilja sig i flera punkter från hvarandra, men den största tvistefrågan dem emellan för närvarande är: hvilka garantier böra affordras de upproriska staterna, innan de åter komma in i kongressen och derigenom sättas i tillfälle att utöfva makt?

Republikanerna säga att alla hvita män i Unionen, d. v. s. alla röstegande, böra vara lika framför valurnan; att hvar man skall votera för sig och *ensamt* för sig, utan afseende på om de tillhöra Norden eller Södern. Den färgade mannen taga de alldeles icke med i räkningen; han betraktas af dem såsom jemngod med en omyndig, en qvinna, en person den der icke eger några rättigheter, hvarken till votering eller i lagstiftningen. Men en sådan förändring af lagen rörande rösträtten kan icke göras, icke bringas i verkställighet, utan att konstitutionen först omarbetas, emedan denna grundar representationsrätten på folkmängden, utan afseende på de röstegandes större eller mindre antal. Negrerna räknades såsom ett folk, och deras herrar vunno den politiska fördelen af deras existens i sydstaterna. I Amerika, sådant det förut varit, kunde man medgifva plantageegarnes rätt att representera sina negrers åsigter, såvida dessa nämligen ansågos ega en opinion; men detta forna Amerika är för alltid förbi; egendomsherren kan icke längre ansvara för sin f. d. slaf, och hans anspråk, med stöd af grundlagen, att rösta äfven för sina svarta tjenare, måste upphäfvas. För framtiden böra alla hvita män inom Unionen åtnjuta lika rösträtt och med stöd häraf föreslå republikanerna en ändring af konstitutionen så till vida, att val till kongressledamot skall ske efter antalet voterande, ej med stöd af personberäkningen. Man är förvissad om att majoriteten af den nyvalda kongressen är *för* denna ändring.

Demokraterna påstå deremot att hvarje ändring af konstitutionen är olaglig, revolutionär, obehöflig. De förklara — och i theorien ha de rätt — att representationen skall vara grundad på folkmängden, på ett faktum, lätt bevisadt och säkert, men icke på ett infall för dagen, en lokalfördel, den ena stunden godkänd, den andra förkastad. Demokraterna hålla fast vid en åsigt, som äfven ett moderat parti af republikanerna påstå sig hylla: att negrerna, så okunniga de ännu äro, icke äro lämpliga att votera; men de tillägga, att som de svarta ej kunna sjelfva utöfva rösträtt, så böra de hvita rösta för dem, såsom seden är i Europa med dess privilegierade klasser. Demokraterna hafva ett godt stöd deruti att de synas respektera landets lag och konstitution, men deras invändningar emot den ifrågasatta ändringen är ytlig och felaktig. Presidenten Johnson och hans kabinett äro af den mening att den nämnda grundlagsändringen icke bör ske.

Hvart parti finner ett visst mått af lika åsigter inom det fiendtliga lägret. Nordens radikaler, t. ex., förkasta grundlagsförändringen såsom lagstridig och onödig, påstå med demokraterna att folknummern bör utgöra basen för representationen, och förfäkta med republikanerna att alla hvita män böra ega lika stor rösträtt, men derjemte påstå radikalerna, i strid mot båda ofvannämnda partier, att negrerna sjelfva böra få votera, hvar man för sig. Så hafva vi Söderns moderata, hvilka, på samma gång de hålla fast vid många läror, som Nordens partier icke vilja godkänna, likväl ej skulle vara ovilliga att förena sig med dem, med afseende på »lika rättigheter», hvilken sats af republikanerna förfäktas. Dessa vänner af fred och kompromiss äro kanske till antalet starkast af alla partier i Södern; men de mera fanatiska sydstatsmännens förhoppningar hafva blifvit så uppeggade af presidenten Johnson och hans agenter, att lugna och förnuftiga ord blott med en viss stelhet och otålighet åhöras af de fordom herrskande klasserna.

Vi böra icke dömma dessa partier med öfverilning och ovilja. Efter de stora förluster Södern lidit i kriget, har det lätt för att tro sig ega rättighet att begära mycket och att draga all möjlig fördel af sina fienders skiljaktiga meningar.

TRETTIOTREDJE KAPITLET.
Unionen.

Förnämsta hindret för en Union, sådan de senaste tilldragelserna gjort möjlig och som alla partiers samfäldta intressen godkänna, är således ingalunda sinnesstämningen hvarken i Norden eller i Södern, men tillvaron af en skrifven lag för hvilken amerikanarne från barndomen blifvit inlärda att hysa en vördnad, nästan jemförlig med den de bekänna för Guds ord.

Om något menskligt tankeverk, utfördt med bläck och penna, hålles heligt af detta folk, så är det visserligen dess konstitution. En främling kan i sanning knappt fatta möjligheten af den vördnad, ibland stigande ända till fruktan, hvarmed tappre virginare, praktiska pennsylvanare, nationela nyengländare tala om sin grundlag. Den, som icke låter sitt omdöme ledas af amerikanarnes medfödda kärlek till sin konstitution, skall från hvilken sida han granskar densamma, ingalunda anse sig befogad att anse den såsom ett politiskt snilleprof. Icke ännu hundra år gammal, kan den ej ega något af tidens helgande kraft. Förenta Staternas konstitution var icke från början uppväxt ur landets egen mark eller en engelsk grund; den var en främmande planta, som egde Frankrike till hemland.

Den räknades från första dag icke för att vara mera än en kompromiss, och alltsedan denna dag har den varit ett hinder för Unionens lugna och ostörda framåtskridande. De grundsatser den innefattar stå i rak strid med det ärofulla dokument, som ofta citeras i samband dermed: — *Sjelfständighetsförklaringen*, ty konstitutionen bestrider att alla menniskor äro fria och jemlika, samt förnekar en talrik menniskoklass rättighet att sjelf skapa sin lycka.

Hvem kan glömma huru ofta och med huru mycken framgång konstitutionen blifvit anförd till stöd för satsen, att negerslafven af republikens grundläggare ej var räknad såsom en mensklig varelse? Om alla menniskor genom födseln äro förklarade fria och jemlika, så blir det en gifven sak att varelser, hvilka hållas i träldom, *icke äro menniskor.* Men hvar och en vet att sjelfständighetsförklaringen utvecklar grundläggarnes verkliga, bestämmande åsigter, medan deremot konstitutionen ej innefattar någonting vidare än en politisk kompromiss. Samma män, hvilka undertecknade den, önskade en framtida omarbetning deraf; under den första våldsamma skakning, som hotat landets politiska bestånd, har den befunnits en orsak till tusentals olyckor. Förenta Staternas konstitution har bringat landet i ett sådant tillstånd, att troligen år skola förgå, innan händelser, som timat och som omöjligt kunna göras om, skola komma i ett harmoniskt förhållande till den skrifna grundlagen.

Skall icke den dag komma, då amerikanarne under sitt arbete att vända och lappa sin konstitution, skola göra sig den enkla frågan: hvartill *tjenar* egentligen detta dokument? I bästa fall, — då en konstitution till bokstafven är sann och god i alla sina detaljer; då den öfverensstämmer med Guds vägar i ledningen af menniskornas öden, — öfverensstämmer med den nations lifskraft och förhoppningar, i hvars namn den är uppsatt — är den likväl blott en definition af en närvarande och en förfluten tids verklighet — en förklaring af hvad nationen förut varit och af hvad den nu är. Men sjelfva detta försök att förklara innebär något inskränkande, begränsande, tillbakahållande. Hvarför binda ett stort rikes lifskraft genom fraser? Huru kan ett framåtskridande samhälle sätta gränser för en ännu mera utvecklad tillvaro? Med hvad rätt kan en fri republik anse sig böra hämma idéernas och händelsernas fortgång? I en despotisk stat, der menniskorna hvarken äro fria eller jemlika, der framåtskridande icke är afsedt eller ens önskvärdt, der kan en skrifven konstitution, oföränderlig som medernas och persernas lagar, hafva skäl för sig, ty under en sådan styrelse kan aldrig ett folk hoppas att höja sig ända derhän, att vara sig sjelfva en lag. I ett sådant land som Amerika bör konstitutionen vara en lefvande kraft, icke en bit papper, icke några obestämda fraser. England har aldrig egt en skrifven konstitution. Hvad skulle det med en sådan? Englands hela lif är dess konstitution. Allt hvad det varit, hvad det gjort, hvad det lidit är dess konstitution, ty detta är dess lif. Hvad skulle vårt fädernesland vinna genom att söka pränta denna sin historia i ett dussin artiklar? Det skulle vinna fjettrar och tvång. Intet dussintal af paragrafer skulle mäkta beteckna dess lifskraft i alla dess olika yttringar — somliga af dem lättfattliga, andra djupt förborgade; ingen kan minnas allt hvad som varit, ingen kan förutse allt hvad som tillhör framtiden. Hvarföre icke nöja sig med att låta en nation lefva? Skulle icke den man anses rubbad till sitt förstånd, som kunde tänka på att skrifva en konstitution för sin trädgård, att hänga en papperskedja på växterna deri? De menniskor, hvilka lefva i ett fritt land, hafva att vänta större ombyten och vexlingar sins emellan, än träden och blommorna i en trädgård. Kan någon falla på en sådan idé som att stifta en konstitution för vetenskaper såsom kemi, astronomi, fysik? Der framåtskridande finnes, måste ordning, metod, n-sigt finnas, men ej en orubblig teori, en ofelbar bokstafslag.

Och hvilka fördelar skänker en konstitution? Fruktar man att nationen skall glömma sina pligter och förråda sin frihet, om den ej bindes af det skrifna ordet? Detta är den vanliga fruktan, men låt oss se hvad den innebär och om den icke innefattar en orättvisa. Emedan menniskor icke kunna afvika från de anlag, den kallelse naturen gifvit dem, borde amerikanarne inse att deras konstitution har ett annat lif än folkets lif, att den är en politisk fiktion, ej en moralisk och social sanning. Hade konstitutionen sin tillvaro i detta ihärdiga och liffulla folks innersta väsende — vore den en genuin produkt af hvad det utfört, hvad det nu är — ingen fara då att den blefve glömd eller förrådd! Är den deremot en främmande statut, utan gensvar hos Förenta Staternas folk, med hvad rätt skall den då påtvingas detsamma?

Men under de känslor som för närvarande göra sig rådande med afseende på konstitutionen, tror jag icke att någon som framträdde med ett förslag att på fogligt vis göra slut derpå, till gagn för nationen, skulle vinna tåliga åhörare. Den tid, då åsigterna i detta fall ändras, kan komma. Nu tänker ingen på annat i denna fråga, än att ändra konstitutionens flera bristfälligheter, synnerligen med afseende på några dess värsta paragrafer, inpassade af slafegarne. Det är blott radikalerna, som föreslå att bringa den i full öfverensstämmelse med sjelfständighetsförklaringen. Men vore det ej skäl att de politiska doktorerna, innan de gripa verket an, besinnade huruvida det icke vore bäst om de inskränkte sin läkareverksamhet till att helt enkelt taga bort de förkastade delarna? Hvarför icke lossa konstitutionens band genom att befria den från sina inskränkningar? Hvarför göra ytterligare tillägg till ett dokument, som amerikanarne sjelfva medgifva är felaktigt? De veta att om detta pappershinder icke stått i vägen, skulle stridigheterna mellan Nord och Söder varit slutade med Lees nederlag. Hvarför då bereda sina barn nya bekymmer, genom att lägga några nya lagparagrafer till den gamla konstitutionen?

Innan många år förgått, skola Norden och Södern åter vara förenade, staternas lagstiftningsrätt vara glömd och negerbefolkningen funnit sin rätta plats i samhället. En fri republik kan icke hoppas njuta samma lugn som en despotisk stat. Pekings stillhet och S:t Franciskos oro, Miakos ordning och Newyorks lifskraft låta icke förena sig. Att framtiden skall hafva sin ebb och flod, är icke svårt att förutse; den ena tiden söndringens, personlighetsprincipens, frihetens ebb; en annan tid Unionens, broderlighetens, statsväldets flod; men idéernas mäktiga böljor skola dock rulla från öster åt vester, från vester åt öster, utan att Unionen ännu en gång skall komma i fara att lida skeppsbrott. Den artikel, som konstitutionen hade lemnat i ett visst mörker: huruvida en stat egde rätt att skilja sig från de öfriga, utan dessas medgifvande, har nu genom händelserna blifvit klart belyst och till fullo afgjord. Krig rörande denna fråga skall ej återkomma, men vrede, häftighet och bittra ord äro många gånger att förutse. Talare skola på ena sidan med lidelsefull partiskhet påstå menniskans rättigheter; på den andra sidan staternas makt. Hvem kan säga på hvilken sida det bittraste raseriet skall råda? Ena partiet har den personliga friheten till ståndpunkt; det andra den nationela betydenheten. Dessa krafter äro oförgängliga. Den ena generationen strider för oberoendet, den andra för väldet, alltefter som den anglosachsiska, eller den latinska andan är rådande. Och då dessa båda krafter äro i jemvigt med hvarandra — *men endast då* — skall republiken njuta den största frihet, i förening med högsta makt.

Då, efter Fort Sumters fall, arméerna drabbade tillsammans, höjdes krigets sanna banér och striden fortgick sedermera på en bredare grund. Fältropet blef: Hvilken grundsats skall den stora republiken skrifva på sin fana? Skall samhället stödja sig vid bördsprerogativerna, eller vid jemlikhetens principer? Skall industrien brännmärkas såsom oädel? Skall vår tids Amerika vara ett slafvälde eller en fri republik?

Nedanför Richmonds vallar utkämpades striden rörande dessa grundfrågor med en skicklighet, en ridderlighet, ett mod å båda sidor, som erinra om fäktningarna vid Naseby och Marston Moor; men riddersmännen förlorade och dermed var äfven medeltidens sista välde brutet.

Då söndringens och chevaleriets idéer förlorade sitt fäste genom krigets stränga domslut, uppstod snart åter endrägtens och fredens mildare anda, hvilken endast slumrat inom de amerikanska krigarnes bröst. En ny ordning tog sin början, ingalunda fast och stark i sin begynnelse, ingalunda utan fruktan att misslyckas; men en ädlare anda har otvifvelaktigt börjat sin regering och hvem som vill se kan upptäcka huru dess välde ökas dag för dag, om den ock har att bekämpa lidelser och försåt, mera olycksbringande än svärdet. År skola förflyta innan i Södern unionsandan vinner full styrka, men den tiden skall komma; det är redan mycket nu, att längtan efter Unionen har blifvit liksom pånyttfödd.

Ja, här i Richmond, bland Söderns tappra krigare, hvilka svårast drabbats af krigets förfärliga olyckor, slitna familjband och ruin, — såväl med afseende på förmögenhet som samhällsställning — finnas många som erkänna, några som öppet förklara sig hafva lärt sig se förhållandena i en annan dager. De äro nu de samma som innan krigets utbrott, men de hafva vändt sig om och blicka åt ett annat håll än förut. Andra åter kunna icke rikta sin blick åt samma håll; de hafva tagit del i den förflutna tidens händelser och fallit med den sak för hvilken de stridit. Män, hvilkas sista handling var att bränna denna stad innan de flydde, och att lemna dess svartnade murar, störtade kolonner och folktomma gator såsom budbärare, som en minnesskrift af deras förtviflan, torde måhända tro sig ega rätt att höras och hedras inom Söderns samhällen; men de böra veta och förstå, att om det förflutna med sina lidanden, sitt blod och sina tårar är deras, så ligger deremot en framtid för de unga, i hvilken de ej kunna få någon del. Segrarne hafva icke uttalat någon annan dom öfver dem, än att de icke få bekläda någon syssla eller förtroendepost. Deras vänner kunna med skäl sörja öfver detta uteslutande, men nationen har sitt lif att skydda och Södern skall icke för alltid straffa sig sjelf med att draga sig tillbaka, äfven för deras skull, hvilka, hänförda af sin tro, ha bringat den i olycka och undergång.

Ehuru alltför sent, har ett stort parti af Söderns plantageegare lärt sig inse att deras eldiga brådska, deras otålighet, deras hejdlösa tapperhet, dref dem för vida och för långt; så vida, att de i sitt brinnande begär efter frihet voro färdiga att tillintetgöra lagen; så långt, att de under sin kamp efter sjelfständighet voro på väg att uppoffra samhällsmakten. De hade i sin häftiga frihetskamp lemnat åsido vården af de hämmande krafter och egenskaper, som fordras för upprätthållande af ordning och jemvigt. För att vinna sitt älskade mål — rättigheten att stå allena — skulle de velat splittra samhället i stycken, skulle de icke tvekat för att, om så fordrats, kasta verlden tusen år tillbaka i sin utveckling. Nu inse de sitt fel; nu skulle de vilja reparera detsamma, ifall hvad som skedt kunde göras ogjordt. Några sluta sig stolt inom sin förbehållsamhet, vilja icke hoppas något för framtiden och känna en viss tillfredsställelse af att se Polens öde upprepadt i sydstaterna. Andra åter gå tigande sin väg fram, sky de förstörda gatorna i staden, vända bort blicken från Yankeevakterna och le bittert vid ljudet af negrernas skrål och rop nere i gränderna; men också på dessa sjuka hjertan skall tiden lägga sin läkande hand. De skola känna att, ehuru de förlorat sin sak, måste de göra rättvisa åt naturens företräden; en anglosachsare kan aldrig sjunka till samma ståndpunkt som en polack.

Det är icke min mening att säga att Robert Lees fana blifvit här i Richmond trampad i stoftet. Det är den icke, och det bör den ej heller vara, ty denna fana har endast svajat öfver män, hvilka gripit till vapen, att försvara en sak, hvilken de ansågo ärofull. Jag menar blott att Lees fana blifvit sammanvecklad och gömd tillika med mycket annat från den tid som varit — dess felaktigt uppfattade ridderlighet, dess romantiskt ytliga anda. Sans och förnuft, om ock ej ännu broderlig kärlek, hafva återväckts hos detta tappra folk, hvilket klart inser att hvad som är förbi, kommer aldrig åter, att vrede och bitterhet äro gagnlösa, att striden är slutad och att en ny samhällsställning måste vinnas. Nu äro dessa Söderns egendomsherrar mindre än intet; mindre än den lägsta, hvita befolkningen; mindre än deras egna, forna negrer. Men denna belägenhet kan ej längre ega varaktighet. »De flesta af våra unga män,» yttrade en virginier till mig just nyss, »äro böjda för att gå in,» (d. v. s. att låta tvisten hvila och intaga sina platser i kongressen). »De vilja visserligen ej anses svika sina gamla generaler, men man måste lefva; de kunna icke för alltid stå overksamma.» Dessa unga män, mot hvilka segrarne icke erfara någon harm, hafva nästan glömt de flydda fem åren. De som äro unga blicka rätt framåt och der se de intet annat än Amerikas storhet och makt.

Häraf kommer att på Richmonds gator, män, hvilka så nyss sutto till häst och stredo för den konfedererade saken, nu höras tala om »stjernbaneret», med en icke hycklad värma och på samma gång kunna hysa en ingalunda slocknad kärlek till hvad som varit. »Vårt stora felsteg,» yttrade till mig en georgier för knappt en timme sedan, »var att vi bytte om fana; vi borde behållit vår gamla; vi borde modigt gått i fält för Unionen och i det samma ställt yankeerna utom densamma. Hade vi blott tagit vårt fäste vid konstitutionen och tvingat våra fiender att heta »seceders», så skulle vi vunnit seger, ty hela Vestern hade då varit med oss. I stället för att nu, besegrade, ströfva omkring i denna afbrända stad; skulle vi då haft våra förposter vid Niagara.» Kanske hade han rätt; men är icke denna georgierns saknad, en tanke som aldrig förrän det var för sent vaknat? Fanns någon sådan idé hos Söderns folk, då kriget utbröt, som att hålla fast vid den gamla fanan, att bevara den stora republiken? Nej, alla voro då fattade af det häftigaste begär efter söndring. Om klokare tankar kommit, så äro de en följd af hårda pröfningar, lidande och förluster. De hvilka nu sätta sitt hopp till Unionen, till Kapitolium och »Hvita Huset», bekände under flydda tider en annan lära; då satte de sitt lit till frihet, oberoende, personligt inflytande. Men dessa stöd veko undan dem: deras isolerade belägenhet omintetgjorde all möjlighet af framgång; såväl lag som politik voro emot dem; allmänna rösten inom nästan hvart enda land var dem för stark. De kämpade för söndringsidéen, men förlorade, och gingo med detsamma miste både om hvad de önskade vinna och hvad de redan innehaft — allt, för hvilket de offrat lyckan, och i det närmaste allt hvad de satt på spel.

Att de förlorade var en lycka för menskligheten och att så skulle gå, var endast helt naturligt och Försynens bud. Ingen politisk olycka skulle kunna jemföras med den, att ett slafvälde blifvit befästadt på ruinerna af en mäktig republik. Alla fria nationer skulle känt det djupt; hvar redlig menniska hade lidit deröfver. Men äfven med de misstag de begingo, den orättvisa, för hvilken de vågade allt, huru tappert de stredo, huru ridderligt de försvarade sin fana, dessa konfedererade! Män, hvilka så ärofullt offrade sitt lif för en — om äfven orätt — sak, skola ofelbart väcka andra tappra mäns beundran och draga dem med sig. Dessa Virginiens, Alabamas, Mississippis plantageegare redo till strids så glada som till en fest, och mången man, hvilken inom sig icke önskade saken framgång, *kunde* icke afhålla sig från att sluta sig till deras lysande linie, kasta sig med dem i slagtningens tummel och med blixtrande ögon, med klappande hjerta följa de tappra till segrar eller nederlag. Modet besitter en elektrisk makt; hvem följde icke då Jacksons svärd blänkte? hvem kunde dröja då Stuarts plym svajade? De konfedererades fel och misstag äro i sanning icke mera öfverraskande och stora än deras tapperhet. Trogna sina falska gudar, sina föråldrade idéer, bevisade de genom sina handlingar höjden af sin personliga hederskänsla. Dessa herremän, tills nu i besittning af all den yppiga lyx rikedom och förfinade lefnadsvanor skänka, kämpade mången gång och utan att klaga emot hunger och sjukdomar, samt offrade modigt sitt lif i löpgrafvar och brescher. Öfverallt kring Richmonds murar, i sanden, eller höljda af skogens yppiga snärjväxter, eller vid ensliga vattensamlingar, blekna benen af unga eller gamla män, hvilka fordom voro tusentals lyckliga anglosachsiska hems stöd och stolthet.

Der borta, på den sköna höjdsluttningen, nedanför hvilken Virginiens klara vattendrag och skogsparker tjusa ögat, har Norden med from aktning för sina söner lagt dem som stupat i dess led och satt hvita minnesstenar på grafvarna. Der hvila unga män, som rycktes från sina landthem i Ohio, sina sågverk och qvarnar i Vermont, eller från skolorna i Massachusetts, sina familjers hopp och glädje. Sjungande hymner och Haleluja kommo de ned till Södern, försakade de sin beqvämliga ro, hemmens kärleksband och studierna, för att rädda sitt fädernesland från splittring, inbördes krig och slutlig politisk upplösning. Sjungande psalmer, sjönko de utmattade ned vid vägkanten; ropande Haleluja! stupade de i brescherna och ute på slagfältet. Hvad Nya England hade bäst och tapprast gaf det till denna stora graf. Jag vet en gata i Boston, der kriget tagit offer från hvartenda hus; i skalders och lärares hem har jag sett Rachel med stolt modersglädje begråta sina söner, ty de kommo icke åter. Dessa unga hjeltar sofva nu på den sköna höjdsluttningen, i det land som så länge trotsade och slog dem. Men de segrade till slut och nu hålla de sin tysta vakt öfver den heliga sak för hvilken de segrande föllo. All heder, all ära åt dem nu och för alla tider!

Och derborta, i träsk och ödemarker, nedanför de nu öfvergifna bröstvärnen, de raserade fästningsvallarna, vid stranden af floden, hvilar de multnande benen af en slagen armé; unga män och gamla krigare, som ridit hit upp från Louisianas bomullsplantager, från Georgiens landtgods, Carolinas risfält, att strida för en sak, hvilken de genom härkomst och uppfostran hade lärt sig att anse vara den rätta, krigare, lika redliga, tappra och högsinnade, som någon af deras starkare och skarpsinniga fiender. Men de starka hade rätten på sin sida och de som svagare voro måste förlora. Många, hvilka så länge de kunde föra geväret hade varit bittra fiender, stupade vid sidan af hvarandra och många försonande ord vexlades mellan de döende bröderna, som talade samma språk, hviskade samma böner, som egde samma fädernesland och religion. Nu multna deras ben i samma jord. Fromma händer lägga de fallne i sina grafvar, ofta sida vid sida, så som de stupat i striden, och sålunda slumra tvänne bröder — fordom unionist och konfedererad, segrare och besegrad — nu i frid och sämja i en gemensam graf.

Måtte Norden, alltid storsinnad och broderlig, hela såren efter den långa, bittra striden! De döda kunna icke mera väcka någon harm och den tänkande menniskan, som ser fromma män, utan att fråga efter på hvilken sida de fallne kämpat, lägga den irrande brodern vid sidan af den broder som blifvit sanningen trogen, bör hämta en lärdom deraf. Denna solbelysta sluttning vid Richmond, der det nedgående solljuset så gerna tyckes vilja dröja, medan topparne på snöhvita grafstenar lysa rosenfärgade i dess skimmer, borde för såväl Norden som Södern vara en bild af frid och endrägt, ett

förbundstecken för vår tids Amerika, att allt[id]
hålla tillsammans i broderlig kärlek och att aldr[ig]
glömma den strid som varit.

SENARE DELENS INNEHÅLL.

			Sid.
Kap.	1.	Onkel Sams egendom	3.
»	2.	De fyra racerna	8.
»	3.	De båda könen	14.
»	4.	Fina damer	22.
»	5.	Nybyggareqvinnor	27.
»	6.	Qvinnans politiska verksamhet	33.
»	7.	Man och hustru	40.
»	8.	Förenta Staternas lagar	45.
»	9.	Mount Libanon	53.
»	10.	Ett qväkarehem	59.
»	11.	Qväkareförbundet (Shakers)	67.
»	12.	Moder Ann	73.
»	13.	Dogm om uppståndelsen	81.
»	14.	Andeliga cykler	88.
»	15.	Spiritualism	96.
»	16.	Sierskor	107.
»	17.	Lika rättigheter	113.
»	18.	Det beskedliga folket	119.
»	19.	Qvinnornas uppror	126.
»	20.	Oneida Creek	135.
»	21.	Helighet	142.
»	22.	En familj, enligt bibeln	149.

			Sid.
Kap.	23.	En ny grund	158.
»	24.	Pantagami	164.
»	25.	Det unga Amerika	170.
»	26.	Belefvenhet	176.
»	27.	Frihet	184.
»	28.	Lagskipning och rättvisa	190.
»	29.	Politik	195.
»	30.	Norden och Södern	203.
»	31.	Färgen	211.
»	32.	Rekonstruktion	220.
»	33.	Unionen	220.

Recensioner öfver detta arbete i engelska tidn.

(*Fortsättning från förra delens omslag.*)

Globe. „Hvarje ny talare öfver Amerika söker en åhörarekrets, men få äro så förtjenta deraf som Mr Hepworth Dixon. Läsaren må hafva lika eller andra åsigter än författaren, så skall han dock alltid känna sig vara tillsammans med en skicklig och kunnig man, som talar öfver hvad han förstår och med stor liflighet beskrifver hvad han sett. Arbetet har en styrka och ett behag, som icke blott litterär förmåga kan åstadkomma. Vi hafva ingen skildring, som i så skarpa och säkra drag, så tydligt framställer för oss mormonerna och deras ryktbara saltsjöstad, som Mr Dixons bok."

Sun. „Denna bok öfverträffar de stora förhoppningar vi haft derpå. I sin egenskap af en undransvärdt riktig och fullständig rese-urkund, nedskrifven af en person, som studerat den menskliga naturen och som är begåfvad med starka sympatier för sina medmenniskor i hvarje klimat och, vi vilja tillägga, af hvarje tro, är detta arbete af mer än vanligt värde och betydenhet. Som en trogen beskrifning af vår tids Amerika, af Amerika, sådant det nu framställer sig för oss omedelbart efter dess befrielse från det stora borgerliga kriget, är det ett arbete, som uppväcker det lifligaste intresse."

Spectator. „En bok, som det är ett verkligt nöje att läsa, och hvilken otvifvelaktigt också skall läsas af alla dem, som äro intresserade af att studera amerikanska lifvets nyaste fenomen."

Standard. „Vi skulle mycket misstaga oss, om icke, både i Amerika och England, Mr Dixons arbete kommer att vinna den största spridning."

Star. „Mr Dixons „New America" är en bok framför andra böcker. Han skrifver med vidsträckt kunskap och kraft, och intet arbete har hittills utkommit, som framställer en så riktig uppfattning af de kolossala religiösa och sociala ytterligheter, som blomstra i Förenta Staterna, samt deras nuvarande och framtida betydelse. Som ett bidrag till detta ändamål är Mr Dixons bok ovärderlig."

Herald. „Läsaren af Mr Dixons arbete skall lägga

det ifrån sig med ett klarare begrepp öfver de religiösa meningarnas historia, med tydlig och säker öfverblick af de nya och förvånande skiljaktigheter i tro bland spiritualisterna i Vestern, hvilken han förgäfves skall söka erhålla ur någon annan källa."

Daily News. "I sin bok „New America" har Mr Dixon fullständigt beskrifvit det intresseväckande samfundslifvet i Utah."

Maxmillans Magazine. "Mr Dixon har skrifvit en bok om Amerika, som har den ovanliga förtjensten att vara på en gång roande och undervisande, sann så väl som ny. Af de under denna saison utgifna böcker, skall ingen blifva så allmänt läst som denna."

Post. "Dessa äro i hög grad underhållande volymer, i hvilka författaren utvecklar hela sin stora förmåga som observator och politisk tänkare. Bokens förnämsta intresse består i Mr Dixons målning af mormonsamhället, och det är med anledning af dess särskilda upplysningar om Brigham Youngs folk, „Shakers" och „Bible Communists", som nio läsare af tio skola skynda att förskaffa sig ett exemplar af boken. På samma gång Mr Dixon öppet berättar allt hvad han vet och tänker, gör han det på ett sätt, som kommer att sätta hans arbete i hand på hvarje qvinna i England och Amerika."

London Review. "Mr Dixon har skrifvit en särdeles intressant och underhållande bok. Vi hafva icke på länge läst något arbete öfver Amerika, som så hänfört oss, och vi rekommendera det synnerligen åt våra läsare. Mormonerna utgöra den medelpunkt, kring hvilken det förnämsta intresset rör sig, och det har icke felats Mr Dixon hvarken mod eller flit i att gifva oss en trogen och fullständig skildring af dessa besynnerliga fanatici. Mr Dixon är verkligen den förste författare som gör så. Den senare delen af arbetet innehåller allmännare skizzer öfver amerikanskt samhällslif, hvilka äro återgifna med fotografisk trohet och med mycken litterär finhet."

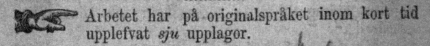 Arbetet har på originalspråket inom kort tid upplefvat *sju* upplagor.

Milton Keynes UK
Ingram Content Group UK Ltd.
UKHW012203071124
450767UK00007B/54